원칙적 기사쓰기
원론적 취재하기

30년 기자 교육 노하우

원칙적 기사쓰기 원론적 취재하기

지 은 이 | 정태철

초판 1쇄 발행 | 2021년 2월 26일
초판 2쇄 발행 | 2022년 8월 30일

펴 낸 이 | 송수건
펴 낸 곳 | 경성대학교 출판부
출판등록 | 1985년 1월 28일 제331-1985-000001호
주 소 | 부산광역시 남구 수영로 309(대연동)
전 화 | (051) 663-4195
팩 스 | (051) 663-4199
홈페이지 | press.ks.ac.kr

* 잘못된 책은 구입하신 서점에서 바꾸어 드립니다.

ISBN 978-89-7314-328-3 (03070)

값 15,000원

30년 기자 교육 노하우

원칙적 기사쓰기 원론적 취재하기

정태철 지음

경성대학교 출판부

| 저자 서문 |

우리나라에서 대학생들이 쓴 글을 가장 많이 읽은 교수는 누구일까?

이 질문의 답을 찾기란 거의 불가능하다. 전국 대학교수들을 상대로 실제 조사할 수도 없고, 교육부 어디에도 이런 통계는 없기 때문이다. 그런데 나는 학생들이 매주 기사를 써내야 하는 과목을 매 학기마다 담당했기 때문에 학생 글을 첨삭하는 데 빨간색 볼펜이 한 학기에 서너 개씩 닳아 없어진다. 그래서 불현듯 위 질문의 답이 내가 아닌가 하는 생각이 든다. 최근 코로나 사태로 비대면 수업이 진행되면서 대면 시험이 불가능해지자, 나는 모든 과목마다 매주 한 쪽짜리 리포트를 학생들에게 부과했고, 이를 다시 빨간색 볼펜으로 벌겋게 코멘트해서 사진으로 찍은 다음, 학생들에게 카카오톡으로 일일이 되돌려 줬다. 그랬더니, 매주 합쳐서 100쪽도 넘는 학생 글을 읽고 채점하느라 일주일 내내 자가격리자처럼 외출할 시간이 부족할 지경이 됐다.

교수 생활 30년 동안, 왜 그렇게 많은 양의 학생 글을 보고, 읽고, 고치고, 점수 주기를 하게 됐을까? 한국에서 기자 생활을 해 본 적도 없는 내가 왜 기사 쓰기, 취재하기 교재를 쓰게 됐을까? 내가 생각해도 신기하고 희귀한 '나'의 사례를 잠시 설명해 보려고 한다.

내가 유학한 미주리 대학교는 세계에서 가장 오래된 '저널리즘 스쿨'을 가지고 있다. 1908년에 설립됐으니, 이 스쿨(단과대학) 역사는 자그마치 110년이 넘었다. 이 대학은 세계는 물론 미국에서도 유일하고 독특한 기자 교육 체제를 운영하고 있다. 이 대학은 설립 당시부터 '진짜' 기자 교육은 '진짜' 언론사에서 해야 한다는 모토로 '콜럼비아 미주리언(Columbia Missourian)'이란 일간 상업신문을 창간했고, 그 후에는 전국 네트워크 TV인 NBC-TV의 그 지방 제휴 방송국을 소유하게 됐다. 이들 신문사와 방송국은 상업 언론사면서 동시에 저널리즘 스쿨 학생들의 인턴 과목과 연결되어 있다.

[그림0–1] 미주리 대학이 소유하고 운영하는 '콜롬비아 미주리언' 신문사 사옥
(Marcus Qwertyus 촬영, wikimedia, 무료 이미지)

이들 진짜 언론사를 운영하기 위해, 언론인 출신 교수들, 역시 기자 출신 박사과정 학생들이 편집국장, 보도국장, 논설위원, 해설위원, 부장, 차장 역할을 하고 있으며, 기자는 전원이 현장실습 수업을 듣는 학생들이 맡고 있다. 미주리언은 [그림0-1] 사진에서 보이는 독립건물을 소유하고 있으며, 운영, 조직, 영업은 일간 상업지와 동일하다. 다만 편집진이 교수이고 기자가 학생이란 것만 다를 뿐이다. 미국은 통신사와 신디케이트가 발달해서, 미주리언은 일부 지면만 학생기자들이 맡고, 만화, 칼럼, 과학 기사, 종교 기사 등은 통신사나 신디케이트에서 구입한 콘텐츠로 지면을 메꾼다.

학생들은 교실에서 기사 쓰기 기초 과목을 한 과목 수강하고 바로 다음 학기부터 미주리언 취재기자가 되는 현장실습 과목을 학기마다 1개씩 수강해야 한다. 수강생이 50-100명에 이르니, 미주리언의 기자 수는 부족하지 않다. 같은 원리로 편집 기자, 보도사진 기자도 관련 현장실습 교과목이 있어서 수강생들은 미주리언 지 제작 실무에 투입된다. 신문사는 정기 휴일 빼고 1년 연중 움직이기 때문에, 이 대학 현장실습 과목은 방학 중에도 개설된다. 그래서 학기 말과 학기 초가 서로 연결되면서 현장실습 학생이 끊어지지 않게 365일 미주리언으로 교체 투입된다.

시청과 주(州)정부 취재 실습을 마친 학생들은 4학년 마지막 학기에 워싱턴 DC에 가야 한다. 거기에도 교수가 있어서 학생들의 연방정부, 연방의회, 연방대법원 취재를 실습시킨다. 그러면 기자로서 더 이상 교육할 게 없이 준비된 기자가 완성된다. 12월 학기 말이 되면, 굴지의 신문사 인사부 사람이 미주리 저널리즘 스쿨 교수 연구실을 얼씬거리면서 올해 우수 졸업생을 자기 신문사로 보내달라고 로비전을 펼친다. 졸업반 학생들도 교수방을 별 목적 없이 들락거리며 교수에게 안부 인사를 하고 다닌다. 내가 지도교수에게 한 학생이 왜 저렇게 상냥하게 인사하고 가냐고 물으니, 취업 시즌이니까 좋은 데 자기를 추천해 달라는 묵시적 부탁이라는 대답이 돌아왔다.

나도 석사 과정 때 기사 쓰기 기초 과목 하나, 취재 현장실습 과목 하나, 편집 기초 과목 하나, 편집 현장실습 과목 하나, 이렇게 4과목을 수강했고, 그 덕에 한 한기씩 두 학기 동안 미주리언에서 취재기자와 편집기자로 일했으며, 내 이름이 'Tae Chul Jung'이라고 인쇄된 취재 기사를 10여 개, 편집하고 제목을 단 기사를 수십 개 미주리언에 올렸다.

Around the World in an Easy Chair

She teaches English

students

By Tae Chul Jung
Missourian staff writer

Eva de Chazal travels the world in her own way by working with students from many different lands.

[그림0-2] '컬럼비아 미주리언'에 실린 저자의 기사(1987년 7월 7일자 컬럼비아 미주리언)

실제 미주리 저널리즘 출신은 뉴욕 타임즈, 워싱턴 포스트, 보스턴 글로브, LA 타임즈, ABC, NBC, CNN 등 어디를 가도 없는 데가 없다. 이는 110년 넘게 미국 전역에 졸업생을 뿌려 댄 당연한 결과다. 나는 2002년 방문 교수로 미국에 체류할 때 미국 조지아 주 사바나에서 열린 세계 편집기자 협회(SND, Society of News Design) 세미나에 참석했다. 세미나 일정표에는 미주리 동창회 모임이 있다는 안내 문구가 있었다. 그곳에 갔더니, 수십 명이 모여서 몇 학번이냐, 학생 누구를 아느냐, 누구는 지금 어디에 있느냐는 등의 동문회 대화가 오고 갔다. 나도 기자 하는 미국 동창 몇 명을 만나는 기쁨을 누렸다.

1997년 통계에 의하면, 미국 기자의 약 87%는 저널리즘 학과 출신이다(지금은 더 늘었을 것이다).[1] 나머지 10%는 하버드 대학의 '크림슨(The Harvard Crimson)' 같은 대학 신문사 출신이다. 출신이 학과든 대학 신문사든, 미국 신입 기자는 모두 기사 작성과 취재 실무 능력을 갖추고 신문사에 입사한다는 게 우리나라 시스템과 근본적으로 다르다. 미주리 대학은 자체 상업 언론사에서 학생들을 육성하지만, 다른 대학 신방과들은 도시 내 언론사와 인턴 프로그램을 운영한다. 아이오와 대학이 신방과를 폐쇄하려고 하자, '디모인 레지스터(Des Moines Register)'라는 그 지역 신문이 자기들은 학생 인턴을 어디에서 구하느냐고 신방과 폐쇄를 반대했다는 일화도 있다.[2] 미국 언론사들은 미국 신방과들과 마치 종합병원과 의대와 같은 관계를 유지하고 있는 것이 우리나라 현실과 근본적으로 다르다.

의사를 교육하는 의대는 의사인 교수가 '진짜' 대학병원에서 '진짜' 환자를 치료하면서 의대생을 '진짜' 의사로 교육한다. 이와 동일하게, '진짜' 언론사에서 기자 출신 교수가 '진짜' 뉴스를 다루면서 신방과 학생들을 '진짜' 기자로 길러내는 것이 바로 미주리 저널리즘 스쿨의 교육제도였다.

나는 1989년 5월에 귀국해서 한 학기 시간강사 생활을 거쳐, 1990년 3월부터 경성대 신문방송학과(2021년부터 미디어 커뮤니케이션 학과로 명칭 변경) 교수가 됐으며, 2021년 현재 31년째 자리를 지키고 있다. 그리고 2021년 8월 정년을 코앞에 남겨두고 있다.

내가 이 학교에 와서 한 일은 미주리 저널리즘 스쿨 기자 교육 시스템을 '닥치고' 구축하는 것이었다. 입사 당시, 경성대 신방과는 2학년까지밖에 없는 신설 학과였다. 그래서

---

1 정태철, 『미국 신문 연구』, 서울: 커뮤니케이션 북스, 1999, 305쪽.

2 위의 책, 283쪽.

교육과정을 새롭게 바꾸는 데 장애물이 없었다. 교육과정 개편 목적이 있기에, 나는 신설 학과 교수 자리를 의도적으로 찾아 부산까지 오게 됐다.

그리고 나는 다른 동료 교수들과 논의를 거쳐 교육과정을 이론 50%, 실무 50%로 바꿨다. 당시 전국 신방과 교육과정을 분석한 한 논문에 따르면, 1990년대 초반 전국 신방과의 실무 과목 비율이 13%였으니, 경성대 신방과의 실무 과목 50%는 '경악스러운' 비율이었다. 그게 1993년이었다. 그리고 실무교육 50%의 비율은 전국 100여 개 신문방송 계열 학과 중 아직도 독보적이다. 교육부가 실시하는 산업계 관점의 전국 신문방송학과 평가에서 전국 최우수학과가 된 배경에는 이런 실무 위주 교육과정이 결정적 역할을 했다.

그다음으로 기자 출신, PD 출신 교수들을 영입했다. 그리고 연차적으로 실습 기자재, 실습 스튜디오 등을 구비했다. 2000년 전후에는 실습 시설이나 공간은 제법 준비됐으나, 미주리 저널리즘 시스템을 도저히 흉내 낼 수 없는 게 하나 있었다. 막대한 자금이 소요되는 신문사와 방송국 설립이었다. 당시에 경성대 신방과는 학내 신문사와 방송국을 신방과 현장실습 언론사로 대용했으나, 대학 언론이라는 독립적인 학생 언론 자유 영역이 있어서 내부 갈등을 거듭하다 결국 결별하고 말았다.

그 대안으로 만든 것이 2007년의 '시빅뉴스(www.civicnews.com)'라는 인터넷신문이었다. 교육과정, 현장실습 시스템, 시빅뉴스 운영, 모두는 미주리 식이었지만, 시빅뉴스 사이트 자체는 그저 '우리들만의 리그'였으며 인터넷상에 떠도는 수많은 사이트 중 하나에 불과했다.

2013년에 학교로부터 시빅뉴스를 학교기업으로 키워보라는 제안을 받았다. 학교기업은 진짜 기업이어야 한다. 당국으로부터 인터넷신문 등록증을 받아야 하고, 세무서에서 사업자 등록증도 받아야 한다. 그런 절차를 거쳐 '진짜' 상업화된 시빅뉴스가 탄생했다. 1년 매출이 몇 백만 원이 되지 않는 우스꽝스럽고 초라한 구멍가게 인터넷신문이었다. 그러나 학생과 교수들은 열심히 기사를 쓰고 사이트에 올렸다. 하루 기사 클릭 수는 우리 학과 학생 수와 거의 비슷한 100-200건 정도였다.

2015년, 기적이 생겼다. 교육부에서 학교기업 지원사업을 공모했고, 시빅뉴스가 지원 대상자로 선정되어, 졸지에 시빅뉴스는 연간 2억여 원의 교육부 지원금과 학교의 매칭펀드(대응자금)까지 합해서 연간 3억 원의 예산을 확보했다. 즉각 졸업생 기자 5명을 고용했다. 현장실습 학생기자들에게는 취재비를 지급했다. 유럽, 일본, 필리핀 등 해외 취재도 보냈고, 카드뉴스도 만들었으며, 페이스북 생방송도 실시했다. 그 결과, 2017년 두 번째 기적이 발생했다. 네이버와 카카오(다음)의 뉴스검색제휴사로 시빅뉴스가 선정된 것이다. 그해 600여 언론사들이 신청했으나, 네이버와 카카오 두 군데 모두 검색제휴사로 선정된 언론사는 10여 군데에 불과했고, 그중 하나가 시빅뉴스였다. 그후 2년 뒤 교육부 지원이 중단됐지만, 네이버와 카카오 뉴스검색제휴사의 지위를 현재에도 유지하고 있는 시빅뉴스는 매출액은 그리 크지 않지만 하루 기사 클릭 수 1만 회 전후를 오가는 제법 언론사다운 인터넷신문이 됐다.

그리고 시빅뉴스를 움직이는 학생기자를 배출하기 위해 기사 쓰기 과목 두 개, 과목 공식 명칭이 '캡스톤 디자인 시빅뉴스 현장실습'인 실습 과목 두 개를 연중 운영하고 있다. 물론 동료 교수들 모두가 시빅뉴스 제작에 참여했지만, 나는 시빅뉴스 대표/발행인, 칼럼리스트, 때로는 편집 담당까지 맡았다. 그리고 한 학기에 교정용 빨간색 볼펜이 여러 개씩 날아가 버릴 정도로 학생들이 개발새발 쓴 기사를 고치고, 혼내고, 다그치는 신세가 됐다. 네이버에 검색되는 기사가 하루에 5개에서 10개씩 올라가다 보니, 기사 관련 항의 전화도 걸려 오고, 감사 전화도 온다. 기사에 말썽이 생겨, 언론중재위원회에 두 번이나 출석해야 했다. 부지불식간에 언론인으로서 해 볼 일, 겪어 볼 일을 대부분 부딪치게 됐다.

기사의 '기'자도 모르는 왕초보 대학 1학년 학생들을 다그쳐서 스스로 뉴스를 기획하고, 취재하고, 기사로 작성하는 학생들이 매년 30명, 40명씩 배출되는 것을 보니, 그간의 일이 주마등처럼 지나간다. 그렇게 30년이 흘렀다.

조중동 기자들과 사석에서 기사 쓰다가 언제 따옴표를 붙여 직접인용하고 언제 따옴표 없이 간접인용하느냐고 물은 적이 있다. 우리나라 대표 기자들은 직접인용하면 녹음기를 틀어 놓은 것처럼 기사를 써야 한다는 정도의 기본은 알았지만, 직접인용과 간접인용이란 두 개 형식의 정확한 차이를 말하지 못했다. 전국 편집기자협회 초청으로 특강을 나간 적이 있었다. 국내 굴지 신문사 편집기자들에게 미국 신문의 제목 쓰는 원칙을 말해 주었더니 그런 게 있는지 처음 들었다고 했다. 미국 신문 제목은 주어와 술어를 갖춘 완전 문장에 비동사와 관사를 생략하는 게 원칙이다. 만약 주제목에서 주어와 술어가 없는 제목('충격!' 이런 식 제목, hammer headline이라고 함)을 쓰면, 그다음 부제목에는 꼭 주어와 술어를 갖춘 완전 문장형 제목이 나와야 한다.

우리나라 기자 교육은 도제식이다. 체계적인 이론이 쌓인 게 없다. 일제강점기부터 지금까지 사수에서 조수로, 그 조수가 사수가 돼서 다시 조수에게 수십 년 기자 교육이 이어져 왔다. 내가 학생들에게 30년간 가르친 기사 작성과 취재 방법은 도제식으로 수십 년 동안 내려온 국내 기성 언론의 관습적 관행을 답습한 게 아니었다. 국내 기사 작성 관행과 다른 하나의 저널리즘 실무 '원칙' 내지는 '원론' 같은 것이었다. 그 내용을 정리한 것이 바로 이 책이다. 그래서 이 책의 제목이 '원칙적 기사 쓰기, 원론적 취재하기'인 것이다.

이 책은 30년간 경성대 신방과에서 나에게 '언론 문장 연습', '저널리즘 기초 글쓰기', '취재보도', '현장실습' 과목을 수강한 학생들이 나에게 제출한 기사를 고치고 바로 잡는 과정에서 쌓인 자료를 모은 결과물이다. 이 책은 당연히 학생들이 만든 것이다. 빨간색으로 도배된 글을 돌려받으면서 자존심도 상하고 마음고생도 많이 했을 제자 학생들에게 이 책을 바친다. 그리고 기사 쓰기 과목 '빨간펜'의 추억을 함께 영원히 간직하자는 의미로 이 책의 표지를 빨간색으로 정했음을 기억해 주기 바란다.

이 책의 출판을 도와준 경성대 출판부에 감사의 말씀을 전한다. 이 책의 출판과 편집을 담당해준 세종문화사 이동균 상무님과 김미화 선생님께도 고마움을 전한다. 옆에서 성원해준 가족에게 깊은 애정과 마음의 빚을 느낀다.

무엇보다도, 이 책이 저널리스트를 꿈꾸는 학생들, 초년 기자들에게 저널리스트로서 지침과 등대가 되면 더할 나위 없는 보람으로 간직하겠다.

2021년 1월 22일 아직도 부산시 남구 대연동 자택에서 정태철

| 목차 |

제2부 원론적 취재하기

제1부

원칙적 기사쓰기

제1장
기사 쓰기 원칙

1. 기자 만들기 vs. 기자 교육하기

21세기는 소셜 미디어 전성시대다. 유튜브, 페이스북, 인스타그램, 트위터, 블로그 같은 소셜 미디어, 또는 사회관계망 서비스(SNS)가 살아 숨 쉬고 있다. 사람들은 여기서 누구나 저널리스트처럼 뉴스를 올리고 남이 올린 뉴스를 퍼 나르고 있다. 아예 대놓고 가짜뉴스만 싣는 '월드뉴스데일리리포트(https://worldnewsdailyreport.com)'란 인터넷신문이 있을 정도다.[3]

그럼 도대체 진짜 저널리스트와 자칭 저널리스트와의 차이는 무엇일까? 그 답은 기자 전문직주의(professionalism)에 있다. 전문직은 의사, 변호사, 성직자, 교수처럼 일정한 직무능력과 윤리 의식을 보장하는 교육, 자격증(license), 협회를 갖춘 직업을 뜻한다.[4] 의사의 의술처럼 기자 일이 아무나 할 수 없는 일이라는 사실로부터 기자도 전문직이라는 권위가 생긴다. 그러나 소셜 미디어 전성시대에 누구나 유튜브 1인 방송을 하면서 가짜뉴스나 유사 평론을 쏟아 내자, 기자 전문직주의가 무너지고 있다.

원래 기자는 하는 일은 고도로 전문직적이나, 편집국 조직의 명령을 수행해야 하고 노

---

3 하세준, "대놓고 가짜뉴스만 싣는 '월드뉴스데일리리포트', 세계적 인기 사이트로 부상", 『시빅뉴스』, 2018. 9. 25., https://c11.kr/ck09.

4 정태철, 앞의 책, 253–260쪽.

조를 결성할 수 있어서, 전문직이라고 보기 어려운 면도 동시에 갖고 있다는 딜레마가 있다. 미국의 원로 언론윤리 학자 존 메릴 교수는 기자의 전문직화는 취재와 보도의 자유를 방해한다고 주장하면서 기자는 전문직주의에 얽매여서는 안된다고 했다.[5] 미국의 사회학자 게이 터크만은 언론이 사회 비판으로부터 자신들의 직무를 보호하기 위한 합리화 수단이 전문직이기 때문에 기자는 "실패한 전문직"이라고 주장했다.[6] 다른 언론학자 아서 카울은 기자는 뉴스 공장에 고용된 "프롤레타리아적 전문직"이라고도 했다.[7]

기자라는 직업을 체계적이고 조직적인 의사나 변호사와 같은 수준의 전문직 위상에 올려놓기는 어렵다고 해도, 가짜뉴스가 설치고 자칭 언론인들이 판치는 세상일수록 진정한 기자상이 필요하다. 완벽한 전문직은 아니라고 해도 전문직의 긍지와 직무 전문성을 가지려고 노력하는 정신과 태도를 가진 기자가 필요하다는 말이다. 맥리오드와 하울리의 연구에 따르면, 전문직을 지향하는 기자일수록 책임감과 객관성 같은 전문직적 가치에 집착하며 사주 등 외적 간섭에 비판적인 경향이 있다고 했다.[8] 그리고 이드스부그와 호이트의 방송 기자에 대한 연구에 의하면, 전문직 성향이 높은 기자일수록 실수를 더 많이 잡아내며, 자기 의견을 개진하려는 성향이 강하고, 외부 유혹이나 압력에 부정적임이 드러났다.[9]

한 미디어 비평가는 "인터넷이 기자로 하여금 산 위에서 십계명을 들고 서 있는 모세 같은 자세를 중지시켰다"고 말한 바 있다.[10] 이 말은 인터넷 발달로 기자만 독보적인 저널리스트가 되는 시대는 지나갔다는 의미다. 누구나 기자 되기가 쉬어진 세상에 심층보도, 객관 보도, 진실 보도를 향한 노력 등 기자로서의 태도와 정신은 역시 전문직주의에서 비롯된다.

---

5 John C. Merrill, *The Imperative of Freedom: A Philosophy of Journalistic Autonomy*, New York: Hastings House, 1974.

6 Gaye Tuchman, *Making News*, New York: The Free Press, 1978, 106–113쪽.

7 Arther Kaul, "The Proletariat Journalist: A Critique of Professionalism", *Journal of Mass Media Ethics*, 1(2), 1986, 47–55쪽.

8 Jack McLeod and Searle Hawley, "Professionalism Among Newsmen", *Journalism Quarterly*, 41(4), 1964, 529–539쪽.

9 Karl Idsvoog and James Hoyt, "Professionalism and Performance of Television Journalists", *Journal of Broadcasting*, 21(1), 1977, 97–109쪽.

10 J. Wolff, "Online: What Happens When the Public Comes at You From Cyberspace", *Columbia Journalism Review*, November/December, 1994, 62–65쪽.

이게 기자 교육의 근거다. 과거보다 오히려 진짜 저널리스트 교육이 필요한 시대다. 소위 기자 교육은 틀에 박힌 기자 만들기의 일환이 될 수 있다는 비판에 직면하기도 한다. 기자 교육은 기자로서의 창의력을 억누르고 언론 자유 침해 소지도 있다는 비판을 받는다. 기자 교육하기는 기자에게 보도 원칙을 가르치는 것이다. 기자들의 취재와 기사 쓰기는 원칙으로부터 응용할 수 있는 자기 나름의 방법을 찾는 것이다. 원칙을 깰 때는 그만한 이유가 있어야 한다. 그냥 튀거나, 빨리 보도하고 싶거나, 불편해서 원칙을 깬다면, 이는 진짜 저널리스트로 가는 길이 아니다. 기자 교육하기는 기자 만들기가 아니라 기자로서의 태도와 업무의 원칙을 이해시키는 것이다.

2. 기사 쓰기 먼저, 기사 취재하기 그다음

뉴스는 ①뉴스 기획 → ②뉴스 취재 → ③뉴스 작성의 3단계를 거쳐 생산된다. 그런데 미주리 대학은 뉴스 작성, 즉 기사 쓰기 교육을 먼저 한다. 이 대학에는 '뉴스실습(News Practicum)'이란 1주일에 3시간 연강 과목이 있다. 교수가 준비한 취재 결과물, 또는 보도자료를 학생들에게 나눠주고 기사를 작성하라는 미션을 준다. 수강생은 3시간 안에 타이프(지금은 당연히 PC나 노트북)로 쳐서 기사를 교수에게 제출해야 한다. 기자의 목을 죄는 데드라인이란 시간적 제약 속에서 기사 한 건을 완성하는 기사 쓰기 훈련을 시키는 것이다. 그리고 기사 주제는 매주 바뀐다. 첫주는 교통사고, 두 번째 주는 화재사고, 세 번째 주는 인물기사(이들을 위해 교수가 사전에 준비한 취재자료를 제공한다), 네 번째 주는 강연회기사(강연자를 초청함), 다섯 번째 주는 인터뷰기사(인터뷰 대상자를 초청함) 등으로 16주가 이어진다. 중간고사는 외부 강연 기사화, 기말고사는 길거리 취재 기사 등으로 일부 취재의 맛을 보게 한다.

미주리식 기자 교육의 메인은 준비된 취재자료를 보고 기사를 쓰는 훈련이다. 교수는 매주 학생들이 낸 기사를 단어 하나하나, 문장 하나하나, 문장부호 하나하나, 스타일(표기법: 이름, 나이, 주소, 숫자, 직책 등을 표기하는 법), 구성, 리드, 표현 등을 수정하고, 코멘트한 뒤, 채점해서 수업이 시작되자마자 학생들에게 돌려준다. 그리고 수업은 지난 기사의 리뷰로 시작된다. 외국인 학생에게는 연필로 기사 작성하는 것이 허용되고, 3시간 안에 끝내지 못하는 경우가 대부분이어서 다음날 정오까지 제출하게 한다. 영어가 모국어가 아닌 설움은 당해본 사람이 아니면 모른다. 외국 학생들은 미국 학생이 기사를 쓰다가 맘에 안 들어 종이를 죽 찢어서 버린 기사를 쓰레기통에서 찾아 집에 가서 참고하기도 한다. C를 받으면 성공이다.

기사라는 새로운 형태의 글을 쓸 줄 안 다음, 뉴스를 기획하고 취재하는 다음 단계로 나가는 게 미주리 대학식 기자 교육 방법이다. 기사 쓰기는 장시간 배워야 하지만, 뉴스 기획과 뉴스 취재는 요령을 설명 듣고 바로 현장에 가도 되기 때문이다. 나는 미주리 대학에서 해온 이 방법을 경성대 학생들에게 정확하게 이식해서 30년을 교육했다. 뉴스를 평소에 잘 읽지도 않고, 핸드폰 문자 메시지나 카톡 대화 말고는 한쪽 이상 긴 글을 써본 경험이 거의 전무한 학생들이 한 학기가 끝나가면서 아홉 번째, 열 번째 기사를 쓸 때쯤, “어? 내가 기사를 써서 내고 있잖아?” 하고 반신반의하면서 기사 쓰기 학습의 쾌감을 느끼는 것을 매년 목격했다.

물론 개인차는 있다. 원래 글쓰기에 소질 있는 학생은 빠르게 기사 쓰기에 적응한다. 고등학교 때 문예반 활동을 해서 수필 등 감성적 글에 자신 있는 학생이 의외로 기사라는 형식의 글에 적응하지 못하는 사례도 있다.

경성대 미디어 커뮤니케이션 학과는 2학년 1학기의 ‘저널리즘 기초 글쓰기’ 과목을 통해서 뉴스 작성 능력을 먼저 배운다. ‘저널리즘 기초 글쓰기’는 교수가 만든 취재자료나 취재 대상을 학생들에게 제공하고, 이를 가지고 학생들이 각자 그날 수업 시간 내에 기사를 작성해서 제출하는 과목이다. 이 과목을 패스하면, 그다음 뉴스를 기획해서 취재하고 작성하는 과목으로 승급한다.

뉴스 쓰기 과목에서는 뉴스 쓰기 원칙을 배우는 이론 부문 강의가 일부 있고, 한글맞춤법과 표준어 규칙을 매 수업마다 퀴즈 형식으로 10분 정도 테스트한다. 평소에 뉴스를 읽지 않는 학생들에게 뉴스를 쓰라고 할 수 없다. 무조건 뉴스를 많이 읽게 해야 한다. 그래서 시사 시험도 병행한다. 뉴스 쓰기는 이론, 어법, 뉴스 읽기가 동시에 진행돼야 한다.

아래 기자 교육 3단계 교육과정을 언론사에 적용해보면, 한 학기 15주를 15일로 압축해서 1일 1기사씩 교육하는 방식이 가능할 것이다. 이렇게 처음 15일은 매일 주제를 바꿔가며 취재자료를 바탕으로 기초 기사 쓰기 교육 단계, 그다음 2-3주는 기사 기획, 취재, 작성을 약 3일에 한 건씩 소화하는 심화 교육 단계, 그다음은 직접 부서에 배치되어 일정량의 기사를 매일, 혹은 매주 스스로 찾아서 완성하는 현장실습 단계 등으로 수습 교육 프로그램을 짤 수 있을 것이다.

[표1-1] 경성대 미디어 커뮤니케이션 학과의 3단계 기사 쓰기 실습과목

단계	기초실습 단계	심화실습 단계	현장실습 단계	
과목	저널리즘 기초 글쓰기	저널리즘 취재보도	시빅뉴스 현장실습(1)	시빅뉴스 현장실습(2)
내용	맞춤법 시험, 시사 시험 병행, 매주 취재자료에 의해 3시간 안에 기사 쓰기	르뽀, 인터뷰기사, 기획기사를 한 달에 하나씩 교수 피드백 받아가며 완성해서 시빅뉴스에 송고함	한 학기 동안 기사 6개(약 2주에 1개)를 기획, 취재, 작성해서 시빅뉴스에 송고함. 학생은 기자가 되고, 교수는 데스크가 되어 실제 언론사와 동일하게 운영됨	
학기	2학년 1학기	2학년 2학기	3학년 1학기	3학년 2학기

3. 언어는 기자의 작업 도구

취재를 배우기 전, 뉴스 쓰기를 먼저 배우는 이유 중 하나는 기자는 언어를 작업 도구로 사용하는 직업인이기 때문이다. 목수의 기본 도구는 망치다. 망치를 잘 다루지 못하는 목수는 집을 잘 지을 수 없다. 기자의 기본 도구는 언어다. 언어를 잘 다루지 못하는 기자는 좋은 기사를 쓸 수 없다. 따라서 기자는 소설가, 수필가, 작가처럼 언어 전문직업인 중 하나다. 기자의 언어는 일반인 언어 사용의 귀감이 되어야 한다.[11]

요새 목수들은 망치가 아니고 'nail machine'이란 기계로 못을 박는다. 이 기계 때문에, 망치질을 잘 못해도 목수 하는 데 지장이 없을 지경이다. 목수의 기본 도구가 망치에서 nail machine으로 바뀌었다는 것은 기본 습득이 쉬워졌다는 것이지, 기본 자체가 중요하지 않다는 것은 아니다. 언어의 기본기, 이게 곧 언어의 원칙이며, 원칙과 기본을 모르는 상태로는 그 직업에 종사할 수 없다는 점은 바뀌지 않았다. 기본에 충실하지 못하면서 특

[11] Floyd K. Baskette, et al., *The Art of Editing*, New York: Macmillan Publishing Company, 1986, 41쪽.

정 직업에 종사하는 사람들이 있다면, 정치든, 기업이든, 교육이든, 또 언론이든, 그 분야는 사회에서 제구실을 하기 어렵다.

글을 직업 수단으로 평생을 살아갈 생각을 하는 사람은 바른 글쓰기 원칙을 알아야 한다. 실제 글 쓰는 직업인이 되면 그 원칙을 융통성 있게 응용할 수 있다. 그러나 바른 글쓰기 원칙도 모르면서 응용만 하는 기자, 작가, 시인이 있다면, 이는 그 나라 문자 생활의 난맥상, 문자 문화의 혼란을 의미한다. 같은 기자라 해도, 바른 글쓰기 원칙을 안다는 점에서 전문직을 지향하는 기자 자세가 달라진다.

언론에 대한 비판은 언제나 있다. 가짜뉴스 때문에 언론에 대한 비판이 더 강해진 오늘날도 언론을 개혁해야 한다는 주장은 여전히 제기된다. 언론의 무엇을 개혁해야 할까? 혹은 언론의 무엇이 잘못됐다는 말일까? 우리나라 언론이 바른 문장을 쓰지 못한다는 점은 문제의 하나일 뿐이다. 그러나 이 점은 우리나라 언론이 기본에 충실하지 못하다는 문제를 보여주고 있다. 어쩌면, 이 점이 거대한 언론 문제의 시작일지도 모른다. 언론은 바른 글을 쓰는 기본 위에서 바른 취재, 바른 보도, 그리고 바른 논평을 해야 한다. '뉴욕 타임즈'는 미국 영어의 자존심이다. '더 타임즈'는 영국 영어의 보루다. '조선일보'와 '중앙일보'가 한국어의 자존심일까? 절대 그렇지 않다. 그래도 그 누구도 이의를 제기하지 않는다. 한국 언론 개혁은 거창할 필요가 없다. 언론의 바른 글쓰기부터 시작하면 된다. 미국 주류 신문사들은 영어 쓰기 코치를 두고 있다. 이들을 'writing coach' 또는 'writing consultant'라고 한다. 기사를 쓰다가 어법이나 맞춤법이 헛갈릴 경우, 미국 기자는 코치와 상의한다. 퓰리처 상을 받는 기사는 취재 내용이 좋아야 하지만 글도 좋아야 한다. 쉼표(콤마) 하나도 혼을 담아 넣고 뺀다고 해서 '콤마퀸'이라고 불리며 '지금 뉴욕은 교열 중'이란 책의 저자인 미국 여성 신문 교열 전문가가 국내 언론에 소개된 적이 있다.[12]

NIE 운동이 전국 초중고등학교에서 성행하고 있다. 이는 신문을 학교 교육에 활용해서 학생들에게 좀 더 실질적으로 정치, 경제, 사회, 문화, 그리고 환경을 이해시키자는 것이다. 그러나 유감스럽게도 우리나라 신문은 학교 교실 안으로 들어오려면 조심해야 한다. 왜 그럴까? 국문법 오류가 있는 신문이 학교 교재가 될 수 없기 때문이다.

---

12 양지호, "문장 품격은 양보 못할 가치...그게 '오케이어'의 직업윤리죠", 『조선일보』, 2022. 6. 7.

아무나 의사가 된다면, 사회가 그 의사에게 사람 생명을 맡길 수 없는 것처럼, 기자 교육을 통해서 바른 글쓰기 원칙을 배운 기자만이 전문직업인의 기본 소양을 갖추게 된다.

기자 전문직업인주의가 허약하면, 사회는 기자를 얕보게 되고 수시로 기자 존재와 활동에 시비를 건다. 의사들이 의료 민영화 등에 반대하는 행동을 사회가 비난하면서도 우리가 아프면 역시 그들을 찾을 수밖에 없는 이유는, 의사들은 의과대학에서 의술의 기본기를 다졌고 인간의 생명을 살리는 그들만의 기술에 대하여 그 누구도 함부로 이의를 제기하기 어렵기 때문이다. 기자와 언론이 사회의 지탄을 받을 때, 우리 언론도 과연 언론만이 사회를 감시하고 비판할 수 있다고 말할 수 있을까? 이제 세상은 만인이 뉴스 생산자다. 누구나 맘만 먹으면 인터넷신문을 만들 수 있고, 개인도 SNS, 블로그, 유튜브 등의 1인 방송에서 기자처럼 글과 말로 세상을 비판할 수 있다. 기본기에 충실하고 전문직업인적 소명 의식이 뚜렷한 언론인이 되어 깊이가 다른 심층보도, 체계적인 해설기사, 그리고 통찰력 있는 논평으로 진짜 저널리즘의 희망을 찾아야 한다.

4. text 기사와 영상

뉴스를 흔히 'news story'라고 부른다. 뉴스는 이야기다. 사건을 이야기로 시민들에게 들려주는 것이다.[13] 뉴스에는 신문 기사와 칼럼 등 텍스트 기반 이야기가 있고, TV 뉴스, 다큐멘터리, 유튜브 영상 등 영상 기반 이야기가 있다. 텍스트는 글(또는 글과 사진)로 '이야기를 구성'하는 것이고, 영상은 글과 영상(또는 음악)으로 '이야기를 구성'하는 것이다. 즉, 글과 영상의 공통점은 '이야기를 구성한다'는 점이다. 다른 점은 글과 영상이란 이야기 구성 재료일 뿐이다.

따라서 글을 잘 쓰지 못하는 사람은 곧 영상물도 잘 만들지 못한다. 글로 이야기를 잘 구성하지 못하는 사람은 영상으로 이야기를 구성하는 것도 쉽지 않기 때문이다. 뉴스를 배우는 학생들이 가장 어렵다고 이구동성으로 울상을 짓는 것이 바로 취재한 것을 기사로

13 박재영, 『뉴스 스토리: 내러티브 기사의 작법과 효과』, 서울: 도서출판 이채, 2020.

구성하는 것이다. 이는 매 학기 변함이 없다. 영상을 공부한 학생들은 영상물을 만들면 만들수록 영상도 구성이 어렵다는 사실을 알게 된다. 텍스트 뉴스를 쓰는 것과 영상물을 만드는 일은 구성하는 것이란 점에서 매우 유사하다. 글을 못 써서 영상을 전공할 거란 생각은 나중에 심각한 문제에 부딪히게 된다.

예를 들어, 한 아파트에 불이 났다는 뉴스 스토리를 텍스트 기사로 전달한다고 하자. 맨 처음 무슨 말로 불이 났다는 이야기를 시작할까? 그다음은? 또 그다음은? 마지막 문단은 어떤 말로 끝낼까? 텍스트 기사를 쓰는 기자에게 이런 구성의 고민이 이어질 것이다. 아파트에 불이 났다는 같은 사건을 영상 뉴스로 전달한다고 하자. 맨 처음 무슨 화면으로 시작할까? 그다음은? 또 그다음은? 마지막 화면은 무엇을 보여주면서 이야기를 끝낼까? 결국 영상 기자도 스토리 구성을 고민하게 된다. 양자 사이에는 구성에 살을 글로 붙일 것인가, 영상으로 붙일 것인가의 차이만 있는 것이다.

5. 기사 쓰기 10원칙

(1) 출처엄격주의 원칙

출처엄격주의는 다른 장르의 글과 구분되는 독특한 기사 문장 특징이다. 이는 다들 알고는 있지만, 실제로는 잘 지키지 않는 원칙 중 하나다. 하루에도 수천 가지가 쏟아지는 기사 문장 내용은 결국 두 종류 중 하나다. 기자 본인이 직접 본 것, 남이 본 것을 기자가 전해 들은 것, 딱 두 가지다.

기사란 '기자가 직접 본 것을 적은 문장'과, '남이 본 것을 전하는 문장' 모음이다. 따라서 기사는 두 가지를 엄격히 구분해서 적어야 한다. 이를 업계에서 통상 부르는 명칭이 없다. 이 책에서는 이를 '출처엄격주의' 원칙이라고 부르기로 한다. 별도의 출처가 없는 문장은 기자 자신이 본 것, 기자 자신이 곧 출처라는 의미다. 이 원칙을 바탕으로 기성 기사들의 단어 하나하나, 문장 하나하나를 밑줄 그어가면서 따지면, 출처가 모호한 것들이 줄줄이 나온다. 출처는 엄격히 밝혀야 한다. 남의 글을 출처 없이 옮겨 마치 자신의 목격담처럼 적으면, 이게 표절이다. '밝혀졌다', '알려졌다'는 출처 없는 대표적인 표절문장이다.

출처는 기사 신뢰도를 높여주는 근거다. 기사 문장, 단어 하나하나에는 근거가 있어야 한다. 근거는 통계, 관계 법령, 유사 사례, 전문가 인터뷰, 목격자 인터뷰, 관련자 인터뷰, 기타 각종 자료 등이 될 수 있다. 무슨 종류의 근거를 사용해도 좋다. 다만 그 근거는 기사 신뢰도와 타당도(validity)[14]를 높이는 데 도움이 돼야 한다.

중요한 것은 기사에 사용된 근거는 꼭 디지털 저장장치나 전통적 노트나 수첩 메모로 기자가 보관하고 있어야 한다는 점이다. 참고한 온라인 사이트 주소나 도서명 등을 확인해 놓는 것도 근거 보관 방법이다. 인터뷰 내용을 핸드폰으로 자동 녹음해 놓거나 '인터뷰이(interviewee)'의 동의하에 녹음파일로 저장해 두는 게 중요하다. 인터뷰이가 녹음을 거부하면, 인터뷰가 벌어진 상황 정보(이름, 나이, 주소, 직업, 장소, 시간 등)를 기록해 둘 필요가 있다. 팩트 체크 논란에 대비해서, 근거를 준비해 두어야 하기 때문이다. 출처는 곧 기사 근거이며 진실 공방 시 최고 방어 수단이다.

(2) 1문단 1아이디어 원칙

기사 쓰기를 배우는 데 가장 어려운 것이 구성이라고 했다. 기사 구성을 쉽게 배울 수 있는 방법은 '문단'을 이용하는 것이다. 모든 글이 그렇듯이 기사도 문단과 문단으로 구성된다. 원래 문단 정의가 '1개 아이디어를 담고 있는 문장들'이다. 그래서 기사 문단도 1개 아이디어를 담고 있어야 한다. 물론 1개 문단에 들어 있는 1개 아이디어를 기사화하다가 문단 길이가 길어질 수 있다. 그때는 그 안의 세부 내용에 따라서 다시 2개 내지 3개 소문단으로 나누면 된다. 중요한 것은 한 개 문단이 2-3개 소문단으로 나눠진다고 해도, 결국 한 개 큰 문단은 1개 큰 아이디어를 대표한다는 사실이다. 기사 구성은 각 문단의 아이디

14 '타당도'는 과학적 연구방법 용어다. 연구는 원하고자 하는 연구문제의 답을 얻어야 한다. 예를 들어, 한 집단의 대략적 신장(키)을 알고 싶으면, 키 평균을 구하면 된다. 그때 키 평균이 아니라 몸무게 평균을 구한 연구가 있다면, 그 연구 결과는 연구문제의 답을 얻지 못한 것이다. 이런 연구를 '타당도'가 없는 연구라고 한다. 요즘 대학생들 중 생활고로 굶는 학생이 많다는 기사가 있다고 하자. 그리고 기사에 전국 대학생 중 하루에 몇 끼를 먹는지를 알려주는 통계가 근거로 제시됐다고 하자. 제시된 통계는 생활고로 굶는 학생이 많다는 기사 주장 근거로는 타당도가 낮다. 돈이 있어도 시간에 쫓기거나 다이어트 목적으로 굶는 학생들도 많기 때문이다. 상당히 많은 기사가 과학적 타당도 입장에서 문제가 될 수 있다.

어들을 자연스럽게 흐르도록 연결하는 것이다. 어떤 기사는 중요도 순서대로 문단별 아이디어를 배열하고, 어떤 기사는 논리적(원인/결과, 문제/해결책 등)으로 문단별 아이디어를 배열한다.

1문단 1아이디어 원칙을 지키면, 읽는 사람 입장에서는 기사 흐름이 명확해지면서 기사를 쉽게 이해할 수 있다. 그리고 기자 입장에서는 1문단 1아이디어가 기사 쓰기, 기사 구성하기를 쉽게 배우는 수단이 된다.

(3) 1기사 1핵심 원칙

기사는 한 개 핵심을 중심으로 작성돼야 한다. 핵심은 산처럼 평지에서 돌출하여 눈에 띈다는 뜻인 '야마'라는 일본말로 현장에서 많이 쓰인다. 영어로는 알맹이란 의미로 '넛(nut)'이라고 불린다.[15] 즉, 한 개 기사는 한 개 핵심을 가진다. 물론 한 개 기사 안에는 한 사건에 대한 5W 1H를 포함해서 여러 부수적인 사안들이 포함돼 있다. 다시 말하면, 한 개 기사는 한 개 핵심과 이를 설명하는 부수적 정보로 구성된다. 그래서 기사 원칙은 '기사 하나는 핵심 하나를 중심으로 전개돼야 한다'는 것이다. 그래야 기사가 전달하고자 하는 메시지가 명확해진다. 그리고 기사 핵심은 그 기사의 리드(첫 문장 내지는 첫 문단)에 나타난다.

만약에 한 기사에 두 개 또는 세 개 핵심을 다 포함하고 싶으면, 아예 기사 자체를 핵심별로 두 개나 세 개로 나누면 된다. 기사 하나에 핵심 하나라는 원칙을 지키면, 기사 전달 충실성이 커진다.

(4) 5W 1H 1Q 원칙

5W 1H는 기사 문장 기본 요소다. 누가(who), 언제(when), 어디서(where), 무엇을(what), 왜(why), 어떻게(how)라는 5W 1H는 누구나 다 알면서 잠깐의 방심으로 지키기 어려운 원칙이다. 이것이 기사 문장 기본 원칙인 만큼, 기사를 쓰고 점검할 때, 우리는 5W 1H라

---

15 박재영, 앞의 책, 41쪽.

는 원칙으로부터 빠진 게 없는지를 검토해야 한다.

미주리 대학 기사 작성 과목에서는 5W 1H에 1Q를 덧붙여서 기사 문장 기본 요소라고 가르치고 있다. 1Q의 Q는 Question(질문)의 약자다.[16] 기사를 읽고 독자들이 의문을 제기하지 않도록 기사를 써야 한다는 의미다. 한 기사에서 나올 수 있는 모든 의문을 단 한 개 기사로 완벽하게 막을 수는 없지만, 적어도 치명적인 의문이 생기는 기사를 쓰면 안된다. 기자는 기사를 쓰고 송고하기 전에 시간이 허락하는 한, 5W 1H 1Q를 되뇌며 기사를 점검해야 한다.

(5) 의견과 사실 분리 원칙

신문은 17세기 발생 초기부터 원래 의견과 사실을 구분하지 않았다. 그러나 정치적 주장이 다양해지고 민주주의가 정착하면서, 기사는 의견과 사실을 구분하는 방향으로 진화했다. 그게 언론에게 상업적으로나 정치적으로 더 유리했기 때문이다. 미국도 언론의 주관적 주장과 객관적 보도를 혼용하다가 지금처럼 의견과 사실을 구분하자는 원칙으로 정리했다. 그 의견과 사실 분리가 원칙으로 자리 잡은 과정은 녹록지 않았으며 복잡한 사회 갈등과 타협의 산물이었다.[17]

의견과 사실 구분 원칙은 간단하다. 사건 사고 뉴스를 전하는 스트레이트 뉴스는 사실에 충실하고, 특정 사람의 주관적 주장인 칼럼이나 특정 언론사의 주관적 의견인 사설은 작성자 이름이나 회사 사설란에 명시적으로 구분해서 제시하자는 것이다.

이를테면, 기사 말미에 "이 사건의 귀추가 주목된다"는 문장은 사실만 들어 있어야 할 스트레이트 뉴스에 기자의 주관적 의견을 덧댄 것이다. 기사를 처음 배우는 학생들은 기사 결론을 맺으려고 고민하다가 자신의 주관적 의견이나 기성 언론의 상투적 표현을 보고 이런 말을 붙이고 싶어 한다. 의견과 사실 구분을 못 하거나 그게 습관이 됐기 때문이다.

---

16 미주리 대학 기사 작성 과목 강의록에 근거함.

17 Micahel Schudson, *Discovering the News: A Social History of American Newspapers*, New York: Basic Books, 1981.

(6) 정확성 원칙

"accuracy! accuracy! accuracy!(정확! 정확! 정확!)" 19세기 말 미국 신문왕 조지프 퓰리처가 편집국 벽면에 붙여 놓은 구호다.[18] 기사는 팩트가 틀리면 기사가 아니다. 이름, 숫자, 지명 등은 팩트의 기본이고, 기사 내용, 인터뷰 내용 등도 사실에 부합해야 한다.

사실이 아닌 단어 하나, 문장 하나, 숫자 하나가 기사에 포함되어 있으면, 기사 신뢰도는 급락한다. 수용자들은 '인터넷 검색'이란 순간적 팩트 체크 수단을 가지고 있다. 기자들이 쓴 기사를 놓고 일종의 네티즌 수사대들이 시시콜콜 정확성을 검증하고 있다.

언론이 정확성을 기하지 못하는 가장 현실적 이유는 시간과 인력 부족이다. 그러나 SNS에서 일반인들이 쏟아붓는 유사 뉴스들과 차별화하기 위해서, 언론은 더욱 정확성에 엄격해야 한다. 정확성은 뉴스 팩트 사실 여부, 인명과 지명 등 표기 정확성, 숫자 정확성, 심지어 오탈자까지 포함하는 개념이다.

또한 언론에 대한 어떤 법적 시비가 있다고 해도 보도 내용이 사실에 부합하면 언론은 명예훼손죄로부터 가장 큰 면책 사유를 갖게 된다. 이를 미국에서는 'truth as defense'라고 하며, 공인에 대한 언론 비판은 사실에 근거했으면 절대로 법적 책임을 지지 않는다.

(7) 귀납법 원칙

기사는 특수한 사례를 모아서 전체 경향을 보도하는 것이다. 이를테면, 특정 사건이나 특정 이벤트 하나만을 보도하는 기사도 있지만, 기사의 기본 논리는 귀납적이다. 특수한 사례들을 찾아서 보편적인 경향을 알리는 귀납적 논리가 기사 원칙이다. '진로이즈백', '돌아온 배배', '레전드 오징어 버거' 등 과거 인기 있는 식품을 새롭게 재포장해서 시중에 내놓는 뉴트로(newtro) 열풍이 일고 있다는 기사는 여러 특수한 사례를 모아서 보편적인 식품업계의 마케팅 경향을 기사화한 것이다. 정치든, 문화든, IT든, 대부분 기사는 결국 특정 사례를 모아 보편적 경향을 알리는 것이다.

---

18 Mitchell Stephens, *A History of News*. New York: Harcourt & Company, 1997, 이광재, 이인희 공역, 『뉴스의 역사』, 서울: 황금가지, 1999, 431쪽.

(8) 무드(mood) 원칙

기사에는 무드가 있다. 이를테면, 정치기사, 경제기사는 사실 전달에 충실해야 한다. 그래서 이들 기사 문체는 건조하다. 사회 문제의 원인과 배경을 파악하고 해결책을 모색하는 기획기사는 논리적이다. 반면에, 스포츠기사, 문화기사, 인물기사 무드는 다르다. 이들 소프트한 기사들은 손흥민의 활약상, 미담 주인공의 인간미, 원로 석학의 지성적 향기를 독자들에게 충실하게 전달해야 한다. 그래서 이런 기사 문체는 감성적이다. '통렬한', '훈훈한', 그리고 '그윽한'과 같은 형용사가 기사의 감칠맛을 더한다. 사람 냄새나는 직접인용도 많다.

기사는 기사 성격과 무드에 맞는 문체를 선택해서 사용해야 한다.

(9) 통일성 원칙

기사에는 무수한 단어, 용어, 숫자, 인명, 지명, 문장부호가 사용된다. 적어도 한 언론사는 모든 표기법(style)을 통일해서 독자들에게 제시해야 한다. 모든 언론사의 모든 표기가 통일되면 좋겠지만, 언론사 나름의 개성 있는 표기법이 필요할 수도 있다. 미국도 AP 통신사에서 만든 'AP Stylebook'이 모든 언론사 표기법 기초가 되지만, 개별 언론사는 각자 스타일북을 갖추고 있다. 이를 'local stylebook'이라 한다. 한국 언론도 그래서 개별 언론사별 local stylebook을 갖추고 내부적으로 수시 수정, 보완해 가면서 언론사 내 콘텐츠의 모든 단어 표기를 통일해야 한다. 언어 표기 통일성은 독자들 기사 이해도를 높인다.

한글맞춤법에는 띄어쓰기 원칙이 있고, 원칙의 예외적 허용 사례가 있다. '서울 대학교'도 맞고, '서울대학교'도 맞다. 그러나 한 언론사는 서울 대학교든 서울대학교든 둘 중 하나로 대학교 표기법을 통일해야 한다. 미국 'AP Stylebook'에 따르면, 'the president'라는 말을 붙이면, 꼭 'the president Joe Biden'이라고 이름과 성을 같이 표기해야 하고, 'president'라는 직함을 쓰지 않으면 그냥 이름 없이 성만 'Biden'이라고 표기한다.

법칙처럼 절대 어길 수 없는 표기법이란 세상에 없다. 그러나 어떤 언론사라도 표기법 통일성을 유지하기 위한 local stylebook은 꼭 있어야 한다. 기자가 되어 어느 언론사에서 일하게 되면, 가장 먼저 해야 할 일이 그곳의 local stylebook을 받아 공부하는 일이다.

언론사별 local stylebook은 날마다 수정되고 보완되어 개별 언론사 성격과 수준을 대표하는 '기사 작성 가이드라인'으로 발전시켜야 한다. 미국 스타일북은 젠더 불평등 단어인 'chairman'보다는 'chairperson'으로 표기하라고 권하고 있고, 대부분 언론사가 이를 지킨다. 스타일북은 이런 식으로 세월의 흐름에 따라서 양성평등을 반영하는 새로운 언어 사용 가이드북도 된다. 따라서 표기법은 '보도 가이드라인' 역할을 한다. 최근 국내 언론들은 '자살'보다는 '극단적 선택'이라고 표현한다. 이런 식으로 스타일북은 항상 업데이드되어 단순히 표기법이 아니라 보도 가이드라인 역할을 해야 한다.

(10) 원칙 응용의 원칙

기사 쓰기를 배우는 일은 원칙을 배우는 것이다. 그런데 기사 쓰기 원칙을 강요하는 게 기자 표현 자유를 억압하는 요인이 될 수 있다는 반론이 있다. 원칙은 법이 아니다. 원칙은 기본일 뿐이다. 기자는 원칙을 기본으로 자기 나름의 원칙 응용에 힘써야 한다. 정확하고, 무드에 맞고, 의견과 사실이 분리된 기사 쓰기를 원칙으로 하되, 기자는 현장에서 발생하는 다양한 상황과 사건마다 개별성을 기사에 반영해야 한다. 노련한 기자일수록 원칙을 응용하는 데 익숙할 것이다. 다만, 원칙은 기사 쓰기 학습의 기본이며, 출발점이지만, 불변 법칙은 아니다.

제2장
기사 관련 용어 정리

다음은 이 교재의 뉴스 기획 첫 단계부터 마지막 뉴스 작성 마지막 단계를 요약한 것이다. 이런 뉴스 생산 전 과정 중, 이제부터 우리는 기사 쓰기 과정을 배우게 된다.

뉴스 생산 과정

①**뉴스 기획:** 뉴스는 일상적 기자 활동(보도자료, 출입처 방문 등), 제보(독자, 내부 고발자, 정보원 등), 데스크 지시, 자신의 기획에서 온다. 뉴스를 찾는 감이 곧 저널리스트 센스다. 뉴스 가치를 생각하라. 사회 문제가 무엇인가를 고민하라.

②**뉴스 취재:** 뉴스 주제의 의문점을 푸는 과정이 곧 취재다. 기존 기사, 각종 문헌 자료, 인터넷 검색, 통계, 관련자 인터뷰, 대표적 사람/단체 인터뷰, 관련 장소 방문 취재, 법령, 다양한 의견 등을 모으는 게 취재다. 남이 말하는 것을 적는 노트필기 능력이 매우 중요하다. 나중에 인용할 만한 멘트가 있는지를 항시 주목하라. 톡톡 튀는 멘트가 인용될 때 기사 흥미도가 높아진다.

③**기사 구성방식의 선택:** 역피라미드형인지, 기획기사형인지, 사실 기반 스토리텔링 구성방식인지, 감성 기반 스토리텔링 구성방식인지를 먼저 생각하라. 기자가 취재한 사건을 남에게 재밌게 얘기해준다고 생각하고 제일 먼저 무슨 얘기를 해주고(리드), 그다음은 무슨 얘기를 해주는 게 좋을지를 고민하는 것과 기사를 구성하는 것은 같다. 기사는 귀납적이다.

④**무드에 따른 기사 문체 선택:** 기사를 쓰기 전에 이 기사가 드라이한 스트레이트 기사인지, 논리적인 기획기사인지, 감성적인 르뽀/인물기사인지를 확인하고, 기사 무드에 맞는 문체로 글을 써야 한다.

⑤**리드 선택:** 리드 종류인 요약형, 강조형, 정서형, 사례제시형, 상황묘사형, 설명형 중 하나를 기사 첫 문장, 혹은 첫 문단으로 선택한다.

⑥**핵심(결론) 제시:** 기사는 그 안에 한 문장으로 기사 결론(핵심)이 적혀 있어야 한다. 대개 요약형, 강조형, 정서형 리드는 리드 자체가 기사 핵심이고, 사례제시형이나 상황묘사형, 설명형 리드는 그 리드 바로 다음에 기사 핵심을 한 문장으로 제시해야 한다. 결론이 두 개인 기사는 두 개 기사로 분리하는 게 좋다.

⑦**1문단 1아이디어, 문단 내 요지-설명-인용:** 한 문단에 한 아이디어씩 들어가도록 구성하라. 한 문단에 한 개 핵심 아이디어가 명백하게 들어 있어야 한다. 문단을 무조건 한 문장씩 나눈다든지, 직접인용문은 무조건 문단을 달리한다든지, 문단이 길다고 중간에서 적당히 두 문단으로 나누는 게 아니다. 한 문단에서 아이디어가 갈릴 때 문단을 나누는 것이다.

⑧**출처:** 출처는 문장마다 밝히는 게 원칙이다. '전해졌다', '밝혀졌다', '알려졌다', '본지 취재를 종합하면' 등의 표현은 출처를 숨기는 수법 중 하나이므로 '가급적' 사용해서는 안된다.

⑨**인용:** 기사는 인용과 인용의 연속이다. 인용 방법을 숙지하라. 특히 직접인용, 간접인용의 차이를 숙지하라.

⑩**의견과 사실을 구분하라. 의견에는 특별한 근거와 출처가 뒤따라야 한다.**

⑪**기사를 읽은 후 독자의 질문이 없게 하라.**

⑫**표기법 통일성, 기사 정확성, 문장 맞춤법과 구두점 등을 철저히 확인하라.**

1. 기사의 기본 요소

기사의 3요소는 제목, 사진, 본문이다(5W 1H는 기사 문장의 기본 요소다). 기사 성격, 구성방식, 기사 문체가 어떻든, 기사는 근본적으로 제목과 사진과 본문으로 구성된다. 기사 3요소를 다시 세부적으로 살펴보면 다음과 같다.

①사진(cut)
②사진설명(cutline)
③주제목(headline)
④부제목(sub-headline)
⑤사이제목
⑥본문(body): ⑦리드(lead) +기타 본문
⑧기자이름(byline)

이를 도식화하면 다음과 같다.

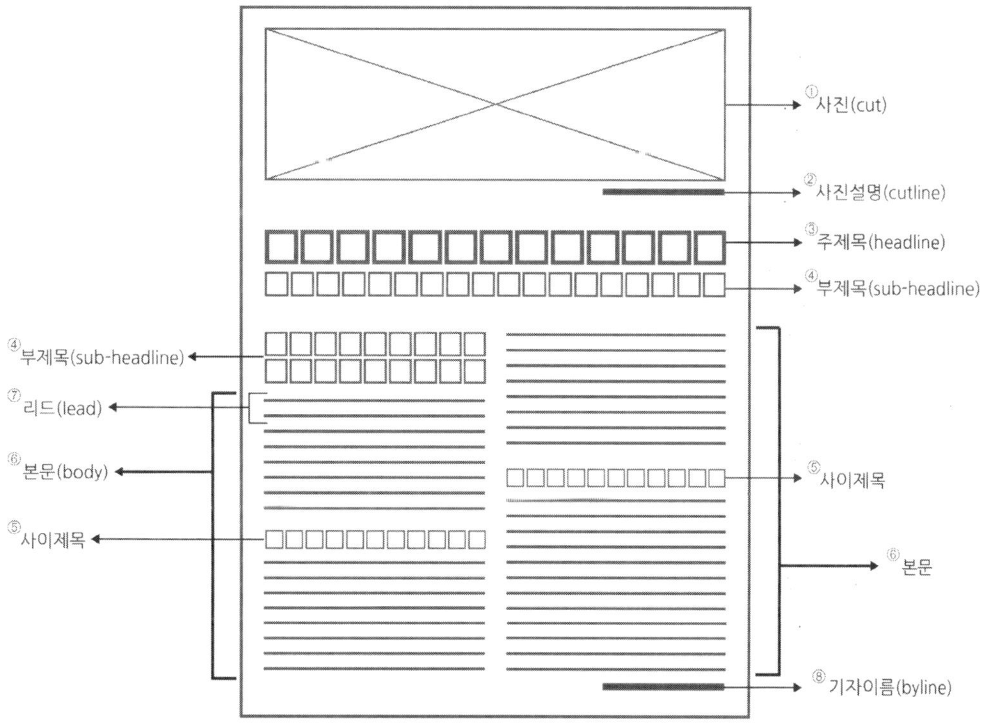

[그림2-1] 기사 요소와 세부 명칭

2. 기사 내용에 따른 기사 종류

저널리즘(언론)은 ①뉴스 보도(news reporting), ②논평(commentation)이 가장 중요한 2대 기능이다 여기서 뉴스 보도는 사실 중심 기사고, 논평은 의견 중심 기사다. 두 개 기사 유형을 알아야 하는 이유는 사실과 의견 분리 원칙이 있기 때문이다. 사실 중심 기사에 의견이 들어가면 안된다. 다만, 특정 의견은 특정인의 인터뷰로서 기사에서 인용되는 형식으로 기사에 제시될 수 있다. 그러나 기사를 쓴 기자 본인 의견이 기사에 들어가는 것은 금물이다. 이 책은 의견 중심 기사 쓰기를 다루지 않고, 사실 중심 기사 쓰기만을 배운다. 기사 내용을 기준으로 기사를 분류하면 다음과 같다.

①**사건 중심 기사:** 화재, 살인, 강도 사건, 행사, 정치 사건 스트레이트 기사 등
②**장소 중심 기사:** 르뽀, 여행기사, 맛집기사, 핫한 거리 탐방기사 등
③**인물 중심 기사:** 인터뷰기사, 인물기사, 미담기사, 부음기사 등
④**이슈 중심 기사:** 기획기사, 트렌드기사 등
⑤**의견 중심 기사:** 칼럼, 사설, 해설기사, 분석기사 등

3. 기사 구성방식에 따른 기사 종류

기사는 취재해서 모은 자료들을 '어떻게 구성하느냐' 하는 것이 관건이다. 구성하는 방식에 따라서 여러 구성방식(fomula)이 있다. '역피라미드'가 가장 오래됐고 기본적인 구성방식이다. 노련한 기자는 자기 나름의 기사 구성방식을 개발할 수 있다. 기사를 소설처럼 쓸 수도 있다. 천편일률적이고 상투적인 기사 구성 형식을 고집할 필요는 없다. 이 점이 바로 '원칙 응용의 원칙'이다. 다만, 새로운 형태의 기사 구성방식이 독자 흥미를 끌 수는 있어도 사실을 왜곡할 가능성이 있으면 자제하는 게 좋다.

기사 구성방식은 학술적으로 정확한 이름이 붙어 있는 것은 아니지만, 대개 다음과 같은 형태가 있다.

①**역피라미드형 기사 구성방식:** 중요도 순으로 기사 내용 배열. 이를테면, 사건사고 기사, 행정기사, 이벤트 기사 등. 스트레이트 기사라고도 한다.
②**기획기사형 기사 구성방식:** 논리적, 분석적으로 원인과 결과, 문제와 해결책, 문제의 유형화, 문제의 연대기적 분류, 문제의 비교 등 다양한 구체적 구성방식이 있음. 기획기사, 트렌드 기사 등
③-1 **사실 기반 스토리텔링 구성방식:** 사실을 충실하게 전달하면서 재미있게 이야기를 전개하는 방식으로 내용을 구성하는 것. 듣는 사람이 무리 없고 편안하게 스토리를 이해하도록 사실을 배열하고 전달하는 것. 강연회기사, 인터뷰기사 등
③-2 **감성 기반 스토리텔링 구성방식:** 소설이나 수필식으로 이야기하듯 기사를 풀어나가는 기사 구성방식, 본격적인 내러티브(narrative)형 기사라고도 한다. 르뽀, 인물기사, 미담기사, 이색 화제 등이 있음.

4. 기사 무드에 따른 문체 종류

기사 문체는 기사 내용과 기사 구성방식에 따라서 달라진다. 기사 무드에 따라서 문체를 선택하라는 의미다. 기사 무드와 기사 문체와의 관계는 다음과 같다.

①객관적 문체 → 역피라미드형 구성방식	→ 사건 사고 기사	→ 사실에 충실, 객관적
②논리적 문체 → 기획기사형 구성방식	→ 기획기사	→ 논리적, 분석적
③정서적 문체 → 스토리텔링 구성방식	→ 강연회, 르뽀, 인물	→ 수필식, 내러티브식

5. 기사 본문의 문단 모양

(1) 종이신문형

종이신문형 문단 모양은 원고지 작성법에 충실하게 문단과 문단을 들여쓰기로 구분한다. 종이신문은 지면 제약이 있기 때문에 지면을 최대한 아끼기 위해 들여쓰기로만 문단과 문단을 구분한다. 그 결과, 종이신문형 문단 모양은 다음과 같다.

> 모든 시내버스 뒷문 부근에는 교통 불편 신고 엽서함과 친절기사 추천 엽서함이 비치되어 있다. 하지만 대부분 승객들은 이를 스쳐 지나갈 뿐 그런 것이 있는지조차 모른다.
> 실제 이들 엽서함을 유심히 들여다보면, 엽서가 아예 들어 있지 않거나, 엽서가 낡아 찢어지거나, 심지어 엉뚱한 그림엽서가 들어있는 경우도 쉽게 발견된다. 승객들의 교통 민원을 수렴하기 위한 버스 내 엽서함이 총체적으로 외면당하고 있다.
> 등하교 시 버스를 자주 이용하는 대학생 이준엽(24) 씨는 버스를 이용하면서 불쾌한 일을 많이 겪었지만 한 번도 교통 불편 신고엽서를 이용해 본 적이 없다. 이 씨는 "신고하는 게 번거롭기도 하고, 신고해봤자 내게 돌아오는 이득도 없다"며 "대부분의 버스 기사들이 불친절한데 특정 버스만 찍어서 신고하기가 뭐하다"고 쓴웃음을 지었다.[19]

[19] 이민재, "시내버스 교통 불편 신고함 '있으나 마나'", 『시빅뉴스』, 2014. 10. 17., https://c11.kr/cm4s.

(2) 온라인신문형

온라인신문형 문단 모양은 들여쓰기를 하지 않고 문단 사이의 줄을 띄우는 방법으로 문단을 구별한다. 온라인신문은 공간 제약이 적다. 또한 '신속간편'이 온라인 신문의 장점이므로 들여쓰기를 생략하고 간단하게 줄을 띄워서 문단을 구별하는 것이다. 문단 사이의 줄 띄우기는 가독성을 높이는 효과도 있다. 그런데 문단마다 줄을 띄운다는 원칙을 문장마다 줄을 띄우는 방식으로 사용하는 것은 잘못이다.

> 모든 시내버스 뒷문 부근에는 교통 불편 신고 엽서함과 친절기사 추천 엽서함이 비치되어 있다. 하지만 대부분 승객들은 이를 스쳐 지나갈 뿐 그런 것이 있는지조차 모른다.
>
> 실제 이들 엽서함을 유심히 들여다보면, 엽서가 아예 들어있지 않거나, 엽서가 낡아 찢어지거나, 심지어 엉뚱한 그림엽서가 들어있는 경우도 쉽게 발견된다. 승객들의 교통 민원을 수렴하기 위한 버스 내 엽서함이 총체적으로 외면당하고 있다.
>
> 등하교 시 버스를 자주 이용하는 대학생 이준엽(24) 씨는 버스를 이용하면서 불쾌한 일을 많이 겪었지만 한 번도 교통 불편 신고엽서를 이용해 본 적이 없다. 이 씨는 "신고하는 게 번거롭기도 하고, 신고해봤자 내게 돌아오는 이득도 없다"며 "대부분의 버스 기사들이 불친절한데 특정 버스만 찝어서 신고하기가 뭐하다"고 쓴웃음을 지었다.

(3) 혼합형

혼합형은 종이신문형 들여쓰기와 온라인신문형 줄 띄우기로 문단과 문단을 구분한다. 문단 시작을 들여쓰기로도 하고 문단과 문단 사이의 줄도 띄우는 것이다. 그러나 이것은 노력 낭비다. 따라서 혼합형은 권장할 문단 모양이 아니다. 그리고 종이신문이 아닌 한 온라인신문은 온라인신문형 문단 모양을 유지하는 게 간편하다.

> 　모든 시내버스 뒷문 부근에는 교통 불편 신고 엽서함과 친절기사 추천 엽서함이 비치되어 있다. 하지만 대부분 승객들은 이를 스쳐 지나갈 뿐 그런 것이 있는지조차 모른다.
>
> 　실제 이들 엽서함을 유심히 들여다보면, 엽서가 아예 들어있지 않거나, 엽서가 낡아 찢어지거나, 심지어 엉뚱한 그림엽서가 들어있는 경우도 쉽게 발견된다. 승객들의 교통 민원을 수렴하기 위한

버스 내 엽서함이 총체적으로 외면당하고 있다.

등하교 시 버스를 자주 이용하는 대학생 이준엽(24) 씨는 버스를 이용하면서 불쾌한 일을 많이 겪었지만 한 번도 교통 불편 신고엽서를 이용해 본 적이 없다. 이 씨는 "신고하는 게 번거롭기도 하고, 신고해봤자 내게 돌아오는 이득도 없다"며 "대부분의 버스 기사들이 불친절한데 특정 버스만 찝어서 신고하기가 뭐하다"고 쓴웃음을 지었다.

제3장
리드 쓰기

1. 리드(lead)의 종류

'리드'는 영어로 'lead'다. 기사를 이끌거나 시작한다는 의미이며, 굳이 우리말로 번역하면, '도입부'가 된다. 그래서 리드는 기사 첫 문장, 혹은 첫 문단을 가리킨다. 리드는 그 자체가 기사 핵심일 수도 있고, 경우에 따라서는 리드 다음에 기사 핵심 문장이 나와서, 리드가 기사 핵심의 단서가 되는 역할을 할 수도 있다.

무엇보다도 리드는 독자 시선을 끄는 역할을 담당한다. 뉴스 홍수에 사는 현대 독자일수록 제목과 리드만 읽을 확률이 높다. 제목과 리드에서 본문을 계속 읽게 할 매혹적인 요소가 들어 있어야 한다. 유능한 기자는 리드 잡는 것부터 센스를 발휘한다.

초보 기자는 리드 잡는 일을 매우 어렵게 생각한다. 그래서 기사를 쓰기 시작할 때 막연히 리드를 고민하지 말고, **기사 성격과 본문에 적합한 리드 종류를 먼저 선택하고, 그다음에 리드를 구체적으로 적는 게 좋다.** 리드 종류를 부르는 이름은 학술적으로 이론화되지 못했다. 리드 종류는 사람마다 언론사마다 다양한 이름으로 불린다.

(1) 요약형 리드

요약형 리드는 기사 전체의 5W 1H 전부, 혹은 대부분(한두 개는 빠질 수 있다)을 간단히 요약해서 리드로 제시하는 것이다. 요약형 리드에는 기사 전체가 요약되어 있으므로 기사 결론(핵심, 가장 중요한 내용)이 당연히 그 안에 들어가 있다. 초보자가 가장 손쉽게 활용하기 좋은 리드다.

> **[리드] 서울성동경찰서는 지난 9일 새벽 서울 성동구의 한 아파트 엘리베이터 안에서 30대 A 씨가 흉기로 공격받은 사건을 수사 중이라고 10일 밝혔다.**
>
> 경찰에 따르면, 신원 미상의 남성 2명이 A 씨가 사는 아파트 건물 내부로 들어가 엘리베이터 안에서 A 씨의 손에 사제 수갑을 채운 뒤 흉기를 휘두르고 달아났다.[20]

위 요약형 리드는 누가(성동경찰서), 언제(9일), 어디서(아파트 엘리베이터), 무엇을(30대가 공격 받은 사건), 어떻게 했다(수사 중)는 등 왜(공격 이유)라는 요소를 빼곤 기사 내용 전체를 요약하고 있다.

> **[리드] 고(故) 최진실 씨 유골함 도난 사건을 수사 중인 경기도 양평경찰서는 25일 사건의 유력한 용의자인 박 모(41) 씨를 대구에서 검거했다고 26일 밝혔다.**
>
> 경찰은 용의자 박 씨를 25일 오후 11시 10분께 대구시 달서구 상인동 자택에서 검거, 신병을 양평서로 압송해 정확한 범행 동기와 경위를 조사 중이다.[21]

이 요약형 리드는 누가(양평경찰서), 언제(25일), 어디에서(대구), 무엇을(최진실 유골함 도난 사건), 어떻게(용의자를 검거함) 했다는 내용을 요약해서 보여주고 있다.

(2) 강조형 리드

강조형 리드는 5W 1H 중에서 1-2개의 요소를 강조해서 리드로 제시하는 것이다. 일종의 요약형 리드의 축소 형대다. 요악형 리느보다는 강조된 내용으로부터 독자 흥미를 더 끌 수 있는 힘이 있다. 무엇이 강조되느냐 하는 것은 기사 특징에 따라 달라진다. 대개 사람(who)이나 무엇(what)이란 요소가 강조되는 경우가 흔하다. 리드에서 강조된 요소가 곧

---

20 심현용, "유명 투자 유튜버, 괴한 2명에 피습...경찰 추적 중", 『시빅뉴스』, 2020. 1. 10., https://c11.kr/cm53.

21 이우성, "최진실 유골 절도용의자 대구서 검거", 『연합뉴스』, 2009. 8. 26., https://c11.kr/cm58.

기사 핵심이다.

[리드] 탤런트 고(故) 최진실 씨의 유골함 절도 사건의 용의자가 경찰에 붙잡혔다.

이 사건을 수사 중인 경기도 양평경찰서는 25일 오후 11시 10분쯤 대구에서 용의자 박 모(41) 씨를 검거해 양평으로 이송 · 조사하고 있다고 26일 밝혔다.

앞에서 소개된, 최진실 유골함 절도범 용의자 체포 기사의 요약형 리드는 누가, 언제, 어디서 등 5W 1H 요소를 대부분 포함한 형태였다면, 강조형 리드는 용의자(누구)가 붙잡혔다(무엇)는 사실만을 강조해서 사람들 눈길을 끄는 형태로 작성됐다.

[리드] 부산 101층짜리 초고층 아파트 엘시티가 승강기 문제로 도마 위에 올랐다.

지난 7일 청와대 국민청원 게시판에 해운대 엘시티 입주예정자라고 밝힌 청원자가 글을 올렸다. 부산 해운대 엘시티 주민들이 잦은 승강기 고장 문제로 공포와 스트레스에 시달리고 있다는 내용으로, 아파트 이름을 실명으로 밝혔지만, 일부 내용이 청원 요건에 위배돼 현재 익명으로 바뀌었다.[22]

이 기사는 부산 최고층 아파트인 엘시티가 최근 준공되어 입주민들이 입주했지만, 크고 작은 부실 공사 문제가 발생했고, 그중에서도 101층을 운행하는 엘리베이터가 말썽을 부리자, 이를 주민들이 청와대 국민청원 게시판에 올린 사건을 기사화한 것이다. 여기서 리드는 '엘시티 엘리베이터 문제가 도마 위에 올랐다'는 어디(엘시티 아파트)와 무엇(엘리베이터 고장)이라는 요소만을 돋보이게 한 강조형 리드다.

(3) 정서형 리드

정서형 리드는 5W 1H라는 기사의 내용보다는 그 기사가 사회에 미치는 영향이나 시사점, 그리고 문제점 등 그 기사로부터 독자가 공감할 수 있는 감정(기쁨, 환희, 슬픔, 분노)을 내세우는 리드다. 정서적으로 멋을 부리는 표현이 사용된다. 이때 지나치게 멋을 부리

22 곽희지, "해운대 엘시티 '승강기 문 닫히지 않아...공포에 시달려' 국민청원 올라와", 『시빅뉴스』, 2020. 1. 9., https://c11.kr/cm54.

면 오히려 어색하거나 부담스러울 수 있다. 표현 기교의 수위를 잘 조절해야 한다. 정서적 리드는 리드 다음에 기사 개요를 제시하는 게 좋다.

아래 기사들 첫 문장인 리드는 모두 기사 전체가 갖는 감정을 한 마디 문장에 담으려는 정서형 리드들이다. 그리고 리드 다음에 모두 기사 개요가 이어진다.

[리드] 베를린에서 희망을 칮으려던 한국 육상이 더 깊은 절망의 늪으로 빠져들었다.

23일(현지 시각), 독일 베를린에서 폐막된 제12회 세계육상선수권대회에 한국은 9개 종목에 걸쳐 19명의 남녀 선수를 출전시켰지만, 전원이 예선 탈락하거나, 예선이 없는 종목은 최하위권으로 추락했다.[23]

[리드] 계속 갈까? 내릴까? 갈아탈까?

지하철이나 버스 환승 얘기가 아니다. 이는 전속 계약 만료를 앞둔 연예인의 심정이다. 유노윤호 등 동방신기 세 멤버가 소속사와 갈등을 빚고 있고, 윤상현 · 고주원도 전 소속사에 내용증명을 보내며 다투고 있다.[24]

최근 기사 작성 경향 중에는 직접인용으로 기사를 시작하는 리드가 있다. 기사 주인공인 화자(話者)의 감정이 깊게 들어 있는 '직접인용형 리드'도 결국은 정서형 리드의 하나다.

(4) 설명형 리드

기사 핵심을 기사 처음부터 리드로 제시할 경우, 독자들이 내용을 이해하기에 어려움을 갖는 뉴스가 있을 수 있다. 뉴스 내용이나 뉴스 관련 개념이 일반인이 흔히 알 수 있는 것들이 아니기 때문이다. 이런 때 선택할 수 있는 리드가 설명형 리드다. 설명형 리드는 뉴스의 낯선 주요 내용이나 개념을 독자들에게 친절하게 설명하고, 그다음에 기사 핵심을 제시하는 형태로 작성된다. 스트레이트 뉴스에서는 IT 계통이나 게임 관련 뉴스를 다룰 때, 전문 용어를 설명형 리드로 먼저 설명하고, 그 분야에서 어떤 문제가 발생했다는 식으

23 최원창, "한국 육상 이대론 안된다", 『중앙일보』, 2009. 8. 24., https://c11.kr/cm5f.

24 김성의, "김태희, 소속사 갈아타고 가장 득 봤다", 『일간스포츠』, 2009. 8. 23., https://c11.kr/cm5h.

로 기사 본문을 전개하는 경우가 빈번하다. 특히 게임 관련 기사에서 전문 용어를 설명하지 않으면 일반 독자는 읽기 어렵다. 물론 게임 전문 신문이라면, 독자들이 대부분 게임을 아는 사람들이므로 굳이 설명형 리드가 필요하지 않을 것이다.

아래 기사는 10대가 인터넷 쇼핑몰 사장으로 많이 등장한다는 요지의 기사다. 그러나 '요즘 10대 사장님이 늘어나고 있다'고 대뜸 기사 핵심을 리드로 제시하기보다는 사장님에 대한 고정 관념을 설명형 리드로 소개하고, 그 고정 관념을 깨는 어린 사장님들이 늘어나고 있다는 결론을 이어서 제시하는 방식을 취했다.

> **[리드] 흔히 '사장님'이라고 하면, 우리는 머리카락이 희끗희끗하게 세고 나이가 지긋한 분, 또는 쉽게 다가갈 수 없는 어려운 사람 등을 먼저 떠올린다. 그러나 요즘, 10대인 중, 고등학생들이 인터넷 쇼핑몰 대표가 되는 '어린 사장님'들이 늘어나고 있다.**[25]

다음은 '패드립'이란 생소한 컴퓨터 게임 속어에 대한 기사다. 패드립이란 말이 젊은이들 사이에서 유행하고 있다는 기사 핵심을 리드로 제시하면, 고연령층 등 이해하지 못할 사람들이 많다. 그래서 이 기사는 설명형 리드로 패드립이란 속어를 먼저 설명하고, 그 패드립이란 말이 성행한다는 기사 핵심을 리드 다음에 제시했다.

> **[리드] 애드립(ad-lib)은 원래 즉흥적인 연설이나 연기를 뜻한다. 요즘 청소년이나 젊은이들은 즉흥적인 말인 애드립을 줄여서 '드립'이라고 한다. 이 드립이란 은어가 발전해서, 젊은이들은 터무니없는 말을 '개드립'이라 하고 그런 말을 하는 행동을 '드립친다'고 한다.**
>
> 최근 온라인 게임 상에서 '패드립'이란 말이 성행하고 있다. '리그오브레전드' '서든어택' '스타크래프트' 등의 온라인 게임들은 인터넷 게임 사이트로 동시에 여럿이 접속해서 게임을 하면서 게임 참여자들끼리 채팅창을 이용해서 서로 대화를 나눌 수 있는데, 여기에 "니네 엄마 XXX" "니 엄마 X친X" 등 상대 부모를 욕하는 패륜적 언동이 등장하고 있다. 이를 패륜 드립, 줄여서 '패드립'이라고 한다.[26]

---

25 나은지, "인터넷 쇼핑몰에는 10대 사장님이 있다", 『시빅뉴스』, 2013. 1. 16., https://c11.kr/cm5p.

26 김승수, "패륜적 욕설 '패드립' 난무...온라인 게임판이 멍든다", 『시빅뉴스』, 2015. 8. 11., https://c11.kr/cm5s.

고흐의 '알리스캉의 가로수' 그림 배경이었던 알리스캉 공동묘지 길과 쏙 빼닮은 길이 부산에서 발견됐다는 뉴스가 있었다. 여기서 불쑥 그런 길이 부산에서 발견됐다는 요약형 내지는 강조형 리드로 기사가 시작되면, 독자들이 이해하기 힘들다. 그래서 다음 예시 기사에서는, 고흐 그림을 설명형 리드로 먼저 제시하고, 그다음에 기사 핵심인 고흐 그림 '알리스캉의 가로수길'의 배경이었던 알리스캉 공동묘지 길과 쏙 빼닮은 길이 부산에서 발견됐다는 사실을 적었다.

> **[리드] 19세기 천재 화가 빈센트 반 고흐는 1888년 프랑스 남부 아를에 두 달간 머물며 친구인 폴 고갱과 함께 고대 로마 유적인 알리스캉을 자주 찾아가곤 했다. 이곳에서 작품을 자주 그리던 고흐는 붉게 물든 포플러 나무 아래 석관(돌무덤)이 줄지어 있는 알리스캉 공동묘지의 가을 풍경을 보고 또 하나의 명화를 탄생시켰다. 이 작품은 바로 지난 5월 5일 뉴욕 소더비 경매에서 6630만 달러(한화 약 717억 원)에 낙찰된 '알리스캉의 가로수길'이다.**
>
> '알리스캉의 가로수길'의 배경이었던 알리스캉 공동묘지 길과 쏙 빼닮은 길이 부산에서 발견됐다. 바로 부산환경공단 해운대사업소 뒤편에 있는 산책로다.[27]

(5) 사례제시형 리드

기사에서 말하고자 하는 핵심 내용을 보여주는 사례 1-2개를 먼저 리드로 제시하고, 그 다음에 핵심을 제시하는 형태로 리드를 만들 수 있다. 대개 사회 문제를 다루는 기획기사에서 문제 사례를 먼저 제시하는 리드가 자주 사용된다. 그런 리드가 바로 사례제시형 리드다.

요새는 스트레이트 기사에서도 식상한 요약형 리드 내지는 역피라미드 형태의 기사 전개 방식을 탈피하려는 대안으로 사례제시형 리드가 많이 쓰인다. 이를 기사의 '모자 씌우기 양식'이라고 부르기도 하며, 부정적으로 보는 시각도 언론계 내부에 있다. 그러나 사례로부터 독자의 흥미를 유도한 뒤, 뉴스 본론으로 들어가는 방식인 사례제시형 리드는 기사 원칙을 벗어나지 않으면서 독자 흥미를 유도하는 수단이므로 부정적으로 볼 필요는 없다.

---

27 류효훈, "해운대 뒤켠에 고흐 풍경화 연상케 하는 길 있다", 『시빅뉴스』, 2015. 8. 11., https://c11.kr/cm5v.

[리드] 지난 3월 결혼식을 올린 김미선(30) 씨는 스팸 문자로 인해 남편과 크게 다툰 경험이 있다. 늦은 밤이나 새벽이면 '오빠, OO이에요~'라는 제목으로 장문의 문자 메시지가 오기 때문이다. 김 씨는 "이제는 스팸 문자려니 하고 그냥 대충 보고 넘어가는데, 매번 이런 스팸 문자가 오는 것을 보면 이제는 짜증이 날 지경"이라고 말했다.

최근 스팸 문자로 고통당하는 사람들이 많아지자, 당국이 대책 마련에 나섰다. 제일 먼저 대책에 나선 부서는 사이버 경찰대……[28]

[리드] 직장인 김성현(27, 부산시 사상구) 씨는 얼마 전 개봉한 영화를 보기 위해 친구와 영화관에 갔다. 그러나 영화가 시작된 후, 그는 제대로 영화를 즐길 수 없었다. 부모와 동반한 한 아이가 쉴 새 없이 큰 목소리로 떠들었기 때문이다. 영화가 중반부에 들어서자, 아이의 고성이 더욱 커졌다. 참다못한 김 씨는 아이 부모에게 주의를 당부했다. 하지만 부모는 들은 체 만 체하며 아이에게 주의를 주는 시늉조차 하지 않았다. 결국 김 씨와 친구는 상영이 끝날 때까지 영화에 집중하지 못했다. 김 씨는 "친구와 오랜만에 영화를 보러 왔는데 돈이 아까웠다. 영화 내용은 기억이 안 나고, 아이가 시끄럽게 떠들고 떼쓰던 것만 생각난다"고 말했다.

해마다 극장가를 찾는 관객이 늘어가는 만큼, 어린이와 가족 관객도 많아지고 있다. 최근에는 '인사이드아웃', '미니언즈'와 같이 어른과 아이가 함께 즐길 수 있는 전체 관람가 영화 개봉이 줄을 잇고 있다. 하지만 통제가 어려운 어린이 관객들 때문에 영화를 함께 관람하는 성인 관객들 불만의 목소리가 커지고 있다.[29]

[리드] 대학생 김동원(24, 대전시 유성구) 씨는 최근 인기가 치솟아 거의 홈구장 매진을 기록하고 있는 응원팀 한화 이글스 경기를 보기 위해 친구들과 경기 시작 훨씬 전에 야구장으로 향했다. 이날도 표가 매진될 것이 뻔했기 때문이었다. 역시 그날 경기도 일찌감치 표가 매진됐고, 김 씨와 친구들은 구장 근처에 있던 암표상들에게 웃돈을 얹어 표를 구입할 수밖에 없었다. 김 씨는 "표가 매진이라 어쩔 수 없이 암표를 구매했다. 경기 관람은 즐거웠지만 바가지를 썼다는 느낌을 지울 수가 없었다"고 말했다.

최근 프로야구의 인기를 등에 업고 암표상들이 기승을 부리고 있어 야구팬들이 불편을 겪고 있다.[30]

---

28 권민정, "스팸 문자는 끝이 없다", 『시빅뉴스』, 2013. 1. 16., https://c11.kr/cm66.
29 김민지, "노키즈 영화관 설치 싸고 뜨거운 찬반논란", 『시빅뉴스』, 2015. 8. 10., https://c11.kr/cm6c.
30 윤영한, "야구장 암표상 기승…정가 3-4배 바가지 일쑤", 『시빅뉴스』, 2015. 8. 3., https://c11.kr/cm6e.

(6) 상황묘사형 리드

상황묘사형 리드는 기사 핵심을 잘 설명해 주는 실제 상황을 실감 있게 재구성해서 소설처럼 리드로 묘사해 주고, 바로 이어서 기사 핵심을 제시하는 형태의 리드다. 상황묘사형 리드는 사례제시형 리드와 유사하다. 사회 문제에 대한 실제 사례를 제시하는 것이 사례제시형 리드라면, 문제의 실세 상황을 소설처럼 묘사하는 것이 상황묘사형 리드다. 상황묘사형 리드는 일종의 '내러티브 기사체'의 한 형태다. 탐사보도나 르뽀에서 많이 쓰일 수 있다. 사례제시형이든 상황묘사형이든, 리드 다음에 기사 핵심이 나와야 한다.

다음 예시는 대학가 감성주점과 해운대 계단의 남녀 헌팅을 기사화한 것인데, 실제 상황을 극화한 상황묘사형 리드 형태로 작성됐다.

[리드] 빠른 리듬의 비트 음악이 끝나고 흐느적거리는 발라드 음악이 시작된다. 홀 구석 한 테이블에서 친구들이랑 술을 마시던 한 여대생이 갑자기 스테이지에 나와 옷을 하나둘씩 벗기 시작한다. 얇은 브라우스와 치마를 벗어 손가락에 걸고 빙빙 돌리더니 저 멀리 던져버린다. 그리고 결국 브래지어 끈마저 풀어 제친다. 남은 것은 속옷 한 장. 그런 상태로 음악 선율을 따라 골반을 흔든다. 이를 지켜보던 다른 테이블의 한 남학생도 씩씩하게 옷을 벗더니 스테이지로 오른다. 그 역시 속옷 한 장만 걸쳤다. 거의 전라의 두 남녀는 곡이 끝날 때까지 서로 몸을 비비며 춤을 췄다. 그리고...

요즘 부산 대학가 젊은이들의 거리에는 술 마시면서 낯선 이성과 '야하게' 놀 수 있는 신종 주점들이 우후죽순처럼 생겨나고 있다. 이를 젊은이들은 '감성주점'이라고 부른다.[31]

[리드] 늦은 밤이지만 피서객들로 북적이는 해운대 백사장. 그 백사장과 아스팔트 산책길이 만나는 곳에 설치된 시멘트 계단에 젊은 여자 세 명이 담소를 즐기며 앉아 있다. 바로 뒤에서 이들을 한참 동안 지켜보던 남자 세 명이 슬며시 다가오더니 말을 건다. 하지만 여자들은 남자들을 위아래로 훑어보더니 고개를 돌리곤 다시 자기들끼리 깔깔거리며 수다를 떤다. 남자들은 몇 번 더 말을 걸어보다 반응이 시원치 않자, 인상을 쓰며 발길을 돌린다. 이런 수작을 옆에서 보고 있던 또 다른 남자 3명. '이번엔 우리 차례'라는 듯 그들도 슬그머니 다가간다. 새로 나타난 남자들을 아래위로 훑어보던 여자들. 이번에는 마음에 든 듯 웃음을 머금고 응대한다. 앉거니 서거니 하며 몇 분 동안 얘기를 나누던 남녀들은 다 함께 자리에서 일어나 어디론가 사라진다.

---

31 이하림, "'반나 춤도 OK'...대학가 '감성주점' 성업", 『시빅뉴스』, 2013. 6. 10., https://c11.kr/cm6j.

이는 피서철 전국적으로 이름이 높은 '해운대 헌팅'의 한 장면이다. 해운대 해수욕장에선 이런 헌팅하는 모습이 자주 눈에 띈다. 해운대 해수욕장이 이렇게 헌팅하기 좋은 명소로 알려지게 된 것은 2007년쯤 인터넷 카페를 통해서라고 사람들은 말한다. 이성을 유혹하는 방법을 알려주는 인터넷 카페에 해운대에서 헌팅에 성공한 후기들이 많이 올라오면서 젊은 사람들 사이에 여름철 해운대 해수욕장은 전국적인 '헌팅의 메카'로 불리게 됐다.[32]

2. 리드 결정 시 고려할 점

(1) 특이한 팩트를 리드로

한 기사의 취재자료에는 여러 팩트들이 들어 있다. 이 중에서 리드 후보가 될 만한 중요한 팩트을 먼저 고르고, 그중에서 무슨 팩트를 리드로 잡느냐에 따라서 기사 핵심과 그다음 기사 구성이 달라진다. 다음과 같이 리드가 될 만한 3개의 리드 후보 팩트가 있다고 하자.

①경찰이 교통사고 전모를 발표했다.
②고속도로에서 차량이 전복되는 교통사고가 발생했다.
③고속도로를 달리던 차량이 길 아래로 전복돼 고립된 시민이 밤새 부상의 아픔을 견디다 경찰에 가까스로 구조되는 교통사고가 발생했다.

①처럼 '경찰이 사건 내용을 발표했다'는 팩트는 리드가 될 수 없다. 최소한 '사건의 어떤 내용이 발표됐다'는 게 리드가 돼야 한다. '사건 내용을 발표했다'는 게 기사 핵심이 아니라 '발표된 사건의 무슨 내용'이 기사 핵심이기 때문이다.

②는 '차량이 전복되는 교통사고가 났다'는 것이다. 교통사고 내용 일부가 리드로 소개돼 그냥 '경찰이 교통사고의 전모를 발표했다'는 리드①번보다는 낫다. 그러나 늘 일어나는 교통사고가 났다는 사실이 리드가 될 수 있을까? ②를 리드로 잡으면, 늘 뻔한 교통사고 났다는 게 핵심이 되며, 이는 다른 교통사고 기사와 차별화되지 않는다. 조금만 뉴스 감

32 최서영, "해운대 백사장 계단은 '헌팅의 메카'", 『시빅뉴스』, 2013. 7. 19., https://c11.kr/cm6l.

각이 있다면, 이런 리드를 잡지 않는다.

적어도 리드는 ③처럼 돼야 한다. 같은 교통사고라 해도 이런 특이한 점을 리드로 잡아야 좋은 리드이고, 이런 리드를 찾는 게 기자 감각이다.

> 홍길동 교수는 7일 오전 10시에 한국대 정보관 별관에서 이 학교 신방과 1학년을 대상으로 강연회를 가졌다

이 리드 역시 누가 강연회를 했다는 것이 기사 핵심인 것처럼 리드를 잡았다. 홍길동 교수가 엄청난 유명인이라면, 이분이 강연했다는 것 자체가 전 국민이 알고 싶어 하는 뉴스일 수 있다. 가수 나훈아 씨는 좀처럼 대중 앞에 잘 나서지 않기 때문에 콘서트를 갖는다는 것 자체가 큰 뉴스가 된다. 이럴 경우는 "가수 나훈아 씨가 10년 만의 침묵을 깨고 KBS에서 '코리아 어게인'이란 타이틀로 방송에 출연한다"는 정도의 리드가 가능하다. 대통령의 경우도 기자회견을 갖는다는 사실만으로도 큰 뉴스가 된다. 그래서 이런 경우는 "대통령이 최근 정치 현안에 대해 기자회견을 가질 예정이라고 청와대가 발표했다"는 정도의 리드가 가능하다. 그러나 일반적인 강연회기사 리드는 '000 교수가 **어떤 내용으로** 강연회를 가졌다'는 정도의 리드가 잡혀야 한다.

(2) 리드의 종류를 먼저 선택하라

다음 리드들은 한 가지 사건을 학생들이 여러 형태의 리드로 표현한 결과물이다. 리드는 기자의 선택 결과다. 요약형, 강조형, 정서형 등 선택한 리드 종류에 따라 기사 느낌이 좌우될 수도 있지만, 같은 강조형이라도 강조하는 사안과 표현에 따라서 달라질 수 있고, 같은 정서형이라도 다른 느낌이 들도록 문장 표현이 달리질 수 있다. 다음 각각의 리드 특색과 장단점을 주의 깊게 살펴보자. 리드에 따라서 기사 방향과 느낌이 달라진다.

> ①한 음주 대학생이 대학 구내에서 몰던 차가 민가에 추락하는 사고가 일어났다.
> ※강조형 리드로 음주 운전 대학생(누가) 차가 민가 추락(무엇을)이란 정도의 요소만 강조했다.
>
> ②음주 대학생이 운전하던 차가 대학 구내를 벗어나 민가로 돌진하여 한밤중에 주민들을 놀라게 하

는 사고가 발생했다.

※강조형 리드로 음주 운전 대학생(누가) 차가 민가에 돌진해서 주민을 놀라게 했다(무엇을 어떻게)는 정도로 앞엣것보다 어떻게 부분이 보완됐다.

③한국대 캠퍼스 안에서 음주 상태로 차를 몰고 내리막길을 내려가던 대학생이 민가로 추락해 경찰에 체포됐다.

※요약형 리드로 대학 캠퍼스에서(어디서) 음주 대학생이(누가) 차를(무엇을) 몰다가 민가로 추락해(왜) 경찰에 체포됐다(어떻게)는 식으로 5W 1H의 기사 요소가 대부분 포함됐다.

①부산의 명소, 최대 횟집 집단지인 민락동 횟집촌이 회 축제로 전국에 홍보할 기회를 잡았다.

※강조형 리드로서, 민락동 횟집촌이 회 축제를 연다는 사실을 강조했다.

②부산시 수영구청이 국내 최대 횟집 집단지인 민락동 횟집촌을 전국에 알리기 위해 회 축제를 열고 홍보에 발 벗고 나섰다.

※강조형 리드로서, 수영구청이(누가) 회 축제를 열어(무엇을 어떻게) 전국적 홍보에 나섰다(왜)는 점을 강조하고 있다.

③한국 사람들은 앞으로 '회' 하면 부산의 '민락동'을 연상할 것이다.

※정서형 리드로서, 민락동을 회라는 음식의 전국적 대표 지역으로 추켜세우는 감정을 유발하고 있다.

④15일부터 17일까지 3일 동안, 부산 광안리 민락동에서 싱싱한 회를 마음껏 먹을 수 있는 '제1회 민락동 회 축제'가 열린다.

※요약형 리드로서, 민락동 회 축제를 언제 어디서 어떻게 열린다는 행사 개요를 소개하고 있다. 요약형 리드는 가장 쉽고 편리한 리드다.

①스쿨존은 안전지대란 이름을 쓰고 있는 위험지대다.

※정서형 리드로서, 스쿨존의 위험함을 알리는 기사 내용을 정서적으로 돋보이게 했다. 정서형 리드 다음에는 정서형 리드 내용을 추가로 설명하는 기사 요약 부분이 나와야 한다.

②학교 앞 블루존에 레드(적색) 경보가 울리고 있다.

※정서형 리드로서, 이것 역시 스쿨존의 위험함을 정서적으로 호소하고 있다. 다음에는 정서형 리드를 추가로 설명하는 기사의 요약 부분이 나와야 한다.

①개가 사람을 다치게 했다.

※정서형 리드로서, '개가 사람을 물면 뉴스가 안된다'는 유명한 문장을 패러디해서 개가 사람을 다치게 했다는 사건 개요를 멋지게 리드로 묘사했다.

②산책시키던 개의 목줄을 풀려서 사람 명줄까지 풀릴 뻔한 사고가 발생했다.

※정서형 리드로서, 개가 사람을 다치게 한 사건을 목줄과 명줄이라는 단어의 대구로 멋을 부렸다.

③목줄이 풀린 반려동물이 차도로 뛰어들어 급정거한 택시 안 승객은 다치게 했다.

※강조형 리드로서, 개가 사람을 다치게 한 사건의 일부분을 강조했다.

④목걸이 없이 주인과 산책하던 개가 차로로 뛰어들어 택시가 급정거하는 바람에 택시 승객을 다치게 하는 사고가 일어났다.

※요약형 리드로서, 개가 사람을 다치게 한 사건의 개요를 간략하게 리드로 제시했다.

3. 리드 작성 시 주의할 점

(1) 리드에 등장하는 무명인

기사 시작인 리드에 독자가 모르는 사람 이름이 등장하는 것은 좋지 않다. 비교적 덜 알려진 스포츠 선수(또는 연예인이나 정치인 등) 이름을 특정 신문사가 의도적으로 신문 제목이나 리드에 올리는 경우가 있다. 결국 신문 제목에 나오느냐 안 나오느냐가 스타 선수 여부, 또는 유명인 여부의 기준이 된다. 언론에서 일부러 특정인을 스타로 키우려는 의도로 무명인을 제목으로 달아주는 것은 소위 언론의 '지위 부여 기능(status conferral fuction)'[33]을 악용하는 것이다.

만약, 보통 사람이 미담의 주인공이 되는 경우는 리드 처음에 등장할 때는 "한 시민" 등으로 처리하고 곧이어서 주인공의 인적 사항을 밝히면 된다.

평생을 생선장사로 거액을 모은 한 시민이 전 재산을 대학에 장학금으로 쾌척했다. 미담의 주인공은 홍길동(63, 부산시 남구) 씨다.

---

33 Ryan Smith, 2016. 10. 12., https://c11.kr/cm7s.

(2) 모호한 단어는 사양

같은 이유로, 리드에는 모호한 단어를 쓰는 게 아니다. 만약 모호한 단어를 썼다면, 바로 다음 문장에서 그 모호함을 풀어주는 설명이 이어져야 한다. 이를 피하기 위해, 애초부터 뉴스에 필요한 개념 설명으로 시작하는 설명형 리드가 있다는 점을 인식할 필요가 있다.

(3) 리드에서 출처는?

리드에는 출처를 밝히지 않아도 무방하다. 곧 본문에서 출처가 자세히 제시될 것이기 때문이다. 그러나 매우 중요한 기사는 리드부터 출처가 들어가야 한다. 김정은 사망설 기사 같은 경우는 제목은 물론 리드부터 "미국 CNN은 미 국방성 고위 관리의 말을 인용해서 김정은이 사망했다고 보도했다"는 식으로 출처가 들어가야 한다. 김정은 사망설이 있다는 중대 뉴스는 누가 출처인지가 곧 누구(who)의 요소가 되고 김정은 사망설이 무엇(what)이 되기 때문이다. 이 뉴스 같은 경우는 제목도 출처가 곧 메인 팩트가 되어야 한다. 그래서 제목은 "미 CNN, 김일성 사망설 보도" 이런 식으로 작성돼야 한다. 2020년 4월 김정은 사망설이 나돌 때, 국내 언론들은 제목이나 리드는 물론 본문에서도 출처 보도에 소홀했다. 이 문제는 뒤의 출처엄격주의 항목에서 자세히 다룰 예정이다.

4. 리드와 본문과의 관계

리드 다음에 기사 본문이 바로 나오는 게 아니다. 리드 다음에는 '리드 잇기(lead support)'라는 한 문단이 리드와 본문을 이어준다. 리드-리드잇기-본문의 관계는 '제8장 역피라미드 형 기사 쓰기'에서 자세히 다루게 된다. 이 관계를 그림으로 표현하면 다음의 [그림3-1]과 같다.

① 리드 잡기

리드 내용과 종류를 결정하고 리드를 작성한다. 리드 부분에 기사 핵심이 들어가 있는 경우가 많다.

▼

② 리드 잇기(Lead support)

리드와 본문 사이에서 리드를 더욱 발전시켜 본문과 이어주는 역할을 한다.
리드가 요약형, 강조형, 정서형 등으로 기사의 핵심을 제시했으면, 바로 이어지는 리드잇기에서 핵심을 다시 한번 더 보완한 뒤 본문으로 넘어가게 한다.
리드가 설명형, 사례제시형, 상황묘사형이었으면, 리드잇기에서 기사의 핵심이 나오는게 보통이고, 그런 다음 본문으로 넘어가게 된다.

▼

③ 본문 작성하기

취재 자료(취재 결과물)를 문단별로 구성하기, 한 문단에 한 아이디어 씩 배치하기
그 문단 내에서 출처 밝히고 인용 방법대로 인용하기

▼

④ 이상이 모이면, 기본적인 기사(news story)가 완성된다.

[그림3-1] 리드–리드잇기–본문과의 관계

제4장
문단 구성하기

1. 기사 쓰기 초보자가 가장 많이 범하는 실수: 긴 직접인용문

한 초보 기자가 있다고 하자. 그 기자는 겨울철 이상 난동이란 기후변화 현상을 취재하기 위해 A, B, C라는 3명의 기후 전문가를 만났다. 그는 3명 모두 30분씩 심층 인터뷰를 했다. 그의 취재 수첩이나 노트북 메모장에는 대개 다음과 같이 3명 전문가와의 인터뷰 내용이 길게 녹취록처럼 적혀 있을 것이다.

A: ....
....
....
....

B: ....
....
....
....

C: ....
....
....
....

초보 기자들은 세 전문가로부터 취재한 정보를 어떻게 정리해서 기사로 옮길 것인지를 상당히 난감해 한다. 이때, 초보가 처음 기사를 쓸 그 순간에 시도하는 방법은 자신이 취재한 정보를 그냥 그대로 전부 직접인용으로 옮기는 것이다. 그 결과는 다음과 같은 형태의 기사로 나타난다.

> 기후변화 전문가들은 올겨울의 이상 난동 사태에 대하여 다음과 같이 설명했다.
>
> A는 기후변화에 대하여 "............ ....
> ....
> ....
> ....
> ...."라고 말했다.
> 같은 문제에 대하여, B는 "............ ....
> ....
> ....
> ...."라고 설명했다.
> 한편, C는 "............ ....
> ....
> ....
> ...."라고 주장했다.

초보 기자들은 긴 인터뷰를 적은 메모 내용 전부를 한 개의 직접인용문 안에 다 집어넣으려는 경향이 있다. 왜냐하면, 본인이 취재한 정보는 많고, 이를 정리, 요약하고, 취사선택해서 체계적으로 기사를 구성하는 요령을 잘 모르기 때문이다.

아래 사례는 실제 기사 작성을 배우는 수업 시간에 난생처음 기사를 쓰게 된 학생이 작성한 기사다. 이 학생은, 한 대학교 학생회장을 만나, 예술계열 학생들이 자신들 작품을 학교 미술관에서 전시하고 싶은데, 학교가 미술관을 학교의 주인인 학생들에게 잘 대관해주지 않는다는 문제를 어떻게 처리할 것인지를 인터뷰한 내용을 기사로 작성했다. 그 학생은 자신의 취재수첩에 적혀 있는 모든 내용을 체계적으로 재구성할 방법을 모르기 때문에 한 개의 직접인용문 안에 다 집어넣은 것이다.

한국대학교 학생회장 김성완 씨는 "대학 내에 전시 공간이 필요한 예술 관련 학과들이 많은데, 이들 학과들이 학교로부터 전시 장소를 얻으려고 하면 힘들다. 왜냐하면, 학교는 수입이 많은 외부 업체에게 먼저 빌려주고, 남는 기간이 있을 때만, 무료인 학생들에게 피치 못하게 짧게 빌려준다. 그래서 학생들이 고충을 받는다. 학생들에게는 짧은 대관 기간밖에 주지 않는 문제를 학교 측에 항의하려고 한다. 학교 시설의 주인은 학생이다. 학생이 당연히 캠퍼스 공간 사용의 우선권을 가져야 한다"고 말했다.

이렇게 취재수첩을 복사한 듯이 모든 인터뷰 내용을 직접인용한 이유는 불행하게도 기자가 모든 취재 내용을 정리할 요령을 알지 못하기 때문이다. 기자는 자신의 방대한 취재 내용을 정리하고, 구성해서, 독자들이 쉽게 읽도록 제시해줄 수 있어야 한다. 취재 내용을 실제로 기사로 쓰기 위해서 가장 처음에 해야 할 일이 기사 구성하기다. 기사를 구성하려면 과연 어떻게 해야 할까?

2. '1문단 1아이디어(1key word)'로 기사 구성하기

원래 소설이든, 수필이든, 논문이든, 모든 글은 문단과 문단으로 구성되어 있다. 기사도 다르지 않다. 기사도 문단과 문단으로 구성되어 있는 게 당연하다. 그래서 모든 취재자료를 문단과 문단으로 배열해야 한다. 그게 바로 취재자료를 '1문단 1아이디어'로 정리하는 것이다. 1문단 1아이디어로 취재 결과를 정리한 다음, 문단 각각의 아이디어에 맞게 취재자료를 분산 배치해서 글로 적는 게 곧 기사 작성의 첫걸음이다.

결국, 기사 내 각 문단은 단 하나의 아이디어(아이디어란 요지, 주제, 생각, key word라고 생각하면 된다)를 담고 있다. 한 문단에 두 개의 아이디어가 들어 있다면, 그 문단은 두 개로 나누면 된다. 1개 문단은 단 1개 아이디어를 담고 있으며, 전체 기사는 문단별 아이디어들로 연결되는 게 '1문단 1아이디어로 문단 구성하기'다. 화재기사를 예로 들어 이를 도식화하면 다음의 [그림4-1]과 같다.

한 개 아이디어: 화재 개요

한 개 아이디어: 진화상황

한 개 아이디어: 인명피해

한 개 아이디어: 화재원인

한 개 아이디어: 피해액

한 개 아이디어: 진화 뒷얘기

[그림4-1] '화재기사'의 '1문단 1아이디어로 기사 구성하기'

만약에 화재기사를 쓴다면, ①화재개요(리드) → ②진화상황 → ③인명피해 → ④화재원인 → ⑤피해액 → ⑥진화 뒷얘기, 이렇게 취재자료를 6개 아이디어로 구성하고, 각 아이디어별로 1개 문단씩 만들면, 1문단 1아이디어 원칙에 의한 뉴스 스토리가 만들어진다. 여기서 만약 ②번 진화상황이 복잡해서 분량이 많으면, 진화상황을 ②-1 소방인력 정보 소문단, ②-2 진화 방법 소문단으로, ③번 인명피해 문단이 길면, ③-1 피해자 구조 활동 소문단, ③-2 부상자 및 사망자 정보 소문단으로 쪼갤 수 있다. 최종적으로 6개 문단이 8개 문단으로 늘어났다고 해도, 결국 이 기사는 1문단 1아이디어 원칙에 따라서 크게 6개 문단 6개 아이디어에 근거해서 작성됐다. 결과적으로 최종 기사는 다음과 같은 모양이 된다.

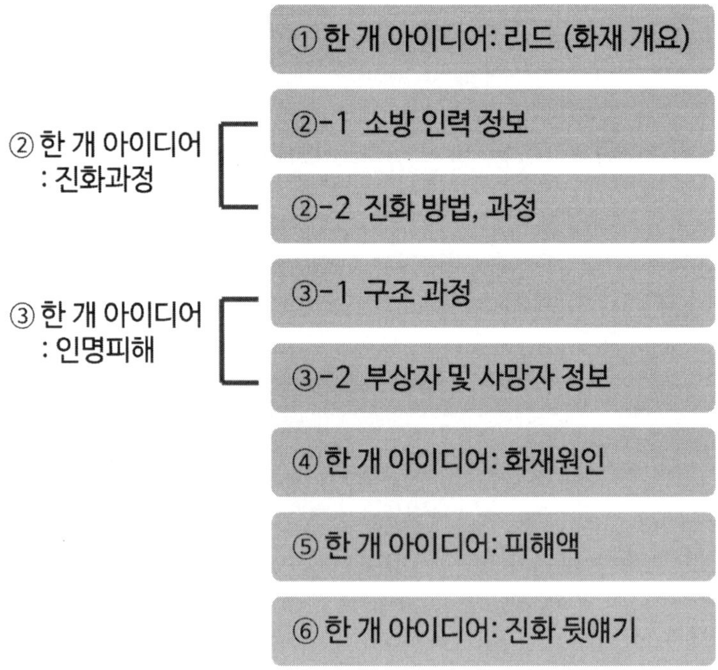

[그림4-2] 화재기사의 '1문단 1아이디어'가 '소문단 세부 아이디어'로 확대된 경우

중요한 것은 전혀 엉뚱한 다른 주제가 한 문단에 들어 있으면 안된다는 점이다. 1개 문단은 독자에게 해당 문단만의 고유한 하나의 아이디어를 전달하는 것이며, 문단이 바뀐다는 것은 아이디어가 바뀌어 새로운 이야기가 전개된다는 사실을 독자에게 알리는 신호가 된다. 그게 문단 역할이다. 같은 아이디어(진화상황) 안에서 다시 세부적인 아이디어 내용(소방인력 정보와 진화방법 등)에 따라서 작은 문단으로 세분해도 된다. 한 문단 안의 직접인용이 길면, 그 직접인용문만으로 문단을 독립시킬 수도 있다. 결국, 대문단이든 소문단이든, 문단은 하나의 아이디어만을 이야기하는 것이며, 전혀 다른 성질의 아이디어가 한 문단 안에 두 개 이상 섞여 있으면 안된다.

방대한 취재자료를 독자들에게 이해하기 쉽게, 조리 있게, 말이 되게 정리해서 구성하는 방법이 바로 한 아이디어를 한 문단에 넣고, 다른 아이디어는 다른 문단으로 넣어서, 각 문단의 아이디어를 자연스럽게 흐르도록 연결하는 것이다. 이게 '1문단 1아이디어로 기사 구성하기'다. 문단별로 아이디어를 꾸러미 엮듯 구성하는 게 기사 구성하기의 요체다.

다음은 1문단 1아이디어를 보여주는 예시 기사다. 각 문단별 아이디어가 무엇이며, 위 아래 아이디어들이 어떻게 연결되는지를 살펴보기 바란다.

"소맥은 이젠 '노잼', 깔라만시 소주 칵테일을 아시나요?"[34]

[설명형 리드: 술 칵테일의 국내 역사] 우리나라 폭탄주의 역사는 깊다. 문헌에 등장하는 우리나라 최초의 폭탄주는 1837년경 술 제조법에 대해 기록한 '양주방'이란 책에 등장하는 '혼돈주'라고 한다. 혼돈주는 증류주인 소주와 막걸리를 섞어 마시는 것인데, 지금의 폭탄주와 다르게 둘을 섞은 뒤 오랜 시간 기다려 막걸리 앙금이 가라앉은 후 위에 떠오른 맑은 술을 마셨다고 기록돼 있다.

[리드잇기: 술 역사가 소주 칵테일로 이어지다, 기사 핵심] 혼돈주에서 시작된 폭탄주 역사는 국민 소주 칵테일 '소맥'을 넘어 최근에는 소주와 음료를 섞은 다양한 '소주 칵테일'로 이어지고 있다.

[1아이디어: 깔라만시 칵테일] 다양한 소주 칵테일 중에 건강음료와 술을 섞은 '건강음료 소주 칵테일'이 많은 사랑을 받고 있다. 그중 단연 핫한 소주 칵테일은 소주에 깔라만시 원액을 섞은 것이다. 깔라만시는 동남아에서 많이 생산되는 열대성 과일로 레몬 30배 정도의 비타민C를 가지고 있다. 그 외에도 구연산, 각종 폴리페놀 등 풍부한 영양소가 들어 있고 다이어트에도 효과가 있다.

[1아이디어: 홍초 소주] 다른 건강음료 소주 칵테일로는 홍초를 넣는 '홍초 소주'가 있다. 홍초는 피부미용과 해독 효과로 큰 사랑을 받은 건강음료인데, 지금은 소주 칵테일 재료로 사랑받고 있다. 홍초 소주 레시피는 간단하다. 홍초와 소주를 1 : 5 비율로 섞으면 완성된다.

[1아이디어: 홍삼 소주] 홍삼을 섞은 '홍삼 소주'도 있다. 홍삼은 면역력 개선, 피로회복, 항산화 작용 등으로 유명하다. 홍삼 소주는 소주 한 잔에 짜 먹는 홍삼 스틱을 취향에 맞게 짜 넣은 후 잘 섞어주면 된다. 류지수(23, 부산시 남구) 씨는 "소주의 쓴맛을 홍삼이 잡아줘서 좋다"며 "홍삼 소주를 마시면 건강해지는 느낌이 든다"고 말했다.

[1아이디어: 칵테일 찬성 입장] 소주 칵테일의 매력은 '만드는 재미'라고 말하는 이들이 있다. 이도현(25, 부산시 부산진구) 씨는 술자리에서 소주 칵테일을 만들어 마시는 과정이 일종의 놀이 같은 거라고 설명한다. 이 씨는 "직접 만들어 먹는다는 게 일종의 놀이이기 때문에 만드는 것을 재미로 즐기는 것"이라고 말했다.

---

34 김재현, "소맥은 이젠 노잼, 깔라만시 소주 칵테일을 아시나요?", 『시빅뉴스』, 2018. 10. 15., https://c11.kr/cm8n.

[1아이디어: 칵테일 반대 입장] 한편, 일부 애주가들은 소주 칵테일을 좋아하지 않는다. 김경민(54, 경남 창원시) 씨는 "술을 달콤하게 만들면 맛있어서 자칫 많이 마시게 되는 단점이 있다"고 말했다. 강지원(21, 부산시 남구) 씨는 "소주는 소주만의 깨끗한 맛이 있다. 여기에 홍초나 홍삼 같은 것들을 타면 그것은 소주의 고유한 맛을 버리는 것"이라고 말했다.

[1아이디어: 어른 세대의 소주 칵테일로 마무리] 소주를 이용한 각종 칵테일은 세대를 이어 현재도 진화 중이다. 취재 과정에서 만난 일부 7080세대 어르신들은 "우리는 옛날에 주전자에 소주를 붓고 거기에 오이를 채 썰어 넣어 마시거나, 사과 맛이 나는 음료인 써니텐을 넣어 마시기도 했다"고 전했다. 또 다른 어르신들은 "요즘 소주 도수가 낮아져 70년대의 톡 쏘는 소주 맛이 나지 않는다. 그래서 소주를 맥주 컵에 반쯤 넣은 다음 땡초를 넣어서 톡 쏘는 맛을 만들어 마신다"는 방식을 소개하기도 했다.

위 기사는 첫 문단 설명형 리드부터 모든 문단이 1개 아이디어로 연결되면서 기사가 전개되고 있다. 그래서 각 문단별로 하나의 소주 칵테일 사례를 하나씩 열거하는 형태의 기사 구성이 되고 있다. 즉, 소주 칵테일 유행 → 깔라만시 소주 → 홍초 소주 → 홍삼 소주 → 소주 칵테일 찬성 입장 → 소주 칵테일 반대 입장 → 과거 어르신 세대의 소주 칵테일 소개로 마무리가 되고 있다. 결과적으로 1문단 1아이디어 원칙에 충실하게 기사가 구성되어 있는 것이다.

1문단 1아이디어로 구성된 또 다른 사례를 보자.

이제는 운전 교습도 3D시뮬레이션...실내운전연습장 성업 중[35]

[리드: 실내운전연습장 인기, 기사 핵심] 2016년 12월 이후 어려워진 운전면허 시험 때문에 운전 학원을 찾는 사람들이 늘었다. 초보 운전자들이 면허 취득을 위해 운전 교습에 많은 시간과 비용을 들이는 것. 그런데 최근 면허를 취득하려는 사람들 사이에서 '실내운전연습장'이 입소문을 타고 있다.

[리드잇기: 실내연습장 인기 증거, 핵심 보완] 실내운전연습장은 부산에만 북구, 동래구, 남구, 진구에 총 15곳이 운영되고 있다. 부산을 비롯한 전국에는 약 78개의 실내운전연습장이 영업 중이다. 전국에 463개가 있는 실외 운전연습전문학원에 비하면 아직 숫자는 적지만, 최근 인기를 끌면서 실내운전연습장이 곳곳에서 생겨나고 있다.

---

35 차정민, "이제는 운전 교습도 3D시뮬레이션...실내운전연습장 성업 중", 『시빅뉴스』, 2018. 10. 12., https://c11.kr/cm8r.

[1아이디어: 실내연습장 연습방법] 실내운전연습장에서 교습자들은 3D시뮬레이션을 이용해 1 · 2종 보통, 대형 면허까지 연습할 수 있다. 3D 시뮬레이션 장치는 자동차 소리와 미세한 떨림까지를 그대로 재현해 주기 때문에 운전 초보자들이 실제 상황과 동일하게 연습하기에 효과적이다. 3개 대형 모니터에 운전자가 볼 수 있는 전방과 좌우 양측 시야가 그대로 나타난다. 지나가는 차량이나 풍경까지도 생동감 있게 보여준다. 항공 조종사들이 시뮬레이션으로 비행기 조종을 익히는 것과 동일한 원리다.

[1아이디어: 실내연습으로 합격 가능?] 운전면허 시험에 도전하는 사람들이 가장 궁금해 할 질문은 역시 실내운전연습장에서만 연습해도 운전면허를 딸 수 있을지의 여부. 얼마 전 실내운전연습장에서만 연습하고 면허취득에 성공한 이 모(23, 부산 남구) 씨의 대답은 "예스"다. 이 씨는 "처음에는 반신반의했지만 실내운전연습장은 시뮬레이션을 통해 시험 운전코스를 몇 번씩 반복해서 연습할 수 있어 누구나 열심히 하면 면허를 딸 수 있다. 나도 반복적인 연습을 통해 짧은 기간에 면허 취득에 성공할 수 있었다"고 말했다. 부산에서 실내운전연습장 몇 개를 운영 중인 김광수 씨는 "이곳에서 교육받고 연습한 면허시험 응시자의 90%가 합격한다"며 "짧게는 5일, 길면 한 달 안으로 면허를 취득한다"고 말했다.

[1아이디어: 실내연습장 고객 일부는 장롱면서 소지자] 실내운전면허장을 찾는 주요 고객은 이른바 '장롱면허 소지자'들. 김 모(24, 부산 남구) 씨는 면허는 땄지만 2년째 실제 운전대를 잡은 경험이 없는 장롱면허 소지자다. 김 씨는 2년 전 면허를 딴 직후 도로 연수를 받았지만 하루 만에 옆에 앉은 남자 강사가 큰소리로 화를 내면서 운전을 가르치는 바람에 사고를 낼 뻔했다. 김 씨는 "실내운전연습장은 사고 걱정 없이 마음껏 연습할 수 있어 도로 연수로는 최고 좋다"고 말했다.

[1아이디어: 실내연습장 고객 일부는 도로연수자] 실제로 한국은 좁은 도로에 차들이 많아서 초보운전자들이 도로 연수하기에는 적당하지 않다. 김광수 씨는 "도로 주행 시 운전자가 예상하지 못하는 돌발 변수들을 실내운전연습장에서는 가상으로 접하게 되고, 이에 대한 대처법을 반복적으로 배울 수 있다. 도로 주행 운전연습자의 사고를 방지하고 안전하게 연습을 즐길 수 있다"고 말했다.

[1아이디어: 실내연습장 장점 중 하나는 싼 비용] 실내운전연습장의 장점 중에는 지렴한 비용도 꼽힌다. 부산 실내운전연습장 경우, 비용은 1시간에 3만 원이다. 패키지로 이용할 경우는 기능코스가 4시간에 11만 원, 6시간에 16만 원, 8시간에 20만 원이다. 주행코스는 6시간에 17만 원, 10시간에 27만 원, 12시간에 30만 원이다. 기존 실외 운전면허학원은 최소 58만 원에서 추가 교육, 재응시 등에 따라 70만 원까지 소요된다. 실내운전연습장 수업료는 실외운전학원의 절반 정도다. 실내운전연습장에서 한창 운전연습 중인 대학생 이 모(23, 부산 남구) 씨는 "학생이다 보니 저렴한 면허학원을 찾던 중 실내운전연습장을 알게 됐다"고 말했다.

[1아이디어: 실내연습장의 장점 중 하나는 접근성] 실내운전연습장은 접근성이 좋은 것도 인기를 끄는 데 한몫하고 있다. 약간 큰 가게 점포 규모인 실내운전연습장은 교통이 편리한 대학교 앞, 아파트 상가에 위치하고 있다. 얼마 전 실내운전연습장에서 연습하고 운전면허를 딴 김 모(28, 부산 중구) 씨는 "집 앞 상가에 연습장이 있어서 연습을 많이 할 수 있었다"고 말했다.

[1아이디어: 실외연습장은 살아 있나?] 실내운전연습장이 뜨고 있지만, 그렇다고 실외 운전면허학원이 죽은 것은 아니다. 실외학원들도 여전히 면허를 따려는 사람들로 북적였다. 부산의 한 실외 운전면허학원 관계자는 "실외운전학원은 직접 차를 몰고 연습해야 직성이 풀린다고 믿는 사람들이 많이 찾는 편"이라고 말했다.

[1아이디어: 실내연습장의 미래 전망으로 마무리] 이처럼 전국 곳곳에서 실내운전연습장을 찾는 초보 운전자들이 많아지고 있다. 김광수 대표는 "시뮬레이션으로 반복적인 연습을 통해서 짧은 시간에 면허를 딸 수 있는 실내운전연습장의 장점 때문에 초보 운전자들이 앞으로도 많이 찾을 것으로 예상하고 있다"고 말했다.

이 기사 역시 1문단 1아이디어 형태로 전체 기사가 구성되어 있다. 실내운전연습장이 인기 있다는 리드로부터 실내운전연습장의 전국 현황 → 운전연습 방법 → 운전시험 합격률 → 주고객1 장롱면허 소지자 → 주고객2 초보 도로연수자 → 장점1 싼 비용 → 장점2 접근성 → 과거 실외연습장의 운명 → 실내운전연습장의 미래 전망으로 기사가 전개되고 있다. 이 기사 역시 1문단 1아이디어 원칙에 충실한 구성을 보여주고 있다.

기자는 주어진 기사 주제를 취재해야 하고, 그 결과로 얻어진 취재수첩 정보를 이렇게 1문단 1아이디어로 정리하고 구성하는 게 일상적인 업무다. '1문단 1아이디어로 구성하기'는 취재자료를 기사 스토리로 변모시키는 매직과 같은 기술이다. 1문단 1아이디어의 관점에서 기성 기사를 읽으면 그 기사 구성의 문제도 짚어낼 수 있다. 그래서 기성 기사를 많이 읽고 본인이 직접 기사를 많이 써봐야 1문단 1아이디어의 매직을 익힐 수 있다.

3. 요지-설명-인용으로 문단 내부 구성하기

(1) 1문단 요지-설명-인용 원칙

이렇게 전체 기사와 그 내부의 1문단 1아이디어라는 큰 골격, 큰 원리를 파악했으면, 이제부터는 각 개별 문단 안의 여러 문장을 구체적으로 글로 쓰는 방법을 배워야 한다. 이게 바로 기사 쓰기의 두 번째 방법인 '1문단을 요지, 설명, 인용으로 내부 구성하기'다. 이를 다시 화재기사를 예로 도식화하면 다음과 같다.

한 개 아이디어: 리드
화재개요 (5W 1H)

한 개 아이디어: 진화상황
①요지, ②설명, ③인용

한 개 아이디어: 인명피해
①요지, ②설명, ③인용

한 개 아이디어: 화재원인
①요지, ②설명, ③인용

한 개 아이디어: 피해액
①요지, ②설명, ③인용

한 개 아이디어: 진화 뒷얘기
①요지, ②설명, ③인용

[그림4-3] '화재기사'의 '1문단 1아이디어'와 '문단별 내부 구성하기'

1개 아이디어를 담은 1개 문단은 그 내부를 다시 세부적으로 ①그 문단의 요지(이 요지가 바로 1개 아이디어다), ②그 요지(아이디어)에 대한 보완 설명 내지는 근거 제시, ③그 설명을 잘 나타내는 느낌을 담은 인용(직접, 또는 간접인용), 이렇게 3개 요소로 구성한다. 즉, 1개 문단은 간단히 말하면 ①요지, ②설명, ③인용의 3요소로 구성된다. 다만, 한 기사

속 모든 문단이 ①요지, ②설명, ③인용의 순서로 전개된다면, 단조롭게 같은 형태가 반복된다. 이는 기사가 패턴화되는 경우이며, 패턴화된 기사는 문장력 내지는 표현력이 빈약하고 어색하게 보인다. 꼭 요지-설명-인용의 순서를 지킬 필요는 없다.

또한 요지, 설명, 인용이 문단의 기본 요소이지만, 경우에 따라서는 요지와 설명이 합쳐진 '설명'도 나타날 수 있다. 그래서 기본은 요지-설명-인용이고, 이것이 제일 자연스러운 기사 문장 흐름이지만, 패턴화되지 않은 표현의 다양성을 위해, 요지-설명, 요지-인용, 설명(요지+설명)-인용, 인용 등으로 개별 문단마다 변화를 주는 게 좋다.

(2) 문단 내 구성하기의 실제: 요지-설명-인용

'1문단 1아이디어 원칙'은 이제 충분히 숙지됐다고 보고, 이제부터는 1문단 안의 내부 문장 구성 방법을 공부해 보자. 아래 기사의 1개 문단은 복잡해 보이지만, 결국 아이들이 시끄러워서 낮 시간을 피해서 '조조영화나 심야영화를 보는 사람들이 늘어난다'는 단 한 개의 아이디어를 표현하고 있다. 즉, ①은 영화관에 조조할인과 심야 관객이 늘어난다는 이 문단의 '요지', ②는 손 모 씨의 말에 근거해서 왜 아침 영화를 보는지 그 이유와 상황에 대한 '설명', ③은 이런 아침 영화 관람 현상에 대한 손 씨 느낌을 '직접인용'한 것이다. 이렇게 하면 1개 아이디어(아침/심야 영화 관람객 증가)에 대한 1개 문단 내부가 요지-설명-인용의 기본형으로 구성된다. 이게 기사 문단 내부 구성의 기본형이다.

> ①**[요지]** 어린이 관객을 피하기 위해 일부러 오전 10시 이전에 상영되는 조조영화와 오후 11시 이후로 상영되는 심야영화만 골라보는 성인 관객이 점점 늘고 있다. ②**[설명]** 평소 영화를 좋아하는 여대생 손 모(23, 부산시 해운대구) 씨는 이제 어린이 관객들을 피해 일부러 평일 조조 시간대의 영화를 예매한다. 이른 아침이나 늦은 밤 영화관에 가는 것이 불편하기도 하지만, 방해하는 아이들이 없어 마음 놓고 영화를 볼 수 있기 때문이다. ③**[인용]** 손 씨는 "요즘 평일 조조영화를 주로 보는 편이다. 그 시간에 보면 애들도 없고 혼자 영화를 보러 온 사람밖에 없어서 집중이 잘 된다"고 말했다.[36]

아래는 한 기사의 일부인 1개 문단이다. 이 문단은 ①야구장 암표가 팬들에게 피해를

36 김민지, "노키즈 영화관 설치 싸고 뜨거운 찬반논란", 『시빅뉴스』, 2015. 8. 10., https://c11.kr/cm6c.

준다는 '요지', ②는 박윤지 씨의 야구 암표상 경험 사례의 '설명', 마지막 ③은 암표 문제에 대한 박윤지 씨의 감정을 '직접인용'한 것이다. 즉, 요지-설명-인용의 기본형 문단 내부 구성이다.

> ①**[요지]** 암표상들 때문에 피해를 입는 것은 선량한 야구팬들이다. 최근 기껏 야구를 보러 왔는데, 팬들이 암표상들 때문에 비싼 웃돈을 지불해야 하는 경우가 부지기수다. ②**[설명]** 잠실구장에서 야구를 관람하려고 했던 박윤지(23, 경기도 안양시) 씨는 표가 매진되어 암표상을 찾았으나, 암표상이 정가의 두 배를 요구해서, 그냥 근처 술집에서 TV로 경기를 봤다. ③**[인용]** 박 씨는 "TV로 경기를 보니 경기장에 비어있는 자리들이 많았다. 저 자리들이 대부분 팔리지 않은 암표상들의 표라고 생각하니 화가 치밀었다"고 말했다.[37]

아래 기사 역시 한 기사의 한 개 문단이다. ①은 원룸 안까지 음란 전단지가 붙어 있는 게 문제라는 '요지', ②는 그런 일의 구체적 상황이 어떤지를 '설명'한 것, ③은 그런 상황에 대한 김지은 씨의 주관적인 느낌을 적은 '직접인용'이다.

> ①**[요지]** 요즘 학교 근처 원룸에서 자취하는 대학생들은 원룸 현관에서부터 대문까지 붙어 있는 전단지들 때문에 적잖은 스트레스를 받고 있다. ②**[설명]** 음식점 전단지, 할인점 전단지 등 대여섯 개 이상의 전단지들이 대문에 붙어 있고, 심지어 "마사지 1시간에 2만 원"이라는 명함형 불법 음란 전단지도 붙어있다. 대학생 김지은(21, 부산시 남구 대연동) 씨는 음란 전단지를 집에 들고 가기 싫지만, 밖에 그대로 둘 수도 없어 이들을 원룸 내의 쓰레기통에 버려야 했다. ③**[인용]** 김 씨는 "매번 전단지가 붙어 있지만 볼 때마다 민망하다"며 "원룸 건물 현관까지 누군가가 열고 들어와서 붙이고 가는 것이 찝찝하고 무섭다"고 말했다.[38]

(3) '1문단 1아이디어'와 '1문단 내부 구성하기'를 동시에 적용하기

그러나 1문단 1아이디어 원칙을 숙지했다고 해도 초보들은 자꾸 한 문단에 자신이 인터뷰한 것(물론 여기에 2-3가지 다른 아이디어가 들어 있을 수 있다)을 직접인용으로 다 넣으려는 한계에서 벗어나기가 쉽지 않다. 몇 가지 사례를 통해서 1문단 1아이디어 기사

---

37 윤영한, "야구장 암표상 기승...정가 3-4배 바가지 일쑤", 『시빅뉴스』, 2015. 8. 3., https://c11.kr/cm6e.

38 이령희, "원룸촌 음란 전단지 난무", 『시빅뉴스』, 2015. 9. 21.

쓰기를 심화 학습해 보자.

다음은 외국인의 한국 경험을 인터뷰한 가상 기사다. 네모 안 예문은 이 기사 한 문단이다. 우선 인터뷰한 내용 전체를 길게 한 개 직접인용문으로 만들었다는 게 초보자의 한계다. 이 문단에는 ①한국 사람들이 고개 숙여 인사하는 게 신기하다는 외국인의 한국에 대한 인상과, ②한국 사람들이 자신을 쳐다보는 시선이 불편하다는 외국인의 불쾌한 경험이라는 두 개의 다른 아이디어가 한 문단에서 한 개 인용문 안에 들어 있다. 1문단 1아이디어 원칙을 어기고 있는 것이다.

> 피터 씨는 "①**한국 사람은 인사할 때 머리를 숙인다. 서양에서는 이런 문화가 없어서 매우 신기했다. ②그리고 한국 사람들은 계속 나를 쳐다본다. 한 번은 식당에서 젓가락질하는 나를 쳐다봐서 창피했다**"고 말했다.

위의 1문단 2아이디어를 1문단 1아이디어로 만들어야 한다. 먼저, '외국인이 느낀 신기한 인사문화라는 아이디어'를 한 문단으로 만들기 위해 '문단의 요지'를 먼저 적는다. 그 다음에 그 요지에 대한 당사자의 '설명이나 인용'을 적는다. 그리고 '외국인이 경험한 한국 생활의 불편한 점이라는 다른 아이디어'를 다른 문단으로 분리해야 한다. 그래서 한국인의 시선이 불편하다는 요지로 문단을 시작하고, 그다음에 그 요지를 설명하든지 아니면 직접인용하면 된다.

그 결과, 아래와 같이 1문단 2아이디어가 2문단 2아이디어로 분리됐으며, 각 문단 안의 구성은 각각 '요지-인용' 방식이 됐다.

> **①[문단1의 요지]** 피터 씨에게는 한국의 인사 문화가 신기하기만 하다. **②[인용]** 그는 "한국 사람은 인사할 때 머리를 숙인다. 서양에서는 이런 문화가 없어서 신기했다"고 말했다.
>
> **②[문단2의 요지]** 피터 씨가 한국 생활 중 불편을 느끼는 점은 한국 사람들이 외국인인 자신을 보는 시선이다. **②[인용]** 그는 "한국 사람들은 계속 나를 쳐다본다. 한 번은 식당에서 젓가락질하는 나를 쳐다봐서 창피했다"고 말했다.

다음 가상 기사 예시도 문단 전체가 직접인용만으로 되어 있는 원초적 잘못이 있으며,

동시에 한 문단에 두 개 아이디어(진설모 씨 의견이란 아이디어와, 김철민 씨 의견이라는 아이디어)가 들어 있는 것도 문제다. 물론 이것을 에스컬레이터의 위험성이란 한 아이디어로 묶을 수도 있으나, 여기서는 위험성의 두 종류를 각각의 세부 아이디어로 보고 1문단 1아이디어 구성하기로 바꿔보자.

> ①진설모 씨는 "사람들이 에스컬레이터 **한쪽에 서 있는 게 위험하다**고 느낄 때가 있다"고 말했다. ②한편, 김철민 씨는 "에스컬레이터 **핸드레일을 잡지 않을 때 불안함**을 느낀다"고 말했다.

위의 1문단 2아이디어를 2문단 2아이디어로 개선하고, 1개 문단마다 요지-인용 형으로 바꾸면 다음과 같다.

> **①[문단1의 요지]** 사람들이 에스컬레이터를 사용할 때는 두 가지의 위험이 있다고 한다. 그중 하나는 사람들이 에스컬레이터 한쪽을 비워 놓고 다른 한쪽에 몰려서 서 있을 경우다. **②[인용]** 진설모 씨는 "사람들이 에스컬레이터 한쪽에 서 있는 게 위험하다고 느낄 때가 있다"고 말했다.
>
> **①[문단2의 요지]** 다른 하나의 위험은 에스컬레이터를 이용하는 사람들 중 핸드레일을 잡지 않는 경우에 발생한다. **②[인용]** 김철민 씨는 "에스컬레이터 핸드레일을 잡지 않을 때 불안함을 느낀다"고 말했다.

(4) 문단 내 '요지-설명-인용'의 패턴화 방지 요령

이렇게 요지-설명-인용이 한 개 문단 안의 기본적 구성방법이지만, 전체 기사의 여러 개 문단이 모조리 이런 패턴으로 반복된다면, 표현이 어색해 보인다. 즉 패턴화된다. 이를 극복하기 위해, 실제 개별 문단들이 1개 아이디어를 유지하는 것은 당연하지만, 그 안에서 요지-설명-인용의 내부 구성이 변형되면서 다양한 문단 모양이 될 수 있다.

①요지–설명–인용 기본형(가장 자연스러운 문단 내부 구성방식)

> **[요지]** 토트넘 손흥민 선수가 EPL 2021–2022 시즌에서 3게임 연속골을 터트렸다. **[설명]** 손 선수는 10일 번리 게임의 결승골, 15일 아스날 게임의 선제골에 이어, 어제 20일 첼시와의 게임에서는 승리의 쐐기골을 꽂았다. **[인용]** 상승세가 뚜렷한 손흥민 선수는 BBC와의 인터뷰에서 "요즘 자신감

이 넘친다. 이대로 팀의 우승을 위해 앞만 보고 달리겠다"고 말했다.

다음 변형된 문단 내부 구성하기에서는 요지-설명-인용의 기본형이 변형되면서, 문장의 어색함을 보완하기 위해서 일부 단어 한두 개가 첨삭됐고, 따라서 기사 문장 흐름이 자연스럽게 수정됐다.

②설명–인용

볼드로 표시된 부분은 글의 맥락을 부드럽게 하기 위해 추가된 부분이다.

[설명] 손흥민 선수는 **최근** 10일 번리 게임의 결승골, 15일 아스날 게임의 선제골에 이어, 어제 20일 첼시와의 게임에서는 승리의 쐐기골을 꽂았다. **[인용]** 상승세가 뚜렷한 손흥민 선수는 **20일 첼시전 직후** BBC와의 인터뷰에서 "요즘 자신감이 넘친다. 이대로 팀의 우승을 위해 앞만 보고 달리겠다"고 말했다.

③요지–인용

[요지] 토트넘 손흥민 선수가 EPL 2021–2022 시즌에서 3게임 연속골을 터트렸다. **[인용]** 상승세가 뚜렷한 손흥민 선수는 **20일 첼시 전 직후** BBC와의 인터뷰에서 "요즘 자신감이 넘친다. 이대로 팀의 우승을 위해 앞만 보고 달리겠다"고 말했다.

④요지–설명

[요지] 토트넘 손흥민 선수가 EPL 2021–2022 시즌에서 3게임 연속골을 터트렸다. **[설명]** 손 선수는 10일 번리 게임의 결승골, 15일 아스날 게임의 선제골에 이어, 어제 20일 첼시와의 게임에서는 승리의 쐐기골을 꽂았다.

⑤설명

[설명] 손흥민 선수는 **EPL 2021–2022 시즌에서** 10일 번리 게임의 결승골, 15일 아스날 게임의 선제골에 이어, 어제 20일 첼시와의 게임에서는 승리의 쐐기골을 꽂았다.

⑥인용

> **[인용]** 상승세가 뚜렷한 최근의 손흥민 선수는 **20일 첼시 전 직후** BBC와의 인터뷰에서 "요즘 자신감이 넘친다. 이대로 팀의 우승을 위해 앞만 보고 달리겠다"고 말했다.

대개 요지-설명-인용이 가장 안정감이 있는 문단 구성이고, 요지-설명, 요지-인용, 설명-인용 등도 안정감이 있어 보인다.

실제 기사에서는 요지, 설명, 인용이 분명한 경우도 있지만, 요지와 설명이 하나가 되어 설명, 인용 이렇게 두 가지만 나타나거나, 설명 하나만 한 문단을 구성하는 경우도 자주 나타난다. 물론 인용만으로 구성된 문단도 많다. 이렇게 한 문단 내 요지, 설명, 인용의 3요소는 기사 흐름과 내용에 따라서 다양하게 응용된다는 점에 유의해야 한다. 중요한 것은 한 문단은 결국 이 3개 요소의 조합이라는 것이다.

제5장
출처와 인용

1. 출처엄격주의: 저널리즘 문장은 출처(source)가 생명이다

기사란 기자 자신이 직접 보거나 들은 경우를 제외하고는 거의 대부분이 남이 쓴 글, 남이 쓴 자료, 남이 한 말, 남이 쓴 기사를 근거로 이뤄진다. 언론 문장은 단 한 단어, 단 한 문장이라도 근거가 있어야 한다. 그것이 출처다. 따라서 언론 문장은 크게 보면, 인용과 인용으로 연결되는 문장들의 모임이다. 출처로부터 얻은 정보를 하나하나 연결하고 그 연결을 자연스럽게 만드는 것이 곧 뉴스 쓰기다. 그래서 언론 문장은 일반 소설, 수필과 '출처엄격주의'에서 가장 큰 차이가 난다.

다음은 2017년 11월 15일 발생한 경북 포항의 지진 피해 현장인 한 초등학교를 기자가 방문해서 직접 눈으로 본 상황을 적은 기사다.

> 12일 오전 찾아간 포항시 북구 흥해읍 약성리 흥해초등학교. 교문을 지나자마자 다닥다닥 길게 줄지어 붙어 있는 컨테이너 창문 너머로 교사와 수업을 듣는 학생들이 보였다. 운동장에는 10여 명의 학생들이 뛰어다니며 체육수업에 한창이었다...(중략)...흥해초는 포항지진으로 건물 3개동 가운데 교실이 있는 2개동이 심하게 파손됐다. 교실 문과 창문은 모두 뒤틀렸고, 계단은 쩍쩍 금이 간 채로 내려앉았다...(중략)... 부서진 2개동은 전부 철거됐다. 대신 임시 교실로 컨테이너 14개동이 들어섰다. 학생들은 2년째 이곳에서 방과후 수업까지 듣고 있다. 운동장을 사이에 두고 컨테이너 교실 맞은편에는 3층짜리 건물 2개동을 새로 짓는 공사가 진행 중이다.[39]

위 르뽀 문장들은 기자가 직접 자신의 눈으로 본 대로 적은 것이며, 여기에는 아무 출처를 밝힐 필요도 없다. 이 기사는 기자가 다른 취재원으로부터 들은 얘기를 전하는 게 아니고 본인이 직접 본 목격담을 적은 것이기 때문이다.

다음 기사는 2020년 1월 8일 이란 테헤란 공항을 출발한 우크라이나 항공사 여객기 의문의 추락 사건을 기사화한 것이다. 국내 신문에 실린 이 기사는 다른 취재원(AP통신, 뉴욕 타임즈 등)이 보도한 것을 출처로 인용해서 전하고 있다. 이 의문의 추락 사건은 며칠 뒤 이란군이 실수로 우크라이나 항공기를 무기로 격추시킨 것으로 판명 났다. 그래서 근거가 미흡한 사실을 보도할 때일수록 100% 출처를 명시하고 인용해야 한다.

> **AP 통신에 따르면**, 8일(현지 시각) 오전 우크라이나 항공 소속 보잉 737-800 여객기가 테헤란 이맘 호메이니 국제공항에서 우크라이나 키예프를 향해 이륙한 직후 엔진 1개에 불이 나면서 고도 2.4㎞ 지점에서 추락했다...(중략)...**7일 뉴욕 타임즈는** "사고 시기로 인해 격추 의혹이 바로 제기됐다"며 이란의 미사일 격추 의혹을 보도했다. **뉴욕 타임즈에 따르면**, 사고 직후 이란 주재 우크라이나 대사관은 당초 테러나 미사일 격추 가능성이 없다는 내용의 성명을 대사관 웹사이트를 통해 발표했으나 이후 해당 성명은 "결론을 내리기에는 너무 이르다"는 내용으로 교체됐다.[40]

언론 문장에서 출처가 밝혀지지 않은 정보는 기자의 주관, 추측, 혹은 도용, 표절일 가능성이 높다. 기자는 독자, 신문윤리위원회, 언론중재위원회, 수사기관, 법원 등에서 자기가 쓴 기사의 단어 하나하나, 문장 하나하나에 밑줄을 그어가면서 출처를 따져도 그 근거를 일일이 제시할 수 있을 정도로 출처에 자신 있는 기사를 써야 한다. 이게 '출처엄격주의'다.

러시아와 우크라이나 개전 초기, 우크라이나에 특파원을 보낸 국내 언론사는 없었다. 엄청난 양의 우크라이나 국내 뉴스 출처는 그래서 따지면 따질수록 떳떳할 수 없었다.

다음은 2020년 4월 21일 김정은 북한 지도자 사망설을 최초로 보도한 CNN 기사다.

---

39 김정혜, "집 뒤틀려 비 새는데 지원 제외, 포항 지진 아물지 않는 상처", 『한국일보』, 2019. 11. 14., https://c11.kr/ckle.

40 민서연, "우크라이나 여객기 이란 영공 비행 중 추락에 '격추' 의혹 확산", 『조선일보』, 2020. 1. 9., https://c11.kr/cklx.

US source: North Korean leader in grave danger after surgery[41]

(CNN) The US is monitoring intelligence that suggests North Korea's leader, Kim Jong Un, is in grave danger after undergoing a previous surgery, **according to a US official with direct knowledge.**

A second source familiar with the intelligence told CNN that the US has been closely monitoring reports on Kim's health.

Kim recently missed the celebration of his grandfather's birthday on April 15, which raised speculation about his well-being. He had been seen four days before that at a government meeting(**※이 부분은 배경 설명이라 출처가 없음**).

Another US official told CNN Monday that the concerns about Kim's health are credible but the severity is hard to assess.

National Security Adviser Robert O'Brien said the US is "keeping a close eye" on reports about Kim's health.

"We're monitoring these reports very closely," **O'Brien** said during an interview with Fox News Tuesday. "As you know, North Korea is a very closed society," **he** said.

Later on Tuesday, **a US defense official** said that the US military assessment is that while they are examining reports regarding Kim's poor health, the evidence at this point does not suggest he is incapacitated.

Daily NK, an online newspaper based in South Korea that focuses on North Korea, reports that Kim reportedly received a cardiovascular system procedure on April 12.

Kim received the cardiovascular system procedure because of "excessive smoking, obesity, and overwork," **according to the news site**, and is now receiving treatment in a villa in Hyangsan County following his procedure.

After assessing that Kim's condition had improved, most of the medical team treating him returned to Pyongyang on April 19 and only part of them remained to oversee his recovery

41 Jim Sciutto, et al., "US Monitoring Intelligence That North Korea Leader Is in Grave Danger After Surgery", CNN, 2020. 4. 21.

situation, **according to the news site.** CNN is unable to independently confirm the report.

A South Korean source told CNN Monday that the country's top leaders are very much aware of reports about Kim's health status but cannot independently verify details published by Daily NK. **The source** acknowledged that Kim's issues related to weight and smoking are well known but made clear they are waiting for more information.

South Korea's Presidential Blue House said in a statement provided to reporters that they have nothing to confirm on reports about Kim's health and that "no unusual signs" have been detected inside North Korea.

South Korea's Unification Ministry and Defense Ministry have given a "no comment."

The National Security Council and Office of the Director of National Intelligence declined to comment when reached by CNN on Monday. CNN has also reached out to the CIA and the State Department for comment.

In the meantime, US officials have been reaching out to North Korean experts -- particularly those who have studied the Kim regime -- to talk about contingency planning, **a third source familiar with the communications** told CNN. (.......이하 생략....)

이상의 김정은 사망설 관련 CNN 기사는 모든 문장마다 정확하게 뉴스원이 누구인지 그 출처를 밝히고 있다. 단 하나의 예외가 있는데, 그것은 이미 보도된 바 있는 김정은의 최근 행적을 소개한 배경 설명 부분이다. 이미 보도되어 널리 알려진 사실은 '배경정보'라고 해서 기사에서 출처를 굳이 밝히지 않아도 된다(아래 2번 항 '출처를 밝히지 않아도 되는 경우' 참조).

CNN의 김정은 사망 가능성 보도 이후, 국내 보도들이 관련 뉴스를 쏟아 냈는데, 그 많은 기사의 문장 하나하나마다 밑줄을 그어가면서 출처가 표시되어 있는지를 체크하면, 출처엄격주의에서 벗어난 기사들이 부지기수로 나타난다. 국내 언론은 출처를 경시하는 경향이 있다. 우리 언론이 고쳐야 할 개혁 대상 중 하나다.[42]

---

42 정태철, "김정은 사망설 가짜뉴스 · 인포데믹에서 들어난 '출처 경시주의'와 '출처 엄격주의'의 차이", 『시빅뉴스』, 2020. 5. 10., https://url.kr/7FJ1NS.

(1) 출처를 밝히는 방법

다음은 출처를 밝히는 가장 기초적인 방법들이다.

①출처가 개인인 경우

- 윤석열 대통령은 ...... 라고 말했다.
- 홍길동 한국대 총장에 따르면, ... 라고 한다.
- 홍길동 한국대 총장에 따르면, ... 이다.
- 김건모의 법률대리인에 의하면, ... 라는 것이다.

②출처가 단체인 경우

- 경찰은 ...... 라고 발표했다.
- 경찰의 발표에 따르면,
- 부산시는
- 더불어민주당에 의하면,

③출처가 서류, 자료, 책, 다른 신문인 경우

- 통계청의 2022년도 '인구동향보고서'에 따르면,
- 한국대학교 홍길동 교수의 연구 논문('다이어트가 대학생 건강에 미치는 연구')에 의하면,
- 뉴욕 타임즈의 (2022년 1월 20일자) 보도에 의하면,

※괄호 안의 표현은 넣어도 무방하다는 의미다.

출처는 '1차 출처'와 '2차 출처'로 구분된다. 1차 출처란 기자가 직접 자기 눈으로 본 것을 보도하는 경우다. 2차 출처는 다른 언론이 보도한 내용을 다시 재인용하는 경우다. 1차 출처와 2차 출처는 엄연히 다르다. 남의 1차 출처를 나의 2차 출처로 인용하지 않고 자신이 마치 직접 본 것처럼 1차 출처로 인용하는 것이 바로 표절이며 지식을 절도한 형사적 범죄에 해당한다.

2018년 3월 5일 밤, JTBC가 안희정 충남도지사 성폭행 의혹을 피해자라고 주장하는 사람을 직접 스튜디오에 출연시켜 대담 형식으로 보도했다. JTBC의 이 보도는 세계에서 유일한 1차 출처에 의한 단독 보도였다. 다음은 다른 언론이 이를 보도할 수 있는 여러 형태들이다.

①안희정 충남지사의 정무비서인 김지은 씨는 안 지사로부터 성폭행당했다고 (3월) 5일 증언했다.
②안희정 충남지사의 정무비서인 김지은 씨는 안 지사로부터 성폭행당했다고 5일 증언했다고 JTBC가 보도했다.
③JTBC에 따르면, 안희정 충남지사의 정무비서인 김지은 씨는 안 지사로부터 성폭행당했다고 5일 증언했다.

3월 5일을 기준으로, ①처럼 김지은 씨를 1차 출처로 보도할 수 있는 언론사는 전 세계에서 JTBC밖에 없다. 그 외의 모든 언론은 김지은 씨를 별도로 직접 인터뷰하지 않는 한 ②나 ③처럼 김지은 씨 발언을 JTBC를 통한 2차 출처로 인용해야 한다.

과거보다는 많이 변하고 있지만, 한국 기자들은 출처를 꼼꼼하게 밝히는 것을 싫어하는 경향이 있다. 직접 취재하지 못한 뉴스원의 기사를 다른 언론사를 2차 출처로 보도한다는 것이 자존심 문제라고 생각할 수도 있고, 출처엄격주의가 저널리즘의 생명임을 경시하기 때문일 수도 있다. 이때 자주 악용되는 수법이 "전해졌다", "밝혀졌다", "알려졌다"이며, 이는 출처를 대충 감추는 악의적 관행이다. 최근에는 "본지 취재를 종합하면"이란 신종 표현이 출처를 대신하고 있으나, 이것도 결국 편법이며 법적 논란의 여지가 있다.

미국에서 풋볼 선수 출신 O. J. 심슨이 부인 살인죄로 재판을 받을 때, 유일한 목격자인 심슨 집 가정부가 다른 언론사와 인터뷰하지 말 것을 조건으로 거액(2000만 원 정도)을 받고 선정적인 타블로이드 오락 주간지인 '내셔널 인콰이어러(National Enquirer)'와 독점 인터뷰한 일이 있었다. 문제는 뉴욕 타임즈나 워싱턴 포스트 등 권위지들이 핵심 증인인 가정부를 직접 인터뷰할 수 없다는 것이었다. 가정부가 인콰이어러 지와의 약속대로 타 언론사 인터뷰 요청을 거절했기 때문이다. 타 언론사들은 굴욕적이었지만 할 수 없이 내셔널 인콰이어러를 인용해서 가정부 말을 보도할 수밖에 없었다.[43] 출처는 그만큼 엄격하다.

출처엄격주의 원칙은 제3자의 항의에 대항하기 위해서 필요한 것이다. 여기서 제3자는 법원이나 검찰 등 사법 기구일 수도 있다. 그래서 언론중재법이나 언론 손해징벌법 개정 논란이 아무리 난리를 쳐도, 언론사가 기사 출처와 관련된 근거 자료가 있다면 가장 든든한 사법적 방어 수단이 된다.

---

43 Andrea Sachs, "Mud and the Mainstream", *Columbia Journalism Review,* May/June, 1995, 33–38쪽.

(2) 출처 안 밝혀도 되는 경우

다만, 다음과 같은 경우는 출처를 밝힐 필요가 없다.

①기자 자신이 직접 눈으로 목격한 정보는 출처가 필요 없다. 다시 말하면, 출처를 안 밝힌 것은 곧 기자가 직접 본 것이라는 의미다.
②리드에서는 출처를 안 밝혀도 된다. 단, 리드 다음 문장에서 그 출처를 밝혀야 한다. 그러나 김정은 사망설 같이 엄청나게 중요한 뉴스는 제목과 리드에서도 출처를 밝혀야 한다.
③누구나 접근이 가능한 공공 기록 정보(일기예보, 주가, 환율 등)
④일반적으로 널리 알려진 정보(가수의 히트곡, 대통령의 고향, 특히 스포츠처럼 TV에서 전국적으로 중계 또는 방영되어 이미 다 알고 있는 사항. 손흥민 축구 경기를 런던에 안 가고 한국에서 중계방송을 보고 기사를 쓸 수 있느냐는 논란이 있다. 써도 된다고 본다. 다만, 선수나 감독 인터뷰는 기자가 직접 국제전화로 하지 않은 한 당연히 인터뷰한 외국 언론사를 출처로 보도해야 한다. 유명인들의 검찰 출두 장면 등도 전국에 생중계된 것이라면 스케치 기사는 무방하다.)
⑤여러 출처에서 얻을 수 있는 정보. 이를 '배경정보'라고 한다. 이미 여러 차례 신문이나 방송에서 보도되고, 정부가 공식적으로 발표하고 시행 중이어서, 이미 사람들 대부분이 다 알고 있는 사항들, 예를 들면, 수능일, 선거일, 전당대회 날, 법령, 정책 등등이 있다. 살인사건 범인의 재판을 보도하는 기사에서 1년 전 범행 당시 상황을 적을 때는 굳이 '000의 보도에 의하면' 등의 출처를 밝힐 필요가 없다. 이미 당시 사건이 터졌을 때 널리 보도되어 다 알고 있는 사항이기 때문이다.
⑥이야기체 기사(narrative형 기사)에서는 출처를 일일이 밝히지 않고 일종의 소설처럼 전개되는 기사를 쓰는 경우가 생기고 있다. 최근에 이런 형태의 이야기체가 증가하고 있다. 그러나 출처 없이 쓴 이야기체 문장이라도 그 기사 적절한 곳에 그런 사실을 말한 사람의 인용문이나 다른 근거를 집어넣어야 한다. 형태의 차이는 있을지언정 결과적으로 출처로부터 자유로운 기사 문장은 없다.

기자는 취재 과정에서 취재원과 출처를 아예 안 밝히거나 어디까지 밝힐 것인가에 대해 사전에 약속하고 취재하는 경우가 생긴다. 정치인들이나 고급 공무원들의 민감한 정책정보나 내부 고발자들의 폭로 등이 여기에 해당되며, 이들 취재원을 출처로 표기할 때는 각별한 주의가 필요하다. 취재원, 즉 출처를 보호해야 하기 때문이다. 이런 경우는 소위 익명으로 처리하는데, '정부 고위 소식통', '한 기업 대변인', '이름을 밝히기를 거부하는 정부 관리', '한 외교 전문가', '믿을 만한 소식통', '외교에 정통한 소식통' 등으로 적는다. 익명 처리는 취재원이 특정되지 않도록(남이 특정인을 알아보지 못하도록) 하는 게 중요하다.

익명 처리할 경우라도 기자는 근거를 보관하고 있어야 한다. 녹음파일이나 취재 상황과 취재원 이름을 적어 놓은 메모가 근거가 될 수 있다. 중요한 것은 익명 뉴스원도 실존한다는 사실이며, 어떤 경우든 존재하지 않는 거짓 뉴스원을 사용한다면, 해당 기자는 윤리적, 형사적 책임에서 자유로울 수 없다.

다음은 기자와 뉴스원 간의 사전 약속 종류와 그에 따른 보도 방법을 정리한 것이다.[44]

①off the record: 보도금지를 전제로 정보가 제공되는 경우를 말한다. 출처는 물론 정보 자체를 공개하지 않는 것이 좋다. 국가이익에 필요한 사안은 보도금지를 전제로 정보가 제공됐다고 해도 보도하는 게 좋다는 견해도 있다.

②not for attribution: 출처 미공개를 전제로 정보가 제공되는 경우를 말한다. 이때는 정보를 공개할 수는 있어도 출처를 공개하지 않아야 한다.

③background: 정보를 공개하되 출처의 일반적 직책명을 사용하기로 하고 정보가 제공되는 경우를 가리킨다. 이런 경우는 다음과 같이 보도하는 것이 좋다.

- 한 경찰 간부의 말에 따르면,
- 한 고위 공무원의 말에 따르면,

④deep background: 정보를 공개하되, 출처를 어디까지 밝힐 것인가를 당사자나 언론사 책임자와의 협의하에 사전에 조율하는 것을 말한다.

(3) 출처는 문장마다 밝히는 게 원칙이다

출처를 표기하는 방법을 놓고 언론계에서도 의견이 분분하다. 원칙은 분명하다. 출처엄격주의에 근거해서 모든 문장마다 출처를 표기해야 한다. 그러나 기자들은 "그렇게까지 할 필요가 있느냐", "번거롭다", "그렇게 하면 기사 못 쓴다", "솔직히 말해서 1차 출처만 가지고 기사 쓰는 언론이 있느냐" 등등의 반론을 제기한다. 그러나 이것은 직업 이기주의, 편의주의적인 관행일 뿐이다. 결코 프로 기자 성신은 아니다.

관행이란 일시에 타파되지 않는다. 관행이 쌓인 세월만큼이나 오랜 시일과 노력이 있어야 관행이 개선된다. 그래서 출처를 다루는 현실과 출처엄격주의라는 원칙을 감안하여 다음과 같은 출처 표기 방법을 제시한다.

---

44 Brian Brooks, et al., *News Reporting and Writing*, New York: St. Martin's Press, 1985, 99-114쪽.

①문장마다 출처를 표기하는 게 원칙이다. 특히, 스트레이트 기사의 경우는 더욱 문장마다 출처를 밝혀야 한다.
②출처 없이 단정적인 표현의 문장이 제시됐다면, 바로 이어서 그 문장에 대한 출처 내지는 근거가 따라야 한다.
③문장마다 출처를 일일이 밝히는 것의 대안은 적어도 문단 단위로 출처를 밝히는 것이다. 그러나 법적인 문제가 발생할 경우, 문단 단위로 표기된 출처는 법적 책임에서 자유롭지 못하다. 가장 속 편한 것은 역시 문장 단위의 출처 표기라는 원칙을 따르는 것이다.

(4) 내러티브 기사체에서 출처 밝히는 법

사건 사고 기사와 같은 스트레이트 기사일수록 출처 표기가 엄격하다. 하지만, 기획기사, 르뽀, 인터뷰기사 등은 출처 표기에서 약간의 융통성이 있다. 다음 문장에서 괄호 안의 문장이 생략되는 게 훨씬 더 문장이 부드럽다. 이것은 최근 내러티브 기사체의 유행과 관련이 있다. 여기서 중요한 것은 내러티브 성격의 기사여서 문장마다 '00가 말했다'는 출처를 밝히지 않지만, 대신 직접인용 문장을 이어서 삽입해서 앞의 내러티브 문장의 출처가 있음을 뒷받침해주어야 한다.

세 가구가 함께 사용하는 건물에 세입자로 살고 있는 주부 정 모(32, 부산시 동구) 씨는 주인집에서 사람 머릿수대로 나눈 수도세를 납부해 왔다**(고 말했다)**. 하지만 1만 2000원 정도였던 매달 수도세가 어느 달부터 3, 4만 원 정도 더 나와, 정 씨는 세대별 수도계량기 설치를 상수도사업본부에 문의했지만, 설치가 불가능하다는 답변을 받았다**(고 정 씨가 말했다)**. 정 씨는 "개별 수도계량기 설치가 불가능한 건물에 세 들어 사는 것도 그렇고, 내 집 없는 설움을 수도세를 낼 때마다 느끼게 된다"고 말했다.[45]

이 기사는 정 씨라는 취재원이 직접 기자에게 말한 상황을 기사로 옮긴 것이다. 정 씨라는 화자(話者), 즉 정 씨라는 주어가 곧 출처라는 의미이고, 기자가 그의 말을 직접 들었으니 이를 소설처럼 남에게 얘기하듯 전한다는 내러티브 기사체 형식을 취하고 있다. 이런 방식으로 기자가 직접 취재한 취재원을 주어로 문장을 만들 경우는 주어가 하는 말이나

45 최위지, "다세대 주택 입주자 간 수도세 '신경전'"『시빅뉴스』, 2014. 8. 9., https://c11.kr/cmto.

행위마다 일일이 '말했다'는 출처 동사를 사용할 필요가 없다. 다만, 내러티브 문장 다음에 직접인용 문장으로 앞의 내러티브 문장을 보완해 주고 있다. 다음 기사도 이런 사례를 보여준다.

> 회사원 정재필(41, 부산시 기장군) 씨는 주말에 가족과 함께 집에서 가까운 글램핑으로 향했다**(고 말했다)**. 그는 딱히 준비할 것 없이 가볍게 가서 특별한 체험을 할 수 있다는 것을 글램핑의 매력으로 꼽았다**(고 말했다)**. 정 씨는 "나는 텐트 안에서 쉬면서 텐트 밖에서 뛰노는 아이들을 챙길 수 있어서, 아이들도 좋아하고 나도 편하다"고 밝혔다. 그의 아들 정욱(9) 군은 "텐트도 엄청 크고, 계곡 물놀이도 재미있고, 고기도 맛있다"고 말했다.[46]

또한 기획, 르뽀, 인터뷰기사 등을 쓸 때는 의견 같은 것을 출처 없이 적는 경우가 많다. 이런 경우는 그 의견에 대한 근거로서 자료나 출처를 바로 이어서 제시해야 한다. 즉, 단정적 표현+인용이라는 형식으로 출처를 밝히는 것이다.

> ①찜닭과 쪽갈비 등 매운맛 음식에 치즈가 빠놓지 않고 들어가면서, 요즘 사람들 사이에 치즈가 인기다. ②부산 경성대에 재학 중인 김휘태(21) 씨는 요즘 SNS에서 치즈 찜닭으로 인기 있는 음식점을 다녀왔다. 평소 매운 것과 느끼한 것을 싫어하는 김 씨는 "찜닭 위에 치즈로 가득 덮여 나와 보기만 해도 군침이 돌았다"며 "찜닭만 먹으면 매웠을 음식을 치즈와 함께 먹으니 오히려 고소한 맛이 났다"고 덧붙였다.[47]

여기서 문장①은 매운 음식에 치즈가 들어가는 것이 요즘 사람들에게 인기가 좋다고 단정적으로 표현했다. 이것은 그 문단의 '요지'이기도 하다. 그리고 바로 이어서 문장② 처럼 한 사람의 사례와 그 사람의 인용문으로 그 근거를 '설명'하고 있다. 이 기사 문장은 '단정적 표현+인용으로 근거를 제시한 형태로 전반적으로 출처엄격주의를 지키고 있는 것이다.

요지-설명-인용이란 문단 내 구성하기가 바로 이 원리에 근거하고 있다. 즉, 문단 '요지'가 문단 처음에 표현되고, 그 뒤를 이어 이에 대한 '설명'과 '인용'이 근거처럼 나오는 게

46 장가희, "몸만 가면 되는 캠핑장, 글램핑 인기 급상승", 『시빅뉴스』, 2014. 8. 24., https://c11.kr/cmtx.
47 장미화, "치즈열풍...한국 음식이 치즈에 푹 빠졌다", 『시빅뉴스』, 2014. 8. 18., https://c11.kr/cmty.

자연스러운 이유가 바로 여기에 있다.

(5) 말했다, 주장했다, 시사했다

출처를 밝힐 때, 가장 무난하고 객관적인 단어가 '말했다'다. 가급적 '말했다'로 표현하는 게 좋다. 같은 한 기사에서 '말했다'가 너무 자주 사용되면, 표현 다양성을 위해 다음 단어들을 섞어 쓸 수 있다.

- 밝혔다
- 전했다
- 얘기(이야기)했다
- 설명했다
- 발표했다
- 덧붙였다

그러나 다음 같은 말은 조심해서 사용해야 한다. 이들은 주관적인 성격이 강하고, 편견을 포함할 수 있으며, 의미가 모호하다. 예를 들면, '강조했다'는 것, '시사했다'는 것은 구체적으로 '어떻게 말하는 것'을 가리키는지 특정하기 어렵다.

- 시사했다
- 암시했다
- 강조했다
- 주장했다
- 언급했다
- 토로했다
- 피력했다
- 표명했다

2. 직접인용과 간접인용

(1) 팩트는 간접인용, 의견은 직접인용

기사에서 출처를 밝히는 방법이 곧 인용 방법이다. 결국, 기사 문장이란 간단히 말하면 취재자료를 인용한 것들을 연결시키는 것이다. 한 기사 안에서, 기자 본인이 직접 본 것은 분량이 얼마 안되고, 기자가 남들로부터 듣거나 남이 만든 자료를 옮긴 것들이 훨씬 더 많다. 그래서 기사는 극단적으로 말해서 인용과 인용의 연속이다. 결과적으로 남의 말이나 글을 옮기는 게 기사 쓰는 일의 대부분이다.

인용에는 두 가지가 있다. 하나는 간접인용(indirect quotation)이고, 다른 하나는 직접인용(direct quotation)이다.

①간접인용: 000가 ...... 라고 말했다.
※인용부호 없이 남이 말한 내용을 옮기는 인용 방법

②직접인용: 000가 "......"라고 말했다.
※남이 말한 부분을 큰따옴표로 인용하는 방법

여기서 직접인용 시 마침표를 처리하는 방법이 언론과, 한글맞춤법 부록에 나오는 문장부호 사용법이 다르다. 이 부분은 문장부호 작성 요령에서 다시 설명할 예정이다.

①한글맞춤법 부록
- 사회자가 "이쪽부터 차례로 자기소개를 **합시다."라고** 말했다.

②국내 언론 관행
- 사회자가 "이쪽부터 차례로 자기소개를 **합시다"라고** 말했다.

※국내 언론은 겹따옴표 뒤에 "...."라고, 라며 등으로 문장이 이어지면 마침표를 찍지 않는다.
※바로 양자의 이 차이점 때문에, 기사를 쓰면서 자꾸 겹따옴표 끝나는 문장 안에 마침표를 찍는 사람이 생긴다. 그런 사람은 기사 작성을 공부 못해본 사람으로 봐도 과언이 아니다.

- "이쪽부터 차례로 자기소개를 **합시다.**" 이렇게 사회자가 처음 말문을 열었다.

※처음 직접인용 문장과 다음 문장은 별개의 두 문장이다. 즉, 두 문장은 별개 문장이므로 앞의 겹따옴표 안의 문장이 끝나는 곳에 마침표를 찍어야 한다.

직접인용이나 간접인용이나 말한 내용의 의미가 달라지면 곤란하다. 다만, 직접인용은 화자(話者)가 말한 대로 녹음기를 튼 것처럼 그대로 인용하는 것이 기본이고, 간접인용은 화자가 말한 것을 근거로 '의미가 변하지 않는 한도 내에서' 문맥에 맞게 문장을 수정할 수 있다. 이게 바로 간접인용의 장점이다. 그래서 기자들은 간접인용을 더 많이 써야 기사 쓰기가 쉬워진다. 기사는 간접인용이 기본이다. 기사의 기본을 직접인용이라고 생각하는 것은 착각이다. 이 점이 우리나라 기자들이 흔히 오해하는 것 중 하나다.

만약에, 정치인 홍길동이 "내가 위장전입했다면, 내 손에 장을 지지겠습니다"라고 말했다고 하자.

①**직접인용:** 홍길동은 "내가 위장전입했다면, 내 손에 장을 지지겠다"고 말했다.
②**간접인용:** 홍길동은 본인이 위장전입을 했다면 본인 손에 장을 지지겠다고 말했다.

※②번처럼 따옴표만 없앴지 직접인용과 똑같이 표현한다면, 차라리 직접인용하는 게 낫지, 굳이 간접인용할 이유가 없다.

③**간접인용:** 홍길동은 위장전입을 시인하지 않았다.
④**간접인용:** 홍길동은 강한 어조로 위장전입을 부인했다.

※간접인용은 ③번과 ④번처럼 의미가 변하지 않는 한도 내에서 용어를 바꾸면서 위와 아래 문맥에 맞게 재작성하는 것이다. 그래서 간접인용이 기사에서는 더 유용하다.

직접인용은 뉴스원이 '매우 중요한 사실(somethng important)'을 말하거나, 혹은 '매우 특별한 사실(something unique)'을 말했을 때, 혹은 평범한 사실이라도 '매우 독특하게(says something uniquely)' 말했을 때 사용된다.[48] 여기서 '매우 중요하거나 특별한 발언'은 큰따옴표를 써서 직접인용하면서 단어 하나라도 함부로 바꾸어서는 안된다. 이렇게 꼭 직접인용해야 할 중요한 문제는 외교적으로 민감한 문제, 정치적으로 중요한 문제, 나라의 관심이 쏠려 있는 거대 사건 등이 해당된다. 대통령 신년사, 김정은 신년사, 장관 청문

48 Brooks, 앞의 책. 100쪽.

회 발언, 용의자 진술 등은 토씨 하나하나가 논란의 대상이 될 수 있을 정도로 정확성이 생명이다. 따라서 '매우' 중요하므로 직접인용해서 녹음기를 틀어 놓은 것처럼 기사화하고 단어 하나하나의 어감과 의미를 그대로 전해야 한다.

그런데 국가적으로나 사회적으로 그렇게 중요하지 않은 일반적인 뉴스원의 말은 꼭 직접인용할 필요가 없다. 언론들이 일상적인 뉴스에서 직접인용을 해야 할 경우는 **뉴스원이 매우 독특하게, 또는 특이하게 말했을 때다. 여기서 독특하거나 특이하다는 말은 뉴스원의 의견, 느낌, 감정이 솔직하게 포함된 멘트를 말한다.** 올림픽 출전 선수의 금메달 수상 소감, 끝내기 결승 홈런을 친 야구 선수의 감격스런 멘트, 욕이 섞인 멘트(김영삼 전 대통령의 "버르장머리를 고쳐 놓겠다", 국정감사장에서 나온 말인 "수사 정보를 유출한 검사의 상판대기를 날려 버리겠다" 등)도 여기에 해당된다.

위안부 이용수 할머니는 정의기억연대의 문제점을 지적하면서 "저는 제일 가슴 아픈 게 수요일 뙤약볕에 있으면서 (학생들이) 부모님한테 푼푼이 받은 돈 그걸 가지고 내놓습디다. 저는 제일 그게 가슴 아픈 겁니다. 그거 제가 보고 '이걸 받아야 되나' 한 적이 있는데, 단체 사람들은 그걸 좋은 듯이 받습니다. 너무하다는 생각이 들었습니다"라고 말했다. 이용수 할머니의 이 증언 안에는 할머니의 감정이 솔직하게 들어 있다. 이런 멘트들은 직접인용할 만한 가치가 충분하다. 이런 멘트들이 직접인용되면 기사의 분위기가 확 달라지고 강렬해진다.

마치 영상 뉴스에서 뉴스원이 직접 화면에 등장해서 인터뷰하는 것과, 텍스트 기사에서 직접인용하는 것은 그 효과가 매우 유사하다. 영상뉴스에서 인터뷰하러 나온 사람이 기자가 말로 설명해야 할 주요 보도 내용을 말하면 안된다. 그건 기자가 보도할 멘트다. 인터뷰 화면에 나오는 인터뷰이는 기자가 보도하는 내용이나 설명 부분을 감정적으로 보강하는 멘트를 말해야 한다. 같은 원리로, 텍스트 기사의 직접인용은 뉴스원의 강한 감정, 느낌, 분위기, 의견을 전하는 용도로 사용돼야 한다.

반면에, 간접인용은 뉴스의 사실(fact)을 설명할 때 사용된다. 사건 개요를 설명하는 멘트는 간접인용으로 처리하는 게 원칙이다. 교통사고가 나서 사람이 몇 명 다치고 어느 병원으로 이송되었다는 것은 팩트이며, 경찰 발표 등으로 출처를 밝히면서 간접인용해주면 된다. 목격자가 사건 현장을 도저히 눈을 뜨고 볼 수 없을 정도로 처참했다는 의견을 말했다면, 그 부분만, **[목격자 홍길동 씨는 사건 현장을 보고 "도저히 눈을 뜨고 볼 수 없을 정도로 처참했다"고 말했다]**고 직접인용 방식으로 표현해야 한다.

국내 언론들은 한 기사에서 글의 변화를 주기 위해 적당한 곳에서 큰따옴표를 넣고 빼면서 간접인용과 직접인용을 번갈아 사용하는 경향이 있다. 그러나 간접인용과 직접인용은 그 용도가 확연히 다르다. 따라서 대부분 팩트 설명에는 간접인용을, 그 팩트 설명에 강렬한 느낌이나 의견 멘트로 보완하기 위해 직접인용을 사용해야 한다. 즉, 기사 대부분은 간접인용이고, 그 간접인용한 무미건조한 팩트에 분위기를 살려주고 감칠맛을 더해주는 역할로 직접인용을 사용해야 한다.

(2) '엄청나게' 중요한 것은 직접인용으로

국내 언론들은 무언가 직접인용은 더 중요하고 간접인용은 덜 중요한 것 같은 생각을 갖고 있다. 그러나 일상적인 팩트는 간접인용으로, 느낌은 직접인용으로 처리하는 게 원칙이며, 통상적인 기사에서 직접인용과 간접인용의 중요도 차이는 없다. 다만, 국가적으로나 사회적으로 엄청나게 파장을 몰고 올 발언은 당연히 팩트든 느낌이든 직접인용해야 한다는 점을 기억하자.

다음 사례들은 팩트에 해당하는 것들이며, 국가적으로나 사회적으로 '엄청나게 중요한 발언'에 해당되지 않으므로 직접인용할 이유가 없다. 간접인용으로 처리해야 한다.

- 한국대학교는 "8월 20일부터 수강신청이 시작된다"고 말했다. (X)
- 정부는 "내년부터 근로소득자의 세금을 감면한다"고 발표했다. (X)
- 홍길동 정형외과 원장은 "MRI는 1.5테슬라 이상의 명확도가 있는 것을 사용해야 한다"고 말했다. (X)
- 홍길동 정형외과 원장은 "허리 디스크는 허리, 다리, 엉치가 절리는 증상"이라고 말했다. (X)
- 경찰은 "피해자는 이번 사건에 대해서 국가에 손해배상을 청구할 수 있다"고 말했다. (X)

이런 말들은 학교, 정부, 병원, 경찰 등에서 통상적으로 나오는 말이다. 큰따옴표를 사용하여 직접인용할 하등의 이유가 없다. 직접인용한다고 그 내용이 더 중요해지는 것도 아니다. 간접인용과 직접인용은 중요도 차이가 없기 때문이다.

다음은 실제 기성 언론에 나온 문장들이다. 간접인용해야 할 것을 직접인용한 사례들이다. 이들을 직접인용한 이유는 보도자료 문장을 그대로 가져왔다는 의미인 듯하다. 그러나 이들 기사는 죽고 사는 중요 문제가 아니며 보도자료 문장을 그대로 보도하지 않았다고 항의받을 기사도 아니다. 그래서 이런 사항들은 간접인용하는 게 정상이다.

- 포스코건설은 "동서고가도로 범내골 램프 주변에 폭 19~25m, 길이 200m 규모의 터널 형 방음돔을 설치하기로 하고 11월쯤 공사에 들어가 내년 3월 준공할 계획"이라고 25일 밝혔다. (X)
- 부산 중구는 "다음 달 10~11일 부산 중구 광일초등학교 강당에서 롯데백화점 개장에 대비한 '중구민 채용박람회'를 갖는다"고 23일 밝혔다. (X)
- 검찰은 "홍길동을 사기 혐의로 구속했다"고 발표했다. (X)

(3) 직접인용하는 방법

직접인용에서 큰따옴표 안에 들어간 말은 기본적으로 녹음기를 튼 것처럼 말한 내용과 토씨 하나, 단어 하나 바꾸지 말고 동일해야 한다. 다만, 어미변화가 다양한 한국말의 특성상 직접인용에서 어미 부분을 변형하는 것은 용인된다.

- "내가 했다 아임니꺼"라고 홍길동 씨가 말했다. (O)
  → "내가 했습니다"라고 홍길동 씨가 말했다. (O)
- "정신없이 살았어요"라고 홍길동 씨가 말했다. (O)
  → "정신없이 살았다"고 홍길동 씨가 말했다. (O)

직접인용할 때, 대개 소프트 뉴스(스포츠, 연예오락, 문화, 인물 등)에서는 "살았어요", "그랬습니다" 등 구어체 어미를 사용하고, 하드 뉴스(정치, 경제, 사회 등)에서는 "살았다", "그랬다" 등의 문어체로 종결어미를 바꾸어 사용한다. 그러나 꼭 그래야 하는 것은 아니다. 직접인용의 구어체와 문어체 사용 여부보다는 통일성과 일관성이 더 중요하다. 한 기사에서 구어체와 문어체를 혼용하는 것은 독자에게 혼란을 준다. 그러나 많은 실제 기사의 직접인용에서 구어체와 문어체를 혼용하는 사례가 의외로 많다. 지양해야 한다.

한 개의 직접인용 문장 안에 두 개 이상의 문장이 있을 경우는 한 큰따옴표 안에 두 개의 문장을 모두 집어넣는 방법이 있다. 이때 큰따옴표 안의 첫 문장은 마침표로 끝내고, 두 번째 문장의 끝은 마침표를 사용하지 않는다.

> 여객터미널에서 안내 업무를 담당하는 한 직원은 "아무래도 선박 이용이 **줄어들었다.** 정상 운항하는지 물어보는 **사람이 많다"고** 말했다.

두 번째는 두 개의 큰따옴표로 분리하여 두 개의 직접인용으로 처리하는 방법이 있다. 이때 각 큰따옴표 안 문장 끝에 마침표를 붙이지 않는다. 이렇게 하는 이유는 두 개 문장이 한 직접인용 부호 안에 들어갈 경우, 앞엣것은 마침표를 붙이고 뒤엣것은 안 붙이는 게 이상하다고 여기기 때문인 듯하다. 두 개 방법은 선택의 문제이며, 한 기사 안에서 통일성의 문제다.

> 여객터미널에서 안내 업무를 담당하는 한 직원은 "아무래도 선박 이용이 **줄어들었다"며** "정상 운항하는지 물어보는 **사람이 많다"고** 말했다.

그러나 3개 이상의 개별 문장이 한 개의 직접인용문 안에 있다면, 이는 하나의 큰따옴표 안에 3개 문장을 모두 담는 첫 번째 방법으로 처리하는 게 좋다.

> - 김연경 선수는 "태국을 물리치고 한국팀이 도쿄 올림픽에 나가게 돼 무엇보다 기쁘다"며 "내 선수생활에서 마지막 올림픽이라고 생각한다. 잘 준비해서 메달에 도전해 보겠다"고 말했다. (X)
> - 김연경 선수는 "태국을 물리치고 한국팀이 도쿄 올림픽에 나가게 돼 무엇보다 기쁘다. 내 선수생활에서 마지막 올림픽이라고 생각한다. 잘 준비해서 메달에 도전해 보겠다"고 말했다. (O)
>
>   ※한 인용문에 3개 이상의 문장이 있을 때에는 두번째처럼 한 개 인용문으로 처리하는 게 좋다. 처음 것처럼 처리하면 복잡하고 혼란을 준다.

> - 김복중 교수는 "사람이 그리워진다"며 "사람은 만나야 한다"고 말했다.(O)
> - 김복중 교수는 "사람이 그리워진다. 사람은 만나야 한다"고 말했다.(O)
> - 김복중 교수는 "사람이 그리워진다"며 "사람은 만나야 한다. 우리의 만남은 우연이 아니라는 노래도 있지 않은가?"라고 말했다.(X)

- 김복중 교수는 "사람이 그리워진다. 사람은 만나야 한다. 우리의 만남은 우연이 아니라는 노래도 있지 않은가?"라고 말했다.(○)

직접인용 뒤에 길게 토를 달지 않는 게 좋다.

- 그는 "부모님이 여행을 너무 좋아해서 나도 어렸을 때부터 여행을 좋아하게 됐다"며 그게 이어져서 커서도 여행을 즐겨 다니게 됐다고 말했다. (×)
  → 그는 "부모님이 여행을 너무 좋아해서 나도 어렸을 때부터 여행을 좋아하게 됐다"며 "그게 이어져서 커서도 여행을 즐겨 다니게 됐다"고 말했다. (○)
  ※기사 작성에는 원칙이 있어야 한다. '그'가 말한 두 마디의 말 중에서 왜 하나는 직접인용하고 다른 하나는 왜 직접인용을 하지 않았는지 그 이유가 있어야 한다. 여기서는 아무 이유가 없어 보인다.

- 그는 "지금 회사 일이 훨씬 편하지만, 나는 여행사 일을 좋아하고 더 재밌는 것 같다"며 코로나가 끝난 후 여행사로 돌아갈 생각이 있음을 밝혔다. (×)
  → 그는 "지금 회사 일이 훨씬 편하지만, 나는 여행사 일을 좋아하고 더 재밌는 것 같다"며 "코로나가 끝난 후 여행사로 돌아갈 생각이 있다"고 밝혔다. (○)

- 그녀는 "무엇보다도 외로움이 가장 힘들었다"며 지금은 아무렇지도 않다는 듯 덤덤하게 말했다. (×)
  → 그녀는 "지금은 아무렇지도 않지만, 당시에는 무엇보다도 외로움이 가장 힘들었다"고 말했다. (○)
  ※직접인용한 다음이 말끔해야 기사가 정돈되어 보인다.

- 김철호 씨는 "용돈을 벌어서 코로나 끝나면 여행을 갈 예정"이라고 말하며 코로나 사태가 빨리 종식되어 여행을 떠나고 싶은 바람을 전했다. (×)
  → 김철호 씨는 코로나 사태가 종식되기를 간절히 바라고 있다. 김 씨는 "용돈을 벌어서 코로나 끝나면 여행을 갈 예정"이라고 말했다. (○)
  ※직접인용 뒤의 긴 문장을 앞으로 돌려서 마치 이 문단의 요지처럼 사용해서 전체적으로 이 문단을 요지-인용의 형태로 만들었다. 기사가 훨씬 더 말끔하게 보이고 내용 전달력도 좋아졌다.

직접인용문 중에서 '...이다'로 끝나는 문장은 ①번보다는 ②번처럼 하는 것이 좋다.

- ①홍길동 시장은 "민선 7기 부산시에 대한 시민 명령 제1호는 '안전도시 부산'을 **만드는 것이다" 라고** 거듭 강조했다. (△)
- ②홍길동 시장은 "민선 7기 부산시에 대한 시민 명령 제1호는 '안전도시 부산'을 **만드는 것"이 라고** 거듭 강조했다. (○)

(4) 기타 인용 시 주의할 점

말이 안되는 비문법적 원문을 직접인용할 때는 ( )로 부족한 문법적 요소를 보완할 수 있다.

- 홍길동 씨는 "**(과속 차량을)** 단속할 권한을 달라"고 말했다.
- 홍길동 씨는 "**(현대 사회는)** 사람이 대접받는 정의로운 사회여야 한다"고 말했다.

단체를 직접인용의 주어로 삼는 것은 문제가 있다.

- 경찰은 "이번 화재사고는 정밀 조사를 해 봐야 화인을 찾을 수 있을 것"이라고 말했다. (×)
  → 수사 담당자는 "이번 화재사고는 정밀 조사를 해 봐야 화인을 찾을 수 있을 것"이라고 말했다. (○)
  → 경찰에 따르면, 이번 화재사고의 원인을 정밀 조사 중이다. (○)
  → 경찰은 이번 화재사고의 원인을 정밀 조사 중이다. (○)
  ※여러 사람이 동일한 말을 할 수 없기 때문에 단체를 주어로 직접인용하는 것은 불가능하다. 경찰 중 한 사람을 특정해서 주어로 바꾸거나, 아니면 간접인용 방식을 택하는 것이 좋다.

다음은 직접인용 시 큰따옴표를 사용하는 방법이 잘못된 사례들이다. 직접인용했다는 표시를 겹따옴표로 정확하게 밝혀야 한다.

- 김진수 교수는 "폼 잡는 어른들이 많다" "수영장에서 꽉 조이는 팬티를 입을 이유가 없다"고 말했다. (X)
  → 김진수 교수는 "폼 잡는 어른들이 많다. 수영장에서 꽉 조이는 팬티를 입을 이유가 없다"고 말했다. (○)
  → 김진수 교수는 "폼 잡는 어른들이 많다"며 "수영장에서 꽉 조이는 팬티를 입을 이유가 없다"

고 말했다. (○)

- 그는 우리 부부만 등산복을 안 입고 갈 수 없지 않느냐? 라고 말했다. (X)
  → 그는 "우리 부부만 등산복을 안 입고 갈 수 없지 않느냐?"고 말했다. (○)

- 정우성 씨는 한국 사람은 과한 면이 있는 것 같다. 그리고 등산복은 원래 전문가들이 입는 것이라고 말했다. (X)
  → 정우성 씨는 "한국 사람은 과한 면이 있는 것 같다. 그리고 등산복은 원래 전문가들이 입는 것"이라고 말했다. (○)

직접인용 다음에 '고'나 '며'를 사용해야 할지, '라고'나 '라며'를 사용해야 할지 실제 언어생활에서 혼란스러운 경우가 많다. 최근 언론사마다, 또는 같은 언론사 내에서도 기자마다, 기사마다 이 표현이 혼용되고 있다. 국어학적 결론이 나오기 전까지, 언론사 내에서는 통일하는 게 좋다. 다만, 직접인용이 끝나는 부분에 '고'나 '며'를 붙여서 말이 되면 그렇게 사용하고, 어색하면 '라고'나 '라며'를 사용하면 무난하다.

- "....수용하라"고 말했다.(○)
  → "....수용하라"라고 말했다.(△)

- "....중요하다"고 말했다.(○)
  → "....중요하다"라고 말했다.(△)
  ※'중요하다라고 말했다'고 할 수는 있지만 어색하다. 축약적이지 않다.

- "....살아야겠다"고 말했다.(○)

- "....이다"라고 말했다.(○)
  "....이다"고 말했다.(×)
  ※'이다고 말했다'고 하지는 않는다. '이라고 말했다', 또는 '이다라고 말했다'고 하는 게 옳다.

- "....음란물이 많다"고 말했다.(○)

- "....성 인식이 문제다"라고 말했다.(○)
  "....성 인식이 문제다"고 말했다.(×)

(5) 인용과 반론권, 그리고 실제적 악의(actual malice)

기사에서 '이해 당사자', '사건 중요 관련자'의 발언이나 의견을 기사에 반영하지 않는 경우는 당사자의 반론권, 언론 접근권을 막는 행위다. '사건 당사자'는 노사 문제에서 노동자와 사용자, 정치 문제에서 여야, 이념 문제에서 보수와 진보, 학생 문제에서 학생, 교수, 학교 등을 말한다. 이런 문제를 기사화할 때 중요한 당사자 중 한쪽 의견을 타당한 이유 없이 기사에서 배제하는 것을 '실제적 악의(고의적으로 상대방 명예를 훼손하려는 의도)'가 있다고 보는 게 법원 판례다. '실제적 악의를 가지고 보도했다'는 막연한 법률적 위법행위를 법원은 기사 내에서 당사자들 얘기를 골고루 반영했느냐 여부로 판단한다.[49]

49 정태철, 앞의 책, 75쪽.

제6장
저널리즘 문장 원칙, 표기법

1. 언론 문장에서 피동형(수동태)을 피하라

기사 문장에서 피동사를 사용하면 출처를 숨기는 편법이 되므로, 피동형 문장은 가급적 사용하지 말아야 한다. 그러나 현실의 국내 언론들은 피동형 문장을 자주 사용한다. 이는 관행이고 악습이다. '알려졌다', '밝혀졌다', '전해졌다'가 3대 악용 사례다. 다음은 이들 피동형 문장이 과도하게 사용된 사례다. 이 기사는 거의 모든 문장이 '알려졌다'와 '전해졌다'로 이어지고 있다. 이 기사는 왜 '000가 발표했다', '000가 말했다', '000가 전했다'고 출처를 주어로 당당하게 밝히지 못하고 '알려졌다', '전해졌다'고 함으로써 출처를 숨겼는지 이해가 가지 않는다.

> 텔레그램 '박사방' 운영자인 조주빈(25)이 최근 경찰 조사에서 "피해자 중에 대중에게 많이 알려질 수밖에 없는 직업군의 여성도 있다"는 취지로 진술한 것으로 13일 **알려졌다**. 조 씨는 이외에도 다른 일부 여성 연예인들의 신상 정보를 빼내 그들에게 접근하려 시도한 것으로 **전해졌다**.
>
> **본지 취재 결과를 종합하면,** 경찰은 압수 수색을 통해 조 씨의 휴대전화 등 디지털 기기에서 대중에게 알려진 직업군의 A 씨와 B 씨의 사진을 확보한 것으로 **알려졌다**. 사진 속 A 씨와 B 씨는 조 씨가 '박사방'의 여러 피해 여성에게 요구했던 왼손의 엄지와 새끼손가락을 펴고 있는 특유의 포즈를 하고 **있었다고 한다**. 그러나 경찰은 두 사람에 대한 성 착취 동영상은 없는 것으로 보고 있다.

경찰은 조 씨가 A 씨와 B 씨의 사진을 자기를 과시하고 '박사방'을 홍보하는 데 쓴 것으로 보고 있다. 경찰은 조만간 두 사람을 피해자 신분으로 불러 구체적인 피해 상황을 조사할 방침으로 **알려졌다**.

경찰은 조 씨가 이들 외에도 다수의 유명 연예인에게 접근했다는 물증과 진술을 확보한 것으로 **전해졌다**. '박사방' 운영 공범인 사회복무요원을 통해 최정상급 걸그룹이라고 할 수 있는 C와 D 그룹 멤버들의 전화번호 등 개인 정보를 파악하려 **했다는 것이다**. 같은 방식으로 한류 여배우인 E 씨의 전화번호도 캐내려고 시도한 것으로 **알려졌다**. 조 씨가 작년 손석희 JTBC 사장의 전화번호를 알아냈던 것과 같은 방식이었다.[50]

'알려졌다' 식의 피동형 사용을 일부에서는 피치 못할 관행이라고 보는 시각도 있으나, 언론의 비윤리적 의도(표절, 도용, 추측)로 사용되면서 관행으로 굳어졌다고 보는 게 맞다. 언론은 출처엄격주의에 의해 출처를 밝혀야 하며, 상대 언론으로부터 얻은 2차 출처이면 상대 언론사 이름을 밝히면 된다. 뉴스원을 보호하기 위해서 출처 표기가 조심스러우면, '믿을 만한 소식통'이라든지 '고위 소식통' 등으로 처리하면 된다. 어떤 경우라도 수동형은 합리화되지 못한다.

- 정세균 전 국회의장이 총리 후보로 내정된 것으로 **알려졌다**. (X)
  → **청와대**는 정세균 전 국회의장을 총리 후보로 내정했다고 **밝혔다**. (O)
  → **한 여당 측 인사**는 정세균 전 국회의장이 총리 후보로 내정됐다고 **전했다**. (O)

- 이들 중 7명이 횡단보도를 무단횡단하다 과속 차량에 치여 사망한 것으로 **알려졌다**. (X)
  → **경찰 발표에 따르면**, 이들 중 7명이 횡단보도를 무단횡단하다 과속 차량에 치여 사망했다. (O)
  → **경찰**은 이들 중 7명이 횡단보도를 무단횡단하다 차에 치여 사망했다고 **발표했다**. (O)

'알려졌다'나 '밝혀졌다'와 같은 명백한 출처 감추기 피동형 남용 사례도 있으나, 다음 문장은 언뜻 보면 피동형이 아닌 듯하게 작성돼 있다. 그러나 자세히 보면, 동사의 주체, 즉 학생을 사망에 이르게 한 가해자가 빠져 있다. 이 문장 같이 뉴스원을 감추는 경우와는 달리 행위의 주체를 감추는 문장도 역시 쓰지 말아야 한다. 이는 다음과 같이 가해자를 주

---

50 https://han.gl/ILCLz.

어로 해서 능동형으로 수정돼야 한다.

> • 데모에 참여한 한 **학생이 총에 맞아** 사망했다. (X)
> ※학생이 누구의 총에 맞았는지 총을 쏜 주체가 없다.
> → **경찰이 데모에 참여한 학생을 총으로 쏴** 사망케 했다. (O)
> ※경찰이 총을 쏜 것으로 주체가 명시됐다.

2. 사실과 의견의 분리

사실과 의견은 철저히 분리돼야 한다. 뉴스를 다루는 기사에서 의견을 담은 표현은 사용해서는 안된다. 의견이란 추측, 평가(찬성과 반대), 주장 등을 말한다. 단, 기사에서 의견이 담긴 문장은 바로 그다음 문장에서 그 의견의 근거를 제시하는 방법으로 사용할 수 있다. 실제로 기사 문장에서 의견이 나오고, 그 의견의 근거가 바로 다음에 뒤따르면, 큰 문제는 없다.

> **[단정적 표현, 문단 요지]** 미니스커트에 대한 일반인들의 시선은 부정적이다. **[뒤이은 근거 제시, 요지의 설명]** 한국갤럽이 실시한 여론조사에 따르면, 조사 대상자의 70%가 미니스커트를 부정적으로 본다고 응답했다.

기사 마지막 문장을 추측, 희망, 의견 등으로 끝을 내는 기사는 있을 수 없다. 마지막 문장의 근거를 제시할 그다음 문장을 적을 수 없기 때문이다. 흔히 기사 마지막에 적힌 "앞으로 이 사건의 향방에 사람들의 관심이 쏠리고 있다", "귀추가 주목된다"와 같은 표현은 금기 사항이다.

다음과 같은 문장으로 기사 마지막을 끝내면 최악의 기사가 된다. 그 문장의 근거가 제시되지 않은 기자 주관에 지나지 않기 때문이다. 방송 뉴스에서는 기자가 사건을 보도하면서 클로징 멘트로 기자 주관을 사용하는 경우가 많다. 이는 방송 뉴스의 특징처럼 볼 수도 있지만, 권장할 보도 방법은 아니다. 무슨 이유에서든, 사실 중심 텍스트 기사에서 기자의 상투적 주관 제시는 금물이다.

- 이번 사건은 경찰의 도덕의식에 경종을 일으키는 사건이 될 것으로 보인다. (X)
- 이번 은폐 사실 폭로는 시민들 사이에 논란이 계속될 것으로 예상된다. (X)
- 이번 사건을 계기로 시민들은 현 시장에게 적지 않게 실망할 것으로 보인다. (X)
- 추후 김경식 경위 처리 문제에 귀추가 주목된다. (X)
- 이번 사건을 계기로 운전자들의 의식 개선이 시급해 보인다. (X)
- 이번 사건을 계기로 효과적인 안전 대책이 강구돼야 할 것으로 보인다. (X)
- 향후 학생들 안전 대책이 시급한 상황이다. (X)

일부 여행기사, 르뽀, 인터뷰기사, 스포츠기사, 인물기사 등에서는 감성적 표현, 주관적 표현이 관행적으로 쓰인다. 이런 기사들의 주관적 표현은 기사 성격에 따른 것으로 문제 될 것은 없다.

3. 이름이 뉴스를 만든다(Name makes news)

모든 기사 속 사람 이름은 실명이 원칙이다. 미국 언론은 '이름이 뉴스를 만든다'는 것을 보도 원칙으로 삼고 있다. 이에 따라서, 모든 기사는 실명 보도를 원칙으로 해야 하며, 익명 보도는 최소화해야 한다.[51] 실명 대신 '모 대학,' 'A 씨' 등의 표현을 쓸 것인지의 여부는 기자가 아니라 편집책임자가 결정할 문제다. 기자는 익명을 써야 하는 이유를 편집책임자에게 설명하고 허락을 받아야 한다. 그렇기 전에는 실명이 원칙이다. 다만, 범죄 관련 미성년자 실명, 성폭력 피해자 실명, 익명을 요구하는 뉴스원의 실명 등은 내부 보도 가이드라인에 따라서 익명 처리할 수 있다.

일부 뉴스원은 긍정적인 뉴스에서도 본인의 성과 이름이 공개되는 것을 꺼린다. 그래서 실제 언론사 뉴스에는 부득이 김 모, 오 모, 박 모 등으로 적은 이름이 많이 나온다. 그러

51 George Stevens, "Names, Newsworthiness, and the Right to Privacy", *Communication and the Law,* 13(2), 1991, 61–73쪽.

나 실제 하지도 않은 말을 본인 동의도 없이 지인 이름을 도용해서 기사화하는 경우는 심각한 문제를 야기한다(성명권 침해). 평소에 한 말이라도 당사자 허락 없이 기사에 실명으로 인용하면 성명권 침해에 해당한다. 기사는 언제든지 뉴스 속 관련자의 항의나 법적인 논란 대상이 될 수도 있으므로, 기자는 기사 안에 인용된 뉴스원(취재원, 출처)의 인적 사항과 뉴스원의 발언을 녹취하거나 기자수첩 내지는 노트북에 꼼꼼히 기록해 둘 필요가 있다. 다음은 인명이나 단체 이름 표기에 관련된 규칙들이다.

※이름이나 직책은 기사에서 처음 나올 때와 그 후 두 번째, 세 번째 나올 때마다 동일하게 표기하는 게 아니다. 이름과 직책의 **첫 번째 언급을 영어로 'first reference'라고 하고, 두 번째 이후 나올 때를 'second reference'라 한다.**

- first reference
  → 한국대학교 홍길동 교수
  → 한국대학교 경제학과 홍길동 교수
- second reference
  → 홍길동 교수
  → 홍 교수

이상과 같은 first reference와 second reference 표기 방법에 따른 다양한 사례는 다음과 같다.

- 익명 처리된 사람의 first reference
  → 손 모 씨
- 익명 처리된 사람 이름의 second reference
  → 손 씨
  ※손 모 씨로 이명 처리됐다면, 다음부터는 손 씨라고 하지 손 모 씨라고 익명 처리 방식을 반복하지 않는다.

- 직책 있는 사람의 first reference
  → 남부경찰서 심형래 교통과장
- 직책 있는 사람의 second reference
  → 심형래 과장
  → 심 과장

- 이름, 나이, 주소가 표기된 사람의 first reference
  → 홍길동(21, 부산시 남구) 씨
  → 회사원 홍길동(21, 부산시 남구) 씨
  → 홍길동(21) 씨
- 이름, 나이, 주소가 표기된 사람의 second reference
  → 홍길동 씨
  → 홍 씨

  ※TV 다큐나 뉴스 등에서는 사람 이름이 나올 때마다 홍길동(21, 부산시 남구) 씨를 친절하게 반복해서 소개한다. first reference와 second reference가 같다. 그 이유는 영상 화면은 한 번 지나가면 그 전 것을 볼 수 없기 때문이다. 그러나 신문의 경우에는 한 지면 위아래에서 확인이 가능하므로, 이름 정보 중복을 피한다. 그래서 first reference에서는 전체 이름 정보를, second reference에서는 약식 이름을 사용하는 것이다.

그 밖의 이름 표기에 관한 규칙은 다음과 같다.

※19세를 기준으로 성인은 '씨', 미성년(고등학생 이하, 또는 만 18세 이하)은 '군', '양'을 사용한다.
※노인에게는 할머니, 할아버지, 어르신 같은 용어를 사용할 수 있다.
※현행범, 용의자, 피의자 등에게 무죄추정의 원칙에서, '놈'과 같은 욕을 부치지는 않지만 대신 '씨'와 같은 높임말은 사용하지 않는다.
※모르는 단체는 한 줄 이내의 간단한 설명을 붙이는 게 좋다
→ '청년위원회'가 조사한 결과에 따르면 (X)
→ 청년 정책을 기획하는 대통령 직속 자문 위원회인 '청년위원회'가 조사한 결과에 따르면(O)

4. 주소, 나이 표기법

언론사마다 주소, 나이 표기법이 다르다. 중요한 것은 개별 언론사 내의 표기법 일관성과 통일성이다. 전국지냐, 지방지냐에 따라서도 주소, 나이 표기법이 달라진다. 예를 들어서, 부산지역 신문은 '남구 대연동'이라 표기할 수 있지만, 전국지는 '부산시 남구 대연동'이라고 표기해야 한다. 특히 서울에 본사를 둔 전국지들은 서초동이나 양재동을 서울 표기 없이 제시하는 경우가 많다. 그러나 전국지는 기사 first reference에서는 '서초동'이

전국적 지명도가 있다고 해도 '서울 서초동'으로 표기하는 것이 바람직하다. second reference는 당연히 서초동만으로 표기하는 게 경제적이다.

최근, 주소 등 개인 정보는 비공개 원칙이 강화되는 추세다. 뉴스원들도 개인 정보에 민감해지고 있다. 따라서 주소는 구나 군까지만 공개하는 게 좋다. 그리고 희귀 성씨(음 씨, 단 씨, 가 씨 등)라서 개인이 특정될 가능성이 높으면, '경기도 음 모 씨'는 등으로 광역을 기준으로 처리하는 게 좋다. '경북 안동의 단 모 간호사'와 같은 형태는 그 지역에서 당사자가 누구인지 특정될 가능성이 높다.

뉴스원의 이름, 주소, 나이, 직업 등을 기사에 적는 이유는 뉴스원이 실재 존재한다는 공신력을 높이기 위해서다. 뉴스원 정보는 통상 3개 이상을 제공해야 공신력을 높인다.

다음은 직업, 이름, 나이, 주소 표기법 사례다. 표기법은 언론사마다 상이할 수 있음을 기억해야 한다. 기사 속 괄호는 읽는 독자에게는 불편하고 쓰는 기자에게는 편리하다. 독자 위주의 기사 작성 취지에서 가급적 괄호 사용을 자제하기 위해 괄호에는 개인 정보 중 나이와 주소로 한정하고, 그 밖의 정보는 문장으로 표현하는 게 바람직하다.

- 대학생 홍길동(20, 부산시 남구) 씨
  ※직업, 이름, 나이, 주소의 4개 정보가 제공됨.
- 한국대 재학생 홍길동(20, 부산시 기장군) 씨
- 주부 홍길순(43, 경남 창원시 성산구) 씨
- 회사원 홍길도(55, 서울시 종로구) 씨
- KT에 근무하는 홍길도(55, 대전시 중구) 씨
- 대학생 홍 모(20, 경기도 수원시) 씨
  ※익명 처리된 경우일수록 직업, 나이, 주소 등의 부수 정보를 제공해야 공신력이 높아짐.
- 주부 홍 모(43, 충남 보령군) 씨
- 회사원 홍 모(55, 울산시 중구) 씨

직책이 기사 문맥상 중요한 역할을 하는 경우는 굳이 그 사람의 집 주소나 나이를 적을 필요가 없다. 여성의 성별을 표시하는 경향이 과거에 있었으나, 양성평등 원칙에 따라서 최근에는 적지 않는다. 기관의 기관장 성명을 괄호 안에 적는 관행도 있었으나, 이것 역시 권위주의적 사고방식이란 반론에 따라 없어지고 있다.

- 동래경찰서 홍길동 교통과장(45, 부산시 동래구)은 (X)
  → 동래경찰서 홍길동 교통과장은 (O)
- 부경대 환경공학과 김철수 교수(55, 부산시 남구)는 (X)
  → 부경대 환경공학과 김철수 교수는 (O)
- 한국대학교(총장 김철수)는 (△)
  → 한국대학교는 (O)
- 서초초등학교(교장 김영희, 여) (X)
  → 서초초등학교 (O)
- 김영희(41, 부산시 남구)
  → 김영희(41, 여, 부산시 남구) (△)
  → 여성인 김영희(41, 부산시 남구) (O)
  ※문맥상 성별을 밝힐 필요가 있는 경우는 성별을 괄호보다는 문장 안에서 밝히는 게 좋다.

5. 날짜, 시간, 숫자 표기법

※미국 신문은 '언제'라는 요소를 기독교 전통에 따라서 Sunday, last Sunday, next Sunday 등 '요일' 중심으로 표시한다. 국내 신문은 '월과 일' 중심으로 '언제'임을 표기한다.

- 8일 오후 6시경, 지난달 8일, 다음 달 8일,

※아침, 저녁보다는 오전, 오후로

※숫자는 만, 억, 조 단위로 끊어서 표기한다. 국내 일간지들은 천 단위로 끊어서 표기하는 경향이 있다. 한글맞춤법 규정에는 만 단위로 표기하게 되어 있다. 천 단위는 숫자를 너무 잘게 표기하게 해서 만 단위보다 가독성이 떨어진다.

- 6,845,000원 → 684만 5000원
- 10,500원 → 1만 500원.
- 3,777,799원 → 377만 7799원
- 10,500,050,005,000원 → 10조 5000억 5000만 5000원

숫자를 아라비아 숫자로 표기할 때와 한글 숫자로 표기할 때가 다르다.

※아라비아 숫자(일, 이, 삼...)로 읽히는 것과, 한글 숫자(하나, 둘, 셋...)로 읽히는 것을 구분해 주는 게 좋다.

- 5번째(×)

→ 다섯 번째(○)

→ 5회째(○)

- 5살(×)

→ 5세(○)

→ 다섯 살(○)

- 두 학교, 석 달, 네 차례, 다섯 그릇, 여섯 명, 일곱 살(○)
- 2개 교, 3개월, 4회, 5인분, 6명, 7세(○)

※시간은 한 시간 두 시간보다는 1시간 2시간으로도 자주 표기한다. 오랜 관행이라 바꾸기 어렵다.

6. 감정적인 단어 사용에 유의

기사에서 감정적인 단어는 부사와 형용사다. 기사 성격에 따라서(스포츠기사, 르뽀, 인터뷰기사 등) 부사나 형용사 등 감정적인 단어를 사용할 수도 있다. '손흥민의 원더 골', '부산 마린 시티의 매혹적인 야경' 등의 표현은 얼마든지 가능하다. 그러나 사건 사고의 스트레이트 기사나 기획기사 등에서는 감정적 표현을 억제해야 한다.

"은폐 의혹을 '강력하게' 부인했다"는 기사 문장에서 '부인했다'와 '강력하게 부인했다'의 차이는 애매하다. "간호사가 '조심스럽게' 대답했다"에서 '조심스럽게'란 구체적으로 어떻게 말했다는 것인지 알 도리가 없다. "추신수의 타율이 2할 9푼 7리에서 2할 9푼 5리로 '약간' 떨어졌다"는 문장 역시 '약간'이란 말의 기준이 주관적이다.

미국 언론들은 'very'라는 표현을 잘 사용하지 않는다. 'completely destroyed(완전히 파괴됐다)'라는 표현도 사용하지 않는다. 'destroyed(파괴됐다)'에 이미 완전히 부서졌다는 의미가 들어 있기 때문이다. 부사와 형용사의 무분별한 사용에 유의해야 한다.

- 그는 해당 직원을 중징계할 예정이라고 **단호하게** 말했다. (×)
  → 그는 해당 직원을 중징계할 예정이라고 말했다. (○)
- 그는 혈중 알콜 농도가 0.211%로 **심각한** 만취 상태였다. (×)
  → 그는 혈중 알콜 농도가 0.211%로 만취 상태였다. (○)
- 부산시 담당 국장은 "부산 하면 불꽃축제라는 이미지를 확실히 인식시키겠다"고 **강한** 포부를 밝혔다. (×)
  → 부산시 담당 국장은 "부산 하면 불꽃축제라는 이미지를 확실히 인식시키겠다"고 포부를 밝혔다. (○)

7. 언어 경제성

기사 문장에서 '하였다', '되었다'는 표현이 자주 등장한다. 그러나 '하였다'와 '되었다'는 느리고 힘이 없는 어감을 갖고 있다. 기사 문장은 빠르고, 강하고, 단호해야 한다. 그래서 '하였다'보다는 '했다'로, '되었다'보다는 '됐다'로 표기하는 게 좋다. '이다'는 앞의 단어가 모음으로 끝나면 '다'로 줄일 수 있다.

- 하였다 → 했다
- 생각하였던 → 생각했던

- 되었다 → 됐다
- 참가하게 되어 → 참가하게 돼

- 그의 이름은 **윤동주이다.** → 그의 이름은 **윤동주다.**

- 저것은 **사과이고,** 이것은 **배이다.** → 저것은 **사과고,** 이것은 **배다.**

8. 접속사 사용 억제

'그리고', '이에', '한편', '그러나', '하지만' 등의 접속사는 기사 문장에서 최대한 억제돼야 한다. 기사는 1문단 1아이디어 속성을 갖고 있어서 문단과 문단의 독립성이 강하다. 앞 문단과 다음 문단이 '그러나', '그런데', '한편' 등을 써야 연결이 부드러울 것 같아도 그렇지 않다. 그냥 접속사 없이 쓰는 것이 오히려 더 자연스럽다. 최대한 접속사 사용을 억제한 가운데 '그러나'나 '하지만'과 같은 접속사가 등장하면, 그 '반전'의 의미가 더 강해진다. 접속사를 절대 쓰지 말라는 것이 아니다. 최대한 억제해서 사용하라는 말이다. 기사를 처음 쓰는 학생들은 버릇처럼, "또, 최경식은", "이에, 그는", "이에 대해, 권오순 씨는" 식으로 접속사를 넣는 경향이 있으나 절제해야 한다.

- ....라고 한다. **또**, 최경식은 → ....라고 한다. 최경식은
- ....라는 것이다. **이에**, 그는 → ....라는 것이다. 그는
- ....라는 것이다. **이에 대해**, 권오순은 → ....라는 것이다. 권오순은

9. 독자 지식 고려한 신조어 사용

기자는 독자가 누구인지를 상정하고 기사를 써야 한다. 특수지(전자신문, 게임잡지, 영화잡지 등)는 독자가 이미 해당 주제나 용어에 익숙한 사람들이라고 보고 전문 용어를 일일이 설명하면서 기사 쓸 필요가 없다.

그러나 일반지는 다르다. 대개 일반지는 고등학교 졸업, 또는 특수지는 대졸 학력자를 기준으로 기사를 쓴다. 나이도 고려해야 한다. 젊은이들의 은어, 최신 테크놀로지 용어, 최근 트렌드를 대표하는 신조어 등은 간단한 설명과 함께 사용하는 게 좋다. '영끌' '레트로' 등의 신조어는 처음 등장했을 때는 사회적으로 설명이 필요한 단어였으나, 일정 시간이 흘러서 충분히 대중적이 됐다고 판단되면 아무 설명 없이 사용해도 무방하다. 언론사는 늘 신조어를 접한다. 각 언론사는 나름대로 새로운 단어들에 대한 표기법 기준을 세워나

가야 한다.

- 틱톡
  → 중국이 만든 짧은 동영상 기반 SNS '틱톡'은...
- MBTI
  → 성격 유형 심리 검사 중 하나인 'MBTI'는...
- 광탈절
  → 빛의 속도처럼 빠르게 취업 면접에서 탈락한 날을 가리키는 '광탈절'은...
- 호모인턴스
  → 정규직은 못되면서 인턴생활만 반복하는 비참한 취준생을 뜻하는 '호모인턴스'는...
- 청년실신
  → 청년실업자와 신용불량자의 합성어인 '청년실신'은...
- '이판사판'에는 이런 글이 올라왔다.
  → 판사들 전용 익명 게시판 '이판사판'에는 이런 글이 올라왔다.
- '이프로스'에 올라온 글에는...
  → 검찰 내부 온라인 게시판 '이프로스'에 올라온 글에는...

제7장
문법, 어법, 구두점

1. 문장

(1) 주어와 술어 불호응

한국어는 영어와 달리 주어를 생략하는 경우가 많다. 그러나 언론 문장에서 주어를 통상적인 한국어 표현처럼 자주 생략했다가는 내용 전달에서 오해를 야기할 수 있다. 주어는 그 문장 주어가 무엇인지 오해 소지가 전혀 없을 때에 한해서 생략해야 한다. 언론 문장은 항상 주어와 술어가 무엇인지, 주어와 술어가 호응이 되는지를 살펴야 한다. 기사 문장을 쓸 때는 주어와 술어를 의식하면서 쓰는 습관을 가져야 한다. 흔히 비문(非文)이라는 것이 곧 주어와 술어의 불호응 문장을 뜻한다. 아래 수정된 문장의 볼드체가 주어와 술어를 가리킨다.

- 이곳은 다른 가게보다 많은 양의 옷을 값싸게 살 수 있다. (X)
  → 이곳에서 **사람들은** 다른 가게보다 많은 양의 옷을 값싸게 **살 수 있다.** (O)
  → **이곳은** 다른 가게보다 많은 양의 옷을 값싸게 **판다.** (O)
- 임주희 씨는 일방통행 도로를 역주행해서 모든 행인들이 길가로 길을 비켜줘야 하는 상황이었다. (X)
  → **임주희 씨는** 일방통행 도로를 역주행해서 모든 행인들이 길가로 길을 비켜 줘야 하는 **상황을 만들었다.** (O)
- 이번 행사는 '외모지상주의'라는 주제로 강연회를 가졌다. (X)
  → 이번 **행사는** '외모지상주의'라는 주제의 **강연회였다.** (O)

- 김진아 씨는 "저는 미니스커트를 안 입어요"라며 부정적인 반응이었다. (X)
  → **김진아 씨는** "저는 미니스커트를 안 입어요"라며 부정적인 **반응을 보였다.** (O)
- 강민아 교수의 책을 보면, 미니스커트의 역사를 알 수 있다. (X)
  → 강민아 교수의 책을 보면, **우리는(독자는)** 미니스커트의 역사를 **알 수 있다.** (O)
- 갤럽 여론조사에서, 남녀 간의 시각차를 느낄 수 있다. (X)
  → 갤럽 여론조사에서, **우리는(독자는)** 남녀 간의 시각차를 **느낄 수 있다.** (O)
  → 갤럽 여론조사에서, 남녀 간의 **시각차가 드러났다.**
- 경찰청장은 이곳에 경찰을 배치하지 못한다는 입장이다. (X)
  → **경찰청장은** 이곳에 경찰을 배치하지 못한다는 **입장을 보이고 있다.** (O)
- 학생들이 마음 놓고 다닐 수 없다는 현실이다. (X)
  → 학생들이 마음 놓고 다닐 수 없다는 **것이 현실이다.** (O)
- 차량 속도를 시속 20km로 제한하고 있다. (X)
  → **경찰은** 차량 속도를 20km로 **제한하고 있다.** (O)
- 현재 논란 중인 문과대 학사 개편 문제는 학생 피해를 최소화하겠다는 계획이다. (X)
  → **학교 당국은** 현재 논란 중인 문과대 학사 개편 문제로 인한 학생 피해를 최소화하겠다는 **계획을 가지고 있다.** (O)
- 그가 잘못했다는 지적이다. (X)
  → 그가 잘못했다는 **지적이 있다.** (O)
  → 그가 잘못했다고 **(누가) 지적했다.** (O)
- 그녀가 아름답다는 느낌이다. (X)
  → 그녀가 아름답다고 **(누가) 느꼈다.** (O)
  → 그녀가 아름답다는 **느낌이 (나에게) 들었다.** (O)
  → **나는** 그녀가 아름답다고 **느꼈다.** (O)
- IMF사태가 끝났다는 생각이다. (X)
  → IMF 사태가 끝났다고 **(누가) 생각했다.** (O)
  → IMF 사태가 끝났다는 **생각이 (나에게) 들었다.** (O)
  → **나는** IMF 사태가 끝났다고 **생각했다.** (O)

이상은 주어와 술어는 있지만 그 주어와 술어가 불호응하는 문장의 사례였는데, 다음은 주어는 있지만 술어가 없어서 주어-술어 불호응이 발생하는 경우다. 술어를 생략하는 표현은 일종의 방송체 문장인데, 젊은 사람들이 주로 술어를 생략하는 경향을 보인다.

- 우리나라에 충격을 안겨준 n번방 사건. (※주로 기사 첫 문장에 이런 문장이 나온다)
  → n번방 사건이 우리나라에 충격을 안겨줬다.

- 오늘 게임에서 펄펄 난 손흥민이다.
  → 오늘 게임에서 손흥민이 펄펄 날았다.
- 오늘 게임에서 완벽 투구를 펼친 류현진이다.
  → 오늘 게임에서 류현진이 완벽 투구를 펼쳤다.

(2) 영어식 표현

국제화 영향 때문인지, 우리말에 영어풍이 유행하고 있다. 예를 들어, 최근 젊은이들은 '연구하다'보다는 '연구를 하다'라고 표현하기를 더 선호한다. 이는 영어의 'do a study' 'do a homework' 같이 명사 앞에 do(하다)를 써서 명사를 동사형으로 바꾸는 영어식 표현일 가능성이 많다. '연구를 하다'나 '연구하다'나 문법적으로는 문제가 없으나, '연구를 하다'는 직설적 언어를 사용해야 하는 기사 문장에 어울리지 않는다.[52]

• 급정거를 했으나 (△)	→	급정거했으나 (○)
• 판단을 했다. (△)	→	판단했다. (○)
• 무단 횡단을 했다. (△)	→	무단 횡단했다. (○)
• 인터뷰를 했다. (△)	→	인터뷰했다. (○)

영어는 명사가 발달했고, 그래서 명사를 꾸미는 형용사가 풍부하다. 한국어는 동사가 발달해서 동사 활용이 다양하고, 아울러 동사를 꾸미는 부사가 발달했다. 영어는 명사 중심의 언어이고, 한국어는 동사 중심의 언어라고 한다. 예를 들어서, '정보사회의 도래는' 이란 문구는 명사 중심의 'The advent of information society is...'라는 영어 문장의 직역이다. 그리고 영어로서는 전혀 어색하지 않다. 그러나 한국어로 번역할 때는 '정보사회의 도래는'보다는 동사 중심인 '정보사회가 도래하면(오면)'이 더 자연스럽다.

- 그들은 새 실험실 구성 단합대회로 술자리를 가졌고(△)
  → 그들은 새 실험실을 구성한 것을 기념하고 단합하기 위해서 술자리를 가졌고(○)
- 혈액 채취로 조사한 결과(△)

---

52 정태철, "국제화 시대의 한글 사랑법", 『시빅뉴스』, 2016. 10. 10., https://c11.kr/cnta.

→ 혈액을 채취해서 조사한 결과(○)
- 그는 우리나라 소극장 연극 활성화 취지에서(△)
  → 그는 우리나라 소극장 연극을 활성화하자는 취지에서(○)
- 화재 진압의 지연으로(△)
  → 화재 진압이 지연되어(○)
  → 화재 진압이 늦어져(○)
- 단순한 지식의 습득으로가 아니라(△)
  → 단순하게 지식을 습득하는 것이 아니라(○)
- 소속감의 결여로(△)
  → 소속감이 부족해서(○)

(3) 유사 표현 반복

한 문장, 혹은 주변 두세 문장 사이에 같은 단어를 반복해서 사용하는 것을 피해야 한다. 대개 문장력과 어휘력이 부족한 사람이 한 기사에서 같은 단어나 표현을 반복 사용하는 경향을 보인다. 기사 문장에서 같은 사안을 묘사한다고 해도 새로운 단어와 다양한 표현을 사용하는 게 좋다.

- **음복**으로 인한 **음복** 교통사고가 발생했다. (X)
  → 음복으로 인한 음주 교통사고가 발생했다. (○)
- 필요한 **것이라는 것이다**. (X)
  → 필요하다. (○)
- 평소에 **느낄** 수 없었던 아침 햇살을 **느끼게** 된 것도 다시금 희망을 **느끼기** 때문이다. (X)
  → 평소에 느낄 수 없었던 아침 햇살을 보게 된 것도 다시금 희망을 찾았기 때문이다. (○)
- 창문으로 **보이는** 하늘을 **보면서** (X)
  → 창문으로 비치는 하늘을 보면서 (○)
- 자동차 위주의 **교통 행정**을 보행자 위주의 **교통 행정**으로 **교통 행정**을 전환하기로 했다. (X)
  → 자동차 위주에서 보행자 위주로 교통 행정을 전환하기로 했다. (○)

(4) 과잉 존칭어

존댓말을 이중으로 사용하면 안된다. 최근 "커피 나오셨어요", "영수증 여기 있으세요"와 같이 국적 불명의 과잉 존칭, 사물 존칭이 사회 문제가 될 정도로 심하게 사용되고 있다. 미국의 존댓말(sir, ma'am 등)이 영업장소나 위계질서가 중요한 군대에서 주로 사용되는 것처럼, 한국도 자본주의가 발달한 탓에 업소 종업원들이 고객을 높이려다 보니, 과잉 존칭과 사물 존칭 등으로 존댓말 질서가 무너진 듯하다.

또한 젊은 기자들은 대부분 자신보다 나이가 많은 뉴스원이 뉴스에 나오면 존대어를 사용하려는 경향도 있다. 마치 북한 언론이 "김정은 동지께서"라고 존칭하는 것처럼 말이다.

- 아버지께서 일하시고 계셨다. (X)
  → 아버지께서 일하고 계셨다. (O)
  ※언론 문장이라면, '아버지가 일하고 있었다'가 되어야 한다.
- 당당하신 분이셨다. (X)
  → 당당한 분이셨다. (O)
  → 당당하신 분이었다. (O)
- 기숙사에 계시는 사감 아저씨는 영어를 쓰시지 않으시기 때문에 (X)
  → 기숙사에 있는 사감은 영어를 쓰지 않기 때문에 (O)

(5) 대구(對句)

문장에는 대구가 있다. 우리말은 대구를 안 지키는 것을 문법적으로 틀렸다고 하지 않지만, 영어는 틀렸다고 한다. 대구를 지킨 문장은 독자 이해력을 높인다.

- 교수님을 속이려는 **모습부터**, 필기구를 빌리는 **학생**, 수업 시간에 나가버리는 **경우**도 있다. (X)
  → 교수님을 속이려는 **학생**, 필기구를 빌리는 **학생**, 수업 시간에 나가버리는 **학생**들도 있다. (O)
- 단순한 시간 **때우기**, 강의실 자리 **차지하기**, 수업을 열심히 듣지 않는 **학생**은 이제 대학을 떠나라. (X)
  → 단순히 시간을 때우는 **학생**, 강의실에서 자리만 차지하는 **학생**, 수업을 열심히 듣지 않는 **학생**은 이제 대학을 떠나라. (O)

- 구시대적 **집회의 강요**, 말과 행동의 **다른 모습**, 극단적인 대안만을 **요구하는** 학생회는 시대착오적이다. (X)
  → 구시대적 집회를 **강요하고**, 말과 행동이 **다르며**, 극단적인 대안만을 **요구하는** 학생회는 시대착오적이다. (O)
- **크고, 튼튼하며, 고성능의** 배 (X)
  → **크고, 튼튼하며, 성능이 좋은** 배 (O)
- 강도**사건**, 살인**사건**, 자살하는 **사람들** (X)
  → 강도**사건**, 살인**사건**, 자살**사건** (O)

(6) 수식어와 피수식어

부사, 형용사 등의 수식어는 피수식어 앞에, 목적어는 술어 앞에 최대한 가깝게 위치시켜야 한다. 굵은 색으로 적은 단어가 수식어와 피수식어이며, 수정 전과 후에 두 단어의 거리가 가까워졌다.

- 2주 전에 시작한 **PC방으로** 아르바이트를 하기 위해 **향했다.** (△)
  → 2주 전에 시작한 아르바이트를 하기 위해 **PC방으로 향했다.** (O)
- 나는 **얼른** 읽고 있던 책을 **덮었다.** (△)
  → 나는 읽고 있던 책을 **얼른 덮었다.** (O)
- 나는 **참** 그녀가 **신기하게** 느껴졌다. (△)
  → 나는 그녀가 **참 신기하게** 느껴졌다. (O)
- **할아버지의** 젊은이는 비를 맞아도 된다는 **생각** (X)
  → 젊은이는 비를 맞아도 된다는 **할아버지의 생각** (O)
- **주된** 나의 **업무** (X)
  → 나의 **주된 업무** (O)
- **처음** 할아버지가 **등장한** 장면 (△)
  → 할아버지가 **처음 등장한** 장면 (O)
- **조그만** 노인들의 **세상** (X)
  → 노인들의 **조그만 세상** (O)

- 부산 남부경찰서는 **14일** 부산에서 일어난 절도사건의 범인은 피해자의 아들 김호식이라고 **발표했다.** (X)
  → 부산 남부경찰서는 부산에서 일어난 절도사건의 범인은 피해자의 아들 김호식이라고 **14일 발표했다.** (O)

※14일을 어디에 두느냐에 따라서 사건이 일어난 날이 될 수도 있고 발표한 날이 될 수도 있다. 여기서는 발표한 날이라는 의미다.

(7) 조사 '의'의 남발

불필요한 조사 '의'를 남발하는 기사 문장이 흔하다. '의'자를 자주 붙이는 습관은 일본식이다.

- 대학의 문화 → 대학 문화
- 서울과 40분의 거리 → 서울과 40분 거리
- 지방의 무명의 대학 → 지방 무명 대학, 혹은 지방의 무명 대학
- 부모님의 사업의 실패로 → 부모님 사업 실패로, 혹은 부모님의 사업 실패로
- 집 근처의 오락실에 갔다. → 집 근처 오락실에 갔다.
- 봄의 기운이 → 봄기운이
- 우리의 것을 → 우리 것을
- 우리의 전통에 → 우리 전통에

(8) 과도한 준말

'나는'을 '난,' '하는 것을'을 '하는 걸'로 표현하는 것처럼, 언론 문장은 구어체적인 준말 표현을 억제한다. 이런 표현을 쓰면 글이 유치하다는 느낌을 준다. 소프트한 기사에서는 감성적 효과를 높이기 위해 준말 사용이 가능하다.

- 걔는 → 그 아이는
- 그 담날 → 그다음 날
- 그러니깐 → 그러니까

2. 구두점, 문장부호

주어와 술어의 구성 관계와 구두점은 밀접한 관계가 있다. 구두점을 어디에 찍을지 모르는 문장이 있다면, 그 문장의 주어와 술어 관계가 복잡할 확률이 높다. 그런 경우는 자기가 아는 규칙에 의해 구두점을 찍을 수 있도록 문장 구조를 간단하게(주어 술어 관계를 명확하게) 고치는 게 좋다.

- 구하라 남친 폭행 혐의로 기소
  → ①구하라, 남친 폭행 혐의로 기소
  → ②구하라 남친, 폭행 혐의로 기소

이는 기사 제목이다. 원뜻은 검찰이 '구하라'라는 연예인의 남친을 다른 사람 폭행 혐의로 기소했다는 것으로, '검찰이 구하라 남친을 폭행 혐의로 기소했다'는 게 원 의미다. 그래서 제목은 ②번처럼 작성해야 된다. 그러나 이 기사 제목에는 쉼표가 찍혀 있지 않아서, 구하라가 남친을 때려서 기소됐다는 것인지, 구하라 남친이 다른 사람을 때려서 기소됐다는 것인지가 불분명하다. 쉼표 하나가 문장의 뜻을 바꾼다.

구두점이 문장 이해력에 큰 영향을 미친다는 사실을 명심하자. 구두점 중에서 가장 복잡한 것이 쉼표다. 쉼표 찍는 곳을 일일이 다 열거할 수는 없다. 중요한 것은 쉼표는 문장 흐름상 의미를 명확히 할 필요가 있는 곳에 찍을 수 있다는 점이다. 다만, 쉼표가 잦으면 문장 흐름이 끊길 수 있으니 나름 규칙이 필요하다. 그래서 언론사마다 간단한 쉼표 규칙을 정해 놓는 것이 좋다. 그리고 그 규칙에 의해 쉼표를 찍으려 할 때 혼동이 오면, 그 문장 자체가 구조적으로 복잡하다는 것을 의미한다. 구조가 복잡하고 난해한 문장을 써 놓고 어디에 쉼표를 찍을지 고민하지 말고, 쉼표를 쉽게 찍을 수 있는 문장 구조로 문장 자체를 바꾸는 게 더 좋은 방법이다.

(1) 주어+술어+술어+술어

술어가 3개 이상 열거된 문장에서는 술어들을 쉼표로 구분하는 게 좋다.

- 나는 학교로 갔고, 친구를 만났으며, 강의를 들었다.
- 사랑은 눈물의 씨앗이고, 불행의 서곡이며, 증오의 뿌리다.
- 미래를 내다본다는 것은 발전의 지름길이고, 성공의 열쇠이며, 희망의 약속이다.

(2) 주어+술어, 주어+술어

문장이 짧아도, 두 개의 주어+술어 구조는 쉼표로 구분한다. 이는 문장 자체가 단문이 아니라 두 개 문장이 조건이나 가정 등 주종이나 연결 관계를 나타낸다는 의미를 분명히 하는 효과가 있다.

- 인생은 짧고, 예술은 길다.
- 이번 학기가 끝나면, 나는 휴학할 것이다.
- (내가) 그 영화를 보았을 때, 내 손에는 땀이 흐르고 있었다.
- 아내가 사표 제출을 만류했지만, 나는 끝내 그 지긋지긋했던 직장을 그만두고 말았다.

(3) 수식어+주어+술어

이런 형식의 문장이 언론에서 자주 등장한다. 언론 문장 앞에 놓이는 수식어는 '경찰의 발표에 따르면', '정부의 보고서에 의하면', '알바몬의 알바 실태 조사 결과에 따르면' 등으로 매우 빈번한 문장 형식이다. 그래서 문장 앞에서 등장하는 수식어와 주어+술어를 쉼표로 구분해주는 것이 문장 이해에 도움을 준다.

- 경찰의 발표에 따르면, 범인은 20대 남성으로 추정된다.
- 정부의 통계 보고서에 따르면, 2022년 우리나라 출산율이 OECD 국가 중 최하위를 기록했다.
- 이번이 첫 사례는 아니지만, 여야는 이 사건에 대해서 민감한 반응을 보이고 있다.

(4) 기타 쉼표 규칙

한 문장 처음에 '곧', '즉', '다시 말해', '이를테면' 등과 같은 어구가 오면, 이들 어구를 수식어처럼 쉼표로 막고 그다음 주어와 술어를 이으면 된다. 그러나 문장 안에서는 '곧', '즉', '다시 말해', '이를테면' 앞에 쉼표를 넣어야 한다. 오류가 매우 잦은 쉼표 규칙 중 하나다.

- 야구 경기에서 가장 중요한 것은 승리를 위해 서로 마음과 힘을 하나로 합치는 **것이다. 곧,** (이것이) 협동 정신이다. (○)
- 야구 경기에서 가장 중요한 것은 승리를 위해 서로 마음과 힘을 하나로 **합치는 것 곧, 협동 정신**이다. (X)
- 야구 경기에서 가장 중요한 것은 승리를 위해 서로 마음과 힘을 하나로 **합치는 것, 곧 협동 정신**이다. (○)

- 창경궁은 15세기 후반에 성종이 전왕의 부인을 위해 지은 **궁전이었다. 즉,** 대비들의 거처로 마련한 것이다. (○)
- 창경궁은 15세기 후반에 성종이 **전왕의 부인 즉, 대비들의** 거처로 마련한 것이다. (X)
- 창경궁은 15세기 후반에 성종이 **전왕의 부인, 즉 대비들의** 거처로 마련한 것이다. (○)

- 무엇을 하든지 꾸준히 열심히 하는 것이 **중요하다. 다시 말해,** 성실이 가장 큰 경쟁력이다. (○)
- 무엇을 하든지 꾸준히 열심히 **하는 것 다시 말해, 성실이** 가장 큰 경쟁력이다. (X)
- 무엇을 하든지 꾸준히 열심히 **하는 것, 다시 말해 성실이** 가장 큰 경쟁력이다. (○)

수식어가 바로 다음 단어를 수식하는 게 아니라 멀리 떨어진 다른 단어를 수식할 때 쉼표를 사용한다. 그러나 아예 수식어를 피수식어 바로 앞에 쓰는 게 더 바람직하다.

- **갑돌이는**, 울면서 떠나는 갑순이를 **배웅했다.** (△)
  → 울면서 떠나는 갑순이를 **갑돌이는 배웅했다.** (○)
  ※수식어는 피수식어와 가깝게 놓는 게 더 바람직하다.

- 달콤한 나의 도시 (△)
- 나의 달콤한 도시 (△)

※소설 제목이기도 하고 드라마 제목이기도 한 이것은 그 의미가 '내가 달콤하다'는 것인지 '도시가 달콤하다'는 것인지 의미상 모호하다.

- 아름다운, 우리나라의 강산
  → 우리나라의 **아름다운 강산**
  → **아름다운 우리나라**의 강산
  ※쉼표 여부에 따라서, 우리나라가 아름답다는 것인지, 강산이 아름답다는 것인지의 의미가 결정된다.

- 잊지 못할, 어머니의 쑥국
  → 어머니의 **잊지 못할 쑥국**
  → **잊지 못할 어머니**의 쑥국
  ※쉼표 여부에 따라서, 쑥국을 잊지 못한다는 것인지, 어머니를 잊지 못한다는 것인지의 의미가 결정된다.

(5) 작은따옴표와 큰따옴표

큰따옴표는 남이 한 말이나 글을 직접인용할 때 쓰인다. 일부 언론에서 글을 인용할 때 작은따옴표를 사용하는 사례가 있으나 넌센스다. 작은따옴표는 '소위'나 '이른바'의 의미를 갖는 단어, 생소한 단어, 강조할 단어, 혼자 하는 말 등에 쓰인다. 그러나 한 번 사용했으면(first reference) 그다음부터는(second reference) 작은따옴표 없이 그 단어를 사용하는 게 좋다. 한 번 낯선 단어는 두 번째부터는 낯설지 않고, 한 번 강조한 단어는 여러 번 강조할 필요가 없기 때문이다. 여러 번 강조하면 강조하는 게 아니다.

'아름다운 가게', '참 괜찮은 중소기업' 등 보통 우리말이면서 고유명사인 경우는 second reference에서도 보통 우리말과 혼동을 주므로 작은따옴표를 계속 유지해도 좋다.

저작권 있는 창작물 타이틀은 언제 나와도 작은따옴표를 유지해 주어야 한다.

- '소위'라는 의미로 사용되는 경우
  → 요즘 대학가에서는 스스로 혼자 생활하기를 원하는 소위 '자발적 아웃사이더'가 늘고 있다.
- 익숙지 않은 용어
  → '네트로', '쿨링 화장품', '글램핑'

- 강조의 의미로 사용되는 경우
  → '안정성'과 '여유'라는 두 마리 토끼를 다 잡을 수 있는 게 공무원의 장점이다.
- 익숙지 않은 고유명사
  → 안희정 팬덤 '팀스틸버드', '성폭행특별법', 취업 사이트 '직장인'
- 큰따옴표 속에서 다시 인용되는 말
  → 21세의 박상영 선수는 리우올림픽 펜싱 결승전에서 "게임이 뒤진 상태에서 속으로 '나는 할 수 있다, 나는 할 수 있다, 나는 할 수 있다'를 끊임없이 중얼거렸습니다"라고 말했다.
- 저작권 있는 타이틀을 작은따옴표로 해주는 언론사가 많음(아래 참조).

(6) 저작권 있는 타이틀

언론은 저작권 있는 단어를 별도로 표시해 줄 필요가 있다. 국내 언론들은 통상 작은따옴표로 저작권을 표시해주는 경우가 많고, 미국은 큰따옴표로 저작물을 표시해 준다. 저작권 표시 대상은 저서, 소설, 시, 연극, 뮤지컬, 영화, TV 드라마, TV 프로그램, 웹툰, 노래, 연주곡 제목 등이다. 중요한 것은 저작권 표시를 위한 작은따옴표는 first reference든 second reference든 등장할 때마다 유지돼야 한다.

- TV 드라마 타이틀
  → '블랙독', '검사내전', '스토브리그', 'VIP'
- 노래 타이틀
  → 'Hello', '안녕이라고 말하지마', '난 좋아'
- 영화 타이틀
  → '작은 아씨들', '1917', '기생충', '아이리시맨', '포드 V 페라리'
- 웹툰 타이틀
  → '외모지상주의', '뷰티플 군바리', '귀전구담'
- 기타 클래식 음악 작품, 명화, 시, 소설의 타이틀 등

(7) 괄호 안의 마침표

기사 문장 끝에 문장 출처를 밝히거나 별도 코멘트를 추가하고 싶을 때 괄호를 사용한다. 그때 그 괄호 안에 마침표를 찍어야 하는지, 또는 괄호 위치를 앞 문장 안에 넣을지 별

도로 할지에 대해서 국내 언론의 표기 방법이 분분하다. 미국식을 기준으로 괄호 안 마침표 사용법을 다음과 같이 정리한다.[53]

- 괄호 안의 내용이 주어+술어 형 문장이 아닌 경우
  → ...군 전체의 승인을 받지 않고 뒷날을 군사장 허위에게 부탁하고 떠났다. (1909년 7월 31일 대한매일신보) (×)
  ※앞 문장 출처가 대한매일신보라는 의미인데, 앞 문장과 괄호가 별개가 되면서, 동시에 괄호가 앞 문장보다는 다음 문장과 관련 있는 것으로 오인될 가능성이 크다.
  → ...군 전체의 승인을 받지 않고 뒷날을 군사장 허위에게 부탁하고 떠났다(1909년 7월 31일 대한매일신보). (○)

→ 나는 서점에 가서 그동안 메모해두었던 책을 모두 구입했다. (베스트셀러만 빼고). (×)
→ 나는 서점에 가서 그동안 메모해두었던 책을 모두 구입했다(베스트셀러만 빼고). (○)

- 괄호 안의 내용이 주어+술어 형 문장인 경우
  → ...군 전체의 승인을 받지 않고 뒷날을 군사장 허위에게 부탁하고 떠났다. (이 사실은 1909년 7월 31일 대한매일신보에 실렸다) (×)
  → ...군 전체의 승인을 받지 않고 뒷날을 군사장 허위에게 부탁하고 떠났다. (이 사실은 1909년 7월 31일 대한매일신보에 실렸다.) (○)
  ※앞 문장과 관련 있는 내용을 괄호 안에 별도 문장으로 첨가한 경우는 별도 문장이므로 마침표로 마감하는 게 정상이다.

→ 나는 서점에 가서 그동안 메모해두었던 책을 모두 구입했다(책 값은 무려 20만 원이었다). (×)
→ 나는 서점에 가서 그동안 메모해두었던 책을 모두 구입했다. (책 값은 무려 20만 원이었다.) (○)

(8) 기타 구두점

미국은 쉼표와 마침표를 따옴표 안에 찍는다. 예외가 없다. 왜냐하면, 문장부호는 쉼표와 마침표가 기본이고 그 밖의 따옴표 등은 보조적 역할을 한다고 보기 때문이다. 따옴표가 없어도 의미 소통에 지장이 없다는 의미다. 그래서 "2020년 아카데미 작품상 후보로 '작은 아씨들,' '기생충,' '아이리시맨' 등이 올랐다"고 표기한다. 그러나 우리나라는 쉼표

53 Brian Brooks, et al., 앞의 책, 59쪽.

는 따옴표 밖에, 마침표는 따옴표 안에 찍는 경향이 있다. 그래서 위 문장은 한국에서는 "2020년 아카데미 작품상 후보로 '작은 아씨들', '기생충', '아이리시맨' 등이 올랐다"고 적는다. 어느 것이 더 합리적인지를 학술적으로 연구한 논문이나 글이 없다. 그러나 마침표의 경우, 항상 따옴표 안에 찍어야 한다. 언론사마다, 혹은 동일 언론사 안의 기사나 기자마다 마침표와 따옴표 위치를 다르게 사용하는 것은 옳지 않다.

마침표에 해당하는 느낌표와 의문부호도 마침표와 마찬가지로 따옴표 안에 찍는다.

- '사랑'. '믿음'.
- '소망?' '인연!' '미움.'

마침표(마침표, 물음표, 느낌표)는 문장의 종결을 뜻하는 부호다. 이들을 이중으로 사용하지 않는다.

- "알았느냐?". (X) → "알았느냐?" (O)
- 아닌가!. (X) → 아닌가! (O)

영어 약자는 애초부터 공식적으로 마침표를 사용했다. 원래 스펠링을 줄여 마침표 하나로 대체했다는 의미다. 그러나 마침표를 안 찍어도 다른 단어와 혼동할 우려가 없는 것(TV, UN 등)은 마침표를 찍지 않는다. 마침표를 찍어야 다른 단어와 혼동을 줄일 수 있는 것은 마침표를 유지한다. 단, 약자의 주체(회사나 단체)가 공식적으로 표기하는 방식이 있을 때는 주체의 공식 표기를 존중해 주어야 한다.

- T.V. → TV
  ※television의 약자 TV는 굳이 마침표로 줄임말임을 밝힐 필요가 없을 정도로 눈에 익은 약자다. 따라서 마침표가 필요 없다.
- M.T. → MT
  ※MT가 membership training이란 한국식 영어 단어의 약자임이 널리 알려졌고, 다른 단어와 혼동되지도 않으므로, MT에 마침표를 찍지 않는다.
- H.O.T.
  ※그룹 이름 H.O.T.는 덥다는 영어 단어 'hot'과 혼동되므로 마침표를 유지하는 게 좋다. 그룹 본인들도 H.O.T.로 공식 표기를 정하고 있다.

영어 약어의 마지막 마침표를 붙이지 않는 것은 일부 그래픽 디자이너의 창의적 표현에서 기인한 것으로 보인다. 약어 주체가 공식적으로 마지막 마침표를 빼고 표기해달라고 요구했으면 그렇게 표기해 주고, 그렇지 않은 영어 약어의 마지막 스펠링에는 마침표를 찍는 게 원칙이다. 심지어 날짜 표기에도 마지막 마침표를 안 찍는 경우도 있으나, 이는 잘못이다.

- U. S. A (X) → U. S. A. (O)
- 2020. 3. 5 (X) → 2020. 3. 5. (O)
- T.O.P (O)
  ※커피 브랜드인 이것은 회사의 공식 표기가 T.O.P다. 원래는 T.O.P.이든지 TOP여야 한다. 그러나 언론은 회사의 공식 표기대로 표기해 주어야 한다.

영어의 소문자와 대문자를 구분해서 사용해야 한다.

- N번방 → n번방
  ※수학에서 N은 전체 총수의 의미이고, n은 숫자를 차례로 대입할 수 있다는 의미이므로, n번방은 1번방, 2번방, 3번방 등을 대신한다는 의미다. 같은 원리로 N차 감염보다는 n차 감염이 맞다.
- tvN
  ※원래 이 방송국이 이렇게 공식적으로 표기하므로 대소문자를 그대로 유지해 주어야 한다.
- ost, sns, tv, pc방, ai → OST, SNS, TV, PC방, AI
  ※대개 약자는 대문자를 쓰는 게 원칙이다.
- deep learning, retro
  ※고유명사가 아닌 영어 단어는 소문자로 표기한다.

최근 표기할 기회가 많아진 한류 관련 용어는 K방역, K드라마, K팝, K스포츠, K웹툰, K컬처, K푸드 등으로 한다.

3. 띄어쓰기

(1) 명사의 동사화

동작의 뜻이 들어 있는 명사는 '하다'가 붙어 동사가 된다. 이때 명사+하다로 된 동사는 한 단어이고 붙여 쓴다.

- 건물하다. (X)
  ※ '건물'은 동작 의미가 없다. 따라서 '건물하다'는 말 자체가 없다.
- 건축하다. (O)
- 건축 하다. (X)
  ※ '건축'은 집을 짓는다는 동작 의미가 내포돼 있다. 그래서 '건축하다'는 정식 동사이며 한 단어다.

동작이 내포된 명사를 동사화하는 방법은 다음과 같이 네 가지가 있다. 이들은 모두 붙여서 한 단어가 된다. 최근 대한민국 젊은이들이 오류를 가장 많이 범하는 띄어쓰기가 바로 이것이다.

- 명사+하다
- 명사+되다
- 명사+시키다
- 명사+당하다

수년간, 실제 학생들의 실습 기사, 기성 TV 자막, 일상적 문자 메시지에서 나타난 같은 종류의 띄어쓰기 오류 사례는 다음과 같은 것들이 있다. 특히 이 부분은 '아래한글' 맞춤법 체크 기능에서 잡히지 않는 경우가 많아서 신세대들이 띄어쓰기 오류를 간과하는 경우가 다반사다.

- 유발 할
- 설치 한
- 중요시 하고

- 최소화 하는
- 적대시 하는
- 시행 할

- 유발 시킬
- 활성화 시키고
- 사리매김 되고
- 주객전도 된
- 불법주차 되어 있는
- 군가산점제가 부활 되어야

- 성폭행 당하고
- 체포 당했는데
- 가격 당해서
- 해고 당하자

(2) 불완전 명사 띄어쓰기

불완전명사 중 '나름', '때문', '따름' 등의 2음절로 된 것은 사람들이 앞뒤 단어와 띄어 쓰는 데 익숙하지만, '지', '것', '이', '바', '듯', '터' 등 대부분 한 음절로 된 불완전명사는 앞 단어에 붙여 쓰는 경향이 있다. 독립된 역할을 가진 단어로 인식하지 못하기 때문이다. 한 음절로 된 불완전명사 띄어쓰기에 유의해야 한다.

- 담배를 필 **수**가 없다.
  ※'수'가 불완전명사

- 떠난 **지** 오래 됐다.
  ※'지'가 시간의 경과를 나타내는 불완전 명사
- 돌아가신 **지** 3년이 됐다.
- 시작한 **지** 10분이 지났다.
- 대학생이 된 **지** 어언 1년이 됐다.

- 가든**지** 말든**지**
  ※여기서 '지'는 열거를 의미하는 어미에 불과하고 독립적인 불완전명사가 아니다. 앞 말에 붙여 쓴다.

- 무엇을 할**지** 모르겠다.
  ※이것도 어미다. 시간의 경과를 뜻하는 불완전명사 '지'가 아니다.
- 뭐 하고 사는**지** 모르겠다.
  ※이것도 어미다. 시간의 경과를 뜻하는 불완전명사 '지'가 아니다.

- 좋을 **텐**데.
  ※좋을 '터인데'라는 의미이며, 여기서 '터'가 불완전명사다.
- 갔을 **텐**데.
- 할 **텐**데.

(3) 안되다, 안 하다

'안되다', '안 한다', '못되다', '못한다'의 띄어쓰기에 주의해야 한다.

- 안된다.
  ※붙여 씀.
- 못한다.
  ※붙여 씀.

- 안 가다.
  ※여기서 '안'은 부정(not)의 의미로 띄어 씀. 아래도 같은 사례다.
- 안 하다.
- 안 먹다.
- 안 오다.

- 못 미처/못 보다./못 먹다./못 믿다./못 입다.
  ※여기서도 부정의 의미이므로 띄어 쓴다.
- 잘못이다.
  ※'잘못'이라는 명사(mistake)와 조사 '이다'의 결합이므로 붙여 쓴다.
- 잘잘못을 가리자.
  ※'잘잘못'이라는 말이 하나의 명사임.

- 얼굴이 못나다.
  ※못나다는 한 단어로 굳어진 말이어서 붙여 쓴다.
- 얼굴이 못생기다.
  ※못생기다도 한 단어로 굳어진 말이어서 붙여 쓴다.

(4) 따옴표 다음의 조사 띄어쓰기

큰따옴표나 작은따옴표가 닫힌 다음에 오는 조사는 원래 조사가 앞말에 붙여 쓰듯이 바로 따옴표에 붙여 쓴다.

- '잔소리' 는 (X)
  → '잔소리'는 (○)
- '사랑' 은 (X)
  → '사랑'은 (○)
- "이것은 중요하다" 고 말했다. (X)
  → "이것은 중요하다"고 말했다. (○)
- 선생님께서 "참아라" 하고 말했다. (X)
  → 선생님께서 "참아라"하고 말했다. (○)
  ※'하고'도 조사다.

(5) 기타 띄어쓰기 오류

이 밖의 빈도 높은 띄어쓰기 오류는 다음과 같은 것들이 있다.

- 송승준**(50,부산시** 남구) (X)
  → 송승준**(50, 부산시** 남구) (○)
- **홍길동씨** (X)
  → **홍길동 씨** (○)
  ※국립국어원의 '표준국어대사전'에 의하면 '씨(氏)'는 그 성씨 자체이거나 그 성씨의 가문이나 문중의 뜻을 더하는 접미사라고 했다. 그래서 '이씨'는 '이씨 가문'이란 의미다. 국내 언론사는 대부분 '홍길동씨'라고 이름과 씨를 붙여 쓴다. 이는 맞춤법에 맞춰 띄어 써야 한다.
- **치료중**이다. (X)
  → **치료 중**이다. (○)
- 치료하기는 **커녕** (X)
  → 치료하기는**커녕** (○)
  ※'커녕'은 조사다.
- 이것은 **사랑 이다**. (X)

→ 이것은 **사랑이다**. (○)

※'이다'는 조사다.

- **너보다** 철수가 낫다. (○)

  ※여기서 '보다'는 조사다.
- 우리는 **보다 더** 노력해야 한다. (○)

  ※여기서 '보다'는 조사가 아니라 '한층 더'라는 의미의 부사다. 그래서 띄어 써야 한다.
- 철수가 **너만큼** 잘한다. (○) ※여기서 '만큼'은 조사다.
- 철수는 노력한 만큼 대가를 얻을 것이다. (○)

  ※여기서 '만큼'은 조사가 아니라 '앞의 내용 정도'라는 의미의 의존명사다. 그래서 띄어 써야 한다.

4. 기타 오류

(1) 오자, 탈자

다음은 학생들이 제출한 기사나 리포트에서 발견된 오탈자들이다. 아무리 진지하게 교정을 본다고 해도 오탈자는 생기기 마련이다. 오탈자를 발견하는 가장 좋은 방법은 해당 글을 쓰지 않은 다른 사람이 새로운 시각으로 교정을 보는 것이다.

- **낮에** 등산했다. → 낮
- 거래처 사람을 **만나로** 간 → 만나러
- **불국속** 입건됐다. → 불구속
- **조취를** 했다. → 조치
- 단골**가계** → 가게
- 불이 **낫다.** → 났다.
- 27일 **보후** → 오후
- 총학생**화장** → 회장
- **배트남** → 베트남
- 논란이 됬**고** → 됐고
- 교육청은 자체 **초사**에 들어갔다. → 조사
- 민사**소솔**을 제기할 → 소송

(2) 한자어 문제

한자를 배우지 못한 세대들이 30대를 넘어 40대에 다다르다 보니, 10대와 20대는 말할 것도 없고, 국민 대다수가 한국어 속 한자 단어를 들리는 대로 적는 문제가 발생하고 있다. 한글세대들이 기사 작성할 때는 미심쩍은 단어마다 사전을 찾아서 의미를 확인하는 습관을 가져야 한다. 다음은 젊은이들이 잘못 표기한 한자어 사례들이다.

- 그는 일개 노동자에 **불구한(→불과한, 不過한)** 사람이다.
- 홍길동 교수는 미국에서 박사학위를 **영위(→취득, 取得)**하고
- **현제(→현재, 現在)**로는 불가능하다.
- 신문에 **게제(→게재, 揭載)**했다.
- 미국이 이라크를 **재제(→제재, 制裁)**했다.
- **무지목매(→무지몽매, 無知蒙昧)**한 사람
- **문화제(→문화재, 文化財)**
- **관과(→간과, 看過)**하고 있다.
- 부작용을 **초례(→초래, 招來)**할 수도 있다.
- 책을 **저서(→저술, 著述)**했다.
- **육식을 먹는다.** → **육식한다.** 고기를 먹는다.

다음은 인터넷에 떠도는 한자어 표기 실수 실태다.[54]

- **삶과** 고인의 명복을 빕니다. → **삼가** 고인의 명복을 빕니다.
- **숲으로** 돌아가다. → **수포(水泡)로** 돌아가다.
- **쇠뇌**교육 → **세뇌(洗腦)**교육
- **권투**를 빈다. → **건투(健鬪)**를 빈다.
- **마마잃은 중천공** → **남아일언 중천금(南兒一言 重千金)**
- **오랄**을 받아라. → **오라**(범인을 묶는 끈의 순수 우리말)를 받아라.
- 내 인생의 **발여자** → **반려자(伴侶者), 혹은 반려**

※원래 '같이 하는 사람'이란 뜻은 그냥 '반려 伴侶'이며 흔히 사람들은 '반려자'라 사용하는데 이는 잘못이다.

54 블로그 소유의 자아성찰, 2020. 1. 14., https://c11.kr/cnzu.

- 수박**겁탈기** → 수박**겉핥기**
- 에어콘 **시래기** → 에어콘 **실외기(室外機)**
- **장례**희망 → **장래(將來)** 희망
- 미모가 **일치얼짱**한다. → 미모가 **일취월장(日就月將)**한다.
- 동물**확대** → 동물**학대(虐待)**
- **시럽계** → **실업계(實業界)**
- **입문계** → **인문계(人文界)**
- **바람**물질 → **발암(發癌)**물질
- 뒷**자석** → 뒷**좌석(座席)**
- 사생활 **치매** → 사생활 **침해(侵害)**

(3) 보조동사 '-어지다' 남용

보조동사 '-어지다'라는 표현을 남용하면 안된다. 그러면 문장이 일종의 피동형으로 변해서 기사 문장으로서 바람직하지 않게 된다. 가급적 능동형으로 문장 구조를 만드는 것이 좋다.

- 그것은 사랑이라고 보여진다. (X)
  → 그것이 사랑으로 보인다. (O)
  → (홍길동이) 그것을 사랑으로 본다. (O)
- 그것은 사랑이라고 불리어진다. (X)
  → 그것은 사랑이라고 불린다. (O)
  → (홍길동이) 그것을 사랑이라고 부른다. (O)
- 그것이 사랑이라고 생각되어진다. (X)
  → 그것이 사랑이라고 생각된다. (O)
  → (홍길동이) 그것을 사랑이라고 생각한다. (O)
- 미국에서 발생한 이번 총기 사건은 중학생이 저지른 것으로 알려졌다. (X)
  → 미국 언론들은 미국에서 발생한 총기 사건은 중학생이 저지른 것이라고 보도했다. (O)
- 구성되어져 있었다. (X)
  → 구성돼 있었다. (O)
- 발행되어지더니 (X)
  → 발행되더니 (O)
- 배달되어지고 있다. (X)
  → 배달되고 있다. (O)

(4) 된소리 표기 오류

일부 단어들은 불필요하게 된소리로 발음되는 경향이 있다. 이를 소리 나는 대로 된소리로 적으면 안된다.

- 될 **꺼야.** (X) → 될 **거야.(될 것이야.)** (O)
- 할 **껄.** (X) → 할 **걸.(할 것을.)** (O)
- 먹을 **꺼리** (X) → 먹을**거리(먹거리)** (O)
- 얘기**꺼리** (X) → **얘깃거리** (O)
- 있을 **꺼야.** (X) → 있을 **거야.** (O)
- 술 **사주께(사줄께)** (X) → 술 **사줄게.** (O)
- 말할 **꺼야.** (X) → 말할 **거야.** (O)
- 섭섭했을 **꺼야.** (X) → 섭섭했을 **거야.** (O)
- 물을까? 할까? 갈까? (O)
  ※이것은 맞는다. 의문사 '까'는 된소리 그대로 적는다.
- 한꺼번 (O)
  ※'꺼'가 '것'의 뜻이 아니라 '한꺼번'이라는 한 단어로 굳은 말이므로 '한꺼번'이 맞다.

(5) '이었다'와 '였다'

'였다'가 맞는 용법이고, '이였다'는 틀린 용법이다.

- 그것이 사랑**이였다.** (X)
  → 사랑**이었다.** (O)
  → 사랑**였다.** (O)
- 좋은 날**이였다.** (X)
  → 날**이었다.** (O)
  → 날**였다.** (O)
- 이때 쯤**이였다.** (X)
  → 쯤**이었다.** (O)
  → 쯤**였다.** (O)

(6) '하다'와 '되다'의 혼동

- 이곳은 '언더 더 경대'라는 이름으로 **운영하는** 토스트집이다. (X)
  → 이곳은 '언더 더 경대'라는 이름으로 **홍길동이 운영하는** 토스트집이다. (O)
  → 이곳은 '언더 더 경대'라는 이름으로 **운영되는** 토스트집이다. (O)

- 건물 3층 노래방이 소방법을 어겨 **벌금을 부과했다.** (X)
  → 건물 3층 노래방이 소방법을 어겨 **벌금이 부과됐다.** (O)
  → 건물 3층 노래방이 소방법을 어겨, **당국이 벌금을 부과했다.** (O)

5. 최근 젊은 층의 말과 글 특징

최근 젊은 층이 가장 많이 틀리는 띄어쓰기는 앞에서 지적한 것처럼 동작을 나타내는 '명사+하다, 시키다, 되다, 당하다'다. 예를 들어, '사랑합니다'가 맞고 '사랑 합니다'는 틀린 표기다. 그러나 학생들 글에는 이런 종류의 띄어쓰기 오류가 너무 많아서 일일이 수정하기도 어렵다. 이 부분 띄어쓰기 오류는 학생들에게 학기 내내 조심할 것을 강조하고 감점 조치를 취해도, 학기말에 오류가 줄긴 해도 사라지지는 않는다.

무슨 이유인지 모르나, 젊은 사람들은 '공부하다'보다는 '공부를 하다'는 표현을 더 많이 사용한다. 같은 이유로 '사랑을 하다', '노력을 하다', '졸업을 하다', '운동을 하다' 등으로 표현하는 게 다반사가 됐다. 이들은 '사랑하다', '노력하다', '졸업하다', '운동하다'로 바로 잡아야 한다. 그게 훨씬 문장에 힘이 있고 직설적인 표현이 된다. 그래서 언론 문장에 더욱 적합하다.

'어쩌다 우연히'란 의미의 '혹시(或是)'라는 말보다는 '혹여(或如)'라는 말이 더 유행하고 있다.

물건을 '산다'는 말보다 '구매(購買)'한다는 말이 더 자주 쓰인다. '해외직구'도 '직접구매'라는 한자어에서 온 말이다. '있다'는 말보다 '존재(存在)'한다는 말이 더 많이 쓰인다. 쉬운 한글 단어 놔두고 어려운 한자어인 '구매'와 '존재'라는 두 단어가 유독 왜 자주 쓰이는지, 그 연유가 아리송하다. 한자를 배운 세대가 아닌 젊은이들이 유독 구매, 존재 등의 단어에서 한자어를 선호하는 게 신기하다.

요즘 학생들은 예를 들어 '사랑과 평화'라고 표현할 때 '과(와)'란 접속어보다 '또한'이란 접속어를 더 자주 사용한다. 그래서 '사랑 또한 평화'라고 하는 사람들이 더 많다. 'A와 B'라고 하기보다는 'A 또한 B'라고 적는 사람들이 많다.

주제를 주고 글을 써오라고 하면, 상당수 학생들이 첫 문장을 의문문으로 시작한다. 예를 들어, '성공'을 주제로 글을 써오라고 하면, 많은 학생이 "성공이란 무엇일까?" "과연 어떤 사람이 되는 것이 성공하는 것일까?" 등의 의문문으로 글을 시작한다. 우연이라고 하기에는 의문문 시작 글이 너무 많다. 특이하다.

영상을 많이 본 까닭인지 모르지만, 주어+술어의 정상적 문장을 사용하다가도 술어 없이 명사로 끝내는 문장을 글 중간에 많이 사용한다. "무수히 많은 카메라가 일제히 한 소녀를 비춘다. 커다란 강당 중앙에 홀로 앉아 화이트보드를 **꼭 쥐고 있는 소녀**." 이런 식으로 술어 없이 명사로 끝내는 문장이 자주 나타난다. 자주 접하는 방송 나레이션 영향으로 보인다. 이와 비슷한 사례로서, "손흥민 선수가 연습에 열중하고 있다"는 문장을 "연습에 열중하고 있는 손흥민 선수다." 이런 식으로 적는 문장이 기성 언론에서도 많이 보인다. 주어+술어를 갖춘 정상적 문장이 술어 없는 비정상적 문장이 되고 만다.

어떤 사례를 나열할 때, 예를 들어, "한국은 어떻게 하고, 미국은 어떻게 하며, 일본은 어떻게 한다"는 식의 문장을 쓸 때, "**한국의 경우**는 어떻고, **미국의 경우**는 어떠하며, **일본의 경우**는 어떠하다"는 식으로 표현하는 사례를 자주 접하게 된다.

'-하며 -한다' 형태의 문장 표현이 너무 잦다. "손흥민 선수가 멀티골을 **성공시키며** 토트넘이 번리와의 경기를 승리로 **장식했다**"는 형태의 문장이 많다. "성공시키면서" 혹은 "성공시켜서" 등이 더 자연스런 표현이다. 이런 형태의 표현방식을 여러 기성 언론에서도 수없이 여러 번 사용하고 있으니, 이는 무언가 한국어 표현 방법에 변화가 생기는 징후로 보인다.

언어는 생물이라고 한다. 끊임없이 변하고 진화한다. 젊은이들이 말하는 억양도 나이 든 세대에게는 과거와는 같지 않다. 언어가 어떻게 변하든 국어의 법칙이 설명 가능한 범위에서 변했으면 좋겠다. 국적 불명, 설명 불가 언어 현상은 바람직하지 않다.

제8장
역피라미드형(inverted pyramid style) 기사 쓰기

> 실제 정상적인 뉴스 생산 과정은 ①뉴스 기획 → ②뉴스 취재 → ③뉴스 작성 순이다. 그런데 이 책에서 우리가 배우는 순서는 ③뉴스 작성이 제일 처음이고 ①뉴스 기획과 ②뉴스 취재가 그다음이다. 기사는 일단 기사라는 색다른 글 쓰는 방식을 알고 난 뒤(③뉴스 작성), 실제 그렇게 쓰게 될 기사 아이템을 찾고(①뉴스 기획), 그 아이템의 실상을 파헤치는(②뉴스 취재) 순서로 배워야 한다. 뉴스 기획과 뉴스 취재는 설명을 듣고 바로 현장에서 배워야 하는 테크닉이고, 뉴스 쓰기는 장시간 훈련이 필요하기 때문이다.

이제부터 배우게 될 사건사고 기사, 행정기사, 기획기사, 강연회기사, 인터뷰기사는 기본적으로 '①1문단 1아이디어에 따른 문단 구성하기'와 '②문단 내 요지-설명-인용 3요소 중심으로 구성하기'에 따른다. 이 원칙은 어느 기사 종류나 유형이든 흔들리지 않는다.

기사는 기사 종류마다 독특한 문체(무드, 분위기)가 있다. 스트레이트 기사(사건사고 기사, 행정기사, 행사기사 등)는 문체가 딱딱하고 무미건조하다. 출처엄격주의가 꼼꼼히 지켜져야 한다. 기획기사는 문체가 논리적이어야 한다. 기사 주제에 따른 주장이나 결론은 근거가 있어야 한다. 강연회기사, 인터뷰기사(1부에서 연습), 르뽀, 인물기사(2부에서 연습)는 문체가 감성적이다. 형용사와 부사 같은 주관적 표현도 가미될 수 있다. 스포츠기사, 미담 기사, 여행 기사 등도 여기에 속한다. 기사를 시작할 때 기사 속성에 따라서 어떤 분위기의 글을 쓸 것인가부터 정하고 시작해야 한다.

팩트 체크는 어느 기사나 중요하다. 거짓을 기사에 포함시킬 수는 없다. 출처와 근거를 항상 염두에 두어야 한다. 아무리 감성적이고 주관적인 인물기사라도 근거도 없고 하지도 않은 거짓말을 기사에 적는 일은 삼가야 한다.

자신의 기사를 읽고 누가 무언가를 질문할 수 있다는 점을 곰곰 따져봐야 한다. 누가 자신의 기사를 읽고 허위 사실이나 명예훼손적 표현으로 마음의 상처를 받거나 분노하지 않을지 살펴보아야 한다. 그래서 5W 1H 1Q는 항상 중요하다. 기사 하나를 다 써놓고 5W 1H 요소 중 빠진 게 있는지, 독자가 읽고 의문이 드는 사항은 없는지(1Q), 남에게 마음의 상처를 줄 문장이나 단어는 없는지(윤리적, 법적 고려), 읽고 또 읽어봐야 한다.

기사 하나에는 핵심 하나가 있다. 만약 한 기사에 핵심이 둘이라면 이는 두 개 기사로 애초부터 나눠야 한다. 한 기사에는 그 기사 핵심을 한 문장으로 기사 어딘가에 명확하게 적어야 한다. 그곳이 리드 자체일 수도 있고, 리드 바로 다음 문장일 수도 있다.

요즘 사람들은 제목만을 보고 기사를 클릭하거나 리드만 읽고 사이트 페이지에서 나가 버리는 경우가 많다. 기사 제목과 리드가 그래서 중요하다. 리드 종류 선택과 리드 내용에 신경을 써야 한다. 기사 제목 작성 요령은 2부에서 배운다.

"그 어떤 목사님도 텅 빈 교회에서는 설교할 수 없다"는 유명한 말이 있다. 언론은 독자가 있어야 뉴스를 쓸 수 있다. 즉, 읽히지 않는 뉴스, 독자들이 외면하는 뉴스는 쓸모가 없다. 그렇다고 지나치게 흥미 위주의 기사만 쓸 수도 없다. 기사는 재미와 중요성이라는 두 마리 토끼를 다 잡을 수 있게 써야 한다. '중요한 기사를 흥미롭게 쓰는 것', 이것이 우리가 배워야 할 프로페셔널한 기사 작성 테크닉이다.

기사 쓰기 왕초보들에게 기사 쓰기를 배우기 전에 세 가지를 주문한다.

첫째, 뉴스 읽기가 생활화되어야 한다. 남의 기사를 읽어본 적이 없는 사람은 자신의 기사를 쓸 수 없다. 정치, 경제, 사회, 문화, 예술, 연예오락 등 세상일을 알지도 못하는 데 세상일에 관해 기사를 쓴다는 것은 어불성설이나. 기자가 되려는 사람은 세상 뉴스를 날마다 골고루 읽어야 한다. 가급적 스마트폰 등 디지털 기기 말고 종이신문으로 뉴스 읽기를 권한다. 종이 신문에는 뉴스의 중요도가 기사 위치, 제목, 기사 크기 등으로 나타난다. 그리고 뉴스 쓰기를 배우는 학생은 기사를 단지 읽고 내용을 숙지하는 게 아니라 기사를 음미해야 한다. 제목, 리드, 사진, 사진 설명, 특정 단어, 출처 표시, 핵심, 5W 1H 등을 따져 가면서 읽어야 한다. 종이 신문이 훨씬 빨리, 그리고 깊게 뉴스를 배우게 한다.

둘째, 모델이 되는 기사를 손글씨로 베끼는 작업이 기사를 가장 빠르게 배우게 한다. 본 교과서에 나온 샘플기사도 좋고, 다른 일간지에서 본 모델 기사도 좋다. 차분하게 손글씨로 기사를 옮겨 적는 것이다. 적으면서 기사 요소(5W 1H), 리드, 리드잇기, 본문, 단어, 표기법, 구성을 음미하는 것이다. 어떤 원로 기자는 수습기자 시절에 모델 기사 하나를 100번도 넘게 적었다는 일화를 소개하기도 한다. 횟수는 본인의 집념을 의미한다. 해당 기사를 충분히 파악하고 이해했다고 느낄 때까지 손글씨로 차분하게 한 번 이상 적어보자. 많은 학생들은 기사 베끼기에서 기사 쓰는 요령을 가장 확실하게 배웠다고 증언하고 있다.

셋째, 국립국어원 표준국어대사전(https://stdict.korean.go.kr/main/main.do)과 한국어 맞춤법/문법 검사기(http://164.125.7.61/speller/)를 항시 화면에 띄워놓고 글쓰기 작업할 것을 권한다. 한글맞춤법은 어렵다. 다 외울 수도 없다. 그래서 어려운 한자어 뜻을 수시로 찾아봐야 하고, 띄어쓰기가 맞는지도 수시로 검사해야 한다.

이 세 가지를 성실히 이행할 준비가 됐으면, 이제부터 뉴스 쓰기를 배울 단계로 넘어갈 수 있다.

1. 역피라미드형 기사 쓰기 개요

집에 불이 나서 119에 신고하는 상황을 다음과 같이 가정해 보자.

> "119입니다."
> "안녕하세요? 저는 남구 대연동 000번지에 사는 사람인데요. 저녁 8시쯤 TV를 보고 있는데 부엌에서 갑자기 '꽝'하는 소리가 나서 나갔거든요. 그랬더니 오븐에 올려놓은 찌개가 다 타서 물이 흘러내리는 사이에 가스가 꺼졌고, 계속 새어 나오는 가스에 불어 붙어서 지금 부엌이 타고 있어요. 빨리 오세요. 빨리."

119 화재 신고는 이렇게 대화가 진행되지 않는다. 긴박한 화재 신고 전화는 다음과 같이 진행된다.

"119입니다."
"집에 불이 났어요!"
"어딥니까?"
"대연 사거리에서 못골시장 입구 들어와서 오른쪽 첫집이에요!"
"안에 사람 있습니까?"
"할머니 한 분이 안에 계세요!"
"소방차 갈 때까지 2분 걸리니까, 주변 사람들에게 도움을 청해서 할머니를 우선 구하세요!"
"예, 예!"
"어서요!"
"예!"

실제 불이 난 상황에서는 이렇게 대사가 진행된다. 신고자는 다급한 상황에서는 불이 난 상태와 장소만 알려주고 다른 조치를 빨리 취해야 한다. 뉴스도 이와 비슷하다. 우선 급한 것을 먼저 알려주고, 그다음 중요한 것을 그다음 알려주는 식으로 기사를 쓰는 것이 오래된 관행이면서, 동시에 독자들의 궁금증을 푸는 방법으로 효과가 증명되어 왔다.

특히 역피라미드는 통신사가 맹활약하던 미국 남북전쟁 당시 전황을 급히 알리려는 목적에서 시작됐다. 그리고 ①독자들이 기사 전체를 안 읽고 언제든지 읽기를 중단할 수 있다는 전제조건과, ②편집 과정에서 지면 관계상 중요하지 않은 순서대로 뒤에서부터 기사 일부를 삭제할 수 있다는 가정 아래, 중요한 것일수록 앞에, 중요하지 않은 것일수록 뒤에 배치하는 역피라미드형 기사 구성방식이 발달하게 된 것이다.[55]

기사 정보 중에서 가장 중요한 것을 첫 문장에 리드로 적고, 곧바로 그 리드에 대한 보완 정보를 제공해서 리드를 자연스럽게 이으며, 그다음부터는 중요한 정보 순서대로 적는 게 역피라미드형이다. 역피라미드형은 역사적으로 가장 오래된 기사 구성방식이며, 사건 사고 기사는 전형적으로 역피라미드 형태를 띠고 있다. 스트레이트(stright)라고도 한다.

다음 [그림8-1]은 실제 기사에서 역피라미드형 기사 구조가 어떻게 적용됐는지를 보여준다.

---

55 Brooks et al.. 앞의 책. 64-67쪽.

기사요소	기사(1문단 1 아이디어)
리드 (첫번째 중요한 행위, 기사의 핵심)	**[범인 검거가 기사의 핵심]** 지난달 전남 순천에서 발생한 '청산가리 막걸리' 사건 용의자가 검찰에 붙잡혔다.
리드 보완 리드 잇기 (lead support, 첫번째 중요한 행위의 보완)	**[핵심인 범인 검거 상세 정보 → 리드를 자연스럽게 이어받아서 리드를 보완하고 있음]** 광주지검 순천지청은 25일 막걸리에 독극물을 주입한 혐의로 백 모(26) 씨를 긴급 체포해 조사하고 있다고 밝혔다. 백 씨는 범행을 자백했고, 현재 추가 혐의에 대해 추궁하고 있다고 검찰은 전했다.
두 번째 중요한 행위	**[범인은 어떤 사람인가?]** 검찰에 따르면, 백 씨는 문제의 막걸리를 마시고 숨진 최 모(59) 씨의 딸로 정신지체 증세를 보여 왔다.
세 번째 중요한 행위	**[범인으로 단정하고 검거하게 된 과정은?]** 검찰은 범인이 피해자들과 잘 아는 사이였을 가능성이 높다고 판단해 주변인 조사를 벌였고, 그 과정에서 같은 마을에 사는 백 씨를 유력한 용의자로 보고 지난 24일 밤 검거했다.
네 번째 중요한 행위	**[범인이 저지른 사건은 어떤 사건이었나?]** 최 씨 등 마을 주민 4명은 지난달 6일 오전 전남 순천시 황전면으로 희망근로를 나왔다가 인근에 있는 최 씨의 집에서 막걸리 2병을 먹은 뒤 구토증세를 보여 병원으로 후송됐다. 최 씨 등 2명은 쇼크로 숨졌고, 나머지 2명은 한 모금만 마시거나 모두 내뱉어 목숨을 건졌다.
n번째 중요한 행위	**[범인이 살해에 사용한 독극물의 정체에 관한 정보]** 국립과학수사연구소 성분 분석 결과, 문제의 막걸리에는 누군가에 의해 맹독성 물질인 청산가리가 들어 있었던 것으로 확인됐다.

[그림8-1] 역피라미드 구조를 보여주는 기사 사례

기사 내용 중 중요한 것을 크게, 그리고 덜 중요한 것을 작게 도형화했을 때, 기사 형태는 다음 그림처럼 피라미드를 뒤집은 모양이 된다. 그래서 이런 형태 기사를 역피라미드형 기사라고 통칭한다.

여기서 리드-리드잇기-본문의 흐름을 잘 이해해야 한다([그림3-1] 참조). 강조형, 요약형, 정서형 등의 리드(대개는 핵심)가 나오면, 그다음은 자연스럽게 리드(핵심)를 좀 더 자세히 설명해 주는 리드잇기가 나오고, 그다음 본문으로 넘어간다. 설명형, 상황묘사형, 사례제시형의 리드가 나오면, 그다음은 리드잇기로서 기사 핵심이 나오고, 그다음 본문으로 넘어가는 게 보통이다. 즉, 리드가 곧바로 본론으로 넘어가는 게 아니라, 리드를 자세히 설명해 주는 리드잇기를 거쳐서 본문으로 넘어간다는 점을 잘 기억해야 한다.

[리드] 치정 관계에 의한 살인사건이 발생했다.
[리드잇기] 경찰에 따르면, 애인 이오녀 씨 집에 갑자기 방문한 최경식은 애인이 다른 남자와 같이 있는 것을 목격하고 두 사람을 칼로 살해했다는 것.

위 살인사건 기사에서 리드는 치정 관계를 강조했다. 그리고 리드잇기에서는 치정 관계가 살인으로 발전한 개요를 설명하고 있다.

[리드] 연인 간 과도한 집착이 살인으로 이어진 사건이 발생했다.
[리드잇기] 경찰에 따르면, 살인 피의자 최경식은 애인 이오녀가 평소 다른 남자와 접촉하는 것을 눈치채고 불시에 애인 집을 방문, 집에 같이 있는 남녀를 순식간에 칼로 살해했다는 것.

위 살인사건 기사의 리드는 연인 간 과도한 집착이 살인을 저지르게 했다고 강조했다. 그리고 이어지는 리드잇기에서는 과도한 집착이 어떻게 해서 살인으로 이어졌나에 대한 개요가 나오고 있다.

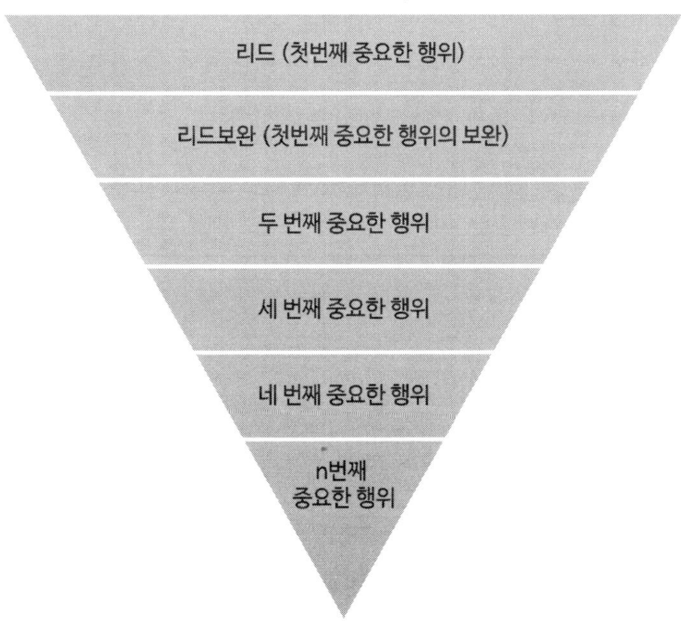

[그림8-2] 역피라미드형 기사의 도형

앞장에서 설명한 '1문단 1아이디어에 의한 문단 구성하기'와 '역피라미드형' 기사 쓰기를 종합하면, 결국 이 구성방식 기사는 가장 중요한 사실을 처음 문단으로, 두 번째 중요한 사실을 두 번째 문단으로 배치하는 식이 된다. 즉, 역피라미드형 기사 쓰기도 기본적으로는 '1문단 1 아이디어에 의한 문단 구성하기' 임에는 변함이 없다.

역피라미드형의 변형이나 새로운 형태의 기사 쓰기 모델을 기자의 주관대로 얼마든지 시도할 수 있다. 초보 기자는 모든 기사의 기초이며 원칙인 역피라미드형 기사 쓰기를 주로 배우게 마련이다. 차후 기자는 자신의 능력과 경험에 따라서 얼마든지 새로운 기사 형태를 실험적으로 도전하고 개발해야 한다.

2. 화재사건 기사

(1) 화재사건 취재자료

뉴스 기획과 취재를 배우기 전에 기사 작성 능력을 습득하는 게 좋다는 미국식 기자 교육 방식에 의해 기본적인 이론을 배운 견습 기자들에게 다음과 같은 취재자료를 제공한다. 제공하는 방법에는 말로 불러 주는 방법(브리핑 식)과, 프린트 물로 나눠주는 방법(보도자료 배포 식)이 있다. 만약, 역피라미드 사건 사고 기사 여러 건을 차례로 실습한다면, 일부는 브리핑 형태로, 일부는 보도자료 배포 식으로 실습하는 것도 좋다.

본 취재자료는 가상의 사건과 인물을 바탕으로 작성된 것이며, 기사 구성 학습 효과를 높이기 위해 5W 1H 등 사건의 기본 요소들이 순서 없이 섞여 있다. 견습 기자들은 취재자료를 잘 검토해서 리드, 리드잇기, 그다음 중요한 순서대로 1문단 1아이디어 지키기, 그리고 한 문단 내 요지-설명-인용을 기본으로 구성하기 작업을 진행해야 한다.

기사 분량은 A4, 아래한글 11포인트 기준으로 1쪽, 그리고 제출 시간은 3시간 내로 제한한다. 이는 기사 분량을 지키고 마감 시간에 맞추는 훈련의 의미가 있다.

화재기사 취재자료

- 다음은 부산 남부소방서 관내에서 발생한 화재 사건에 대한 소방서 브리핑 및 기자회견을 정리한 것임. 브리핑 시간은 어느 해 3월 26일, 저녁 6시
- 전국지 조간신문, 3월 27일자 아침에 기사가 난다고 가정하고 기사를 작성할 것.

- 다음은 발표 요지
  - → 발표자: 강호정 남부소방서장
  - → 부산시 한국대 5호관(사회관) 301호 과제도서실, 26일 오전 10시, 불길이 치솟아 학생들이 119에 신고.
  - → 한국대 인근 남부소방서(대연119안전센터)에서 소방차 3대, 소방대원 10명 출동, 10시 15분 현장 도착
  - → 사회관 건물 앞 공간이 넓어 소방차 접근 용이, 소화전도 정상 작동, 진화작업 수월, 외부에서 큰 불길 잡고, 일부 소방대원들 3층 내부로 진입, 불길은 20분 만에 진압.
  - → 과제도서실은 공부하는 학생 20여 명 있었음. 모두 대피. 출입문이 하나인데 한꺼번에 대피자가 몰려서 넘어지고 밀치면서 난장판, 2명 연기를 많이 마셔서 호흡곤란으로 인근 좋은강안병원으로 이송, 치료 중. 생명에는 지장 없음.
  - → 5명 넘어지면서 골절, 타박상, 화상 입고 고려병원 이송 치료 중
  - → 20명이 공부하고 있던 중, 한 학생이 갑자기 들어와 휘발유를 과제도서실에 뿌리고 라이터로 점화해서 불길이 확 번짐. 책상 걸상 책 등 목재와 종이에 불이 붙어서 매우 빠르게 교실 전체로 번짐.
  - → 302호와 303호 인근 강의실에서 수업 중이던 학생 50여 명은 재빨리 신속하게 대피. 강의실이 벽으로 막혀 있고, 복도가 넓어서 대피가 쉬웠음.
  - → 불을 지른 학생은 평소 취업 재수 중이던 졸업유예생 홍길동(24), 한국대 신방과 15학번.
  - → 홍길동은 가벼운 화상 입음. 응급처치 받고, 출동한 대연지구대 경찰들에 의해 연행돼서 방화원인을 조사 중.
  - → 화재 피해액은 과제도서실 비품 등 200만 원 정도

- 아래 내용은 기자들의 질문에 대한 강호정 소방서장의 대답
  - → "소방 비상벨 작동해서 벨소리 듣고 학생들 신속 대피했다. 젊은 학생들이 많이 안 다쳐서 그나마 다행이다."
  - → "홍길동은 취업 면접을 몇 차례 떨어지고 홧김에 평소 공부하던 과제도서실을 불태우려 했다고 증언. 경찰은 정신감정을 의뢰할 예정. 취업이 하도 안되니까 홧김에 공부하던 장소를 불태웠는데 취업난이 학생들 정신을 황폐하게 만든 것 같아 씁쓸하다."

→ "홍길동은 도망가지 않고 화재 현장에 망연자실하게 서 있었다."

- 다음 내용은 취재기자가 한국대 학생들과 관련자를 인터뷰해서 정리한 것임.
  - → 이종영, 21세, 광고홍보학과 2학년, 부산시 해운대구, "공부하는데 느닷없이 한 사람이 들어오더니 '야 이 더러운 세상 다 타버려라' 하고 소리 지르고 휘발유를 뿌렸다. 사람들과 나는 비명을 지르고 출입구로 달려갔다."
  - → 배광호, 한국대 에코팀장, "화재 현장은 조사가 끝나는 대로 청소 작업을 마친 뒤 새 단장해서 학생들 공부하는 데 지장 없게 하겠다. 피해 규모가 작고 인명피해가 없어서 가슴을 쓸어내렸다."
  - → 장길산, 한국대 사회과학대 학장, "무엇보다 인명피해가 적어서 다행이다. 학생들의 정신건강을 위해 상담 프로그램, 심리 치료 프로그램 등을 강화하도록 학교에 건의하겠다."

(2) 화재사건 샘플기사

다음은 위 취재자료를 바탕으로 작성된 일종의 샘플기사다. 기사 쓰기에는 정답이 없다. 이 샘플기사는 교육 목적상 리드와 리드잇기, 1문단 1아이디어, 그리고 문단 내 요지-설명-인용이라는 원칙에 충실하도록 작성됐다. 그리고 문장 단위의 출처엄격주의, 직접인용과 간접인용의 구분 등 기타 기사 작성 원칙에 따랐다.

특히 취재자료가 어떻게 리드, 1문단 1아이디어의 중요도 순서, 그리고 문단 별 요지-설명-인용 형식으로 정리, 구성, 전개됐는지를 자세히 살피는 게 중요하다. 학생들은 취재자료를 구성하고 전개하는 게 가장 어렵다고 매년 증언하곤 한다.

초보들은 취재자료에 나타난 팩트 순서대로 기사를 쓰려는 경향이 있다. 취재자료 재구성은 전체 자료를 파악해서 중요도 순서로 재배치하는 게 중요하다.

역피라미드형을 배운 초보 기자들은 기사 핵심을 찾아 리드로 적고 그다음부터는 리드와 '전혀' 상관없는 다른 내용으로 기사를 이어가는 경향이 많다. 그렇게 되면, 리드 따로, 그 아래 본문 따로인 것처럼 보이는 기사 구성이 된다. 그래서 리드 다음에는 반드시 그 리드를 보완하고 리드와 내용 흐름이 자연스럽게 이어지는 문단이 나와야 한다. 이를 미국 교과서에서는 **"lead support(리드 보완)"**[56]라고 소개하고 있다. 아래 샘플기사에서 리드와

56 Brooks at al., 앞의 책, 78-80쪽.

리드잇기의 자연스런 연결을 주의해서 살펴보기 바란다.

화재사건 샘플기사

[중요도1: 강조형 리드, 취준생 방화] 취업 면접에 번번이 실패한 취준생이 화풀이로 모교 과제도서실에 불을 질러 일부 학생이 다치는 사건이 발생했다.

[중요도1 보완: 리드잇기, 방화 상세 경위] **(①요지)** 강호정 부산 남부소방서장은 26일 오전 10시 부산 한국대에서 발생한 방화사건의 범인은 이 대학 신방과 학생으로 취업 재수생인 홍길동(24)이라고 밝혔다. **(②설명)** 강 서장에 따르면, 홍길동은 한국대 사회대 건물 301호 과제도서실에 들어와 휘발유를 뿌리고 라이터로 불을 당겼다는 것. **(③인용)** 20여 명과 함께 당시 과제도서실에서 공부 중이던 광고홍보학과 재학생 이종영(21) 씨는 "느닷없이 한 사람이 들어오더니 '야, 이 더러운 세상, 다 타버려라!'라고 소리 지르면서 휘발유를 뿌렸다"고 말했다.

[중요도2: 방화범 체포 및 조사 경위] **(②설명)** 방화범 홍길동은 불을 지른 후 화재 현장에서 피하지 않고 망연자실하게 서 있다가 출동한 대연지구대 경찰에 의해 체포돼 방화 경위를 조사받고 있으며, 경찰은 홍길동의 정신감정을 관계 기관에 의뢰할 예정이라고 강호정 서장이 전했다. 강 서장에 따르면, 홍길동은 취업 면접에 수차례 떨어지자 홧김에 평소에 취업 공부하던 과제도서실을 불태우려 했다고 경찰에 증언했다. **(③인용)** 강 서장은 "취업난이 학생들 정신을 황폐하게 만든 것 같아 씁쓸하다"고 덧붙였다.

[중요도3: 화재진압 과정] **(①요지)** 화재 진압은 신속하게 이뤄졌다. **(②설명)** 강호정 서장은 과제도서실에 치솟는 불길을 목격한 학생들이 119에 신고했으며, 한국대 후문 입구에 위치한 남부소방서에서 소방차 3대와 소방대원 10명이 현장에 도착, 신속한 진화작업 끝에 불길은 화재 발생 20분 만에 완전 진압됐다고 밝혔다. **(③인용)** 강호정 서장은 "대학 공간이 넓어 소방차 접근이 용이했고, 소화전 등이 정상 작동돼서 불을 빨리 끌 수 있었다"고 말했다.

[중요도4: 대피 및 피해 경위] **(①요지)** 화재 비상벨이 울리자, 과제도서실 내부와 인접 강의실에서 공부하던 학생들이 재빨리 대피, 인명 피해가 적었다. **(②설명)** 강호정 서장에 따르면, 불길이 치솟은 과제도서실 안에 있던 20여 명이 하나밖에 없는 출입문으로 한꺼번에 몰리는 바람에 넘어지고 밀치는 과정에서 부상자가 발생했다. **(③인용)**강 서장은 "학생들 대피가 빨랐다. 젊은 학생들이 많이 안 다쳐서 그나마 다행"이라고 말했다.

[중요도5: 후속 조치] **(②설명)** 남부소방서에 따르면, 2명의 학생이 연기를 많이 마셔 호흡곤란으로

인근 좋은강안병원으로 이송됐으며, 대피 과정에서 골절, 타박상, 화상을 입은 5명의 학생들은 고려병원으로 이송돼 각각 치료 중이다. **(③-1인용)** 강 서장은 부상 학생 중 생명이 지장이 있는 학생은 없다고 전했다. **(③-2인용)** 장길산 한국대 사회과학대학장은 "인명 피해가 적어서 다행이다. (화재로 인한) 학생들의 정신건강을 위해 상담 프로그램, 심리 치료 프로그램 등을 받도록 학교에 건의하겠다"고 밝혔다.

3. 교통사고 기사

(1) 교통사고 취재자료

교통사고 취재자료

- 다음은 어느 해 4월 2일 오전 10시에 발생한 교통사고에 대한 부산 남부경찰서 가상의 사건 브리핑 내용을 정리한 것임.
- 브리핑 시간은 2일 오후 2시임.
- 이 사건이 전국지 조간신문 4월 3일자에 기사화된다고 가정하고 기사를 작성할 것.
- 다음은 브리핑 요지.

→ 발표자: 부산남부경찰서 교통과장 김달식 경정
→ 한국대 신문방송학과 신입생 MT 참가자 40명. 경주 K-호텔로 1박2일 일정. 아침 9시 한국대 장보고관 앞에 집결. 전세 관광버스에 탑승. 오전 10시 정각에 출발.
→ 출발 때부터 기름 타는 냄새가 난다고 학생들이 외침. 기사(정춘식, 54)는 이를 무시하고 달리다, 정문에 이르러 차가 멈추지 않고 앞으로 급작스럽게 돌진.
→ 한국대 정문 앞길에서 신호대기 중이던 23번 시내버스와 충돌.
→ 사망자: 4명, 신방과 정기호(20), 김선애(21), 시내버스 승객 이수선(60, 부산시 남구), 황금식(50, 부산시 서구)
→ 부상자: 20명,
→ 사망자는 부산성모병원 영안실에 안치, 부상자는 부산성모병원에 수용 치료 중. 위독환자 다수, 사망자 추가 발생 가능성 높음.
→ 관광버스 기사 정춘식, 부상으로 성모병원에 입원 중, 경찰이 병원 조사 중. 운행 하루 전 정비 철저히 했다고 증언, 출발 후 갑자기 브레이크가 말을 안 듣고 앞으로 빠르게 돌진했다고

증언. 기사는 급발진 사고 같다고 주장함.

→ 경찰은 남부경찰서에 수사본부를 차리고 수사 중. 브레이크, 블랙박스 등 버스 잔해를 수거하고 조사 중, 급발진 관계는 국과수에 수사 의뢰.

• 다음은 김달식 교통과장과 기자들의 일문일답 내용을 정리한 것임.

→ "급발진 사고 가능성 있다. 버스도 급발진 사고 전례가 있다. 운전기사의 음주 운전 아니다. 기름 냄새가 심하게 났나는 학생들의 증언이 있있다. 브레이크 파열과 기사의 운전 실수 가능성도 있다."

→ "진짜 사고 원인 수사가 오리무중이다. 모든 가능성을 다 열어 놓고 수사에 최선을 다하겠다."

• 다음은 기자가 빈소에 가서 직접 취재한 내용임.

→ 빈소는 성모병원, 홍길동 한국대 총장, 정원식 사회과학대학장, 기타 신방과 교수 학생들이 빈소를 가족과 같이 지키고 있음.

→ 빈소는 울음바다, 한국대 학생들의 조문이 줄을 이음.

→ 정홍식(24) 한국대 신방과 학회장: "기름 냄새가 몹시 났다. 일부 학생들은 이게 무슨 냄새지? 하면서 코를 막을 정도였다. 학과 학생들은 모두 침통해 하고 있다. 이런 불행이 우리 학과에 올 줄은 정말 몰랐다. 장례 문제를 학교 측과 논의 중이다."

→ 사망자 정기호의 아버지 정준구(50): "이런 날벼락이 없다. 한국대에 합격했다고 좋아하던 아이다. 아침에 웃으면서 신입생 MT 가서 잘 놀고 오겠다고 했는데, 죽음이 돼서 돌아오다니. 믿어지지가 않는다. 장례 치르는 게 우선이다. 보상 문제는 나중에 학교와 논의해 보겠다."

(2) 교통사고 샘플기사

교통사고 샘플기사

[중요도1: 강조형 리드, 대학생 사망 교통사고 발생] 봄철 대학교 신입생 MT 시즌을 맞아, 대학생을 태운 관광버스와 시내버스가 충돌, 사상자가 발생했다.

[중요도1 보완: 리드잇기, 사고 개요 상세 설명] (②설명) 부산 남부경찰서 발표에 따르면, 2일 오전 10시경, 한국대학교 신문방송학과 신입생 40명을 태운 관광버스가 교내를 출발, 정문을 벗어나던 중, 원인 모를 급발진으로 정문 앞길에서 신호대기 중이던 시내버스 옆면과 충돌했다.

[중요도2: 인명피해] (①요지) 이 사고로 4명의 사망자와 20명의 부상자가 발생했다. **(②설명)** 경찰

에 따르면, 이 대학 신문방송학과 정기호(20), 김선애(21) 학생과, 시내버스 승객인 이수선(60, 부산시 남구), 황금식(50, 부산시 서구) 씨 등 4명이 사망해 인근 부산성모병원 영안실에 안치됐으며, 부상자들 역시 같은 병원으로 이송돼 치료 중이다.

[중요도3: 사고경위 조사] (①요지) 경찰은 남부경찰서에 사고수사본부를 설치하고 사고원인 조사에 나섰다. **(②설명)** 경찰에 따르면, 사고 원인은 크게 급발진 가능성, 정비 부실에 의한 브레이크 파열, 운전자 과실 등으로 추정되고 있다. 조사를 지휘 중인 김달식 교통과장은 정확한 사고 원인 조사를 위해 사고 버스 브레이크와 블랙박스를 수거, 국과수에 정밀 검사를 의뢰했다고 밝혔다. **(③인용)** 김달식 과장은 "기름 냄새가 심하게 났다는 학생들 증언이 있고, 운전기사의 음주 사실이 없어서, 수사가 오리무중이다. 모든 가능성을 열어 놓고 수사에 최선을 다하겠다"고 말했다.

[중요도4: 빈소 스케치] (①요지) 빈소가 차려진 성모병원 영안실은 유족과 학생들의 오열로 가득했다. **(②설명)** 홍길동 한국대 총장, 정원식 사회과학대학장, 신방과 교수와 학생들이 빈소를 지키고 있으며, 한국대 학생들의 조문이 줄을 잇고 있다. **(③-1인용)** 사망자 정기호 학생 아버지 정준구(50) 씨는 "이런 날벼락이 없다. 아침에 웃으면서 신입생 MT에 가서 잘 놀고 오겠다고 했는데, 죽음이 돼서 돌아오다니 믿어지지 않는다"고 슬픔을 전했다. **(③-2인용)** 신방과 학회장 정홍식(24) 씨는 "학과 학생들이 모두 침통해 하고 있다"며 "이런 불행한 일이 우리 학과에 올 줄은 정말 몰랐다"고 말했다.

[중요도5: 장례 및 보상문제 등] (②설명) 한편, 정홍식 학생회장은 장례 준비를 학교와 협의 중이라고 전했으며, 사망자 부친 정준구 씨는 보상 문제는 나중에 학교와 논의해서 대처하겠다는 입장을 밝혔다.

4. 행정기사

(1) 행정기사 취재자료1: 경로당 공기청정기 설치

행정기관의 보도자료에 의한 행사 기사, 정책 기사, 또는 제보에 의한 행정 문제 고발 기사 등은 사건 기사의 일종이며, 그래서 대개 역피라미드형으로 작성된다. 그러나 행정기사는 꼭 중요도 순서로 작성된다고 단언하기는 어렵다. 어떤 경우는 기획기사처럼 구성될 수도 있고, 어떤 경우는 미담 기사처럼 스토리텔링 구성방식이 될 수도 있다. 기사 속성에 따라서, 구성방식은 유연하게 조절될 수 있다.

언론은 체육공원, 길거리 청소 문제, 주차 문제, 복지 문제 등 관공서와 관련된 기사를 많이 다룬다. 행정기관에서 주최하는 축제, 기념식, 기타 이벤트 등도 중요한 취재 대상이다. 행정뉴스는 정책 냄새가 나서 독자들이 뉴스로서 그리 흥미를 갖는 기사가 아니다. 그래서 더욱 흥미롭게 기사를 전개해야 한다. 행정기사의 '구성', 다양한 사례 수집, '직접인용'이 중요한 이유가 여기에 있다. 이런 것들이 행정기사의 거의 유일한 흥미적 요소이기 때문이다. 기사 형태는 역피라미드형이 대부분이고, 기사 구성은 역시 1문단 1아이디어에 의한 문단 구성방식이다.

행정기사1 취재자료

- 다음은 부산시 남구청에서 받은 보도자료를 바탕으로 만든 가상의 취재자료임.
- 보도자료를 받은 날은 어느 해 4월 9일
- 전국지 조간신문의 4월 10일자 신문에 기사가 나간다고 전제하고 기사를 쓸 것.

- 다음은 보도자료를 정리한 것임.
  → 실행 관청: 부산시 남구청
  → 사업명: 경로당 공기청정기 설치하기
  → 대상: 관내 131개 경로당에 149대 공기청정기 무료 설치
  → 예산: 1대 X 50만 원 X 149대 = 7450만 원. 최저가 입찰을 통해서 LG전자의 공기청정기 '퓨리케어' 149대를 7000만 원에 구매 완료
  → 분배 방법: 경로당 면적을 따져서 10㎡ 당 1개씩 배정. 크기에 따라서 경로당마다 공기청정기 1-2기가 배정됨.
  → 설치 기간: 4월 1일부터 8일까지 전 경로당에 설치 완료.
  → 설치 목적: 미세먼지가 극심한 가운데 호흡기 질환에 취약한 경로당 노인들의 건강 보호를 위해 설치
  → 관리: 남구청 시설과에서 정기적으로 월 1회씩 담당 공무원이 순회해서 점검하고 필터는 더러워진 정도에 따라서 최소 월 1회 교체하기로 함. 긴급 고장 신고는 시설과 직통 전화로 하게 함.

- 다음은 기자가 김기덕 구청장과 전화로 인터뷰한 내용을 정리한 것임.
  → "내 어머니가 올해 85세다. 미세먼지 때문에 호흡이 곤란해서 병원에 입원했다. 관내 어르신 모두가 미세먼지로 고통을 당하겠구나 하는 생각이 들어서 구의회의 승인을 얻어 예산을 확

보해서 사업을 하게 됐다.”

→ “전국에서 구청 관내 어르신들을 위해 경로당에 공기청정기를 설치해준 지자체는 우리가 처음이다. 미세먼지로부터 어르신들을 구하자는 심정으로 사업을 추진했다.”

• 다음은 기자가 길기진 시설과장과 직접 만나 인터뷰한 내용을 정리한 것임.

→ “어르신들의 편안한 노후생활을 보장한다는 마음으로 관리에 최선을 다하겠다.”

• 다음은 기자가 남구 내 가정의학과 문정규 원장과 전화 인터뷰한 내용임.

→ “미세먼지는 호흡기 질환, 안과 질환 등 각종 질병을 일으키고, 미세먼지에 1시간 노출되는 것은 담배 연기를 1시간 마시는 것과 같다. 외출을 가급적 자제하고 실내에서는 환기와 공기청정기 사용이 필수다. 이제 남구 어르신들 평균 수명이 길어지겠다.”

• 다음은 기자가 남구 용호동 메트로 아파트 경로당에서 만난 어르신들과의 인터뷰 내용을 정리한 것임.

→ 김말자(84, 부산시 남구): “미세먼지가 무섭다고 해서 실내에서도 마스크를 쓰고 있었다. 이제는 깨끗한 실내에서 맘껏 숨 쉬면서 할머니들과 얘기하면서 노니 세상 좋다.”

→ 정춘식(81, 부산시 남구): “미세먼지 때문에 목이 아파서 날마다 병원에 다니는데 아무리 약을 먹어도 숨이 안 뚫려. 이젠 숨통이 트이는 것 같어.”

(2) 행정기사1 샘플기사

이것 역시 취재자료 전체를 정리하면서 기사 핵심, 그리고 사안에 따라서 중요한 순서대로 내용을 재구성하면 된다. 전체 구성 윤곽이 잡히면, 리드, 리드잇기, 기타 1문단 1아이디어 형태로 기사를 구성해야 한다. 행정기사의 무미건조함을 보완하기 위해 직접인용이 많아야 한다. 그런 점에 취재자료가 어떻게 기사에 반영되었는지를 파악해 보기 바란다.

행정기사1 샘플기사

[중요도1: 강조형 리드, 전국 최초 경로당 공기청정기 설치] 부산시 남구청이 미세먼지에 취약한 노인들을 위해 전국 지자체 중 최초로 관내 경로당에 공기청정기를 무료로 설치해서 화제가 되고 있다.

[중요도1 보완: 리드 잇기, 설치의 세부 내용] (②설명) 남구청은 1일부터 8일 사이에 관내 경로당 131개소에 면적에 따라서 1대, 혹은 2대씩 모두 149대의 LG 퓨리케어 공기청정기를 설치했으며,

소요된 예산은 7000만 원이라고 밝혔다.

[중요도2: 설치 후 관리] (①요지) 남구청은 경로당의 공기청정기 사후 관리에도 철저를 기할 방침이다. **(②설명)** 남구청에 따르면, 관리는 시설과가 담당하며, 정기적으로는 월 1회 순회점검 및 필터 교체를 실시하고, 수시로 시설과 직통 전화로 긴급 고장 신고를 받기로 했다. **(③인용)** 길기진 시설과장은 "어르신들의 편안한 노후생활을 보장한다는 마음으로 (공기청정기) 관리에 최선을 다하겠디"고 말했디.

[중요도3: 설치의 배경, 설치목적] (①요지) 남구청은 이번 경로당 공기청정기 설치 사업이 김기덕 구청장의 제안으로 시작됐다고 밝혔다. **(②설명)** 구청에 따르면, 김 구청장의 85세 노모가 미세먼지로 인한 호흡곤란으로 입원 중인데, 김 구청장이 이를 계기로 관내 노인들의 안전이 우려돼 구의회에 예산 승인을 요청, 사업을 진행했다는 것(이다). **(③인용)** 김기덕 구청장은 "미세먼지로부터 어르신들을 구하자는 심정으로 (공기청정기 설치) 사업을 추진했다"고 말했다.

[중요도4: 설치 후 반응] (①요지) 남구청 경로당의 어르신들 반응은 환영 일색이다. **(③-1인용)**용호동 메트로 아파트 경로당에서 만난 김말자(84, 부산시 남구) 어르신은 "미세먼지가 무섭다고 해서 실내에서도 마스크를 쓰고 있었다. 이제는 깨끗한 실내에서 맘껏 숨 쉬며 할머니들과 얘기하면서 노니 세상 좋다"고 말했다. **(③-2인용)** 같은 경로당의 정춘식(81, 부산시 남구) 어르신도 "미세먼지 때문에 목이 아파서 날마다 병원에 다니는데 아무리 약을 먹어도 숨이 안 뚫린다"며 "이젠 숨통이 트이는 것 같다"고 말했다.

[중요도5: 미세먼지 관련 정보] (②설명) 최근 기승을 부리는 미세먼지에 대해, 문정규 가정의학과 원장은 미세먼지가 호흡기와 안구 등에 각종 질병을 유발하므로, 특히 노인들은 외출을 자제하고 공기청정기가 설치된 실내에 머무르는 게 좋다고 권고했다. **(③인용)** 남구 경로당의 공기청정기 설치 소식을 접한 문정규 원장은 "남구 어르신들의 평균 수명이 길어질 것"이라며 이번 사업을 긍정적으로 평가했다.

(3) 행정기사2 취재자료

행정기사2 취재자료

- 다음은 부산시 남구청이 모든 언론사에 보낸 어느 해 4월 21일자 가상의 보도자료와, 기자가 직접 취재한 가상의 자료를 모은 것임.

- 전국지 조간신문 4월 22일자에 기사가 나간다고 전제하고 기사를 쓸 것.
- 아래 기사 자료는 가상의 것임.

- 보도자료 정리
  → 실행기관: 부산 남구종합사회복지관
  → 사업명: 독거노인 매주 한 끼 식당 음식 배달해주기 사업
  → 대상: 남구 우암동 지역 독거노인 100명
  → 시작하게 된 계기: 우암동 식당 주인 모임인 우먹회(우암먹거리협회) 회장 이철순 씨가 우먹회 2월말 정기 모임에서 어려운 코로나 시대에 독거노인들은 외출도 잘 못하면서 혹시 굶주리지 않을까 해서 회원들에게 제의, 모든 회원들이 동의.
  → 기간: 3월 1일부터 매주 토요일 1회, 코로나 사태 끝날 때까지, 현재도 활발히 진행 중.
  → 경과: 남구종합사회복지관 소속 사회복지사 이정희(이 사업 담당자)가 이철순 회장의 제의를 받아들여 계획을 입안하고, 자원봉사자 모집하고, 실제 배달이 잘 이뤄지는지 모니터링하고 있음.
  → 세부내용: 20개 우먹회 회원 식당이 각 식당의 주 메뉴 5명분을 오전 11시에 배달 준비해 놓으면 자원봉사자들이 담당 식당에 가서 음식을 수령하고 차로 담당 독거노인 집으로 배달.
  → 우먹회 참여식당: 우암김밥, 소문난칼국수, 소막골감자탕, 우암골설렁탕 등 20곳
  → 자원봉사자 모집: 동사무소를 통해 자원봉사자 모집 공고를 냈더니, 20명 선착순 모집이 하루 만에 종료. 가정주부가 대부분
  → 기타: 독거 어르신들이 질릴 수 있으므로 한 달에 담당 식당을 회전하기로 함. 한 달은 김밥집, 다른 한 달은 칼국수, 다른 한 달은 감자탕 이런 식으로.

- 다음은 기자가 전화 내지는 직접 인터뷰로 취재한 것임.
  → 복지관장 최재식 인터뷰: "전국에서 식당과 독거노인을 연결한 봉사 서비스는 부산시 남구밖에 없다는 자부심으로 이 사업을 진행한다."
  → 이정희 담당 사회복지사: "매주 식당, 자원봉사자, 독거노인 연결상태, 배달상태, 음식상태를 점검하느라 바쁘다. 노인들이 매주 토요일 점심만을 기다린다는 말을 들으면 흐뭇하고 행복하다."
  → 이철순 우먹회 회장, 우암골설렁탕 대표: "우암동에 독거노인들이 많다는 얘기를 많이 들었다. 코로나 사태로 장사가 잘 안되지만 한 집이 5그릇 음식 준비하는 것은 재정적으로 부담이 안된다. 어려운 시기일수록 돕고 살아야 한다는 게 나의 가치관이다."
  → 자원봉사자 김화순(35, 부산시 남구 우암동): "바람 쐴 겸 1주일에 한 번 차 몰고 나에게 할당된 식당에서 음식 가져다 다섯 어르신 집에 배달한다. 두 시간이면 족하다. 일곱 살 아이와 같이 돌아다닌다. 봉사 활동은 최고의 가정교육이다."
  → 독거노인 김칠곡(80, 남구 우암동): "세상에 이런 고마울 일이 있나. 매주 푸짐한 고급 음식을

먹으니 토요일만 보고 산다.”

→ 독거노인 정봉자(85, 남구 우암동): “걷기도 힘든데 매주 맛 나는 음식을 앉아서 서비스받으니 힘이 불끈 솟는 것 같다.”

(4) 행정기사2 샘플기사

행정기사2 샘플기사

[중요도1: 리드, 강조형, 식당+독거노인 돕기 사업 화제] 코로나 사태로 모두가 힘든 나날을 보내는 가운데, 부산의 한 동네 식당 주인들이 이웃 독거노인들에게 식당 음식을 매주 무료로 제공하고 있어 화제가 되고 있다.

[중요도1 보완: 리드잇기, 사업 시작 배경] (①요지) 화제의 주인공들은 남구 우암동 식당 업주들의 모임인 ‘우암먹거리협회(우먹회)’ 회원들로 김밥집, 칼국수집, 감자탕집 등을 운영하는 스무 명의 사장님들. **(②설명)** 설렁탕집을 운영하는 우먹회 회장 이철순 씨에 따르면, 지난 2월 우먹회 정기 모임에서 코로나로 어려운 시기에 동네 독거노인들에게 밥 한 끼 제공하자는 이 회장의 제의를 회원들이 전원 동의하면서 시작됐다. **(③인용)** 이철순 씨는 “어려운 시기일수록 돕고 살아야 한다는 게 나의 가치관”이라고 말했다.

[중요도2: 사업 공식화 과정] (②설명) 우먹회의 제안을 받은 남구종합복지관은 이정희 사회복지사를 사업 담당자로 지정하고, 관내 100명의 독거노인들에게 매주 한 끼 식당 음식을 제공하는 지원 사업을 3월 1일부터 현재는 물론, 코로나 사태 종식 때까지 실시하기로 했다. **(③인용)** 최재식 남구복지관장은 “전국에서 식당과 독거노인을 연결한 봉사 서비스는 부산시 남구밖에 없다는 자부심으로 이 사업을 진행한다”고 말했다.

[중요도3: 사업 진행 방법] (②설명) 복지관에 따르면, 실시 방법은 20개 참여 식당들이 각자 다섯 그릇씩의 주 메뉴 음식을 토요일 점심 때 준비해 놓으면, 자원봉사자들이 이를 자기 담당 5명씩, 총 100명의 독거노인들에게 배달하는 형식이다. 다만, 같은 식당 음식에 식상할 수 있으므로 한 달에 한 번씩 식당을 회전해서 독거노인들이 다른 식당 음식을 맛보게 한다고 복지관은 덧붙였다. 이정희 사업 담당 사회복지사는 매주 식당, 자원봉사자, 독거노인 간의 연결, 배달, 음식 상태를 점검하느라 바쁘다. **(③인용)** 이정희 씨는 “노인들이 매주 토요일 점심만을 기다린다는 말을 들으면 흐뭇하고 행복하다”고 전했다.

[중요도4: 자원봉사자] (①요지) 이 사업에서, 자원봉사자들의 노고도 한몫하고 있다. **(②설명)** 복지관에 따르면, 우암동 주민센터를 통해서 배달 자원봉사자를 선착순 모집했더니, 단 하루 만에 정원 20명이 다 찼다는 것. **(③인용)** 매주 자신의 차를 몰고 담당 식당과 독거노인 집 음식 배달을 맡고 있는 주부 김화순(35, 부산시 남구) 씨는 "(걸리는 시간은) 두 시간이면 족하다. (나는) 일곱 살 아이와 같이 (독고노인 집을) 돌아다닌다. 봉사활동은 최고의 가정교육"이라고 말했다.

[중요도5: 독거노인 반응] (①요지) 코로나 사태로 외출이 힘들어진 우암동 독거노인들 얼굴에는 화색이 돈다. **(③-1인용)** 음식 서비스를 받고 있는 김칠곡(80) 어르신은 "세상에 이런 고마운 일이 있나"라며 "매주 푸짐한 고급 음식을 먹으니 토요일만 보고 산다"고 했다. **(③-2인용)** 같은 수혜자인 정봉자(85) 어르신도 "걷기도 힘든데, 매주 맛 나는 음식을 앉아서 서비스받으니, 힘이 불끈 솟는 것 같다"고 말했다.

5. 살인사건 기사

(1) 살인사건 취재자료

살인사건 취재자료

- 다음은 남부경찰서가 발표한 가상의 살인사건 브리핑을 요약한 것임.
- 브리핑 시간은 어느 해 4월 7일 오후 2시. 모든 사실은 가상의 사건임.
- 전국지 조간신문 8일자에 실릴 기사로 가정하고 기사를 작성할 것.

- 다음은 기자들 앞에서 실시된 공식 브리핑 용으로 배포된 보도자료
  - → 발표자: 정성식 형사과 강력팀장
  - → 사건 발생: 부산 한국대 앞 대학촌 원룸에서 살인사건 발생
  - → 피해자: 2명, 남자는 22세, 한부대 국문과 3학년 김철수, 여자는 이오녀, 20세, 한국대 신방과 2학년 재학생.
  - → 시신 안치 장소 및 빈소: 좋은강안병원
  - → 범인: 최경식, 22세 한국대 신방과
  - → 향후 조치 사항: 부검 결과 사인은 자상. 최경식은 범행 순순히 자백, 남부서는 조사를 마치는 대로 현장검증을 끝내고 9일 검찰로 최를 살인 혐의로 넘길 계획

→ 신고자: 권오순, 사고 현장 옆 건물 원룸 거주, 20세, 한국대 신방과 재학 중.

→ 신고 경위1: 권오순이 "7일 9시 수업 같이 가자고 오전 8시 친구 이오녀 집에 갔다가, 벨을 눌러도 인기척이 없고 전화 걸어도 안 받아서 평소 알았던 비밀번호를 누르고 들어가니, 두 명의 시체를 발견함. 방안에 피가 낭자했다"고 진술함.

→ 신고 경위2: 권오순은 "악 하는 비명이 터져 나오고 온몸이 덜덜 떨렸지만, 가까스로 정신을 차리고 119로 신고했다"고 진술함.

→ 출동경위: 부산 남부경찰서 지시받고 대연지구대 경찰과 대연소방대 소방대원 출동, 국립과학수사연구원 감식반 현장 감식 실시.

→ 체포경위1: 권오순은 "이오녀와 최경식은 2년차 CC 사이로 같은 과에서 유명. 최근 몇 주 사이에 이오녀가 새로운 남자 김철수와 자주 만나자 이오녀와 최경식의 다툼이 잦았다. 최근 부산 연합 광고동아리에서 이오녀가 잘 생기고 매너 좋은 김철수를 만나 맘이 끌렸다는 말을 자주 했다"고 진술함.

→ 체포경위2: 남부서 형사대는 권오순이 알려준 대로 최경식이 사는 인근 원룸으로 출동, 최경식은 술에 만취 상태로 피가 묻은 옷을 입고 쓰러져 자고 있었고, 소주 4병과 칼이 침대에서 널려 있었으며, 7일 오전 11시경 체포. 남부서로 연행, 조사.

- 기자가 브리핑 이후 별도로 직접 아래 사람들과 인터뷰함.

→ 정성식 남부서 강력팀장: "최경식이 6일 밤, 술 한잔하자고 이오녀에 전화하자 거부, 이오녀 원룸으로 들이닥치니 김철수와 같이 있는 모습을 보고 싱크대 칼을 집어 휘두른 것밖에 기억이 안 난다. 둘이 같이 다정하게 있는 것을 보고 내가 이성을 잃었다. 내가 미쳤다. 죽고 싶다. 오녀에게 미안하다." 이렇게 진술함.

→ 권오순: "한 때 참 두 사람 다정했는데, 요즘 남녀 관계가 왜 이렇게 허무한지 모르겠다."

→ 김인식 한국대 신방과 학생회장: "이런 참극이 벌어지다니, 슬프고 가슴 아프다."

(2) 살인사건 샘플기사

샘플기사는 사건 당사자들의 실명을 그대로 적었으나, 실제 기사로 지면에 나갈 때는 각 언론사의 가이드라인에 따라서 데스크가 실명을 적절히 처리할 것이다.

살인사건 샘플기사

[중요도1: 정서형+강조형 리드, 대학생 치정 살인 사건 발생], 대학생 판 TV 드라마 '부부의 세계'였다. 한 남자 대학생이 여자 친구가 그녀 원룸에서 다른 남자와 같이 있는 것을 목격하고 칼을 휘둘러 두 사람 모두 숨지게 하는 치정 살인극이 부산에서 벌어졌다.

[중요도1 보완: 리드잇기, 가해자와 피해자 인적 사항] (②설명) 부산남부경찰서는 한국대 학생 최경식(22)을 여자 친구인 같은 대학 재학생 이오녀(20) 씨와 그녀의 새로운 남자 친구인 한부대 학생 김철수(22) 씨를 살해한 혐의로 체포했다고 7일 발표했다.

[중요도2: 신고경위] (①요지) 사건 신고자는 죽은 이 씨의 친구 권오순(20) 씨였다. **(②설명)** 경찰에 따르면, 권 씨는 7일 오전 8시 경 같이 등교하기 위해 한국대 원룸촌 이 씨 집을 들렀다가 인기척이 없어서 평소 알고 있는 비밀번호를 누르고 들어가 보니 이 씨와 김 씨 두 사람이 피투성이가 되어 죽은 채 누워있었다는 것. **(③인용)** 권오순 씨는 "방안에 피가 낭자했다. '악' 하는 비명이 터져 나오고 몸이 부르르 떨렸지만, 가까스로 정신을 차리고 119로 신고했다"고 진술했다고 경찰이 밝혔다.

[중요도3: 범인 체포 경위] (②설명) 사건 담당 정성식 강력팀장에 따르면, 신고를 받고 출동한 경찰에게 권오순 씨는 최근 이 씨의 애인 최경식이 이 씨가 다른 남자 김철수 씨를 동아리 활동으로 만나는 것을 두고 자주 다퉜다고 증언했다. 경찰은 이를 바탕으로는 인근 최경식의 집을 급습, 잠자고 있던 최 씨를 현행범으로 체포했다고 전했다. **(③인용)** 정 팀장은 체포 당시 최경식은 술에 만취한 상태로 잠에 곯아떨어져 있었으며, 침대 주변에는 4개의 소주병과 피가 묻은 칼이 있었다고 밝혔다.

[중요도4: 살해동기] (①요지) 경찰은 최경식의 범행 동기가 질투에 의한 살인으로 보고 있다. **(②설명)** 정성식 팀장의 설명에 따르면, 조사 과정에서 최경식은 6일 밤 애인 이 씨에게 만나자고 연락했으나 거절당하자, 이 씨 원룸으로 직행, 안에서 이 씨와 김철수 씨 두 사람이 같이 있는 것을 보고 싱크대에서 칼을 가져와 살해했다고 자백했다는 것. **(③인용)** 최경식은 "둘이 다정하게 있는 것을 보고 내가 이성을 잃었다. 내가 미쳤다. 죽고 싶다. 오녀에게 미안하다"고 말했다고 정 팀장이 전했다.

[중요도5: 피해자 주변 인터뷰] (①요지) 빈소의 이 씨 지인들은 충격에 싸여 있다. **(③-1인용)** 권오순 씨는 "한 때 두 사람은 참 다정했는데, 요즘 남녀 관계가 왜 이렇게 허무한지 모르겠다"고 말했다. **(③-2인용)** 이 씨 소속학과 학생회장인 김인식 씨는 "이런 참극이 벌어지다니, 슬프고 가슴 아프다"고 심정을 밝혔다.

[중요도6: 향후 사건 처리] (②설명) 경찰은 두 사람의 사망 원인이 자상(刺傷)이라는 국과수의 부검 결과를 통보받고, 조사가 마무리되는 대로 현장검증을 끝내고, 9일경 최경식을 살인혐의로 검찰에 송치할 계획이라고 밝혔다.

6. 강도사건 기사

(1) 강도사건 취재자료

강도사건 취재자료

- 다음은 부산 남부경찰서가 발표한 가상의 절도사건 브리핑을 요약한 것임.
- 브리핑 시간은 어느 해 4월 14일 오후 2시. 모든 사실은 가상의 사건임.
- 전국지 조간신문 4월 15일자에 실릴 기사로 가정하고 기사를 작성할 것.

- 다음은 기자들에게 배포된 보도자료

→ 사건 담당: 정성식 형사과 형사팀장, 절도사건 담당
→ 발생 장소: 부산시 남구 대연3동 대우푸르지오 아파트 101동 1504호
→ 피해자: 집주인 김덕철, 66세, 사업가, 부인 조순자, 63세, 주부
→ 범인: 피해자의 아들, 김호식, 40세, 필리핀 교포, 사업
→ 발생 경위: 김 씨 부부가 같은 교회 신자인 코로나 확진자와 밀접 접촉자로 분류되어 생활격리 시설에서 3월 20일부터 4월 4일까지 2주간 격리됨. 음성 판정을 받고 4일 밤에 귀가함. 집에 도착하니 집 방안 금고가 열려 있고, 현금 1억 원이 도난당한 것을 확인하고 경찰에 신고함.
→ 아들이 부모 돈을 훔친 이유: 필리핀 교포인 아들이 현지 조폭한테 진 도박 빚이 1억이 넘음. 부모가 코로나 사태로 집을 떠나 격리 중인 사실을 알고 부모 몰래 귀국, 부모 집에 와서 알고 있는 비밀번호로 금고를 열고 돈을 훔침. 현관 도어락을 열 때 어린 시절부터 이웃인 앞집 할머니가 나오는 바람에 당황, 코로나 때문에 부모 걱정이 되어 귀국했다고 둘러댔다고 함.
→ 아들의 진술: 부모에게 불효해서 죄송하다, 돈은 필리핀 빚쟁이에게 다 송금해서 없다, 죗값을 받고 나와서 다시 돈을 벌어서 부모님 돈을 기필코 갚겠다고 하면서 엉엉 울었다고 함.
→ 출동 및 수사: 4일 피해자 신고받고, 정성식 형사팀장이 지휘하는 형사대 3명 출동, 현장 감식 진행, 그동안 아파트 CCTV 확보 및 금고털이 전과자 조사. 15층에 내린 사람 전수 조사했으나, 거주자, 외부 방문자(택배원, 음식배달원) 등 모두 조사 결과 혐의자 없었음.

→ 목격자 등장: 아파트 탐문 수사 중, 앞집 1503호 김춘자(68세)가 4월 초(확실히 날짜를 기억 못함), 외출하려고 나가다가 김덕철 씨 집 큰아들이 앞집에 들어가기에 언제 왔냐고 물으니 부모가 코로나 의심자로 격리 중이어서 급히 귀국했다고 대답했다는 증언 확보.

→ 범인 체포 과정: 정 팀장은 김덕철에게 아들이 격기기간 중에 부산집에 들렀다는 사실을 알려 주자, 김 씨는 필리핀에서 사업하는 아들이 왜 부모한테 연락도 없이 한국에 들어왔는지도 금시초문이라고 대답함. 경찰은 아들을 용의자 중 하나로 지목하고, 금고 지문 감식 결과 아들이 범인임을 확인. 출입국 기록에 김호식의 출국 기록이 없어서, 부산 소재 호텔을 탐색한 끝에 13일 밤 10시경 부산 한 호텔에 머물고 있는 김호식을 절도혐의로 체포함.

- 기자의 직접 취재

→ 김덕철: "자식이 부모 돈을 훔치다니, 억장이 무너진다." "증여 형식을 밟으면 자식에게 절도죄를 철회할 수 있다고 해서 그렇게 할 예정이다. 미워도 자식 아닌가?"

→ 조순자: "아들이 밉다고 감방에 어찌 보내겠나. 검사님께 선처를 부탁한다고 탄원서를 내겠다." "증여했다고 하면 탄원서도 필요 없다고 하니 자식 버리는 것보다 돈 1억 버리는 게 낫지 않겠나."

→ 정성식 팀장: "처음부터 절도 수법이 프로가 아니었다고 짐작했다." "부모가 자식에게 증여했다고 하고 증여세를 내면 증여처리가 돼서 절도죄 기소를 철회할 수 있다. 현재 피해자 부모와 논의 중이다."

(2) 강도사건 샘플기사

강도사건 샘플기사

[중요도1: 요약형 리드, 아들이 부모집에서 절도하다 체포] 사업가 부모가 코로나 밀접접촉자로 정부 시설에서 격리된 사이에, 도박 빚에 쫓긴 아들이 부모의 빈집에 들어가 현찰 1억을 훔쳐 달아났다가 경찰에 붙잡힌 사건이 부산에서 일어났다.

[중요도1 보완: 범행 상세 설명] **(①요지)** 부산 남부경찰서는 필리핀 교포 사업가 김호식(40)을 절도혐의로 13일 밤 체포했다고 14일 발표했다. **(②설명)** 경찰에 따르면, 김호식은 피해자 김덕철(66, 부산시 남구) 씨의 큰아들로 최근 도박에 빠져 필리핀 현지 조폭으로부터 큰 빚을 지고 있었다. 김호식은 부모가 집을 비운 틈을 이용, 급거 귀국해서 알고 있는 비밀번호로 부모 집 현관과 금고를 열고 현찰 1억 원을 훔쳤다고 경찰이 밝혔다.

[중요도2: 신고 및 수사과정] (②설명) 사건 수사 책임자 정성식 남부서 형사팀장에 따르면, 김덕철 씨 부부는 코로나 검사에서 음성으로 판명돼 2주간 시설 격리를 끝내고 귀가한 4일 밤 도난 사실을 발견하고 경찰에 신고했다. 경찰은 즉시 형사대와 감식반을 현장에 투입, 그동안 금고털이 전과자와 아파트 출입자 등을 조사했다고 밝혔다. 정 팀장은 이 과정에서 김호식이 4월 초 아버지 집으로 들어가는 것을 봤다는 목격자를 찾아냈다고 전했다.

[중요도3: 체포과정] (②설명) 경찰에 따르면, 수사관들은 피해자가 아들의 귀국 사실을 전혀 모른다는 점을 수상히 여기던 중, 국과수로부터 금고에서 김호식의 지문이 발견된 사실을 통보받고, 김호식 체포에 나섰던 것. 정성식 팀장은 김호식이 아직 출국 사실이 없음을 확인하고, 부산 시내 호텔을 뒤져 13일 밤에 한 호텔에서 김호식을 체포, 범행 일체를 자백받았다고 밝혔다. **(③-1인용)** 김호식은 "부모님께 불효해서 죄송하다. 돈은 필리핀 빚쟁이에게 다 송금해서 없다. 죗값을 받고 나와서 다시 돈을 벌어 부모님 돈을 기필코 갚겠다"고 말하며 울먹였다고 정 팀장이 전했다. **(③-2)** 정 팀장은 "(이 사건은) 처음부터 절도 수법이 프로 (솜씨)가 아니라고 짐작했다"고 덧붙였다.

[중요도4: 부모의 반응] (①요지) 아들의 범행 사실을 접한 피해자 부부는 망연자실해 하고 있다. **(③-1인용)** 김덕철 씨는 "자식이 부모 돈을 훔치다니, 억장이 무너진다"고 말했다. **(③-2인용)** 김 씨의 부인 조순자(63) 씨도 "아들이 밉다고 어찌 감방에 보내겠나. 검사님께 선처를 부탁하는 탄원서를 내겠다"고 전했다.

[중요도5: 증여방식 처리 제안] (②설명) 한편, 정성식 팀장은 피해자 김덕철 씨가 아들 김호식에게 1억 원을 증여한 것으로 세무서에 신고하고 증여세를 납부하면 절도죄 자체가 성립되지 않을 수 있다며 이 문제를 부모와 협의하고 있다고 밝혔다.

[중요도6: 증여방식에 대한 부모 반응] (①요지) 김덕철 씨 부부는 증여를 통한 절도죄 기소 철회 해법을 듣고 반가워하고 있다. **(③인용)** 조순자 씨는 "자식 버리는 것보다 돈 1억 버리는 게 낫지 않겠나"라고 말했다.

제9장
기획기사형(feature style) 기사 쓰기

1. 기획기사란 무엇인가?

기획기사는 한 마디로 이슈(issue) 중심 기사다. 사회에는 항상 찬반 논란이 일거나 문제라고 지적되는 이슈가 있게 마련이다. 그런 이슈에는 부동산 문제, 세금 문제, 미투 문제, 아파트 층간 소음 문제, 다문화 가정 문제, 아동 학대 문제, 청소년 문제, 교통 문제 등등이 있다. 언론은 이런 문제를 사회에 알리고 해결책을 논의하도록 촉구하는 기능을 한다.

기획기사는 안건(agenda) 중심 기사이기도 하다. 안건이란 생각거리, 고민거리란 의미다. 새로운 사회 변화, 트렌드, 유행에 대해서 우리 사회가 고민하고 논의해야 할 안건을 기획기사를 통해서 제시하는 게 언론의 중요한 기능 중 하나다. 사유리의 자발적 미혼모 사건, 비혼주의자 증가, 인구 감소, 청소년 아이돌 팬들의 과도한 덕질문화 등 우리 사회가 생각해야 할 문제들도 많다.

기획기사는 이런 사회의 이슈와 생각거리를 제시하고 해결책을 논의하는 계기를 촉구하는 역할을 한다. 좋은 기획기사는 실제 정책에 반영되거나 관련 법이 바뀌거나 제정되어 직접적으로 문제해결에 기여할 수도 있다. n번방 사건이 경찰 수사로 이어지고 관련 범죄자들을 법정에 세운 이면에는 기사 공모전에 참여하려고 n번방을 취재하던 대학생들이 있었다. 이들은 회원으로 위장해서 n번방에 가입하고 그 속에 잠입하면서 실태를 알게 됐다. 이들은 취재 중 경찰에 n번방의 존재를 신고해서 그 전모를 드러나게 했다.

(1) 귀납적 특징

기획기사는 기자의 기획력, 문제의식으로부터 출발한다. 기획기사 작성법은 근본적으로 질적 연구 논문처럼 '문제를 문제로 보이도록 독자들에게 증거를 논리적으로 제시하는 구성력'이 중요하다. 코로나 사태로 어려운 영세업자들의 여러 특수한 실태를 취재로 모아서, 기사는 결국 국내 영세업자들이 노산이나 폐업 직전이라는 보편적 결론을 내리는 것이다. 결국, 기획기사는 여러 특수한 사례와 통계와 의견을 모아서 보편적인 결론을 내린다. 특수한 사실로부터 보편적 결론을 내리는 논리가 바로 귀납법이다.

(2) 명시적 결론

기획기사는 기사 핵심(문제의 존재, 또는 문제의 해결책)을 리드에 바로 제시하거나, 사례제시형 등으로 리드를 시작했을 경우는 리드 바로 다음 리드잇기에 명백한 문장 하나로 제시해야 한다. 그러면 기사의 이 핵심 문장이 그 뒤에 전개되는 기사의 등대 같은 역할을 해주면서, 기사 방향을 잡아준다. 독자 입장에서는 기사 핵심으로부터 기사를 쉽게 읽고 명확하게 이해하게 된다. 그래서 기자는 문장 하나로 기획기사 전체 핵심을 적는 습관을 가져야 한다.

(3) 기획기사와 칼럼의 구분

기획기사는 분석적이다. 기자 시험에 논술 과목이 있는 이유가 바로 기획기사, 분석기사, 해설기사를 쓰는 능력을 파악하기 위해서다. 그런데 기자들이 문제에 대한 분석, 사례소개, 그리고 해결책 등을 제시하면서 기획기사를 열심히 썼는데, 그 기사가 마치 주관적 의견을 적는 칼럼처럼 보이는 문제가 생기곤 한다. 기획기사, 분석기사, 해설기사는 칼럼이 아니다. 기획기사를 칼럼처럼 보이는 상태에서 벗어나는 길이 인용을 활용하는 것이다. 기획기사를 쓸 때 주장, 분석, 해설 등의 근거로 관련자나 전문가 목소리를 많이 인용하면, 기획기사가 칼럼처럼 보이는 문제에서 벗어날 수 있다.

(4) 기획기사 구성방식

기획기사도 1문단 1아이디어, 1문단 내 요지-설명-인용의 기본 구성 틀 안에서 기사가 작성된다. 다만, 기획기사는 논리적인 기사 구성방식을 가진다. 서론-본론-결론 구성방식을 가진 기획기사도 있고, 기승전결 식 기획기사도 있다. 중동지역에서 원유탐사작업팀을 취재한 기사에서 탐사대원들의 활동을 '희-로-애-락' 4개 분야로 나눠 기사화한 것도 있다. 이는 특정 직업 현장을 직업의 기쁨, 힘듦, 고충, 보람 식으로 소개하는 구성방식이었다.[57] 기사 구성방식은 사안마다 기자 노력으로 끊임없이 개발되고 발전돼야 한다.

미국의 한 인터넷 사이트는 논리적 글의 다섯 개 구성방식을 제안하고 있다.[58] 기획기사 하나가 단 하나의 논리 구성방식을 갖는 것이 아니다. 한 개 기획기사는 여러 논리 전개방식을 혼합해서 주제를 분석하고 탐사하게 된다. 다음은 주요 논리적 구성방식 유형과 이에 따른 기획기사 예시를 정리한 것이다.

①연대기적(chronological) 구성방식

→ 필름 카메라가 디지털 카메라 등장으로 사라졌다가 부활하는 과정을 연도별로 변화 과정을 제시하는 방식의 기사

→ 헌혈이 최근에는 감소하고 있는데, 헌혈 실적을 연도별로 정리해서 헌혈 인구 추이에 따른 헌혈 감소 실태를 고발하는 기사

→ 중국의 동북공정이 최근 역사 공정에서 김치나 한복 등 문화 공정으로 변하고 있다는 점을 동북공정의 연도별 진행 상황으로 밝히는 기사

②원인과 결과(cause and effect) 구성방식

→ 최근 에세이 종류의 책이 잘 팔리는 원인이 무엇인지를 분석하는 기사

→ 젊은이들의 탈모 원인에 따른 여러 사례를 전문 의사 인터뷰로 분석하고 해결책을 제시하는 기사

→ 먹방 유튜브를 즐겨 보는 청소년들이 과식 습관에 빠져서 각종 위장병이 시달린다는 상황을 취재한 기사

---

57 김기환, "이란 원유길 막아도 걱정없다…연 4500억 원유 뽑는 석유공", 『중앙일보』, 2020. 1. 12., https://c11.kr/cot7.

58 study.com, https://c11.kr/clz9.

③문제와 해결책(problem and solution) 구성방식

→ 축구에 VAR 비디오 판독 시스템이 국내 K리그에 도입됐는데, 어떤 다양한 문제가 발생했고 그에 대한 해결책은 무엇인지를 다룬 기사

→ 감정노동자 특별법이 제정됐음에도 불구하고, 감정노동자들이 일하는 많은 직장에서 아직도 특별법에 따라서 감정노동자들을 보호하는 정책을 이행하지 못하는 문제와 이에 따른 해결책을 취재하는 기사

→ 왜 젊은 층에서 비혼주의자가 늘고 있으며 그에 대한 해결책은 무엇인지를 다루는 기사

→ 코로나 사태로 노인요양원 면회가 금지됐는데 노인 환자들의 우울증과 치료 대책, 노인 환자들의 코로나 감염 차단 대책을 취재한 기사

→ 연예인들의 출연료가 양극화되어 있는데, 왜 이런 문제가 생겼고, 이에 대한 해결책은 무엇인지를 다룬 기사

④비교와 대조(campare and contrast) 구성방식

→ 대학별로 차이가 나는 생리공결제를 대학별로 비교하면서 장점과 단점을 제시하는 방식의 기사

→ 버스에 음료 반입을 금지하거나 허용하는 국가별 사례와 국내 지자체별 사례를 비교하고 장단점을 제시하는 기사

→ NC는 왜 2020년 시즌에서 성공했고 롯데는 왜 실패했는지를 양팀 전력 등을 비교하는 기사

→ 서울 지하철과 부산 지하철을 비교해서 서로의 장점과 단점을 비교하는 기사

⑤유형화(classification) 구성방식

→ 손님 갑질 내지는 민폐 손님의 다양한 형태를 유형화해서 소개하는 기사

→ 인테리어 공사 사기 수법의 여러 유형을 소개하는 기사

→ 온라인 중고물품 각종 사기 수법을 유형화해서 유형별로 상세히 소개하고 방지 방법을 제공하는 기사

→ 대리운전 콜센터 직원들이 본 고충 손님들의 갑질 유형을 분류하고 이를 자세히 소개하는 기사

→ 서울대생에게 '공부를 열심히 하는 이유가 무엇이냐?'는 질문을 하고 그 대답들을 비슷한 것끼리 유형화한 기사. 여기에는 자기과시형, 습관형, 생계형, 성공지향형 등의 유형이 있었다.

2. 기획기사1: 미투운동의 미래

(1) 기획기사1 취재자료

다음은 기획기사를 쓰기 위해 취재해서 모은 가상의 취재자료다. 여기에 등장하는 인명, 대학명, 단체명은 모두 허구다. 이 기획기사의 주제는 미투운동이 앞으로 어떻게 발전해야 좋은지를 모색하기 위해 전문가. 대학생, 시민단체 관련자들의 의견을 두루 들어보자는 것이다.

'미투운동의 미래' 취재자료

- 어느 해 4월 17일 아침에 나갈 기사라고 생각하고 기사를 쓸 것.
- 다음은 기자가 여러 사람들을 만나서 직접 인터뷰하고 취재한 것들임.
- 주제: 미투운동을 평가해 달라. 미투운동이 앞으로는 어떻게 변해야 할까?

→ 고여진, 한국대 신방과 2학년: "모터쇼에서 남들의 시선을 끄는 역할을 하는 레이싱걸들이 없어져야 한다. 노출이 심한 옷을 입고 사진을 찍으라고 포즈를 취하는 모습은 여자를 완전히 성적인 상품으로 취급하는 것이다. 야구장 치어리더도 없어져야 한다. 관중들 앞에서 노출이 심한 옷을 입고 섹시한 춤을 추는 건 여성을 상품으로 보는 전형적인 사례다. 그걸 좋다고 야구장 가는 남자들은 정말 한심하다."

→ 김슬기, 부남대 철학과 교수: "성을 소재로 광고를 하거나 여성의 아름다움을 과시하는 것은 표현의 자유다. 표현 자유는 억압이 없어야 한다. 모든 인간은 하고 싶은 말이나 행동을 자유롭게 할 수 있어야 한다. 성적 표현도 성상품화로 억압하지 말아야 한다."

→ 권지영, 한국양성평등협회 부산지부장: "미스코리아 대회는 1980년대까지만 해도 공중파에서 중계할 정도로 전국적인 관심을 끄는 행사였다. 지금은 케이블에서나 중계하는 걸로 알고 있다. 수영복 심사는 정말 민망스럽다. 완전히 여성을 상품 전시대에 올려놓고 남자들 앞에서 '나를 팝니다'하고 나다니는 것과 무슨 차이가 있나?"

→ 강은혜, 한국대 '성과 철학' 교양과목 강사: "이제까지 우리나라 미투운동은 가해자를 지목해서 벌을 받게 하는 일이었다. 이제는 그런 차원을 넘어서 남자와 여자가 동등하게 살아가는 세상을 만드는 방향으로 발전해야 한다. 양성평등운동으로 발전해야 한다."

→ 강지호, 부서대 철학과 교수: "미투운동이 양성평등운동으로 거듭나야 한다. 양성평등운동이란 성차별적 인식과 행동을 버리는 일, 성을 상품화하는 일을 배격하는 일, 탈코르셋 운동처

럼 여자들이 남자들에게 아름답게 보이려고 노력하는 일을 벗어나는 일 등이다."

→ 김명준, 한국대 신방과 2학년: "여자 아이돌 그룹의 야한 옷차림과 섹시한 춤동작도 문제다. 어린 아이돌 가수들을 사람들 앞에 올려놓고 선정적인 시선으로 보게 하는 것은 성상품화다. 뮤직비디오는 더 야하다. 이건 완전히 성상품화, 성노리개화다."

→ 김윤정, 전국좋은부모연합 부산시지부장: "양성평등은 남자들의 성인식이 바뀌어야 달성될 수 있는 목표다. 아무리 미투가 터져 나오고 성차별 금지 운동, 성상품화 배격 운동이 벌어진디고 헤도 남성의 자각과 협조가 있어야 가능하다."

→ 김수현, 부신대 광고홍보학과 교수: "상품 광고에서 여성은 여지없이 섹스를 상징하는 심볼로 많이 쓰인다. 아이스크림을 혀로 육감적으로 핥아 먹는 광고 등은 성을 광고 수단으로 하는 전형적인 모습이다. 이제는 성적인 어필로 광고하는 것도 사라져야 한다."

(2) 기획기사1 샘플기사

남자들의 여성에 대한 부적절한 성적 괴롭힘을 고발하는 미투운동이 퍼지고 있는데, 무언가 근본적인 문제를 찾아서 미투운동의 미래 방향을 모색해 보자는 게 이 기사의 의도다. 기획기사는 결론이 명시돼야 한다. 이 기사에서는 미투운동이 앞으로 양성평등운동으로 발전해야 한다는 결론이 리드로 제시되고 있다. 그다음 양성평등으로 가기 위해서 우리 사회에 만연한 성 상품화 사례를 조목조목 유형화해서 제시했으며, 이들을 제거하기 위한 구체적인 방법으로 남자들 협조를 요구하는 것으로 끝을 맺고 있다. 이 기획기사는 성상품화 '유형화 제시'가 가장 중요한 구성방식으로 사용되고 있다.

'미투운동의 미래' 샘플기사

[강조형 리드: 미투운동을 양성평등운동으로] 작년 한 해 동안 우리나라를 뜨겁게 달군 '미투운동'이 이제는 '양성평등운동'으로 거듭나야 한다는 의견이 대두됐다. 한국대 '성과 철학' 과목 강은혜 강사는 과거의 미투운동이 피해자 여성이 가해자 남성을 벌하게 하는 것이었다고 전제하고, 앞으로는 "남자와 여자가 동등하게 살아가는 세상을 만드는 방향(양성평등)으로 발전해야 한다"고 말했다.

[리드잇기: 양성평등의 방법] **(①요지)** 그럼 양성평등의 구체적인 수단은 무엇일까? 강지호 부서대 철학과 교수는 세 가지를 제시했다. **(②설명)** 첫째는 남자들의 성차별 행동 금지, 둘째는 성 상품화 반대, 세 번째는 여자 스스로 남자들에게 아름답게 보이려는 콤플렉스에서 벗어나자는 탈코르셋 운

동 등이 바로 그것들이다.

[성상품화 사례1: 레이싱걸과 치어리더] (①요지) 실제로 우리 사회에 성 상품화 등 양성 불평등 사례가 산재해 있다. **(②설명)** 한국대 재학생 고여진 씨는 모터쇼의 레이싱걸과 프로야구의 치어리더를 성 상품화의 대표적 사례로 꼽았다. **(③인용)** 고 씨는 "노출 심한 옷을 입고 섹시한 춤을 추는 건 여성을 상품으로 보는 전형적 사례다. 이걸 좋다고 야구장 가는 남자들은 정말 한심하다"고 전했다.

[성 상품화 사례2: 아이돌 가수] (①요지) 여자 아이돌 가수들의 야한 옷차림이 성 상품화란 의견도 여전하다. **(②설명)** 한국대 김명준 학생은 아이돌 가수들이 선정적으로 춤을 추는 것, 이를 그대로 반영한 뮤직비디오 등이 대표적인 성 상품화라고 지적했다.

[성 상품화 사례3: 상품광고] (①요지) 여성 모델들을 성적(性的) 상징으로 이용하는 상품 광고도 성 상품화의 비난에서 벗어날 수 없다. **(②설명)** 김수현 부신대 광고홍보학과 교수는 아이스크림을 혀로 핥아 먹는 등의 광고가 성을 광고 수단으로 악용하는 사례라고 설명했다. **(③인용)** 김 교수는 "이제는 성적 어필로 광고하는 것이 사라져야 한다"고 말했다.

[성 상품화 사례4: 미인대회] (①요지) 공중파 중계가 사라진 미스코리아 대회도 여전히 성 상품화의 전형으로 남아 있다. **(②설명)** 권지영 한국양성평등협회 부산지부장은 특히 미인대회의 수영복 심사의 민망함을 거론했다. **(③인용)** 권지영 지부장은 "(미인대회 수영복 심사는) 여성을 상품 전시대에 올려놓고 남자들 앞에서 '나를 팝니다'하고 나다니는 것과 무슨 차이가 있나?"라고 말했다.

[성 상품화에 긍정적 의견] (①요지) 반면에, 성 상품화도 표현의 자유 중 하나이므로 비난 대상은 아니라는 주장도 있다. **(②설명)** 김슬기 부남대 철학과 교수는 성을 소재로 광고하는 것도 표현의 자유이므로 왈가왈부할 것은 아니라고 말하고 있다.

[끝맺음: 양성평등은 남자의 협조가 필요] (①요지) 하지만, 양성평등을 위해 성 상품화를 없애자는 게 주류 의견임은 확실하다. **(②설명)** 김윤정 전국좋은부모연합 부산지부장은 양성평등이 실현되기 위해서는 가해자인 남자들의 자각과 협조가 필수적이라고 지적했다.

3. 기획기사2: 연예인들의 일탈행동

(1) 기획기사2 취재자료

버닝썬 사건과 재벌 3세들의 마약 사건 등으로 사회가 시끄러울 때, 우리 사회에서 이런 연예인 일탈행위가 왜 발생하는지, 이에 대한 대책은 없는지를 알아보는 기획기사의 취재 결과 작성된 것이 아래 가상의 취재자료다. 여기에 등장하는 인명과 단체명은 모두 가상의 것들이다.

'연예인들의 일탈행동' 취재자료

- 기획기사 의도: 버닝썬 사고가 터지면서 마약, 성추문 등 최근 연예인들과 일부 재벌 3세들(정준영, 승리, 최종훈, 로이킴, 에디킴 등)의 일탈행위가 일파만파 번지고 있다. 여러 사람들을 만나서 이번 사건에 대한 이들의 생각을 취재했다.
- 이 취재자료를 바탕으로 기획기사를 작성하시오.

→ 김하연, 한국대 신방과 학생: "내가 왜 이런 쓰레기 같은 연예인들을 좋아하고 따라다녔는지 모르겠다. 연예인들의 인격이 엉망이다. 인간적으로 손톱만큼도 배울 게 없는 이들의 노래를 듣고 드라마를 좋아한 내가 후회스럽다."

→ 김하은, 회사원, 부산시 남구, 28세: "마약이 이렇게 우리 사회에 성행하고 흔한지 몰랐다. 국가 차원에서 마약 근절을 위해 정책을 제대로 세워야 한다. 인터넷 마약 매매가 만연하면서 마약청정국의 지위가 사라졌다고 하니 두렵다."

→ 김해영, 한국대 사회복지학과 교수: "연예인 생활은 일반인 생활과 다르다. 낮과 밤이 다를 수 있고, 돈 버는 방법과 액수도 일반인과 다르다. 이들은 이미지를 먹고 산다. 실제 모습보다는 팬들에게 비치는 이미지가 중요해서 이들의 실제 인간성이 어떤지는 아무도 모른다. 맹목적인 연예인 따라 하기는 위험하다."

→ 박상현, 한국연예인협회 회장: "자숙할 필요가 있다. 연예인들에게 김형석 교수님 같은 사회 어른을 초청해서 수시로 교양 특강을 가져서 인격을 수양하도록 노력하겠다."

→ 박지혜, 주부, 서울시 종로구, 54세: "연예인들의 성 인식에 놀랐다. 이들은 여자를 인격체로 존경하지 않았다. 여자를 장난감으로 취급하고 성관계를 놀이처럼 얘기하고 키득거렸다. 우리 사회의 성 풍속도가 왜 이 지경이 됐는지 모르겠다."

→ 백형규, 시사매거진 기자: "이번 사건은 연예인, 이를 봐주는 고위 경찰 간부, 마약, 성적 방종

이 합쳐진 구조적 비리의 종합세트 같다. 경제적 풍요와 고도 경제 성장 과정의 부작용 같은 일이 벌어지고 있다. 이번 사건을 계기로 우리 사회가 무엇이 잘못되었는지 전반적인 성찰이 필요하다.”

→ 성채윤, 회사원, 39, 서울시 강남구: “BTS가 세계 대중음악계에 한류를 심고 있는데 이번 사건은 한국에 대한 국제적 망신이다. 전 세계 사람들이 한국 아이돌을 좋아하는데 이번 사건은 한류 이미지에 큰 손해를 끼쳤다. 빨리 사건이 마무리되고 다시는 이런 일이 언론에 보도되지 않게 이 사회에서 추방됐으면 좋겠다.”

(2) 기획기사2 샘플기사

우선 기획기사는 말하고자 하는 핵심이 정확하게 기사에서 표현돼야 한다. 그래서 샘플기사는 연예인들의 마약 등 일탈행위가 우리 사회에 큰 이슈이고 문제라는 점을 리드에서 밝히고 있다. 그다음, 왜 연예인들이 그런 문제를 일으키는지에 대한 원인을 분석하고 해결책을 찾는 내용으로 샘플기사 구성이 전개되고 있다. 굳이 이 기획기사의 구성방식을 따진다면, ‘원인과 결과’ 구성방식과 ‘문제와 해결책’ 구성방식이 혼합된 형태다.

‘연예인들의 일탈행동’ 샘플기사

[강조형 리드: 연예인 비리의 사회 이슈화] 일부 연예인들의 마약, 성추문 등의 일탈행위가 일파만파 번지면서, 버닝썬 사건이 우리 사회가 연예인을 다시 보는 계기가 되고 있다.

[리드잇기: 연예인 비리에 대한 팬들의 실망] (①요지) 가장 먼저 충격을 받은 이들은 아이돌을 성원했던 팬들이다. **(②설명)** 한국대 학생 김하연 씨는 비리의 온상이 된 이들 연예인들을 좋아한 것을 후회하고 있다. **(③인용)** 김 씨는 “내가 왜 이런 쓰레기 같은 연예인들을 좋아하고 따라다녔는지 모르겠다”고 말했다.

[주부의 성풍속도 걱정] (①요지) 자녀를 둔 주부들은 이들 연예인들의 성에 대한 태도에 놀라고 있다. **(②설명)** 주부 박지혜(54, 서울시 종로구) 씨는 일부 남자 연예인들이 여자를 장난감처럼 취급하고 성관계를 놀이처럼 언급하는 것에 경악하고 있다. **(③인용)** 박 씨는 “이들은 여자를 인격체로 존경하지 않았다. 우리 사회 성 풍속도가 왜 이 지경이 됐는지 모르겠다”고 말했다.

[연예인의 겉과 속이 다른 삶이 문제] (①요지) 한국대 사회복지학과 김해영 교수는 우리 국민 생활

에 영향력 있는 연예인들의 삶이 일반인과 다르다는 점을 주목해야 한다고 지적했다. **(②설명)** 연예인은 돈 버는 방법이나, 수입 액수, 그리고 주된 활동 시간이 일반인과 180도 다르다는 것. **(③인용)** 김해영 교수는 "연예인은 실제 모습보다는 팬들에게 비치는 이미지가 중요해서 이들의 실제 인간성이 어떤지 아무도 모른다. 맹목적인 연예인 따라 하기는 위험하다"고 말했다.

[연예인의 자숙 움직임] **(①요지)** 사태가 심각해지자, 연예인 단체는 자성의 목소리를 높이고 있다. **(②설명)** 박상현 한국연예인협회장은 연예인들에게 시회에서 덕망 받는 김형석 교수 같은 사회 원로들의 초청 특강을 수시로 실시해서 연예인의 교양을 높이기로 했다고 발표했다.

[한류에 미칠 우려] **(①요지)** 한편, 버닝썬 사고의 여파로 전 세계적으로 관심을 받고 있는 한류가 피해를 볼 수 있다는 의견이 제기됐다. **(②설명)** 최근 BTS가 선전하면서 세계 대중음악계에서 한류 인기가 높은데, 이번 사건이 국제적 망신이라는 것. **(③인용)** 회사원 성채윤(39, 서울시 강남구) 씨는 "다시는 이런 일이 언론에 보도되지 않게 이 사회에서 (관련 연예인들을) 추방했으면 좋겠다"고 말했다.

[마약에 대한 우려] **(①요지)** 버닝썬 사고로 인해, 우리 사회에서 마약에 대한 우려의 목소리도 커지고 있다. **(②설명)** 회사원 김하은(28, 부산시 남구) 씨는 인터넷에서 마약을 쉽게 매매할 수 있을 정도로 우리 사회에 마약이 만연하고 있다는 사실에 놀랐다. **(③인용)** 김 씨는 "국가 차원에서 마약 근절 대책을 제대로 세워야 한다. 마약청정국의 지위가 사라졌다고 하니 두렵다"고 말했다.

[이번 사건은 사회의 구조적 문제] **(②설명)** 시사저널 백형규 기자는 연예인들이 마약, 성적 방종, 고위 경찰과의 유착 등에 연루됐으니 이번 사건은 "구조적 비리의 종합세트" 같다고 주장했다. **(③인용)** 백 기자는 "이번 사건을 계기로 우리 사회가 무엇이 잘못됐는지 전반적인 성찰이 필요하다"고 말했다.

4. 기획기사3: 방콕시대 백태

(1) 기획기사3 취재자료

다음 취재자료는 코로나 때문에 사회적 거리두기가 장기간 실시되는 가운데 사람들이 집에서 무슨 일을 하면서 보내는지를 가상으로 취재한 결과다.

'방콕시대 백태' 취재자료

- 어느 해 4월 29일 수요일 전국 신문에 나갈 기사를 쓸 것.
- 다음은 기자가 여기저기 직접 사람 만나서 인터뷰하고 취재한 내용.

- 주제: 사람들은 길고 긴 코로나 사회적 거리두기 기간을 어떻게 보내고 있나?
  - → 김정순, 20, 서울시 강남구, 대학생: "나는 최대한 외출을 자제한다. 필요한 것은 동네 편의점에서 사고, 산책도 동네 쌈지공원 도는 게 전부다. 외출 자제가 최고의 코로나 방역이다."
  - → 최윤이, 23, 충남 천안시, 대학생: "주로 집에서 방콕한다. 주로 책을 읽는다. 독서는 앉아서 하는 여행이라고 하지 않는가. 그동안 읽고 싶었던 책을 1주일에 2-3권씩 읽는다. 우리 시청 드라이브 스루 책 대여를 이용한다."
  - → 윤석영, 45, 대전시 중구, 주부: "아이들 식사 차려주고 남는 시간은 뜨개질한다. 아이들 옷도 짜고 남편 장갑도 뜨고 있다. 올겨울 우리 식구 겨울옷을 다 한 벌씩 장만할 것 같다. 돈도 절약하고 코로나도 피하고 일석이조다."
  - → 김건영, 70, 부산시 해운대구, 은퇴자: "나는 경로당이나 친구들도 못 만나고, 아내도 하늘나라로 가서 없고, 주로 혼자 지낸다. 생각을 많이 한다. 과거를 반성하고 후회하고 때로는 보람을 느끼면서 인생을 반추한다. 내 생애 이렇게 나를 뒤돌아본 적은 없는 것 같다."
  - → 이용철, 30, 서울시 서초구, 회사원: "재택근무, 택배 주문, 줌으로 친구들하고 대화하기 등 언택트 생활이 보편화되고 있다. 안 만나도 되는 일이 의외로 많았다. 코로나 거리두기가 풀려도 언택트 문화가 활성화될 것 같다."
  - → 김복중, 65, 한국대 교수: "사람 안 만나고 주로 집에서 보내니 사람이 그리워진다. 언택트가 편리하다는 사람도 있지만, 만나지 않고 일도 하고 친구도 사귈 수는 없다. 사람은 만나야 한다. 이런 노래도 있지 않은가? '우리 만남은 우연이 아니야'라고. 사람과 사람의 만남은 소중한 인연이다."
  - → 김보람, 15, 중학생, 부산시 남구: "영상 수업이나 EBS 수업 빼고는 주로 유튜브와 넷플릭스 보면서 산다. 영상이 있는 한 나는 안 심심하다. 1년 내내 나는 내 방에서 영상과 함께 살 수도 있을 것 같다."
  - → 김현아, 21, 부산시 금정구, 대학생: "영상 수업 시간 빼고 나는 달고나 커피 만들기, 나만의 브랜드 레시피로 만들어 보기 등 요리하는 데 시간을 보낸다. 좋아하는 요리를 삼시세끼 만들어 먹을 수 있어서 버틸 만하다."
  - → 김철호, 25, 대구시 달서구, 대학생: "나는 음식 주문 알바를 하고 있다. 소위 '배민 커넥트'라고 하는데, 늘어나는 음식 주문을 배달하기 위해 기초 훈련만 받고 우리 동네 위주로 배달의 민족 배달 알바를 하는 일종의 프리랜서 배달원이다. 용돈 쓸 일이 줄어들면서 대신 돈을 짭짤하게 벌고 있다. 사태가 풀리면 여행을 가려고 한다."

→ 이호석, 40, 광주시 서구, 공무원: "코로나로 공무원이 가장 바쁜 것 같다. 모든 공무원이 자가격리자 관리하고 전화하고 재택 여부를 확인한다고 하루 종일 전화와 씨름한다. 그 사이에 코로나 확진자가 거의 발생하고 있지 않아서 보람을 느낀다."

(2) 기획기사3 샘플기사

'방콕시대 백태' 샘플기사

[리드, 사례제시형, 한 대학생의 방콕생활 사례] 대학생 김정순(20, 서울시 강남구) 씨는 몇 달째 이어지고 있는 사회적 거리두기 기간을 주로 집에서 지낸다. 외출도 줄이고, 필요한 물품은 동네 편의점에서 해결한다. 그녀는 "외출 자제가 최고의 코로나 방역"이라고 말했다.

[리드잇기, 다양한 일상이 궁금하다] (①요지, 기사 전체의 핵심) 코로나 사태가 빚은 사회적 거리두기 정책으로 집에서 보내는 시간이 많은 요즘, 대한민국 국민들은 어떻게 일상을 보내고 있을까?

[일반적 취미생활하는 사람] (①요지) 각자의 취미생활로 '슬기로운 집콕 생활'을 보내는 사람들이 있다. **(②-1설명)** 그중 독서로 알차게 지식 탐구의 기회를 살리고 있는 대학생 최윤이(23, 충남 천안시) 씨는 시청의 드라이브 스루 책 대여 서비스를 이용해서 매주 2-3권의 책을 너끈히 소화하고 있다. **(②-2설명)** 주부 윤석영(45, 대전시 중구) 씨는 여가 시간을 활용해서 뜨개질 취미에 푹 빠졌다. **(③인용)** 윤 씨는 "올겨울 우리 식구 겨울옷을 다 한 벌씩 장만할 것 같다"며 즐거워하고 있다.

[마니아형 취미생활하는 사람] (①요지) 평소에 하고 싶은 것에 푹 빠지는 마니아형 취미생활을 보내는 사람들도 있다. **(②설명)** 중학생 김보람(15, 부산시 남구) 양은 영상 수업 시간을 빼고는 주로 유튜브나 넷플릭스 영화를 보며 시간을 보낸다. **(③-1인용)** 김 양은 "나는 1년 내내 내 방에서 영상과 함께 살 수도 있을 것 같다"고 말했다. **(③-2인용)** 달고나 커피 만들기, 자신만의 레시피로 음식 만들기에 여념이 없는 대학생 김현아(21, 부산시 금정구) 씨는 "좋아하는 요리를 삼시세끼 만들어 먹을 수 있어서 (사회적 거리두기를) 버틸 만하다"고 밝혔다.

[직업에 충실한 사람] (②-1설명) 대학생 김철호(25, 대구시 달서구) 씨는 코로나 발생 이후 늘어난 배달 음식 때문에 배달 회사 임시 배달원이 돼서 비지땀을 흘리고 있다. **(③-1인용)** 김 씨는 "돈을 짭짤하게 벌고 있다. 사태가 풀리면 여행을 가려고 한다"고 포부를 밝혔다. **(②-2설명)** 광주시 공무원 이호석(40) 씨도 최근 더 바빠진 사람 중 하나다. 이 씨는 코로나 자가격리자를 관리하는 등 하루 종일 전화와 씨름해야 한다. **(③-2인용)** 이 씨는 "코로나 확진자가 (우리 도시에) 거의 발생하고

있지 않아서 보람을 느낀다"고 말했다.

[외롭게 보내는 사람] **(①요지)** 은퇴자 김건영(70, 부산시 해운대구) 씨는 코로나 이후 다른 젊은이들과는 사뭇 다른 삶을 살고 있다. **(②설명)** 그는 부인을 잃고 홀로 된 뒤 문 닫은 경로당도 나갈 수 없어서 적막한 집안에서 쓸쓸하게 홀로 시간을 보내고 있다. **(③인용)** 김 씨는 "과거를 반성하고 인생을 반추한다. 이렇게 나를 뒤돌아본 적이 없는 것 같다"고 말했다.

[마무리: 언택트 문화 평가] **(①요지)** 코로나가 만든 비대면 언택트 문화는 우리 사회에서 이렇게 다양한 일상을 만들고 있으며, 이에 대한 평가도 다양하다. **(②설명)** 회사원 이용철(30, 서울시 서초구) 씨는 재택근무를 하면서 언택트 문화가 이후 더욱 보편화될 것이라고 예상하고 있다. **(③인용)** 반면에, 한국대 김복중 교수는 "언택트가 편리하다는 사람도 있지만, 사람은 만나야 한다"며 아나로그적 삶의 중요성을 지적했다.

5. 기획기사4: 디지털 성범죄 문제

다음은 연예인들이 관련된 디지털 성범죄가 자주 발생하자 그 원인이 무엇이고 해결책은 무엇인지를 모색해 보자는 취지의 기획기사다. 취재자료 내용은 모두 가상으로 설정된 것이다.

(1) 기획기사4 취재자료

'디지털 성범죄 문제' 취재자료

- 어느 해 5월 13일 전국지에 나갈 기사라 상정하고 기사를 쓸 것.
- 다음은 기자가 여러 전문가, 관계자들을 직접 만나 인터뷰한 것을 정리한 것임.
- 모든 자료와 기사는 실습용으로 만들어진 가상의 것임.

- 주제: 우리나라에서 n번방 사건, 연예인 딥페이크 유포 사건 등 디지털 성범죄가 연달아 터지는 원인은 무엇일까? 그 해결책은 무엇일까?

  → 이인숙 학부모, 40, 부산시 중구, 초등생 1명, 중학생 1명 남자아이 둠. "아이들에게 성교육을

받는지 최근 물어봤다. 있기는 한데 비디오 틀어 주고 대충 보라고 하고 선생님들은 다른 일 한다고 들었다. 형식적인 학교 성교육이 아이들의 성 의식을 비뚤어지게 하고 있다고 확신한다."

→ 경찰청 2019년 통계: 인구 1만 명당 성폭력 사건 발생률 세계 5위, 몰래카메라 사건 발생률 세계 7위, 연간 불법 음란물 유포 사건 건수 세계 3위

→ 정용순, 37, 부산시 해운대구 좌동, 자녀는 중학생 남자아이 1명. "아이가 음란물을 볼까 봐 핸드폰에 성인 영상 차단 앱도 깔아 놨고 집 PC도 다 방호벽을 설치했다. 그래도 밖에서 친구들과 어릴 때부터 음란물을 시청하는 걸 막을 수 있을까 항상 걱정한다."

→ 여성가족부 정책: 2010년부터 직장 내 성희롱 방지 교육 연 1회 의무 실시, 시민단체와 건전 성문화 캠페인 전개 중

→ 정충식, 13세, 초등학생. "19금 영화 장면은 유튜브에 흔하다. 친구들 다 본다. 하나 보면 추천 영상이 계속 뜬다. 자기 전 침대에서 보다 보면 새벽 2–3시가 금방 지나간다. 섹스 장면이 떠올라 그다음 날도 또 보게 된다."

→ 국회 입법 활동: '청소년 성범죄 가중처벌법' 통과, 여기에는 청소년을 성범죄에 이용하거나 아동 상대 성범죄는 10년 이상 징역형 가중처벌 조항 포함

→ 김종대, 17세, 고등학생. "성적 갑자기 떨어지는 애들은 성인 콘텐츠에 빠진 경우가 대부분이다. 인터넷과 SNS에는 뒤지면 성인 콘텐츠가 널렸다. 돈을 조금 주면 정말 화끈한 영상물 있는 곳 많다. 청소년들에게 싸게 보여주는 곳도 많다."

→ 김철문, 한국대 교육학과 교수. "n번방 같은 디지털 성범죄는 어른들 성문화가 저속하기 때문이다. 어른들이 먼저 여성을 성적인 상품이나 쾌락의 도구로 보는 성 의식을 바로잡아야 청소년은 물론 나라 전체 디지털 성범죄가 뿌리 뽑힌다."

→ 김양숙, 한국성폭력근절대책협회 회장. "작년에는 미투가 이어졌는데도 아직도 남성 중심 마초 문화가 성을 도구화하고 있다. 이게 불건전한 디지털 성범죄를 양산한다."

→ 윤소희, 한국 성교육향상협회 회장. "우리는 유튜브를 통해서 꾸준히 양질의 성교육 영상물을 만들어 보급하고 있다. 이를 활용해서 청소년 때부터 건전한 성문화, 다른 성에 대한 바른 존중심을 길러야 한다."

→ 이충용, 부산중학교 교장, "바람직한 성교육은 가정에서부터 시작되어야 합니다. 부모들이 서로 부부로서 상대방을 존중하는 모습을 보여주면 자녀들에게 튼튼한 성인식 롤모델이 될 것입니다."

→ 정춘택 한국대 신리학과 교수, "사회 갈등, 스트레스를 스포츠나 건전한 취미로 발산하지 못하면 압력밥솥 효과라고 해서 성적으로 분출시키는 데서 디지털 성범죄가 발생한다."

(2) 기획기사4 샘플기사

'디지털 성범죄 문제' 샘플기사

[리드: 사례제시형, 초등학생과 고등학생 성인물 접촉 사례] 초등학생 정충식(13) 군은 유튜브로 보는 19금 영화에 빠져 있다. 밤에 침대에서 숨어서 보다가 새벽 2-3시를 훌쩍 넘긴다. 정 군은 "섹스 장면이 떠올라 그다음 날 또 보게 된다"고 솔직하게 심정을 밝혔다. 고등학생 김종대(17) 군의 말은 더 충격적이다. 김 군은 인터넷과 SNS에 청소년이 볼 수 있는 성인 콘텐츠가 널려 있다고 증언하고 있다. 김 군은 "성적이 갑자기 떨어지는 애들은 성인 콘텐츠에 빠진 경우가 대부분"이라고 말했다.

[리드잇기: 성범죄의 통계 근거] (①요지, 기사의 핵심) 정 군과 김 군처럼 청소년들이 성인 음란물에 무방비로 노출되는 사이에, 최근 n번방 사건 같은 디지털 성범죄가 대한민국을 오염시키고 있다. **(②설명)** 2019년 경찰청 통계도 대한민국이 '성범죄 공화국'임을 보여주고 있다. 우리나라의 성폭력 사건 발생률이 세계 5위, 몰카 사건 발생률은 세계 7위, 불법 음란물 유포 건수는 세계 3위라는 것.

[학부모의 우려] (①요지) 당장 청소년 자녀를 둔 학부모들이 성범죄로부터 자녀 지키기에 나섰다. **(②설명)** 학부모 이인숙(40, 부산시 중구) 씨는 학교에서 형식적인 성교육을 실시하는 게 문제라고 목소리를 높였다. 같은 학부모 정용순(37, 부산시 해운대구) 씨도 자녀들 핸드폰에 성인물 차단 앱을 깔았고 집안 PC에는 방호벽 프로그램을 설치했다. **(③인용)** 정 씨는 "그래도 아이들이 집 밖에서 친구들과 음란물을 시청하지 않을까 항상 걱정한다"고 말했다.

[전문가 원인 진단] (①요지) 전문가들이 우리나라 디지털 성범죄의 폭증 원인 진단에 나섰다. **(②설명)** 한국대 심리학과 정출택 교수는 한국인들이 스트레스를 스포츠 등 건전한 방식이 아니라 섹스물 접근 등으로 푸는 '압력밥솥 효과'가 그 원인이라고 했다. 김양숙 한국성폭력근절대책협회장은 남성 중심의 마초 문화가 불건전한 디지털 성범죄의 원인이라고 지적했다. **(③인용)** 한국대 교육학과 김철문 교수는 "여성을 성적인 상품이나 쾌락의 도구로 보는 (어른들의) 성 의식이 문제"라고 진단했다.

[국가의 대응책] (②설명) 디지털 성범죄 상황이 심각해지자, 국가 차원에서 여성가족부는 2010년부터 모든 직장에서 성희롱 방지 교육을 의무적으로 실시하도록 강제하고 있으며, 국회는 아동 상대 성범죄를 가중 처벌하도록 규정한 '청소년 성범죄 가중처벌법'을 제정했다.

[민간 차원의 대응책] (①요지) 민간 차원의 성범죄 대책 활동도 활발해지고 있다. **(②설명)** 한국성

교육향상협회 윤소희 회장은 유튜브를 통해서 청소년들이 상대방 성에 대한 존경심을 갖도록 교육하고 있다고 밝혔다.

[마무리: 가정의 중요성] **(①요지)** 이충용 부산중학교 교장은 결국 건전한 가정이 청소년들을 각종 성범죄로부터 지킬 수 있는 '최후 보루'라고 지적했다. **(③인용)** 이 교장은 "부모들이 자녀들에게 튼튼한 성 인식의 롤모델이 되어야 한다"고 말했다.

제10장
사실 기반 스토리텔링 기사 쓰기

1. 강연회기사1 : 유튜브 열풍에 대하여

(1) 강연회1 취재자료

강연회기사 연습을 위해서는 외부인을 초청하고, 주제를 정해서 20분 정도 강연하게 한 다음, 직접 학생들에게 이를 바탕으로 기사를 작성하게 하는 방식이 좋다. 학생들에게 강연자의 인적 사항을 미리 나눠주는 것도 필요하다. 그리고 강연회 참석자의 강연에 대한 반응은 바로 옆에 있는 다른 학생 의견을 서로 인터뷰해서 적도록 하면 된다. 이렇게 제시된 모든 정보를 취합해서, 각자 강연회기사를 쓰게 한다.

전체 강연을 듣고, 이를 꼼꼼하게 노트북이든 수첩이든 노트필기하며, 그것을 정리해서 기사화하는 게 강연회기사다. 물론 녹음할 수도 있다. 그러나 강연 시간이 길다면, 녹음한 것을 다시 듣고 기사를 쓸 만큼 기자에게 기사 작성 시간이 넉넉하지 않다. 그래서 녹음은 나중의 확인용 정도이며, 역시 중요한 것은 현장의 노트필기다. 노트필기는 유능한 기자의 필수 능력이다.

강연회가 짧으면 거의 강연한 순서대로 내용을 구성하면 크게 무리가 없다. 그러나 강연회가 1시간 내지는 2시간 지속될 경우, 내용이 복잡하고 방대해서 강연 순서대로 기사를 쓰는 게 불가능하다. 지면이 그렇게 넉넉하지도 않은 게 일반적이다. 통상적으로, 강연회기사는 강연회에서 연사가 강연한 내용을 순서대로 적는 것이 아니다. 초보 기자의 강연회기사는 대체로 강연자가 강연한 순서대로 적는 경향을 보인다. 그러면 강연자가 처음에는 무슨 말을 했고, 그다음은 무슨 말을 했으며, 나중에는 무슨 애기로 강연을 마무리했다는 식의 기사가 된다. 이런 기사를 엉터리라고 할 수는 없지만, 강연 시간이 길면 녹취록대로 기사화하는 것도 불가능하다. 그래서 강연회기사는 전체 강연 내용 중에서 가장 중요한 것(핵심)을 리드로 잡고, 그 핵심 내용에 관련된 것을 중심으로 기사를 쓰고, 덜 중요하고 부수적인 정보는 과감하게 버려야 한다.

전체 강연 내용 순서와 기사 내용 순서가 일치할 수 없다. 전체 강연 내용이 강연 핵심 내용 중심으로 적절히 재구성되는 것이다. 강연 기사는 대개 다음과 같이 전개된다.

- 리드는 강연 중에서 가장 중심, 핵심이 되는 것 딱 하나로 잡는다.
- '누가 어디에서 강연했다'는 것은 리드가 될 수 없다. '강연했다'는 사실이 리드가 아니라, 강연자가 강연에서 '무엇을 강조했다'는 것이 강연 핵심이면서 리드가 돼야 한다.
- 그 리드와 연관된 내용들을 순차적으로 중요도 순으로 구성한다. 강연 일시와 장소는 리드 다음 적절한 곳에 적는다.
- 강연회기사를 '이렇게 말했다', '그다음 이런 말도 했다', '또 이런 말을 했다', '끝으로 이런 말로 강연을 끝맺었다'는 식으로 쓰지 말아야 한다. 강연은 대개 한 시간에서 두 시간 정도 지속된다. 그렇게 긴 강연을 다 기사에 실을 정도로 지면이 무한정 배정된 강연회기사는 없다. 리드와 관계없는 강연 내용은 과감하게 생략한다.
- 다만, 리드 관련 사항 이외의 강연 내용이 기사 길이에 따라서 한두 개 첨가될 수 있다. 이럴 경우는 당연히 '한편' 또는 '무엇에 관해서는'이란 접속어를 사용해서 기사 후반부에 부수적 내용으로 소개할 수 있다.
- 그다음 연사에 대한 소개, 청중들의 반응과 인터뷰, 가능하다면 연사의 인터뷰 등이 마지막을 장식하면 된다.
- 강연회기사에서 출처가 곧 강연자임을 명심해야 한다. 거의 모든 문장마다 강연자가 곧 출처임을 밝혀야 한다.

다음은 실전 연습용 강연회 취재자료다. 이를 읽고 재구성해서 기사로 작성해 보고 이어지는 샘플기사와 대조해 보기 바란다.

'유튜브 열풍에 대하여' 강연회 녹취록

- 강연자: 한국대학교 신방과 홍길동 교수
- 강연제목: 대한민국의 유튜브 열풍
- 강연장소: 한국대학교 정보관 별관
- 강연시간: 어느 해 4월 30일 오전 10시부터 1시간
- 강연대상: 한국대학교 신방과 2학년

여러분 안녕하십니까? 한국대학교 홍길동입니다. 저는 오늘 우리나라에 불고 있는 유튜브 열풍에 대해서 말씀드리려고 합니다.

한 통계에 따르면, 우리나라에서 가장 많이 사용하는 앱 4위가 페이스북, 3위가 네이버, 2위가 카톡이라고 합니다. 그럼 과연 1위 앱은 무엇일까요? 그것은 유튜브입니다. 그다음, 유튜브를 가장 많이 보는 계층은 어디인지 아십니까? 1위는 10대인데, 놀랍게도 2위가 50대 이상이라고 합니다.

왜 10대들이 유튜브를 많이 보는지를 역시 조사했더니, 10대들은 주로 검색을 하기 위해 유튜브를 사용한다고 합니다. 20대인 여러분은 검색을 할 때 네이버나 구글에 들어가죠? 그런데 놀랍게도 요새 10대들은 유튜브로 검색을 한다고 합니다. 사회에서는 태어날 때부터 각종 디지털 기기에 익숙한 이들을 Z세대라고 합니다. 이들은 동영상이 익숙한 세대입니다.

이들은 미세먼지가 무언지 검색하려면 무조건 유튜브에서 미세먼지를 검색하고 관련 동영상을 본다는 겁니다. 그래서 모르는 것을 네이버에서 검색하면 20대, 유튜브로 검색하면 10대, 이렇게 세대 차가 난다고 합니다.

그럼 50대는 왜 유튜브를 많이 볼까요? 이분들은 시간이 많습니다. 그래서 남는 시간에 흘러간 70–80 노래 유튜브 채널을 본다든지, 주현미TV 채널을 본다든지, 정치적인 유튜브 채널도 많이 본다고 합니다. 나도 주현미 TV를 가끔 보는데, 보면 시간 가는 줄 모릅니다.

특히 한 번 유튜브를 보면 줄줄이 늘어선 추천 동영상 내지는 연관 동영상을 계속 보게 되는 현상이 발생합니다. 이게 유튜브에 빠지면 계속 유튜브를 보게 되는 이유입니다.

책 주문을 하고, 영화를 다운받고, 그리고 옷을 주문하면, 인터넷에서 나의 IP를 기억했다가 내가 인터넷에 접속하면 자동으로 내가 온라인으로 주문한 옷, 영화, 책 관련 광고를 띄워줍니다. 이건 일종의 인공지능을 이용한 건데, 이제 인공지능이 우리를 감시하고 우리를 파악해서 우리 각자에게 맞춤형 광고를 제공하는 것입니다.

요람에서 무덤까지 유튜브를 하는 세상입니다. 추천 동영상 보다가 날 새는 사람들도 늘고 있다고 합니다. 청소년들은 음란물이나 게임 시청에, 대학생들은 좋아하는 동영상을 연속 시청하는 바람에 다음날 수업 시간에 졸기 십상입니다.

결론입니다. 요즘이 감시당하는 세상인지, 편리한 세상인지, 인공지능에 지배당하는 세상인지 미래 세상이 두렵습니다. 무언가에 빠지는 것은 좋지 않습니다. 디지털 기기를 즐기되 중독은 안됩니다. 각자 디지털 기기 사용을 절제하도록 합시다. 감사합니다.

(2) 강연회1 샘플기사

'유튜브 열풍에 대하여' 강연회 샘플기사

[리드: 요람에서 무덤까지] "요람에서 무덤까지, 유튜브 동영상으로 한평생." 이는 한국대 신방과 홍길동 교수가 한 경연회에서 대한민국은 어린이부터 어르신까지 모두가 유튜브 동영상에 빠져 있는 현상을 풍자한 말이다.

[리드잇기: 요람에서 무덤까지라는 말의 부언 설명] **(②설명)** 4월 30일 오전 10시, 한국대 신방과 2학년 학생들을 상대로 이 학교 정보관 별관에서 진행된 특별 강연회에서, 홍 교수는 통계를 인용하면서 대한민국에서 가장 사용 시간이 긴 앱은 유튜브이며, 연령별 1위는 10대, 2위는 50대 이상이라고 밝혔다. **(③인용)** 홍 교수는 "10대가 1위인 것도 놀랍지만, 50대 이상이 20대나 30대를 제치고 2위를 차지한 게 더 놀라운 일"이라고 말했다.

[10대들의 유튜브 사용 이유] **(①요지)** 그러면 10대들이 유튜브를 가장 많이 사용한 이유는 무엇일까? **(②설명)** 홍 교수는 요즘 10대들은 태어날 때부터 동영상을 가지고 노는 소위 'Z세대'라서 웬만한 것은 검색도 유튜브로 하기 때문이라고 지적했다. **(③인용)** 홍 교수는 "그래서 유튜브로 검색하는 10대와, 네이버로 검색하는 20대도 세대 차이가 난다는 말도 있다"고 전했다.

[50대의 유튜브 사용 이유] **(①요지)** 홍 교수가 소개한 50대 이상의 유튜브 과몰입 이유도 흥미롭다. **(②설명)** 50대 이상은 근본적으로 시간이 많고, 그 외에도 흘러간 노래 채널, 정치적 문제를 다루는 각종 시사 채널 등이 유튜브에 많은 것이 유튜브 시청의 원인이라는 것. **(③인용)** 홍 교수는 "나도 '주현미 TV'를 가끔 보는데, 보다 보면 시간 가는 줄 모른다"고 말했다.

[유튜브의 추천 동영상 문제] **(①요지)** 그런데 유튜브 중독의 이면에는 유튜브의 '추천 동영상 기능'이 더 큰 문제라는 게 홍 교수의 진단이다. **(②설명)** 홍 교수는 유튜브에서 동영상 하나를 보면 그 밑에 그 동영상과 유사한 성격의 추천 동영상이라는 것이 줄줄이 이어진다고 설명했다. **(③인용)** 홍 교수는 "유튜브 추천 동영상 때문에, 청소년들은 음란물이나 게임 동영상에 빠지고, 대학생들은 밤을 새우게 돼서 다음 날 수업 시간에 졸게 된다"고 말했다.

[인공지능의 무서움] (①요지) 홍 교수는 온라인 쇼핑회사, 유튜브 같은 앱 회사들이 인터넷 사용자 IP를 추적, 사용자 취향을 파악하는 기능이 바로 '인공지능'이라고 지적했다. **(②설명)** 홍 교수는 디지털 관련 회사들이 인공지능을 이용해서 특정 개인의 사생활을 유튜브처럼 엿보는 현상을 우려했다. **(③인용)** 홍 교수는 "편리한 세상이 온 건지, 인공지능에 지배당하는 세상에 사는 건지, 미래 세상이 두렵다"고 말했다.

[현명하게 디지털 세상을 사는 법] (①요지) 홍 교수는 디지털 기기를 사용하되 중독되지 않는 게 현명하게 디지털 세상을 사는 방법이라고 권고했다. **(③인용)** 홍 교수는 "일상생활에 지장을 받지 않도록 유튜브를 절제해서 사용하는 자세가 중요하다"고 말했다.

[강연 후기] (①요지) 강연 참석자 장길산(21) 씨는 이번 강연으로 유튜브의 비밀을 이해하게 됐다. **(③인용)** 장 씨는 "어떻게 디지털 세상을 사는 게 현명한 건지를 배웠다"고 말했다.

위 강연회 샘플기사는 강연 자체가 20분 정도로 짧은 까닭에 전체 내용을 재구성하지 않고 강연 순서와 유사하게 구성됐다. 그러나 강연 내용이 길어지면, 강연회기사는 역시 여러 내용 중 중요한 내용 중심으로 구성되게 마련이다.

2. 강연회기사2: 오늘의 운세에 대하여

(1) 강연회기사2 취재자료

'오늘의 운세에 대하여' 강연회 녹취록

- 강연자: 홍길동 한국대 신방과 교수
- 강연주제: 오늘의 운세, 믿을까, 말까?
- 강연시간: 어느 해 5월 7일 오전 10시에서 1시간
- 강연장소: 한국대 정보관 별관 강의실
- 강연대상: 한국대 신방과 2학년 학생

신문을 보면 '오늘의 운세'란이 있습니다. 여러분은 그걸 봅니까? 그리고 그날 자신 재수가 좋은지,

또는 나쁜지를 얼마나 믿습니까? 개인마다 차이는 있지만, 사람들은 토정비결, 손금, 사주, 최근에는 타로점 등을 잘 본다고 합니다. 우리나라에는 결혼할 때 남녀 간 궁합을 보는 사람들도 많다고 합니다.

미신은 기성세대의 전유물이 아닙니다. 젊은 사람들도 타로점을 많이 본다고 합니다. 부산의 광복동이나 광안리 등 도시마다 타로 거리가 있어서 젊은이들이 잘 찾는다고 합니다.

사람은 누구나 자신의 미래를 궁금해 합니다. 그리고 대학교 합격이냐 불합격이냐를 기다리는 순간에는 사람들은 더욱 불안해 합니다. 아마 종교가 있는 사람들은 나름대로 기도하면서 불안감을 해소하겠지요. 저도 유학 가서 석박사 종합시험을 보고 합격을 기다리는데, 유학 가기 전에 동양철학에 정통한 지인이 "당신은 박사가 될 사주를 타고났다"고 해준 한마디 말이 불안감을 해소해주고 위안이 됐던 경험이 있습니다.

미래를 예측하는 것은 미신이나 과학이나 마찬가지입니다. 단, 과학과 미신의 차이는 과학은 미래 예측을 논리적인 근거를 가지고 설명하지만, 미신은 미래 결과를 설명하는 근거가 없다는 차이가 있습니다.

서양에도 미신이 있을까요? 많습니다. 보스턴 야구팀 레드삭스가 밤비노라는 애칭의 홈런타자 베이브 루스를 뉴욕 양키즈에 트레이드한 후 70년간 우승하지 못했다고 합니다. 이를 보스턴 사람들은 '밤비노의 저주'라고 합니다. 최근 밤비노의 저주가 깨지고 보스턴이 월드시리즈를 이긴 적이 있습니다. 그리고 세계적 권위지인 뉴욕 타임즈에도 오늘의 운세 지면이 있습니다.

또 서양 사람들은 옆 사람이 재채기하면 'God bless you', 혹은 줄여서 'Bless you'라고 인사하는 것이 예의입니다. 신이 그 옆 사람에게 복을 내려서 재채기하게 하고, 결과적으로 주변 잡귀를 내쫓게 했다는 이유에서입니다. 또 결혼식 때 신랑 신부와 똑같은 옷을 입은 들러리를 세우는 이유도 미신과 관련이 있습니다. 악마가 결혼식을 방해하러 와서 신랑과 신부를 납치하려는데, 들러리들과 섞여 있어서 신랑 신부를 못 잡아간다고 합니다. 들러리도 서양 미신의 일종입니다. 불확실한 미래에 대한 불안감은 인종을 구분하지 않는 것 같습니다.

과학은 미래 예측의 근거가 있기 때문에 믿을 만합니다. 특히 자연과학의 만유인력 법칙이나 비등점 이론은 실험을 통해서 인과관계로 이론을 만들고, 그 이론으로 미래를 예측하지요. 그런데 문제는 사회과학입니다. 사회과학은 인간을 가지고 실험할 수가 없어서 미래 예측의 정확도가 자연과학보다 떨어집니다. 그래서 공산주의도 실험을 해보지 못하고 실제 소련 등의 나라에서 실행했다가 실패한 것이지요. 어리석은 사람만이 인과관계로 설명이 안되고 우연으로 미래를 설명하는 미신에 의존하는 것입니다.

우리는 미래를 어떻게 살아야 할까요? 어느 어린이가 동네 기우제를 지내는 행사를 구경하러 갔답니다. 그런데 신기하게도 기우제를 지내는 동안 비가 내리기 시작했습니다. 모든 어른들은 우산을 가지고 오지 않아서 당황하고 있는데, 단 한 명의 그 아이가 우산을 가져왔다고 합니다. 어른들이 그 아이에게 물었습니다. "너는 어떻게 해서 우산을 가져올 생각을 했느냐"고요. 그 아이가 대답했습니다. "어르신들은 비가 올 거라는 확신도 없이 기우제를 지내셨습니까?"하고 말입니다.

사람은 신념만이 미래의 불확실성과 불안감을 줄여줍니다. 사람은 확신과 신념을 가지고 매사에 노력해야지 요행과 미신에 의존하면 안됩니다. 감사합니다.

(2) 강연회기사2 샘플기사

다음 샘플기사에서 전체적으로 기사 핵심, 그리고 중요도 순서대로 전체 강연회 내용이 재구성된 점을 유의 깊게 관찰하기 바란다.

'오늘의 운세에 대하여' 강연회 샘플기사

[리드: 사례제시형, 기우제 일화. 미신보다는 신념] 한여름 가뭄이 지속되던 어느 마을에서 기우제를 지내게 됐다. 하늘이 감동했던지, 기우제가 끝나자마자 애타게 기다리던 비가 내렸다. 그런데 기우제에 참석했던 일행 중 아무도 우산을 가져온 이가 없었고, 유일하게 우산을 가져온 사람은 한 꼬마 녀석이었다. 황당한 상황이 벌어지자, 어른들이 꼬마에게 물었다. "너는 어떻게 우산을 가져올 생각을 했느냐?" 꼬마가 대답했다. "어르신들은 비가 올 거라는 확신도 없이 기우제를 지내셨나요?"

[리드잇기: 미신보다는 신념 보충설명] (①요지) 이 얘기는 7일 10시 한국대 별관에서 한국대 신방과 2학년 학생을 대상으로 진행된 '오늘의 운세, 믿을까, 말까?' 특강에서 이 대학 신방과 홍길동 교수가 들려준 일화였다. **(③인용)** 홍 교수는 "사람은 아무리 작은 일이라도 신념과 확신을 가지고 해야지 요행이나 미신에 의지해서는 안된다"고 말했다.

[불안하면 미신, 연령 불문] (①요지) 그러나 현실 속 사람들은 젊으나 늙으나 미래가 불안할수록 신념을 갖고 노력하기보다는 점집을 찾는 등 미신 의존 경향이 강해진다고 홍 교수가 지적했다. **(③인용)** 홍 교수는 "미신은 기성세대의 전유물이 아니다. 젊은이들도 타로점을 많이 찾기 때문에 부산의 광복동이나 광안리처럼 전국 각지의 젊은이 거리에는 타로 골목이 있는 것"이라고 말했다.

[불안하면 미신, 학력 불문] (①요지) 홍 교수는 미래 불확실성은 연령은 물론 학력과도 무관하다고 지적했다. **(②설명)** 홍 교수는 본인도 종교가 없는 탓에 유학 시절에 석사, 박사 종합시험을 보고 결과를 초조하게 기다리던 상황에서 동양철학에 정통한 한 지인이 유학 전 해준 "너는 박사가 될 사주를 타고났다"는 말 한마디가 위안이 됐다는 경험을 들려줬다.

[불안하면 미신, 동서양 불문] (①요지) 서양에도 미신이 있을까? **(②설명)** 홍 교수는 미국 메이저리그 보스턴 레드삭스 팀이 월드 시리즈 우승을 하지 못한다는 '밤비노의 저주'나, 결혼식을 훼방하려는 악마를 막기 위해서라는 '들러리' 풍습 등이 미국인들도 미신을 믿는 사례라고 설명했다. **(③인용)** 홍 교수는 "뉴욕 타임즈에도 '오늘의 운세' 코너가 있다. 불확실한 미래에 대한 두려움은 인종을 구분하지 않는다"고 말했다.

[미신의 문제는 우연이라는 것] (①요지) 결국, 미래가 불안하면 미신에 의존하는 것은 인간의 원초적 욕망이지만 미신은 근본적으로 믿을 근거가 없다는 게 홍 교수의 의견이다. **(②설명)** 홍 교수는 만유인력 법칙이나 비등점 이론처럼 과학도 미래를 예측한다는 점에서는 미신과 비슷할 수 있다고 설명했다. **(③인용)** 홍 교수는 "다만, 미신은 과학과 달리 인간의 미래를 원인과 결과가 아니고 우연으로 설명하는 것이므로, 어리석은 사람만이 미신을 믿는 것"이라고 말했다.

[강연후기] (①요지) 강연을 들은 한국대 신방과 2학년 김길동(21) 씨는 최근 진로 때문에 우왕좌왕하고 있어서 타로 점집에 들렀던 자신이 부끄러워졌다. **(③인용)** 김 씨는 "불안한 미래는 '나는 할 수 있다'는 확신과 신념으로만 극복될 수 있다는 교훈을 얻었다"고 말했다.

3. 강연회기사3: 비대면 사회에 대하여

(1) 강연회3 취재자료

'비대면 사회에 대하여' 강연회 녹취록

- 강연자: 한국대학교 신문방송학과 홍길동 교수
- 강연일시: 어느 해 5월 19일 오후 2시
- 강연장소: 한국대학교 정보관 별관 강연회
- 강연대상: 한국대학교 신방과 2학년
- 강연주제: 코로나로 인한 비대면 사회의 문제점

여러분 안녕하십니까? 저는 한국대학교 신문방송학과 홍길동 교수입니다. 저는 오늘 여러분에게 코로나로 인한 비대면 활동이 성행하게 되면 우리 사회에서 무슨 문제가 생길지에 대해서 말씀드리고자 합니다.

최근, 코로나로 인해서 온라인수업, 비대면진료, 재택근무, 배송이용 등이 성행하고 있습니다. 정말 어느 학자의 말처럼, Before Corona, 즉 BC 시대와, After Corona 시대, 즉 AC 시대가 오는 것 같습니다.

옛날얘기를 하나 하겠습니다. 과거 1980년대 은행 지점은 규모가 매우 컸습니다. 대도시 1개 지점에는 직원 50명이 넘었고, 직원들을 위한 구내식당도 있었으며, 지점장은 기사 딸린 차도 나왔습니다. 그런데 요새 은행 지점은 매우 작고, 자동출납기만 있는 무인 점포가 대부분입니다. 종이로 된 통장은 전자거래로 인해서 거의 쓸모가 없어졌습니다. 종이 통장 본 지도 오래된 것 같습니다.

최근의 카카오뱅크 같은 인터넷 은행은 건물도 없고 지점도 없습니다. 완전 무인 거래를 실현하고 있습니다. 그러고 보니, 무인 주유소, 사이버대학, 키오스크 무인 주문대, 무인 모텔도 있습니다. 어느 고속도로 휴게소에는 피자 자판기, 꽃 자판기, 농산물 자판기도 있었습니다.

정말 현대 사회는 비대면 사회입니다. 비대면 사회의 인간관계는 진짜 인간관계인가요? 비대면 만남은 진짜 만남인가요? 아니면 환상 속의 가짜 이미지 간의 만남인가요?

가짜 이미지란 사람들이 직접 가보지 않은 나라나 만나지 않은 사람을 화면만 보고 고정관념을 갖는 행위라고 정의할 수 있습니다. 사람들은 아프리카를 가지 않아도 '기아'라는 이미지를 가지며, 정치인이나 연예인을 만난 적이 없어도 잘 아는 것처럼 지지하고 좋아합니다. 우리는 TV 화면의 이미지만으로 남을 평가하는 게 비대면 사회의 중대한 결함일 수 있습니다.

이어령 교수는 디지털 시대에는 아나로그 감성이 필요하다고 주장했습니다. 이 교수는 이를 '디지로그'라고 불렀습니다. 조지프 나이 미래학자는 디지털 시대에 부족한 인간적 감정을 '소프트파워'라고 부르면서 우리는 디지털 시대일수록 소프트파워를 가져야 한다고 했습니다. 어떤 학자는 남성적 디지털 시대에는 '여성적 부드러움과 아름다움'이 필요하다고 말하기도 했습니다.

방글라데시 경제학자 유누스는 서민들에게 담보 없이 소액을 대출해주는 그라민 은행을 설립해서 노벨 평화상을 수상했습니다. 담보 없는 서민들이야말로 대출이 필요한데, 정작 돈도 없고 담보도 없는 서민들이 은행을 이용하게 하기 위해서, 은행이 서민들을 직접 만나서 전후 사정 얘기를 듣고 대출해주는 서민 은행을 설립한 것이지요. 그런데 놀랍게도 이 은행의 대출금 회수율은 99%라고 합니다. 사람 냄새가 나는 은행 아닙니까?

비대면 수업을 오래 해보니 편리한 면도 있지만, 학생 여러분의 냄새, 사람 냄새가 나지 않고 기계 냄새만 맡게 됐습니다. 사람 냄새를 맡고 싶지만 그렇게 살 수가 없어서 안타깝습니다. 노동이 기계로 대치되면 인간의 정도 종말이 오는 것은 아닌지 모르겠습니다. AC 시대가 와도 인간과 인간의 면대면 만남은 유지됐으면 좋겠습니다. 감사합니다.

(2) 강연회3 샘플기사

'비대면 사회에 대하여' 강연회 샘플기사

[리드. 설명형 리드, 비대면 활동 증가] 은행 지점이 점점 작아지고 있다. 요새는 아예 점포는 물론 통장도 없는 인터넷뱅크가 생겼다. 코로나 사태 이전인 'BC(Before Corona) 시대'에도 무인주유소, 자판기, 사이버대학 등으로 비대면 활동이 커지더니, 코로나 사태가 터진 이후, 'AC(After Corona) 시대'에는 재택근무, 영상수업, 원격진료가 일상화되고 있다.

[리드잇기: 비대면 시대 문제는 가짜 이미지/가짜 교류] **(①요지)** 이처럼, 비대면 활동이 '뉴노멀'이 되면, 도대체 우리 사회에는 어떤 문제가 생기는 것일까? **(②설명)** 한국대 신문방송학과 홍길동 교수는 19일 2시 이 학과 2학년 학생들을 대상으로 가진 강연회에서 **(③인용)** "사람과 사람이 원격 화면으로 만나는 이러한 비대면 상황의 문제점은 '진짜 사람'이 아닌 '가짜 이미지'가 교류하는 것"이라고 지적했다.

[비대면 문제인 가짜 이미지는 허구/환상] **(①요지) 홍** 교수는 가짜 이미지란 사람들이 직접 가보지 않은 나라나 만나지 않은 사람을 화면만 보고 고정관념을 갖는 행위라고 정의한다. **(②설명)** 홍 교수는 사람들은 아프리카를 가지 않아도 '기아'라는 이미지를 가지며, 정치인이나 연예인을 만난 적이 없어도 잘 아는 것처럼 지지하고 좋아한다고 지적했다. **(③인용)** 홍 교수는 "우리는 TV 화면의 이미지만으로 남을 평가하는 게 비대면 사회의 중대한 결함"이라고 말했다.

[비대면 문제 극복은 대면, 유누스 일화] **(①요지)** 홍 교수는 '비대면의 허구성'을 극복하는 해결책으로 방글라데시의 경제학자 유누스 일화를 소개했다. **(②설명)** 홍 교수의 설명에 따르면, 유누스는 서민들에게 돈을 대출해 주는 은행을 설립했는데, 이 은행의 특징은 은행원이 대출 희망 서민을 직접 면대면으로 만나서 충분한 대화를 나누고 성실성을 판단한 다음에 대출해 준다는 것. 그리고 이 은행의 대출금 회수율은 무려 99%에 달한다고 홍 교수가 덧붙였다. **(③인용)** 홍 교수는 "유누스는 나중에 노벨 평화상까지 받았는데, 이 사례는 비대면의 문제점은 역시 면대면 교감에 의해 극복할 수 있다는 점을 보여준다"고 전했다.

[비대면의 아쉬움, 사람 냄새] **(①요지)** 이번 학기 내내 비대면 화상수업으로 강의를 진행하고 있는 홍길동 교수는 비대면 상황의 문제점을 넘어서기 위해서라도 학생들을 직접 만나고 싶어 한다. **(③인용) 홍** 교수는 "학생들의 냄새를 맡고 싶다. 그리고 학생들에게는 선생님의 냄새를 맡게 하고 싶지만, 그렇게 하지 못해서 안타깝다"고 말했다.

[AC는 비대면 확대, 인간적 감성 필요] **(①요지)** 홍 교수는 AC 시대는 더욱더 AI, 드론, 로봇 등 기계가 인간을 대체할 것으로 예상하고 있다. **(②설명)** 이어령 교수가 디지털 시대일수록 인간적 아나로그 감성인 '디지로그'가 필요하다는 말을 상기시키면서, **(③인용)** 홍길동 교수는 "인간의 노동이 기계로 대치되면 '인정(人情)의 종말'이 오는 것은 아닌지 걱정된다"고 말했다.

[강연후기] **(③인용)** 강연에 참석한 김길동(21) 씨는 "이 강연을 통해서 비대면 시대의 인간성 상실 위기를 생각하게 됐다"고 말했다.

4. 강연회기사4: 루저의 법칙에 대하여

(1) 강연회 취재자료4

'루저의 법칙에 대하여' 강연회 녹취록

- 강연자: 한국대학교 신문방송학과 홍길동 교수
- 강연일시: 어느 해 5월 26일, 오후 2시
- 강연장소: 한국대학교 정보관 별관
- 강연주제: 루저의 법칙
- 나중에 필요하면 동료 학생들의 강연 후기를 인터뷰로 삽입할 수 있음.

여러분 안녕하십니까? 저는 한국대학교 신문방송학과 홍길동 교수입니다.

저는 과거에 우리 학과 홈페이지에 글을 하나 올렸습니다. 그것은 한 잡지에 난 기사인데, 한 여학생이 은행 인턴으로 들어가서 정식 직원으로 특채된 다음, 뒤이어 은행 임원으로까지 승진한 성공 사례를 소개하는 것이었습니다.

그런데 제가 올린 그 글에 학생이 쓴 댓글이 하나 달렸는데 "교수님, 다음에는 장영실 전기를 올리시지요"라는 비아냥거리는 글이었습니다. 물론 익명 게시판이니까 누가 그런 댓글을 달았는지는 알 수가 없었습니다. 그러나 나는 그 학생이 비겁하다는 생각을 했습니다. 뒤에서 선생님을 욕하는 그런 학생이라는 것이지요.

요즘 청소년이나 젊은이들은 정정당당하지 못하다는 생각이 많이 들었습니다. 왕따당하는 아이들이 많습니다. 탈북민이나 다문화 가정 자녀들도 학교에서 왕따당하고 폭력에 시달린다는 얘기도 들었습니다. 왜 친구를 괴롭히는지 아무리 나이가 어려도 그 정도 분별력이나 도덕적 판단력이 없는지 이해가 가지 않습니다.

최근 n번방 사건을 보면 청소년 가담자나 대학생 가담자도 있고, 주범도 젊은이였습니다. 대학생들도 리포트를 위조하고, 대리출석하고, 커닝도 합니다. 최근 비대면 수업 중 온라인 시험을 보다가 단체로 커닝했다는 기사가 났는데, 대학생들의 도덕심도 문제라고 봅니다.

왜 이렇게 젊은이들이 선악 관념에 문제가 있는지 걱정이 많이 됩니다. 자식들이나 젊은이들의 생각이나 행동은 부모나 어른들을 보고 배운 것이니 그들의 잘못만은 물론 아닙니다.

그러나 아무리 세상이 어렵고 사나워도 정정당당하게 경쟁하는 스포츠맨십, 총을 갖지 않는 자에게는 총을 쏘지 않는다거나, 뒤에서는 총을 쏘지 않는다는 신사도 정신이 우리 사회에서 실종됐다고 봅니다.

농구에는 팀파울제가 있습니다. 한 쿼터에 한 팀이 파울 5개가 되고 그다음 6회째 파울을 범하면 상대팀에게 무조건 프리드로우 기회를 줍니다. 그래서 팀파울에 걸리면 점점 더 이기기 어려워집니다. 대개 지고 있는 팀이 팀파울에 먼저 걸립니다. 없는 실력에 무리하게 방어하다 보니 파울이 많아지기 때문입니다.

그래서 파울이 많아지면 더 무리하게 되어, 파울 많은 팀은 전력이 무너지고 패배하기 쉬우며, 그래서 지는 팀은 파울이 많고, 파울이 많은 팀은 더욱 빨리 지게 된다는 게 '루저(loser)의 법칙'입니다. 루저의 법칙은 제가 이름을 붙인 겁니다.

사회에서도 루저가 반칙이 많습니다. 반칙을 많이 범한 사람은 인생이란 게임에서 질 가능성이 많습니다. 동창회에 가면 과거에는 안 그랬는데 말이 갑자기 거칠어진 친구들이 가끔 있습니다. 대개 사업, 승진 등 사회생활에 문제가 생긴 친구들이 욕을 많이 하고 거친 말을 합니다. 무언가 인생이 잘 안 풀리면 반칙도 많아질 것입니다.

자신 없는 자가 비겁해집니다. 이기기 위해 수단과 방법을 가리지 않는 자는 그래서 반칙이 많을 수밖에 없습니다. 북한 등 지고 있는 나라는 반칙을 많이 합니다. 뇌물 받고 부정 저지르는 정치인도 곧 지게 되어 있습니다.

저는 대학생인 여러분께 정정당당하게 살자, 바르게 살자, 최선을 다하고 결과를 수용하자고 말씀드리고 싶습니다. 우리 어린 세대들이 어려서 비리부터 배우고, 편법을 배우고, 남을 속이면 결국 인생이란 게임에서 지게 되어 있습니다. 정정당당하게 삽시다. 감사합니다.

(2) 강연회4 샘플기사

‘루저의 법칙에 대하여’ 강연회 샘플기사

[리드: 농구 팀파울의 문제점, 사례제시형 리드] 농구에는 ‘팀파울’이란 규칙이 있다. 한 쿼터에 한 팀의 파울이 다섯 개가 넘어서면 상대방에게 자유투를 주는 게 팀파울이다. 그런데 가만히 보면, 항상 팀파울에 먼저 걸린 팀은 지고 있는 팀이다. 그리고 그 팀은 더욱 이기기 힘들다. 진 상태에서 이기기 위해 무리해서 더 많은 반칙을 해야 하기 때문이다.

[리드잇기: 루저의 법칙 정의] **(①요지)** 이는 26일 오후 2시 한국대 신문방송학과 2학년을 대상으로 진행된 강연회에서 이 학과 홍길동 교수가 이름 붙인 ‘루저(loser)의 법칙’을 보여주는 사례다. **(③인용)** 홍 교수는 루저의 법칙을 “인생도 농구처럼 지는 자가 반칙이 많게 마련이고, 반칙이 많은 자는 점점 더 이기기 힘들어지고 패자가 되기 쉽다는 일종의 교훈”이라고 정의했다.

[루저의 법칙 발견 계기] **(①요지)** ‘인생에서 반칙이 많은 자가 진다’는 루저의 법칙을 홍 교수가 찾아낸 계기는 무엇이었을까? **(②설명)** 홍 교수는 어느 날 은행 인턴으로 일하다가 은행원으로 특채되고 나중에는 임원까지 승진했다는 한 여자 은행원 이야기를 자기 학과 홈페이지에 올렸다. 홍 교수는 학생들이 보고 교훈으로 삼으라는 의도로 올렸는데, 어느 학생이 익명으로 “교수님, 차라리 장영실 전기를 올리시지요”라고 올린 댓글을 접하게 됐다. **(③인용)** 홍 교수는 “교수의 뒷통수를 치는 학생의 댓글을 보고 정정당당하지 못하게 반칙하는 젊은이들의 세태를 우려하다가 루저의 법칙을 찾아냈다”고 설명했다.

[루저의 법칙: 청소년과 대학생들의 사례] **(②설명)** 홍 교수는 다문화 가정이나 탈북민 친구를 왕따시키고, 학교폭력과 n번방 사건에 관여된 청소년들도 루저의 법칙에 따라서 인생의 패배자가 될 가능성이 크다고 걱정했다. 홍 교수는 또 대학생들도 커닝, 리포트 짜깁기, 대리출석 등 규칙 위반을 많이 저지른다고 지적했다. **(③인용)** 홍 교수는 “왜 이렇게 젊은이들이 선악 관념이 없고 도덕적 분별력이 없는지, 이들이 루저의 법칙에 빠져서 루저가 될까 안타깝다”고 말했다.

[루저의 법칙: 사회인들의 사례] **(①요지)** 홍 교수는 루저의 법칙은 성인의 세계에서도 쉽게 나타난다고 지적한다. **(②설명)** 가끔 동창회 등 친구 모임에 가서 목청 높여 거친 욕을 하는 친구들을 보면, 그들은 대개 사업 실패 등 인생이 잘 안 풀리는 사람들이란 것이다. **(③인용)** 홍 교수는 “사회에서도 루저는 반칙이 많고, 반칙이 많으면 인생은 더 빨리 무너지게 되어 있다”고 말했다.

[루저의 법칙 극복 방법] **(②설명) 홍** 교수는 뒤에서 남을 공격하지 않는다는 신사도 정신, 정정당당

하게 경쟁해서 승리한다는 스포츠맨십이 사라지고 있는 게 루저의 법칙이 우리 사회를 지배하고 있는 이유라고 보고 있다. **(③인용)** 홍 교수는 "우리 젊은이들이나 기성세대들이 반칙보다는 정도(正道)를 걷고 그런 사람들이 승자가 되는 사회가 됐으면 좋겠다"고 말했다.

[강연후기] (③인용) 강연회에 참석한 정길동(21) 학생은 "편법을 배우고 남을 속이면 인생이란 게임에서 진다는 사실을 배웠다. 바르게 살고 결과를 수용해야겠다고 다짐했다"고 말했다.

5. 인터뷰기사1 : 엑세서리 DIY 대학생 인터뷰

(1) 인터뷰기사 개요

'인터뷰기사'는 특정 화제나 이벤트와 직결된 인물 한 명을 교실로 초대하고 학생들이 직접 인터뷰해서 작성하는 기사다. 인터뷰 시간은 길어야 10-20분이다. 짧은 시간에 특정 사건이나 이벤트에 관련된 질문을 던지고 이에 대한 대답을 근거로 기사를 작성하게 된다. 반면에, 한 개인의 업적이나 일생을 조명하는 좀 더 큰 규모의 인터뷰기사를 이 책에서는 '인물기사'라는 용어로 칭하기로 한다. 인물기사는 인터뷰 시간도 몇 시간이 될 정도로 긴 게 보통이다. 본격적인 인물 탐구 기사는 2부 16장에서 다루기로 하고, 여기서는 한정된 주제를 가지고 간단하게 진행되는 짧은 인터뷰기사를 실습해 보도록 한다.

인터뷰기사에서 가장 편리한 것은 Q&A 형태다. 그러나 우리는 실습 목적을 가지고 인터뷰 내용을 재구성해서 스토리텔링 형태로 흥미롭게 구성하는 인터뷰기사로 연습해 보도록 한다.

짧은 질문과 대답으로 빠르게 전개되는 인터뷰기사는 인터뷰로 모은 팩트를 어떻게 구성하느냐가 핵심이다. 물론 인터뷰기사도 1문단 1아이디어 구성방법에 따른다. 그리고 한 개 문단 안에는 요지-설명-인용이란 3개 요소가 적절히 섞여 있어야 한다. 특히 인터뷰가 주 취재 수단이으므로, 스트레이트 기사나 기획기사보다 인용이 많아지고 커질 수 있다.

인터뷰기사도 내용을 다 싣는 것이 아니라, 전체 인터뷰 내용 중에서 기자가 보여주고 싶은 몇 개를 1문단 1아이디어 형식의 틀로 정리해야 한다. 인터뷰 내용을 모두 기사에 포함하려면, 대개 잡지처럼 장문의 기사가 필요하다. 우리는 짧은 기사를 통해서 한 인물의 특별한 업적을 보여주어야 한다. 그래서 조각조각 나누어진 인터뷰 내용을 어떻게 문단별로 한 아이디어씩 연결하고, 또 한 개 문단 안에는 다시 요지-설명-인용의 3요소 조합으로 구성하느냐가 인터뷰기사의 관건이다.

강연회기사와 유사하게 인터뷰기사도 대상 인물이 한 얘기 중에서 중요한 것을 리드로 잡고, 그 리드와 연관된 인터뷰 내용을 이어서 제시하며(리드잇기), 그 인물의 이력(출생, 학력, 기타 지난 경력 등)이나, 중요 업적을 중심으로 기사가 전개되는 형태를 띤다.

그리고 인터뷰기사는 감성적인 표현이 용인된다. 대상 인물의 업적이나 인품으로부터 독자들에게 감동을 주기 위해 문학적 표현을 사용할 수도 있다. 그래서 인터뷰기사는 문단마다 직접인용이 많아야 한다. 이때 직접인용은 1개 문단의 요지-설명-인용 요소 중 인용 부분에 반영시키면 된다. 인용된 인터뷰 내용은 특히 감정이 살아 있는 '멘트'여야 한다. 다른 인터뷰 내용은 문단 요지나 설명에 들어가고, 특별히 흥미로운 표현이 직접인용으로 '특별 취급'을 받는 게 좋다.

인터뷰기사를 작성할 때, 초보자들은 거의 전체 기사를 "......에 대한 질문에, 김성완은 ....라고 대답했다", "또, ...에 대한 질문에 김성완은 ....라고 말했다", "한편, ...를 묻는 질문에 김성완은 .....라고 응답했다", "마지막으로, ...에 대한 질문에 김성완은 ...... 라고 말했다"는 식으로 기사를 구성하는 경향이 있다. 질문과 대답으로 진행된 인터뷰를 기반으로 작성된 기사이므로 일부 이런 표현이 나타날 수는 있지만, 남발하는 것은 바람직하지 않다. 비슷한 표현이 반복되는 게 기사 패턴화다. 표현 다양성으로 기사 패턴화를 벗어나야 한다.

인터뷰기사 역시 "홍길동 씨가 언제 어디에서 인터뷰를 가졌다"는 식의 리드로 시작해서는 안된다. 인터뷰를 가졌다는 게 기사의 핵심이 아니기 때문이다. 인터뷰기사의 리드는 "홍길동 씨가 언제 어디서 가진 인터뷰에서 .....라고 말했다"는 식의 리드가 되어야 한다. 인터뷰 내용의 핵심이 리드이며, 인터뷰했다는 것 자체가 리드가 될 수 없기 때문이다.

(2) 인터뷰기사1 취재자료

액세서리 DIY 대학생 인터뷰 녹취록

- 인터뷰 대상: 한국대 신문방송학과 3학년 김세영
- 인터뷰 일시: 어느 해 5월 21일 오전 10시부터 30분간
- 인터뷰 장소: 한국대 정보관 별관
- 이력서는 별도 프린트 물로 기자들에게 배포됨. 김 씨는 액세서리를 손수 만들어 인스타에서 판매함.
- 다음은 학생 기자들과 인터뷰이와의 질의응답 내용이다. 이를 토대로 인터뷰기사를 작성하기 바람. Q&A 형식은 안됨.

- 어떻게 액세서리를 손수 만들게 됐나?
  → 중학교 때부터 액세서리에 관심이 많았다. 그러다가 고3 때 액세서리 DIY를 다루는 유튜브 '다영이'를 보게 됐다. 그 영상을 보고 귀걸이 등을 손수 만들 수 있게 됐다. 그리고 부산진시장에 가면 각종 액세서리 재료를 파는 상점이 있다는 것도 알게 됐다. 그렇게 서서히 취미 삼아서 시작하게 됐다.
- 취미로 만들다가 어떻게 판매에 나서게 됐나?
  → 대학생이 되니까 주위에서 내가 만든 액세서리가 이쁘다는 말을 많이 해 주었고, 한번 팔아보라는 말도 자주 해 주었나. 그게 용기를 북돋아 주어서 2019년부터 판매에 나서게 됐다.
- 제작할 때 어려운 점은 무엇인가?
  → 액세서리 제작은 재료구입, 디자인, 제품제작 순으로 제작되는데, 머릿속의 디자인이 실제 제품으로 잘 안 만들어질 때 매우 힘들다. 원하는 디자인대로 제품이 나오면 매우 만족스럽다. 무엇보다도 내가 착용하고 싶은 액세서리를 내가 직접 만든다는 것, 이것이 진정한 취미의 행복이라고 생각한다.
- 인스타 판매 계정 이름이 Pullux(풀룩스)다. 무슨 뜻인가?
  → 그리스 신화에서 우애 좋은 '카스토르(Castor)'와 '풀룩스(Pullux)'라는 형제가 있다. 그래서 풀룩스는 'Be happy with me'라는 라틴말로 행복한 하루가 됐으면 좋겠다는 뜻이다. 일종의 행복을 부르는 주문 같은 말이다.
- 나중에 졸업하고 취직하게 되면 지금 재능은 어떻게 할 예정인가?
  → 취업한다고 해도 액세서리를 만들고 파는 것은 취미로 병행할 예정이다. 그러다가 판매 수익이 많아지면 직장을 그만두고 판매에 올인할 생각도 있다.
- 매달 어느 정도 버나?
  → 많지 않다. 5만 원에서 10만 원 사이이다.

- 판매하면서 기억에 남는 일을 말해 달라.
  → 특정 물품이 잘 팔리면 제일 기억에 남는다. 어떤 제품은 완판(sold out)된 것도 있다.
- 액세서리 만드는 데 재료비가 많이 드나?
  → 부산진시장에 가서 사는데, 침 하나에 1000원, 펜던트 하나에 1500원 정도 한다. 나는 한 번 나가면 한 묶음씩 다량으로 산다. 도매로 다량을 사면 더 싸다. 한 번 가면 10만 원어치를 산다. 재료비는 용돈하고 알바비를 모아서 충당한다.
- 대학 축제 플리마켓에 참가했다고 들었다. 그것에 대해 말해 달라.
  → 가격을 30% 싸게 해서 좌판에 진열해 놓고 팔았다. 이틀 장사해서 21만 원을 벌었다. 나는 가격을 싸게 해서 내놓았는데 사람들이 비싸다고 해서 서운했다. 개인의 디자인이란 창작물과 시간의 노력 등을 손님들은 고려하지 않고 무조건 싸게만 사려고 해서 매우 섭섭하고 원망스럽기까지 했다. 영업의 기본인 가격책정이 어렵다는 것을 배웠다.
- 인스타 셀러로서 잘 팔리게 하는 팁이 있으면 말해 달라.
  → 인스타에서 해시태그를 많이 걸었는데도 사람들이 잘 안 들어온다. 처음부터 대박 날 생각하지 말고 가볍게 시작하고 꾸준히 해야 한다.
- 지금 주로 팔찌와 귀걸이를 만들고 있다고 했는데 다른 액세서리를 만들고 싶은 생각은 없나?
  → 브로치를 만들어 볼까 생각 중이다.
- 액세서리 만드는 취미의 최종 꿈이 있다면 무엇인가?
  → 돈을 많이 벌었으면 좋겠다. 돈을 많이 못 벌어도 취미로는 영원히 간직할 것이다.

(3) 인터뷰1 샘플기사

액세서리를 DIY로 만들어서 판매하는 대학생 인터뷰기사는 취미 자체에 포커스를 맞춰서, 취미 시작과 동기, 제작과 판매 동기와 과정, 관련 에피소드, 미래 계획 등으로 진행되어 있다. 이 인터뷰기사는 특별한 구성방식을 사용한 것이 아니고 주제를 재미있게 이야기해주는 방식으로 구성되어 있다.

액세서리 DIY 대학생 인터뷰 샘플기사

[정서형 리드: 인스타 셀러 대학생] 그리스 신화에서 우애 좋은 '카스토르(Castor)'와 '풀룩스(Pullux)' 형제처럼 '나와 함께 행복하세요(be happy with me)'라는 의미의 상품명 '풀룩스'로 인스타그램에서 팔찌와 귀고리 등 액세서리를 판매하고 있는 대학생이 있다. 요즘 유행하는 '1인 온라인 셀러'인 셈이다.

[리드잇기: 그 대학생 이름] 주인공은 한국대 신방과 3학년 김세영(22). 그녀는 21일 후배들과 핸드메이드 액세서리에 관한 인터뷰를 가졌다.

[인스타 셀러가 된 계기] (②설명) 그녀는 중학교 때부터 취미로 간단한 팔찌 등의 액세서리를 만들었고, 대학생이 되고 나서 자신이 만든 귀고리를 선물로 받은 주변 친구들이 "예쁘다"고 부추기는 바람에, 용기를 얻어 올해부터 인스타그램에 장터를 열게 됐다고. **(③인용)** 세영 씨는 "'나도 한번 팔아 볼까' 하고 나섰지만 매출은 월 5만 원에서 10만 원 남짓"이라고 쑥스러워했다.

[헨드메이드 액세서리 취미 계기] (①요지) 원래 세영 씨는 손재주가 좋아 팔찌 등을 만드는 것으로부터 핸드메이드 액세서리 취미를 시작했다. **(②설명)** 2016년 고3 때 유튜브를 보고 재료를 사서 조립하면 귀고리를 만들 수 있음을 알게 된 세영 씨는 부산진시장에서 재료를 사서 '귀고리 DIY'에 도전하게 됐다. **(③인용)** 세영 씨는 "머릿속에 있는 디자인을 제품으로 뽑아내는 일은 쉽지 않았지만 원하는 것을 얻을 때는 만족감이 컸다"고 말했다.

[취미의 철학] (①요지) 세영 씨의 핸드메이드 액세서리에는 철학이 있다. **(②설명)** 핸드메이드 액세서리란 곧 본인이 착용하기를 원하는 것을 본인이 직접 만든다는 것. **(③인용)** 세영 씨는 "내가 만든 제품을 내가 직접 착용하는 것이야말로 취미의 진정한 행복"이라고 말했다.

[플리마켓] (①요지) 세영 씨의 '판매망'은 이제 대학 축제장 플리마켓으로도 '진출'했다. **(②설명)** 최근 7, 8일 이틀 동안 한국대 축제장에서 귀고리를 판매한 세영 씨는 20여만 원의 매출을 올렸다. 그러나 인스타 매장보다 제품들을 30% 이상 싸게 내놓았음에도 고객들이 비싸다고 불평하는 상황을 겪었다. **(③인용)** 세영 씨는 "영업의 기본인 가격책정도 쉬운 게 아니라는 것을 배웠다"고 말했다.

[후배에게 한 마디] (①요지) 세영 씨는 인스타그램 셀러를 꿈꾸는 후배들에게 조언을 잊지 않았다. **(②설명)** 그것은 처음부터 크게 기대하지 말라는 것. 세영 씨 본인도 몇 개의 액세서리를 자신의 인스타 매장에 올려놓고 해시태그도 요란하게 달았지만, 아직도 사람은 그리 많이 몰리지 않고 있다. **(③인용)** 세영 씨는 "대박이 쉬운 게 아니다. 가볍게 시작하는 게 좋다"고 말했다.

[미래 계획] (①요지) 지금은 취업 공부와 판매를 병행하고 있지만, 세영 씨는 대박이 날 경우 취업보다 판매에 올인할 생각도 하고 있다. **(③인용)** 세영 씨는 "돈을 많이 벌면 좋겠지만 그게 여의찮으면 취업할 것이고, 그래도 액세서리 핸드메이드 취미는 영원히 간직할 것"이라고 말했다.

6. 인터뷰기사2: 카자흐스탄 유학생 인터뷰

(1) 인터뷰기사2 취재자료

카자흐스탄 유학생 인터뷰 녹취록

- 인터뷰 대상: 한국대학교 신문방송학과 4학년 카추샤, 카자흐스탄 유학생
- 간단한 인적 사항: 23세, 카자흐스탄 이스타나에서 성장, 2015년 한국으로 유학
- 인터뷰 일시: 어느 해 5월 2일 오후 2시, 줌 화상 인터뷰
- 다음은 학생 기자들과의 질의응답을 그대로 정리한 것임. 이를 토대로 인터뷰기사를 작성하기 바람. 교육 목적상 Q&A는 안됨.

- 한국 유학을 오게 된 동기는 무엇인가?
  → 한국 드라마를 보면서 OST에 푹 빠졌고, 그래서 K팝도 열심히 듣다 보니까 한국으로 유학 올 생각을 가지게 됐다.
- 특별히 한국대학 신방과를 택한 이유가 있나?
  → 2015년 서울의 한 대학 어학당에서 한국어를 배웠다. 그리고 카자흐스탄으로 돌아가서 한국어 학원 조교를 했는데, 그 학원 원장이 한국대학을 소개해 주어서 오게 됐다.
- 한국에 온 지 5년이 지났다. 어려운 점은 무엇인가?
  → 혼자라서 외로운 것이 가장 어렵고 힘든 점이다. 카자흐스탄 고려인 룸메이트를 사귀면서 외로움을 극복할 수 있었고, 학교 국제교류팀 알바를 하게 되면서 더욱 나아졌다.
- 해외특파원을 하고 싶어서 한국에 왔다고 들었다. 해외특파원이 되고 싶었던 계기가 무엇인가?
  → 할아버지가 실명을 하셔서 시력을 잃게 됐다. 그래서 어려서부터 신문을 할아버지께 읽어드렸는데, 그때부터 언론에 대해 호기심이 생겼다. 그리고 우리 가족은 어려서부터 해외여행을 많이 다녔다. 러시아, 유럽 여러 나라를 여행하면서 SNS에 여행기를 많이 써서 올렸는데, 그런 과정에서 기자가 되면 멋있겠다는 꿈을 갖게 됐다.
- 한국에서 카자흐스탄 한국 특파원이 되고 싶은 생각은 없나?
  → 한국에서 기자 하기는 한국어 때문에 어렵다고 본다. 카자흐스탄에 가서 기자 시험을 보고 기자가 되겠다. 나는 초등학교까지 러시아어로 공부해서 러시아말이 모국어처럼 능통하다. 그래서 나중에 카자흐스탄에 가서 기자가 되면 러시아 특파원이 되고 싶다.
- 한국에서 특별히 기억에 남는 경험은?
  → 학교 근처 남부경찰서에서 외국인들을 대상으로 범죄 예방 활동을 자주 했다. 여름철에는 광안리 바다경찰서에서 카자흐스탄어로 안내방송하는 봉사활동을 했다. 그런 봉사활동을 통해

서 한국말도 많이 배웠고 한국 문화도 배울 수 있었다.

- 5년 동안의 한국 대학 생활을 어떻게 보냈나?
  → 한국 친구를 사귀기 위해 노력했다. 그리고 러시아 소설 중 한국말로 번역된 '죄와 벌' 같은 소설을 읽으며 한국말을 배웠다. 국제교류팀에서 글로벌 라운지 알바를 한 게 도움이 많이 되었고, 학교에서 버디 프로그램이 있어서 한국 친구를 1대1로 소개해 주었는데 그게 한국어와 한국 문화를 배우는 데 도움이 많이 됐다.
- 곧 졸업인데 졸업 후 계획은?
  → 우선 한국에서 대학원에 진학할 예정이다. 공부를 더 한 다음 카자흐스탄으로 돌아가서 기자가 되겠다.
- 한국 문화 중에서 카자흐스탄 문화와 비슷한 게 있나?
  → 결혼식 풍습이 두 나라가 비슷하다. 말도 상당히 비슷하다. 어순도 같고 한국말로 물을 '수'라고 하는데 카자흐스탄 말도 물은 '수'다.
- 한국 학생들에게 하고 싶은 말이 없나?
  → 한국 학생들이 외국 학생들에게 먼저 말을 걸어주고 친해졌으면 좋겠다. 어려울 때마다 도와준 학교와 교수님들께 고맙다.

(2) 인터뷰기사2 샘플기사

카자흐스탄 유학생 인터뷰 샘플기사

[리드: 해외특파원 꿈꾸는 카자흐스탄 유학생, 요약형+정서형 리드] 기자가 돼서 해외특파원 꿈을 키우던 카자흐스탄 소녀가 본국에서 접한 한국 드라마 OST 등 K팝에 매료돼 2015년 한국 유학길에 오른 지 5년. 이제 그녀는 어느덧 올 8월 대학 졸업을 앞두고 있다. 그녀의 해외특파원 꿈은 어떻게 됐을까?

[리드잇기: 해외특파원 꿈 현재 상태] **(①요지)** 2일 오후 2시, 한국대 신문방송학과 4학년에 재학 중인 카자흐스탄 유학생 카추샤(23)는 이 학과 2학년 후배들과 가진 인터뷰에서 대학 솔업과 농시에 한국의 한 대학원에 진학할 예정이라고 밝혔다. **(②설명)** 카추샤는 대학원을 마치면 카자흐스탄으로 돌아가서 한국처럼 입사 시험을 거쳐 기자가 될 계획에는 변함이 없다. **(③인용)** 그녀는 "한국말이 부족해서 한국 주재 특파원이 되기는 어렵겠지만, 대신 어렸을 때부터 러시아어를 사용해서 모국어처럼 잘 할 수 있기 때문에, 그쪽 해외특파원이 되고 싶다"고 말했다.

[해외특파원 꿈 동기] **(①요지)** 카추샤가 기자 지망생이 된 데는 가족 스토리가 있다. **(②설명)** 어린

시절, 그녀가 시력을 잃은 할아버지에게 날마다 신문을 읽어 드리는 '당번'이 되면서, 그녀는 자연스럽게 언론에 흥미를 가지게 됐다는 것. 더욱이, 카추샤 가족은 러시아와 유럽으로 자주 해외여행을 다녔고, 카추샤는 해외여행기를 SNS에 올리면서 기자, 특히 해외특파원이 되고 싶은 꿈을 키우게 됐다. **(③인용)** 그녀는 "한국에서 전공으로 신문방송학과를 선택한 것도 다른 나라 문화를 카자흐스탄에 전하는 해외특파원이 되려고 했기 때문"이라고 밝혔다.

[봉사활동] (①요지) 카추샤는 유학생활 중에 기자가 되기 위한 별도의 노력을 하지는 못했다고 한다. **(②설명)** 그 이유는 한국어를 배우고 한국 문화를 익히는 것 자체가 힘들었기 때문. 대신, 그녀는 경찰서에서 자원봉사자로 외국인 범죄 예방 활동을 했고, 여름철에는 광안리 해변경찰서에서 카자흐스탄어로 안내방송을 하는 아나운서 봉사활동도 했다. **(③인용)** 그녀는 "다양한 봉사활동을 통해서 한국 친구들을 사귀고 한국 문화를 익힐 수 있었다"고 말했다.

[한국생활 어려움 극복] (①요지) 카자흐스탄 고려인 룸메이트하고 원룸에서 자취하면서 안정된 한국 생활을 하고 있는 카추샤도 초기 유학 시절은 쉽지 않았다. 한국어가 서툴고 친구도 없어서 홀로 외롭고 쓸쓸하게 생활했다는 것. **(②설명)** 그러나 카추샤는 주변의 도움으로 이를 극복할 수 있었다. 카추샤는 학교의 국제교류팀이 '버디' 프로그램으로 외국 친구나 한국 친구를 1 대 1로 연결시켜 주었고, 글로벌 라운지 인턴 일을 알선해 주어서 외로움을 이길 수 있었다고. **(③인용)** 그녀는 "어려울 때 한국 생활을 잘 할 수 있게 도와주신 학교와 학과 교수님들께 감사한다"고 말했다.

[한국학생에게 부탁하는 말] (①요지) 카추샤는 한국 학생들에게 외국인 유학생들을 잘 대해 달라는 부탁을 잊지 않았다. **(③인용)** 그녀는 "외국 학생이 한국 학생들에게 먼저 다가가기는 힘들다. 한국 학생이 먼저 외국 학생에게 다가가서 친구가 되어 주었으면 좋겠다"고 전했다.

제11장
실전 뉴스 선택, 취재, 쓰기(1)

1. 자유 취재1: 젊은이, 대학생에 대한 기사

이제까지 배운 기사 작성 요령을 최대한 발휘해서 주어진 주제에 대하여 직접 거리로 나가서 취재하고 기사로 작성해서 3시간 안에 제출하는 뉴스 쓰기 마지막 단계를 학습할 차례다.

다음은 학생들에게 제시된 기사 아이템 선택, 취재, 기사 작성 지침이다.

자유취재 지침

- 기사 주제: 대학생, 젊은이

- 기사 취재 요령
  → 주제 좁히기: 이 주제로부터 파생되는, 구체적이고 뚜렷한 주제로 축소할 것. 주제를 의문문으로 바꿀 것. 예)대학생들은 왜 커닝하나? 대학생들은 취업을 위해 무엇을 준비하나? 등등. 그리고 취재는 그 의문문의 답을 찾는 과정이라고 생각할 것.
  → 사전 조사: 자기가 정한 구체적 주제에 대하여 인터넷에서 충분히 사전 자료 조사를 할 것. 자료에는 통계자료, 관련 법령, 기성 언론 기사, 유튜브, 블로그 등등이 있음, 나중에 이들을 인용할 때 출처를 밝힐 것. 다른 언론사 자료는 옮기지 말고 참고만 할 것. 또는 다른 언론사 기사에서 언급된 자료가 있으면 원래 출처를 찾아 그것을 인용해야 함.

→ 취재 계획 세우기: 자료 조사 결과 얻은 정보를 가지고 누구를 만나고, 어떤 질문을 던질지 등을 꼼꼼히 계획을 세운 다음, 취재에 나설 것. 무작정 이 사람 저 사람에게 질문을 던지고 의견을 수집하면 안됨. 직접 길거리에서 사람을 만나서 취재하는 것을 원칙으로 하고 기타 전화나 개인 카톡, 단체 카톡방을 보조적으로 활용할 것. 팬데믹 상황을 고려해서 개인 방역에 유의할 것.

→ 취재원: 대상은 대학생이 기본. 필요하면, 주제에 관련된 교수나 전문가, 또는 젊은이의 태도에 대해서 코멘트해 줄 어른도 좋음. 지인도 활용 가능함. 최소한 5명 이상은 만나야 기사가 가능할 듯. 같은 학과 학생이나 교수도 안되는 것은 아니지만, 가급적 다른 학교 친구나 다른 학과 교수 인터뷰를 먼저 할 것.

→ 취재 자료 정리: 이렇게 하면, 사전 인터넷 조사한 것, 전화 인터뷰한 것, 길거리 인터뷰한 것 등이 취재수첩에 적히게 됨. 그다음 기사 작성은 우리가 지금까지 배운 대로 진행하면 됨.

• 기사 작성 요령

→ 애초의 취재 주제(문제제기)를 기사 핵심이라고 생각할 것

→ 리드를 무엇으로 할 것인가를 정할 것. 요약형, 강조형, 정서형, 사례제시형 등등.

→ 리드 자체가 기사의 핵심이 되든지, 혹은 리드잇기에 기사의 핵심이 명확하게 한 문장으로 나타나야 한다.

→ 그다음부터는 배운 대로 1문단 1아이디어가 되어야 하고, 한 개 문단에는 요지, 설명, 인용 요소가 적절히 배열되어야 함.

→ 느낌이나 의견은 직접인용으로, 팩트는 간접인용할 것.

→ 길거리 여론조사를 하지 말 것: 길거리에서 10명에게 물었더니 찬성 5명, 반대 5명이 나왔다는 식의 기사는 안됨. 여론조사를 과학적으로 배우면 길거리 인터뷰가 왜 비과학적인지 알게 됨.

→ 사람 이름은 확인할 수 있으면 홍길동(21, 부산시 남구), 혹은 한국대 사회복지학과 홍길동(21), 이렇게 처리할 것. 가급적 실명으로 하도록 노력할 것. 혹시 취재원이 이름 밝히기를 거부하면 김 모 씨, 이 모 씨 식으로 익명처리할 수 있음. 그러나 절대로 가공의 인물을 내세우면 안됨.

• 이번 기사는 실제 발생한 사건을 취재하고 뉴스화한 것이므로, 잘 쓴 기사는 시빅뉴스에 정식 뉴스로 업로드해서 네이버에 검색되도록 하겠음.

위 미션을 3시간이란 제한 시간 내에 성공적으로 마친 기사 중 실제로 시빅뉴스에 올라간 기사 2개는 다음과 같다. 기사는 A4용지 1장에 11포인트의 글자 크기로 제한했다.

“나도 연예인처럼 폼나게”...대학생 욜로(YOLO)족 과소비 심하다[59]

[리드: 대학생들의 욜로 소비행태가 문제다, 설명형+강조형] 요즘 젊은층들 사이에서는 한 번뿐인 인생 ‘욜로(YOLO)’로 살자는 인식이 번지고 있다. 욜로란 ‘You Only Live Once(인생은 한 번뿐 멋지게 살자)’의 준말로 현재 자신의 행복을 가장 중시하여 맘껏 소비하는 태도를 말한다. 요즘 청년세대의 소비 형태가 욜로에 가까워져 문제가 되고 있다.

[리드잇기: 대학생 욜로 풍조는 과소비가 기본] **(①요지)** 욜로의 삶을 지향하고 있는 대학생들은 미래를 위한 저축보다는 일단 쓰고 보자는 마인드가 강하다. **(②설명)** 대학생 이예은(21) 씨는 받은 용돈을 술값과 옷값으로 많이 지출한다. 다분히 즐기고 마시는 데 쓰는 것이다. **(③인용)** 이 씨는 “매달 용돈을 받는데 월 말쯤 되면 돈이 하나도 없어서 밥을 굶을 때도 있다”고 말했다.

[부모들의 대학생 자녀 걱정] **(①요지)** 부모들은 자녀들의 충동 소비를 걱정하고 있다. **(③인용)** 주부 박선영(48) 씨는 “딸 방에 들어가 보면 부삭성 인너넷으로 옷을 구매했다가 한 번 입고 던져두는 게 너무 많다”며 딸의 계획 없는 소비를 걱정했다. 박 씨는 “내 딸만 봐도 알 수 있듯이 요즘 애들은 돈 아까운 줄 모른다”고 했다.

[대학생 과소비의 원인] **(①요지)** 이들의 과소비는 어디에서 유래한 것일까? **(②설명)** 젊은이들의 잘못된 소비 습관은 유튜브나 인스타그램 등 미디어의 영향이 크다는 의견이 지배적이다. 연예인이나 인플루언서들이 쇼핑한 물건을 유튜브나 인스타그램에 관련 영상을 올리면, 대학생들은 그것을 보고 따라서 사고 싶은 충동이 든다는 것. **(③인용)** 대학생 김민하(22) 씨는 “유튜브 쇼핑 하울 영상을 보고 물건이 예뻐 보여서 나도 사고 싶다는 생각에 같은 물건을 구매한 적이 있다”고 말했다.

[과소비에 대한 대학생의 항변] **(②설명)** 하지만 해외 유학생 이나현(21) 씨는 돈을 어떻게 소비하는지는 재정 형편에 따른 개인 문제이며 소비자 마음일 뿐이라고 주장한다. **(③인용)** 이 씨는 “가끔 기분 전환을 위해 명품을 지르기도 한다. 돈은 알바해서 여러 달 모은 게 있었다. 사고 나면 스트레스도 해소되고 삶의 동력을 얻기도 한다”고 말했다.

[물질지상주의 사회 풍조가 근본 문제] **(①요지)** 대학생 박다은(21) 씨는 청년들이 올바른 소비 형태를 지니기 위해서는 개인의 노력도 중요하지만, 사회의 물질지상주의적 인식이 바뀌어야 한다고 말했다. **(②설명)** 사회에서 사람을 겉모습으로만 판단하는 경향이 있고 처음 보는 사람을 대하는 태도에서도 명품을 걸친 사람과 그렇지 않은 사람에 차이를 둔다는 것. **(③인용)** 박 씨는 “이러한 사회

59 신유리, “나도 연예인처럼 폼나게”...대학생 욜로(YOLO)족 과소비 문제, 『시빅뉴스』, 2020. 7. 22., https://han.gl/rUYUk.

인식이 퍼져 있으니까 지지 않으려면 어떻게든 겉모습은 잘 꾸며야 한다는 생각이 강하다. 이런 풍조는 반드시 고쳐야 한다"고 말했다.

방학 맞아 대학생 과음 행태 급증... 건강도 잃고 코로나 노출에도 적신호[60]

[리드: 대학생들 술 너무 마신다, 상황묘사형+강조형] 밤이 시작되면, 대학가는 술집 간판의 조명들로 반짝인다. 그 조명 아래에는 술에 취해 몸을 가누지 못하고 비틀거리다 쓰러지는 학생들이 보인다. 코로나 사태에도 불구하고 학생들의 과도한 음주문화가 방학을 맞아 심해지고 있다.

[리드잇기: 대학생들 고위험 음주군] (①요지) 국제보건기구(WHO)에서는 알코올 하루 적정 섭취량으로 남자는 40g(소주 넉 잔 정도), 여자는 20g(소주 두 잔 정도)을 권고한다. **(②설명)** 하지만 2016년 국내 질병관리본부 통계에 따르면, 1회 평균 음주량이 남자의 경우 일곱 잔 이상, 여자의 경우 다섯 잔 이상이며, 주 2회 이상 음주하는 비율을 나타내는 '고위험 음주율'을 가진 대학생은 20.2% 달했다. 한국의 대학생들은 이 기준에 따르면 '위험 음주자'로 분류된다.

[과음이 인체에 주는 나쁜 영향] (①요지) 술을 절제하지 못하고 계속 마시는 것은 몸을 망치는 일이다. **(②설명)** 알코올은 1급 발암물질이자 중추신경억제제로 중독성을 가지고 있어, 신체적 건강을 해치는 것은 물론이고, 뇌 기능을 방해해 정신적으로도 해롭다. **(③인용)** 대학생 김준영(20) 씨는 올해 성인이 되자마자 친구들과 많은 술자리를 가졌고 매일 술을 마셨다. 김 씨는 "6개월 매일 술을 마시니 구토하는 횟수도 잦아지고, 얼마 전에는 속이 너무 쓰려서 병원에 갔더니 위벽이 빨갛게 부어 위염이 생겼다"고 말했다.

[과음으로 인한 대학 행사 사건 실태] (②설명) 교육부는 2015년에서 2017년까지 최근 3년간 대학 신입생 오리엔테이션 행사 도중 술에 취한 채 발생한 성추행과 안전사고는 최소 6건에 달한다고 밝혔다. **(③인용)** 대학생 이은경(22) 씨는 "교육부에서 밝힌 통계보다도 훨씬 많은 숫자의 음주 후 사고가 일어나고 있을 것"이라며 "술과 동반하는 대학 행사에는 혹시 나에게 좋지 않은 사고가 일어날까 행사를 자주 안 나가는 편"이라고 밝혔다.

---

60 김신희, "방학 맞아 대학생 과음 행태 급증...건강도 잃고 코로나 노출에도 적신호", 『시빅뉴스』, 2020. 7. 12., https://han.gl/9xjSj.

[대학생 알코올 중독 실태] (②설명) '알코올 사용장애'란 일반적으로 알고 있는 알코올 중독의 공식 질환명으로 과도한 음주로 인한 정신적, 신체적, 사회적 기능에 장애가 오는 것을 말한다. 국민건강보험공단의 통계에 따르면, 전체 알코올 사용장애 환자는 최근 감소 추세다. 하지만 대학생을 포함한 20~29세 환자는 4년 전 5234명에서 2018년에는 6607명으로 26.2%의 증가율을 나타냈다. **(③인용)** 대학생 김성민(22, 부산시 부산진구) 씨는 "요즘 술을 많이 마셔서 술 없이 못 살겠다는 생각이 들었다. '아, 이게 알코올 중독인가'라는 생각에 음주를 자제해야겠다고 결심했다"고 전했다.

[건전음주 문화에 대한 자성 목소리] (①요지) 요즘 코로나 사태로 밀집 업소 중 하나인 술집에 자주 가는 것도 위험하지만, 특히 술에 따르는 건강상 위험부담을 줄이기 위해서라도 대학생들은 절제할 줄 아는 음주문화를 가져야 한다는 의견이 나오고 있다. **(③인용)** 김현진(51, 부산시 부산진구) 씨는 "대학생들에게 건전하고 안전한 음주에 대해 교육한다면, 대학생들의 음주문화가 좋아질 것"이라고 말했다.

2. 자유 취재2: 거주지 주변에 대한 기사

두 번째 자유 취재 주제는 거주지 주변에 대한 기사다. 첫 번째 주제와 같이 우선 주제의 폭을 구체적으로 좁힌 다음(우리 집 주변의 무슨 문제?), 취재에 나서야 하며, 나머지 취재 및 기사 작성 요령은 첫 번째 과제와 동일하다. 그 결과, 두 건의 우수 기사를 선정, 제시하면 다음과 같다.

'노잼 도시' 울산도 이젠 '유잼 도시'... 대왕암 · 태화강국가정원이 관광객 부른다[61]

[리드: 울산은 노잼 도시가 아니라 유잼 도시다, 사례제시형+정서형] 6개 광역시 중에서 울산은 특색 없고, 매력도 없어 '노잼 도시(재미없는 도시)'라는 타이틀이 붙었다. 부산 토박이 권지영(22, 부산시 사하구) 씨는 "부산이랑 울산이 매우 가깝지만, 노잼 도시라 들어 한 번도 울산을 가본 적이 없다"고 말했다. 이처럼 울산이 노잼 도시로 불리지만, 울산을 잘 살펴보면 '유잼 도시(재미있는 도시)' 같은 면이 많다.

---

61 김현진, "'노잼 도시' 울산도 이젠 '유잼 도시'...대왕암 · 태화강국가정원이 관광객 부른다", 『시빅뉴스』, 2020. 7. 26., https://han.gl/GyLVO.

[리드잇기: 유잼 도시 증거는 예쁜 카페들] **(①요지)** 울산 중에서도 동구 지역에는 요즘 '인스타그램'에서 유행하는 예쁜 카페들이 많이 생겨나고 있다. **(②설명)** '네이버 플레이스' 검색 기능을 이용해 찾아본 결과, 동구의 관광 명소인 일산해수욕장 바닷가 근처 카페만 족히 50개가 넘는다. **(③인용)** 이곳 카페에서 알바를 하는 이지수(22, 울산시 동구) 씨는 "울산도 SNS에서 쉽게 찾을 수 있는 카페가 많다. 알바를 하면서 카페에서 사진을 찍으며 노는 손님들을 자주 본다"고 말했다.

[유잼 도시 증거들: 대왕암] **(①요지)** 울산시 동구에는 1000년이 넘은 역사를 가진 관광 명소도 있다. 바로 '대왕암'이다. **(②설명)** 대표홈페이지에 따르면, 대왕암은 신라시대 문무왕의 부인이 동해를 지키는 용이 되고자 울산 동해의 대왕암으로 잠겼다는 전설이 있는 곳이다. 이뿐만 아니라 관광객들이 해안가를 따라 바다를 즐길 수 있도록 공원도 조성돼 있다. **(③인용)** 대왕암 공원을 자주 이용하는 김기수(55, 울산시 동구) 씨는 "우리 동네에 천 년의 역사를 품은 명소가 있어 자랑스럽게 생각한다. 관광객들이 많이 찾아왔으면 좋겠다"고 말했다.

[유잼 도시 증거들: 태화강국가정원] **(①요지)** 다른 지역에도 울산을 유잼 도시라고 불리게 해 줄 장소가 있다. **(②설명)** 울산시 중구에 있는 '태화강국가정원'이다. 이 장소를 자주 찾는 원수경(22, 울산시 동구) 씨는 봄이면 유채꽃을 보고, 여름에는 십리대숲을 거닐고, 가을에는 억새군락지, 겨울에는 축제를 즐긴다. **(③인용)** 원 씨는 "태화강국가정원은 사계절 내내 즐길 수 있어 애용한다. 울산도 점차 매력 있는 도시로 바뀌는 것 같아 뿌듯하다"고 말했다.

[울산도 이젠 관광도시] **(①요지)** 울산은 미디어에서 보여주던 노잼 도시가 아니고 이제는 다양한 관광 명소가 있는 유잼 도시다. **(③인용)** 울산 남구에서 프랜차이즈 햄버거 가게를 운영하는 이미화(50, 울산시 동구) 씨는 "지금은 코로나 때문에 햄버거 가게를 찾는 관광객이 줄었지만, 전에는 중국인 관광객들로 넘쳤다. 울산도 코로나가 물러나면 관광객들이 자주 찾는 관광도시로 주목받을 것"이라고 말했다.

길거리 흡연 공해, 도를 넘었다… 흡연자들, "차라리 흡연 부스 마련해 달라"[62]

[리드: 길거리 흡연 심하다, 사례제시형] 어린 자녀를 두고 있는 주부 최미정(42, 부산시 동래구) 씨는 아이들을 데리고 집 근처 골목길로 지나가는 것을 최대한 피하려고 한다. 바로 길거리 흡연 때문

62 조영준, "길거리 흡연 공해, 도를 넘었다…흡연자들, 차라리 흡연부스 마련해 달라", 『시빅뉴스』, 2020. 7. 9., https://han.gl/GBYYg.

이다. 최 씨는 "아이들 손을 잡고 구석진 골목길로 지나가면 흡연하는 사람들을 자주 만난다. 금연이라고 표시가 되어 있는데도 왜 그곳에서 흡연하는지 모르겠다"고 말했다.

[리드잇기: 길거리 흡연 심각 부연 설명] (②설명) 부산시 동래구 안락동 일대에는 다양한 학군, 도시고속도로, 아파트, 주택가들이 위치해 있다. 아파트와 주택가들 사이에 수많은 골목길이 존재하지만 별도의 흡연공간이 없어 많은 흡연자들이 길거리에서 흡연한다.

[학생들의 길거리 흡연 불쾌감] (①요지) 길거리 흡연으로 인해 도보로 등하교하는 안락동 지역 학생들은 불쾌감으로 고통을 호소하고 있다. **(②설명)** 주택가 사이의 골목길로 등교하면 학교에 빨리 도착할 수 있지만, 골목에서 흡연하는 사람들로 인해 일부러 골목을 피해 먼 길로 학교를 가는 학생들도 있다. **(③인용)** 중학생 조정희(16, 부산시 동래구) 양은 "담배 냄새를 정말 싫어하는 편인데, 등굣길에 담배 피는 사람을 만나면 옷에 담배 냄새가 배는 것 같고 정말 불쾌하다"고 말했다.

[어른들의 길거리 흡연 불쾌감] (①요지) 불쾌감을 느끼는 건 비흡연자 어른들도 마찬가지다. **(②설명)** 주부 김미숙(50, 부산시 동래구) 씨는 근처 마트에 장을 보러 갈 때나 안락동 인근에서 모임할 때 길거리에서 흡연하는 사람들을 쉽게 만난다. **(③인용)** 김 씨는 "걷는 것을 좋아해서 멀지 않는 거리는 걸어가는 편인데, 길거리에서 흡연하는 사람들이 너무 많다. 심지어 학생처럼 보이는 아이들도 삼삼오오 모여서 흡연하기도 한다"고 말했다.

[흡연자들의 요구, 흡연 부스] (①요지) 흡연자들은 비흡연자들의 심정은 이해하지만, 마땅히 흡연할 장소가 없어 어쩔 수 없다는 입장을 보인다. **(②설명)** 대학생 최재우(24, 부산시 동래구) 씨는 사람들이 잘 지나다니지 않는 곳에서 흡연하려고 노력하지만, 담배 한 개비를 피기 위해 집에서 멀리 가는 것은 사실 힘이 든다. **(③인용)** 최 씨는 "아파트 단지 근처에 작은 흡연 부스라도 설치해주면 정말 좋을 것 같다"며 "흡연자들도 비흡연자와의 갈등을 원하는 것은 아니다"라고 했다.

[흡연자들의 요구, 흡연 공간] (②설명) 비흡연자들을 의식해서 인적이 드문 곳을 찾아 흡연하는 직장인 조경종(53, 부산시 동래구) 씨는 흡연자들을 위한 별도의 흡연 공간이 있었으면 좋겠다고 생각하고 있다. **(③인용)** 조 씨는 "하루아침에 흡연자들이 금연할 수 있는 것도 아니고, 흡연자들을 위한 별도의 공간을 설치하면 좋을 것 같다. 비흡연자들은 길거리에서 담배 연기를 안 맡을 수 있고 흡연자들은 비흡연자들에게 피해를 주지 않는다는 생각으로 조금은 마음이 편할 것 같다"고 말했다.

제2부

원론적 취재하기

제12장
뉴스, 저널리즘, 저널리스트

1. 영화 세 편의 추억

2015년에 제작된 미국 영화 '스포트라이트(Spotlight)'는 전통적으로 카톨릭 신자가 많은 보스턴의 대표 일간지 '보스턴 글로브'가 카톨릭 교회 사제들의 아동 성추행 비리를 파헤치는 과정을 추적한 명화다. 2016년 아카데미 작품상과 각본상을 수상했다.

스포트라이트란 보스턴 글로브 지의 탐사보도 팀명이다. 이 팀은 일부 피해자들이 몇 년 전부터 사제들의 성추행 비리를 제보했지만 이를 묻어두고 있었다. 새로운 편집국장이 취임하고 독려하자, 팀은 다시 이 사건을 취재하기 시작했고, 결국 엄청난 카톨릭 교회의 내부 비리 은폐 사실을 폭로하게 된다. 보스턴 시민과 독자 대부분이 카톨릭 신자인 상황에서 교회, 신자회, 심지어 성당 측 변호사들까지도 스포트라이트 팀의 취재를 방해하고 회유했지만, 기자들은 더 이상의 피해 아동이 나오면 안된다는 정의감으로 취재해 나간다. 특히 일부 사제들의 비리를 잡았으니 신속 보도하자는 내부 의견이 있었지만, 카톨릭 교회의 시스템이 잘못되어 있다는 구조적 문제까지 파헤쳐야 한다는 편집국장의 고집이 결국 거대한 특종을 터트리게 한다.

영화 엔딩 크레딧이 올라가면서 미국 전역, 그리고 전 세계 곳곳에서 카톨릭 사제들의 아동 성추행 사건이 발생한 지역 이름이 줄줄이 올라갈 때면, 관객들은 한 언론사의 뉴스 보도 하나가 세상을 어떻게 바꿀 수 있는지를 실감하게 된다. 이 영화는 기자 지망생들에게 저널리스트로서의 사명감과 소명 의식을 촉발하는 탐사보도(investigative reporting)의 정수를 보여주고 있다.

'스포트라이트'가 성공한 뉴스 보도를 그린 영화라면, 2016년 제작된 미국 영화 '트루스(Truth)'는 기자들의 취재 실패담을 그린 영화다.

미국의 공중파 방송 CBS는 '60 Minutes'라는 방송 탐사보도 프로그램의 개척자로 유명하다. 그리고 CBS는 전설적인 메인 뉴스 앵커 댄 래더(Dan Rather)를 보유한 것으로도 역시 유명하다. CBS '60 Minutes' 팀은 아들 부시 대통령이 2004년 대통령 재선에 도전할 무렵, 젊은 시절 주방위군 공군 조종사로 근무했던 그가 베트남 참전을 회피하기 위해 특혜로 주방위군에 입대했으며, 군에서 쫓겨날 정도로 훈련과 근무에 태만했다는 의혹을 접하고 취재에 나선다. 이들 취재가 사실로 드러날 경우, 부시는 대통령 재선이 불가능해질 수 있다. 공화당 부시와 낙선자 민주당의 엘 고어와의 당시 대선 표차가 선거 후 재검표까지 가는 초박빙 상황이기 때문이었다.

관련자 증언, 관련 서류, 문서감정가들의 진본 평가 등을 근거로 CBS는 댄 래더를 앞세워 아들 부시의 주방위군 관련 의혹이 사실이라고 보도한다. 그러자 경쟁 방송사들이 진실 증명이 부족하다고 비판 보도에 나서고, 핵심 증인들이 재인터뷰를 회피하거나 증언을 번복하는 일이 벌어진다. 돈이 안되는 뉴스를 싫어하는 회사 경영층의 발 빼기, 그리고 모종의 권력층 반격에 속수무책으로 당할 수밖에 없는 CBS '60 Minutes' 팀은 사과방송을 했고, CBS는 댄 래너를 퇴임시켰으며, 뉴스 담당 PD를 해임하는 것으로 영화는 마무리된다.

진실이 눈앞에 보였음에도 살벌한 경쟁이란 방송계 풍토와 권력의 보이지 않는 압력에 언론계에서 쫓겨나면서도 관련 기자들은 "기자가 질문을 멈추는 순간 미국은 죽는다"는 기자 정신을 외쳤으며, 댄 래더는 후배 기자들에게 "용기를 가져라"라고 마지막 방송 퇴임 멘트를 일갈했다. 회사 내부 청문회에서, '60 Minutes' PD 메리 메이프스는 자신이 좌파 사회주의자이기 때문에 보수 우파 아들 조지 부시의 당선을 방해하려는 '고의적' 의도를 가지고 부시의 비리를 조작했다는 회사 청문회 조사팀의 공격을 받는다. 메이프스는 대통령 후보의 결격사유를 밝히는 데 정치적 성향보다는 진실을 밝히는 언론의 사명이 중요하다고 항변한다. 기자 지망생들이 이 영화를 보게 되면, 이 장면에서 정치를 초월한 언론의 '진실 추구'의 비장함을 느끼면서 비로소 영화 제목 <트루스>의 의미를 깨닫게 된다.

[그림12-1] CBS의 전설적 앵커 댄 래더(Public.Resource.Org, flicker, 무료 이미지)

권력에 굴복하는 기자는 기자가 아니라는 기자 정신을 더욱 강렬하게 묘사한 영화는 2017년 제작된 '더 포스트(The Post)'다. 여기서 포스트는 워싱턴 포스트 지를 가리킨다. 1967년 베트남 전쟁이 한창일 무렵, 미 국방장관 맥나마라는 월남전이 악화하면서 승리할 가능성이 없다는 것을 알고 미국의 월남전 개입과 전개 과정을 역사 기록으로 남기기 위해 소위 '펜타곤 페이퍼(미 국방성 보고서)'를 만든다. 그러나 이를 1971년 숨은 제보자(미국에서는 이를 leaker, 유출자라 부른다)가 뉴욕 타임즈에 넘긴다. 뉴욕 타임즈가 비밀 자업을 거쳐 시리즈 폭로 기사를 준비한 다음, 1회를 보도하자, 닉슨 대통령은 심각한 국가안보 침해라며 보도 금지 가처분 신청을 법원에 냈고, 법원이 이를 받아들이고 만다. 이때 경쟁사인 워싱턴 포스트도 펜타곤 페이퍼를 어렵게 구해 다시 독자적인 시리즈 기사를 내보낸다.

이에, 닉슨 행정부는 다시 두 언론사를 국가 비밀을 폭로해서 국가안보를 위태롭게 한 간첩죄로 기소한다. 마침 주식을 상장해서 외부 투자를 받아야 할 상황이었던 포스트의 발행인 캐서린 그레이엄 여사는 주주들의 투자 철회를 저지하기 위해 보도를 막고 싶어 하고, 편집국장 벤 브레들리는 "(베트남) 전쟁을 멈출 수 있다면, 내가 감옥에 가는 게 대수인가?"라고 외치며 보도 강행을 주장한다. 결국 발행인은 정부가 미국이 질 것을 알면서 미국 젊은이들을 베트남 전쟁터로 보내는 게 말이 안된다고 판단, "신문발행의 자유를 지키는 일은 진실을 보도하는 것뿐"이라며 펜타곤 페이퍼 보도를 승낙한다.

결국 법원도 뉴욕 타임즈와 포스트의 손을 들어 주면서 블랙 대법원 판사는 "언론은 통치자가 아니라 통치받는 사람을 섬겨야 한다"는 판결문을 남긴다. 미국에서 뉴스 보도를 막으려던 닉슨의 초유의 사전검열(prior restraints) 시도가 이렇게 무산되고, 닉슨은 워터게이트 사건으로 사임했으며, 타임즈와 포스트에 대한 시민들의 신뢰는 더욱 전설이 된다. 회사가 문 닫을 위기를 알고도 펜타곤 페이퍼 보도를 승인했던 그레이엄 여사는 영화 마지막 장면에서 "뉴스는 역사의 초고(草稿)"라는 명구를 남긴다.

민주주의에서 언론 자유를 위해 뉴스 보도로 진실을 찾는 언론 기능이 왜 이처럼 중요한지를 위 세 편의 영화는 뼛속까지 침투하는 강렬한 교훈을 준다.

[그림12-2] 워싱턴 DC에 있는 워싱턴 포스트 사옥(wikimedia, 무료 이미지)

저널리스트는 단순히 뉴스를 보도하는 기술자가 아니다. 저널리즘은 뉴스를 보도해서 돈을 버는 단순한 영리기업 행위가 아니다. 보다 근본적인 뉴스와 저널리스트, 그리고 저널리즘의 관계를 알아보자.

2. 뉴스, 저널리즘, 저널리스트

중국 사전에 따르면, 언론(言論)이란 언어의론(言語議論)의 준말로 바른말(언)과 비판하는 말(어)로 어떤 논제를 둘러싸고 각자의 의견을 교환하는 것(의론)이라 했다.

우리나라 삼국시대나 고려시대에는 언론이란 말이 사용되지 않았다. 그러나 조선시대에는 언론이란 말이 문헌에 자주 등장했다. 조선시대의 언론이란 토론과 지식습득의 의미로 많이 쓰였다. 원래 공자의 유교 사상에서 질의응답이나 토론이 지식을 얻는 학습 방법으로 널리 사용되던 전통이 있었다. 이것이 조선시대 사대부나 조정에서 군신 간의 대화, 조정 대신들의 의견교환 내지는 정책토론이 중시되는 전통으로 이어졌다.

오늘날 쓰이는 언론은 서양의 저널리즘(journalism)의 번역어다. 저널리즘에는 두 가지 의미가 담겨 있다.

그중 하나는 가장 '최신의 뉴스'라는 의미다. journalism은 프랑스어로는 'le jour'가 어원이다. 프랑스어로 '그날의(of the day)'이란 뜻이다. 제과점 브랜드 '뚜레쥬르(Tous Les Jours)'가 '매일매일'이란 뜻이 되는 것도 어원이 같기 때문이다. 다시 말해서, 저널리즘은 그날에 무슨 일이 일어났는지를 알리는 것, 즉 새소식이나 뉴스를 전하는 '보도 기능'이 근간이다.

또 다른 저널리즘의 의미는 저널리즘은 사회 구성원의 생각을 반영해야 한다는 것이다. 즉, 저널리즘은 사람들의 생각이 반영되도록 서로 의견을 교환하는 토론 장소가 되어야 한다는 의미다. 이것이 곧 언론의 '논평(commentation) 기능'이다.

언론은 새소식을 보도하고 세상일에 대해 논평하는 게 기본 기능이다. 그런데 전통적인 언론과 관련된 용어에 변화가 생기고 있다. 원래 언론은 '미디어(media)'의 작은 개념이며, 미디어는 다시 '커뮤니케이션(communication)'의 작은 개념이다.

커뮤니케이션이란 개념은 1 대 1 대화를 의미하는 대인(對人) 커뮤니케이션에서부터 집단 커뮤니케이션, 조직 커뮤니케이션, 국제 커뮤니케이션, 문화 커뮤니케이션, 매스 커뮤니케이션, 미디어 커뮤니케이션에 이르기까지 인간의 모든 소통 행위를 가리키는 포괄적 개념이다.

커뮤니케이션 중에서 기계를 사용해서 소수 혹은 다수를 상대로 소통하는 행위를 특별히 '미디어 커뮤니케이션'이라고 한다. 미디어 커뮤니케이션이란 개념에는 전통적인 매스 커뮤니케이션인 신문, TV, 라디오, 잡지, 영화, 책, 음반 등이 포함되고, 3차 내지는 4차 산업혁명의 테크놀로지를 활용한 웹 사이트, 이메일, 애플리케이션, SNS(social media와 같은 의미로 쓰인다), 플랫폼 등도 여기에 속한다.

미디어 커뮤니케이션 중에서 보도와 논평 기능을 수행하는 커뮤니케이션 형태를 언론이라고 한다. 과거에는 신문, 방송, 잡지 중에서도 오직 보도와 논평을 하는 미디어만을 언론이라고 분류했지만, 최근에는 페이스북, 유튜브, 트위터, 블로그, 인스타그램도 무언가 새로운 소식을 배포하고 무언가 세상일에 대해 왈가왈부하며 논평하기 때문에 자연스럽게 언론 대열에 합류하고 있다.

결과적으로 과거의 전통적 커뮤니케이션, 미디어 커뮤니케이션, 언론의 개념 구분이 [그림12-3]처럼 나타났다면, 최근의 21세기형 4차 산업혁명 시대의 개념 구분은 [그림12-4]와 같이 변했다.

[그림12-3] 커뮤니케이션, 미디어 커뮤니케이션, 언론의 전통적 개념 구분

[그림12-4] 커뮤니케이션, 미디어 커뮤니케이션, 언론의 21세기형 개념 구분

가장 두드러진 두 그림의 차이는, 미디어 개념 범위 안의 상당수가 언론 기능을 수행하면서 미디어와 언론의 개념 구분이 약해졌다는 것이다. 소통 테크놀로지 발달이 누구나 쉽게 남에게 자기가 아는 소식을 전하거나(보도 기능) 세상일에 대하여 자신의 견해를 피력하는(논평 기능) 일을 웹 페이지, 페이스북, 유튜브, 블로그, 트위터와 같은 미디어를 통해서 할 수 있게 했다. 이게 바로 과거 신문사나 방송사와 같은 뉴스 전문 매체(news media)만이 언론사(news organization)라고 부르던 시대의 종말을 보여준다. 누구나 언론인 같은 보도와 논평 기능을 언론 매체 같은 페북이나 유튜브로 날리고 있다. 이렇게 유사뉴스, 유사 저널리스트의 난립을 초래하고 있는 상황이 21세기 뉴스, 저널리즘, 저널리스트의 민낯이다.

빌 코바치와 톰 로젠스티엘은 만인이 저널리스트이고 오만가지 SNS 플랫폼이 뉴스 미디어를 자처하는 세상에서 진정한 저널리스트를 구분하는 방법을 제시했다.[63]

코바치와 로젠스티엘은 가짜 기자와 구분되는 진짜 기자는 검증 가능한 것, 믿을 수 있

63 Bill Kovach & Tom Rosenstiel, *The Elements of Journalism*, New York: Three Rivers Press, 2014, 이재경, 『저널리즘의 기본 원칙』, 서울: 한국언론진흥재단, 2014.

는 것만을 보도하는 '진실확인자'여야 하며, SNS상에서 떠도는 남의 말을 옮기거나 요란한 섬네일로 구독자를 유혹하지 않고 발로 현장에 가서 실체를 본 '현장목격자'여야 한다고 했다.

언론의 범위가 넓어지고 저널리스트가 도처에서 목소리를 높이자, 한국의 전통적인 미디어들은 재정적으로 어려움을 겪고 있다. 종이신문을 집에서 정기구독하는 숫자는 조중동 등 대표적 전국지들도 수백만에서 수십만으로 쪼그라들었다. KBS 등 공중파 저녁 뉴스의 시청률도 수십 %에서 이제는 10%를 넘기기 어렵게 됐다. 뉴스 전문 채널과 종편 뉴스도 늘었지만, 24시간 실시간으로 업데이트되는 포털 뉴스판과 온라인 뉴스매체들이 즐비하기 때문이기도 하다.

그래서 전통적 종이신문 강자들이나 TV 뉴스들도 포털이나 유튜브 검색어를 하루종일 주시하면서 실시간 인기 검색어가 포함된 뉴스를 올리는 데 기를 쓰는 처지가 됐다. 그래야 자사 기사 클릭수가 늘고 그 클릭수에 따라서 광고 수익이 결정되기 때문이다. 여기서 언론사 기사 클릭수는 네이버 등 포털 사이트 방문객에 의존하게 되고, 광고 수익은 온라인 플랫폼 광고를 장악한 구글에 의존하게 된다.

최근 뉴욕 타임즈의 온라인 구독자는 669만 명(전체 구독자의 89%), 종이신문 구독자는 83만 명(11%)이라는 통계가 한 언론에 소개됐다.[64] 뉴욕 타임즈는 종이신문이나 온라인판 클릭수에 따른 구글 광고 수익이 아닌 디지털 구독 중심의 수익 모델을 창출한 것이다. 특히 뉴욕 타임즈는 광고 유치 수익에 의존하지 않고 충성스런 구독자 구독료 수입이라는 안정적인 고정 수익에 기반해서 저널리즘 기업으로서의 전문성과 자존심을 지키는 저널리즘 명가(名家) 전통을 이어가고 있다.

또 다른 미국 언론의 대명사 워싱턴 포스트는 IT 공룡 기업 아마존의 베이조스가 인수해서 기술 혁신에 주력했으나 구독자 증가 효과가 뉴욕 타임즈에 못 미친다고 한다.[65] 언론은 결국 디지털 시대에도 뉴욕 타임즈처럼 저널리즘의 진실 추구, 현장 중심의 전문성 회복만이 유일한 살길임을 웅변하고 있다. 원칙적 기사쓰기와 원론적 취재하기는 그래서 중요한 것이다.

---

64 송의달, "14억 달러 빚더미서 부활한 뉴욕 타임즈, 3가지 비결 있었다", 『조선일보』, 2021. 4. 22.
65 송의달, "잘 나가는 NYT vs 부진한 WP... '저널리즘 집중이 운명 갈랐다", 『조선일보』, 2022. 4. 24.

제13장
뉴스 선택하기

1. 뉴스란 무엇인가?

기자는 뉴스를 보도하고 세상일을 논평하는 게 업이지만, 기자 입문자들이 하는 일은 뉴스 보도다. 논평은 기자로서 연륜이 쌓인 후의 일이다. 그래서 학생들에게 뉴스 보도를 가르치려면 가장 먼저 던지는 질문이 "뉴스란 무엇인가?"다.

학생들은 뉴스란 대강 '새소식(new strory)'이거나 '새로운 사건(event)'이라고 대답한다. 간혹, 어떤 학생이 뉴스는 '이데올로기'라거나 '프레임'이라고 말하기도 한다. 정치적인 안목이 엿보이는 대답이다. 이런 대답이 나오면, 다른 학생들은 "오!" 하고 추임새를 넣는다. 자신들이 미처 생각하지 못한 차원으로 뉴스를 정의할 수 있다는 사실을 비로소 깨달았기 때문이다. 또 다른 뉴스 정의가 있느냐고 교수가 재차 대답을 요구하면, 아주 드물게 뉴스는 '상품'이라고 대답하는 학생이 나타나기도 한다. 자본주의란 경제체제 아래 놓인 언론을 솔직하게 꿰뚫은 대답이다. 이 대답이 나올 때가 되면, 학생들은 뉴스가 생각보다 단순하지 않다는 깨달음을 갖는다.

그러나 실제 언론사에서 내리는 뉴스 정의는 의외다. 뉴스란 이 세상에서 그날 벌어지는 수만 가지 사건 중에서 뉴스로서 신문이나 TV 등 뉴스매체에 실리도록 '선택된 사건'이다. 그래서 뉴스는 모든 새로운 사건, 이데올로기, 프레임, 상품이 되기 이전에 '누군가에 의해 뉴스로서 보도되도록 선택된 사건'이란 게 원론적 정의다.

2. 뉴스 가치

그러면 다시 뉴스를 배우는 학생들은 두 가지 질문을 만나게 된다. 매일매일 발생하는 무수한 사건 중에서 뉴스매체 공간에 보도할 뉴스를 '취사선택하는 사람'이 누구냐는 것이 그 첫 번째 질문이며, 많은 사건 중에서 보도할 뉴스를 취사선택하는 사람이 사용하는 '기준'이 무엇이냐는 게 두 번째 질문이다.

우선 뉴스를 선택하는 사람, 또는 뉴스 결정권자가 누구냐는 질문의 답은 유명한 '게이트키핑(gatekeeping) 이론'으로 설명된다. 하나의 식품이 생산지에서 가정의 식탁에 오르기까지 여러 경로를 지나게 되는데, 각 경로마다 게이트, 즉 문이 있고, 그 문을 지키는 문지기(게이트 키퍼: 농부, 산지 수집상, 도매상, 가공회사, 소매상, 소비자 등)들이 각자의 문을 열고 닫는 여부에 따라서, 어떤 식품은 소비자 식탁에 오르고 어느 식품은 오르지 못한다고 한다. 이를 사회학자 쿠르트 레빈(Kurt Lewin)의 회로이론(channel theory)이라고 한다. 레빈의 회로이론을 뉴스 흐름에 적용한 것이 게이트키핑 이론이다.

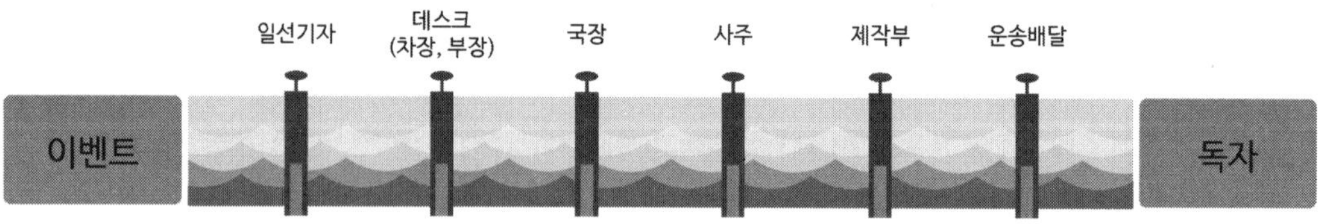

[그림13-1] 뉴스의 게이트키핑 과정

[그림13-1]에서 나타난 것처럼, 하나의 사건은 일선 기자부터, 데스크(차장, 부장), 국장, 사주, 제작팀, 운송팀, 배달원을 거쳐 뉴스로서 독자 손에 놓이게 된다. 특정 사건이 일선 기자의 선택을 받지 못하면 그 사건은 뉴스가 되지 못한다. 특정 사건이 일선 기자를 비롯해서 데스크, 국장의 선택을 받았더라도 사주 선택을 받지 못하면 뉴스가 되지 못한다. 모든 게이트 키퍼의 선택을 받아도 배달사고가 나면, 그 뉴스는 독자 손에 도착하지 못하고 죽는다.

결국 하나의 사건이 뉴스로 선택되려면 모든 문지기들의 선택을 순차적으로 받아야 가능하다. 각 게이트 키퍼들이 곧 뉴스 선택권자, 혹은 뉴스 결정권자다.

그러면 각자의 게이트 키퍼들은 무슨 기준으로 문을 열고 닫으며 사건들을 통과시켜 뉴스로 선택하거나 버리는 것일까? 각 문지기들의 뉴스선택 기준을 바로 '뉴스 가치(news value)'라고 한다. 기자, 부장, 국장들은 각자의 정치색에 따라서 뉴스를 죽이고 살릴 수 있어서 이데올로기도 하나의 뉴스 가치가 될 수 있으며, 그래서 뉴스가 곧 이데올로기라는 말도 맞다. 한 사건이 얼마나 독자들의 흥미를 끌 수 있을까 하는 상품성도 뉴스 선택 기준, 즉 뉴스 가치이며, 그래서 뉴스가 상품이란 정의도 역시 맞는 말이다.

현대 언론은 수용자 중심이 기본이다. 독자들이 원하는 것, 읽고 싶은 사건이 뉴스 가치가 높다는 의미다. 특히 독자들이 언론에서 만나고 싶은 뉴스는 독자들의 나이, 소득 수준, 학력, 관심사에 따라서 달라진다. 그래서 언론은 자기들 독자의 인구학적 특성이나 정치적 성향을 파악하고 따를 가능성이 높다. 결국, 수용자에게 영향을 많이 주는 사건이 뉴스 가치가 높아진다.

우리가 잊지 말아야 할 것은 뉴스 가치는 역동적이고 상대적이란 사실이다. 뉴스 가치는 시대와 지역에 따라 다르고 수시로 변한다. 최근에는 코로나 전과 후의 시대를 BC(Before Corona)와 AC(After Corona)로 구분해야 한다고 한다. 그러면 BC와 달리 AC의 사회 변화에 따라서 뉴스 가치 역시 달라져야 한다. 그래서 AC 시대에는 비대면, 언택트, 탈세계화, 지구 온난화, 큰 정부, 생명공학 등에 따른 사건의 뉴스 가치가 올라갈 것이다.

다음은 각종 국내외 뉴스 가치 관련 교과서에서 지적하는 뉴스 가치들이다. 초보 기자들은 이러한 전통적인 뉴스 가치로부터 뉴스를 찾아 나선다. 하나의 사건에 단 하나의 뉴스 가치가 돋보일 수도 있고 여러 개의 뉴스 가치가 복합적으로 작용할 수도 있다. 결과적으로 뉴스 가치란 수시로 변하는 것이며, 기자는 판에 박힌 뉴스 가치관에 얽매일 필요가 없다. 기자는 남이 예측하지 못한 뉴스, 남이 범접하지 못했던 뉴스 아이템을 찾아야 한다.

(1) 이상성(異常性, oddity)

세상 사람이 다 아는 뉴스 정의는 "개가 사람을 물면 뉴스가 안되고, 사람이 개를 물면 뉴스가 된다"는 것이다. 이는 19세기 미국 언론인 찰스 대나가 한 말이며, 사건이 이상하면 이상할수록, 정상에서 많이 벗어나면 벗어날수록 뉴스 가치가 높아진다는 이상성을 지적한 것이다.

우리나라에서는 사유리라는 일본인 출신 방송인이 비혼모면서 정자 기증을 통해서 임신하고 아이를 출산했다고 해서 화제가 된 적이 있다. 이 뉴스가 바로 이상성이란 뉴스 가치 때문에 큰 뉴스가 된 것이다. 폭염에 달걀이 저절로 부화했다는 뉴스, 편의점 주인과 사이가 안 좋은 사람이 차를 몰고 편의점을 향해 돌진했다는 뉴스도 정상에서 한참 벗어나서 이상성이란 뉴스 가치를 지녔다. 머리가 두 개인 뱀 출현, 다리가 여섯 개인 강아지 탄생 뉴스도 모두 이상해서 뉴스 가치가 높은 사건들이다.

(2) 시의성(時宜性, timeliness)

뉴스는 영어로 'new'의 복수형인 'news', 즉 새로운 것들이란 어원을 가지고 있다. 공교롭게도 동서남북의 영어 첫 글자(north, east, west, south)가 news여서 4개 방위가 뉴스의 어원이란 주장이 있으나 속설이다. 결국 뉴스는 막 발생한 새 사건일수록 뉴스 가치가 높아진다. 그래서 시의성이란 뉴스 가치는 가장 최신의 보도를 가리킨다. 모든 언론들은 다른 언론보다 한시라도 먼저 보도하려고 경쟁한다. 그래야 같은 뉴스라도 다른 언론보다 자신들의 뉴스가 더 가치가 높아지기 때문이다. 윤석열 검찰총장의 징계 중지 가처분 결정을 먼저 보도해야 뉴스로서 가치가 있기 때문에 법원 앞을 기자들은 떠날 수 없다. 소위 속보 경쟁은 시의성이란 가치를 남보다 먼저 살리기 위한 싸움인 것이다.

과거에 신문은 방송보다 시의성이란 뉴스 가치를 살리기 어려웠다. 요새 종이신문은 온라인판으로 제목과 간단한 팩트만으로 사건을 먼저 보도한다. 이걸 보고 독자들이 댓글을 달면, 언론은 댓글 반응을 근거로 나중에 종이 신문의 뉴스 보도 내용이나 논조를 수정하기도 한다. 시의성이란 뉴스 가치가 실시간으로 기자와 수용자가 협업하는 현상에 영향을 받고 있는 것이다. 그래서 화면과 자막을 준비해야 하는 방송보다 오히려 온라인판 신문이 더 빠를 수도 있다. 시의성이란 뉴스 가치에서 신문과 방송의 차이가 없어진 것이다. 최근에는 SNS의 언론 기능이 활발해지면서 지진, 홍수 소식, 그리고 타국의 쿠데타 소식이 글로벌 차원에서 정규 언론보다 먼저 나도는 경우가 생기기도 한다.

(3) 저명성(著名性, prominence)

일반인은 큰 병으로 병원에 입원하거나 생사를 넘나들어도 뉴스로 선택되지 않는다. 그러나 대통령의 감기, 인기 여배우의 임신 사실은 언론의 집중 조명을 받는다. 법무부 차관이 택시 기사를 폭행했다는 혐의를 받는 사건, 현직 부장검사가 길거리에서 여성을 성희롱한 사건은 같은 사건이라 해도 더 뉴스 가치가 높아 언론에 크게 부각된다. 유명한 사람의 일거수일투족은 뉴스 가치가 높아지고, 사람들의 흥미를 자아내며, 호기심을 만족시키기 때문이다.

정치인들은 사생활이 언론에서 보도되기를 원치 않는다. 조국 전 장관의 집 앞을 지키는 사진 기자들은 조 장관 측 원망의 대상이 되기도 한다. 그러나 공인의 일상생활은 저명성이란 뉴스 가치를 피해 갈 수 없다. 공인은 사생활마저도 여론 형성의 근거가 되기 때문이다. 연예인이나 스포츠 스타는 공인의 카테고리에서 제외해 달라고 하소연하기도 한다. 그러나 공인의 개념이 축소되면, 결국 언론의 뉴스거리가 줄어드는 것과 같으므로 언론 자유가 축소되는 것이다.

(4) 갈등성(葛藤性, conflict)

미담보다는 악담이, 긍정적 뉴스보다는 부정적 사건이 뉴스 가치가 더 크다. 그래서 분쟁, 논쟁, 불화, 전쟁, 스포츠, 테러, 데모, 시위는 발생 자체가 뉴스가 된다. 신문을 펼치거나 TV를 틀면 맨날 싸움과 갈등이 전면에 펼쳐지는 것을 보는 시민들이 뉴스 보기를 혐오한다는 이론도 있다. 이를 '나쁜 뉴스 증후군(bad news syndrome)'이라고도 한다. 일부 언론은 얼굴 없는 기부 천사와 같은 미담이 나타나면 크게 보도하려는 경향이 있다. 이는 일종의 갈등성이란 뉴스 가치의 반작용이다. 그러나 남북대결, 북한 미사일 발사, 미중 갈등, 노사분규, 태극기 집회, 여야 대치, 미투 등은 모두 갈등적 요소 때문에 뉴스 가치가 증가한다. 언론은 갈등적 뉴스 가치를 스포츠에 접목해서 연고전, 영호남 대결, 런던 더비, 숙적, 라이벌, 앙숙과 같은 용어를 만들어 팬들의 관심을 부추긴다.

(5) 트렌드(유행, trend, social change)

세상은 변한다. 다만 우리는 사회가 어떻게 변하는지, 왜 변하는지, 누가 변화를 주도하는지를 모를 뿐이다. AI, 로봇, 3D 프린터, 자율주행차, 빅데이터, 5G, 생명공학 등으로 나타나고 있는 미래 변화는 역동적이며 혁명적이다. 과학적 발명은 그래서 무조건 뉴스 가치가 높다. 과학의 궁극적 목표가 미래 예측이기 때문이다. 사람들은 뉴스를 통해서 미래 변화를 미리 알고 싶어 한다. 그런 이유로 사람들은 뉴스에 나타난 포스트 코로나 시대의 변화를 보고 주식에 투자하고, 취업 진로를 결정하며, 패션 유행을 추종하기도 한다.

사회가 어수선하고 뒤숭숭할 때마다 타로점 거리나 점집 골목에 사람들이 붐비는 이유도 미래에 대한 불안감 때문이다. 종종 점성술사 같은 예언가들의 그해 운세 예언이 뉴스가 되기도 한다. 1994년 한 시사 월간지 5월호는 김일성의 사망을 예언했고, 실제로 김일성은 그해 7월에 사망했다.[66] 미래를 조망하는 기사는 항상 뉴스 가치가 높다.

이 밖에도 소확행, 뉴트로, 욜로, DIY, 저녁이 있는 삶, 비혼주의 등 새로운 조류 등장도 사람들이 미래를 알고 싶은 욕망과 합쳐져서 꾸준히 뉴스 가치를 높이고 있다.

(6) 인간적 흥미(human interest)

인류는 원시시대부터 오늘날에 이르기까지 만나서 대화하면 대개 주변 사람들의 시시콜콜한 스캔들을 주고받는다. 타인에 대한 호기심은 수천 년 동안 가장 원초적인 인간의 흥미를 유발해 왔다. 그래서 스캔들, 성적(性的) 일탈, 결혼, 이혼, 가정 폭력, 살인 사건, 엽기적 사건은 항상 뉴스 가치가 높다. 미투 사건은 사회적 공분을 자아내면서도 근본적으로 인간적 흥미와 연결되어 있다. 요즘 반려동물에 대한 뉴스도 뉴스 가치를 높이고 있는데, 원래 동물은 인류에게는 오래전부터 인간적 흥미의 대상이었기 때문이다.

---

66 조갑제, "김일성의 사망을 정확무비하게 예언하였던 사람", 조갑제닷컴, 2011, https://url.kr/J2ZjdE.

(7) 근접성(proximity)

근접성이란 같은 사건이라도 미국보다는 한국에서, 한국에서 일어난 사건이라도 타 지역보다는 자기가 사는 지역에서 일어난 사건이 뉴스 가치가 큰 것을 의미한다. 같은 교통사고, 같은 살인 사건이라도 자신이 살고 있는 지역에서 일어난 사건은 관심이 더 갈 수밖에 없기 때문에, 근접성은 매우 중요한 뉴스 가치다.

근접성이란 뉴스 가치는 뉴스의 중요성이나 영향성과 관련이 깊다. 다만, 한 사건이 같은 영향성과 중요성이 있다고 하면, 자기 지역에서 일어난 사건이 더 뉴스 가치가 자신에게 있을 수밖에 없다. 새로운 지하철 건설 뉴스는 다른 지역에서는 전혀 뉴스 가치가 없지만, 자신이 살고 있는 도시의 일이라면 당연히 뉴스 가치가 올라간다. 코로나 확진자 발생은 모두에게 영향을 미치기 때문에 중요한 뉴스지만, 특히 자신의 지역에서 발생한 확진자 수는 더욱 자신의 관심 사항이 된다.

최근 코로나처럼 여러 나라가 전염성으로 연결되어 있는 뉴스는 지역에 따른 근접성이란 뉴스 가치를 무의미하게 만들고 있다. 중동의 시리아 난민이 돌고 돌아서 제주도에 상륙했다는 뉴스, 북한의 미사일 발사가 태평양 건너에 있는 미국의 심기를 건드리는 뉴스, 아마존의 정글 파괴가 지구 전체의 이산화탄소 정화 능력을 저하해서 지구 온난화를 촉진한다는 뉴스 등은 지역적 근접성이란 전통적 뉴스 가치의 개념을 무력화시키고 있다.

(8) 영향성, 중요성(influence, importance)

뉴스 가치는 수용자에게 미치는 영향이 클수록 높아진다. 영향이 큰 뉴스는 곧 수용자에게 중요한 뉴스일 수밖에 없다. 그래서 뉴스의 영향성과 중요성이란 뉴스 가치는 구분할 필요 없이 동일한 뉴스 가치의 카테고리가 된다.

세금을 안 내는 젊은 층에게는 종부세 등 부동산세는 전혀 영향력이 없다. 그러나 최저임금 변화는 알바 전선에 나선 청춘들에게 뉴스 가치가 높다. 우리나라 국민에게는 코로나로 인한 거리두기 단계 변화나 백신 도입 일정이, 근로자에게는 주 52시간 노동제가, 임대인이나 임차인에게는 주택임대차보호법이, 자녀를 둔 가정에게는 대학입시 제도 변화가 중요하고 커다란 영향을 받는다.

(9) 기록성(record)

최고, 최초, 최다, 최소, 최저의 신기록은 모두 대단한 뉴스 가치를 지닌다. 박태환의 자유형 100m 한국 신기록을 황선우가 경신했다는 뉴스, 손흥민이 아시아 출신 선수로는 최초로 EPL에서 득점왕이 됐다는 뉴스, 국민의힘 윤희숙 의원이 필리버스터 최장 기록을 세웠다는 뉴스, 올해가 최초로 우리나라 인구가 자연 감소할 거란 뉴스 등은 모두 기록성 때문에 뉴스 가치가 높다.

3. 뉴스는 어디에서 오나?

뉴스 가치를 공부했으면, 이제는 뉴스를 찾으러 나서야 한다. 많은 기자들이 증언한다. 날마다 뉴스거리를 찾아야 하는 일만 없다면 기자 생활도 할만하다고. 그만큼 날마다 취재하고 보도할 뉴스거리를 찾는 일은 기자에게 힘들고 괴로운 일이다.

(1) 신선한 시각

모두가 천동설을 믿었을 때 코페르니쿠스는 지동설을 주장했다. 은행 대출이란 원래 돈 없는 사람에게 돈을 꿔주는 것인데, 가난한 사람은 담보가 없으니 은행 대출은 가난한 사람들에게는 현실적으로 가능하지 않다. 앞장에서 소개한 것처럼, 이런 고정관념을 바꿔서 가난한 사람들에게 사업계획서에 근거해서 담보 없이 대출해주는 신개념 그라민(Grameen) 은행을 설립한 방글라데시 경제학자 유누스(Yunus)는 노벨 평화상을 받았다. 이들은 차원이 다른 생각, 패러다임이 다른 시각을 보여주는 사례다. 뉴스 발굴에도 신선한 시각이 필요하다. 신선한 시각이 있어야 신선한 뉴스의 냄새를 맡을 수 있다.

(2) 호기심, 문제의식

신선한 시각은 타고난 것일까? 아마도 선천적으로 호기심이 강한 사람은 같은 사물을 보아도 남과 다른 생각을 할 수 있다. '세상에 이런 일이'라는 TV 프로에 나온 한 사람은 대한민국 지하철 노선과 역 이름을 모조리 암기하는 신기(神技)를 보여줬다. 지하철 공사 직원인 그는 어려서부터 지하철에 관심이 많았고, 지금도 시간이 날 때마다 전국 지하철을 순회하며 문제점과 개선점을 찾기 위해 사진을 찍고 기록을 남긴다고 한다.

세상을 보는 남다른 시선은 호기심 말고는 무에서 나오지 않는다. 인풋(input)이 있어야 신선한 시각이라는 아웃풋(output)이 나온다는 말이다. 지하철역 이름을 다 외운 이의 인풋은 발품과 관심이다. 그럼 기자의 신선한 시각의 인풋이 무얼까? 다음 사항들이 바로 기자로서 신선한 시각을 갖게 하는 수단이다.

(3) '나'

기사 냄새를 맡을 수 있는 첫걸음은 '나' 자신이다. 요즘 나에게 새롭게 보이는 게 무엇인가? 내 주위의 무엇이 문제인가? 나에게 지금 불편한 게 무엇인가? 나를 화나게 하는 것이 부엇인가? 내 걱정은 무엇인가? 이런 나를 둘러싼 관찰과 질문을 끊임없이 궁리하다 보면 그게 나만의 문제가 아니고 우리 사회의 문제, 혹은 나와 비슷한 처지에 놓인 사람들의 문제임을 알게 된다.

대개 대학생들을 상대로 각자의 '나'로부터 기사를 찾아보라고 하면, 대학생으로서 보이는 문제점을 찾아온다. 여학생 생리공결제 문제, 가짜 진단서를 활용한 유고 결석계 문제 등은 대학생들은 잠시 생각하면 문제로 금방 찾을 수 있는 기삿거리다. 코로나 시대에는 비대면 수업의 문제가 대학생들이 찾을 수 있는 흔한 뉴스거리다.

일반적인 사회 문제도 '나'로부터 찾을 수 있다. 자신의 부모들 문제, 자기 이웃의 문제가 곧 사회 전체의 문제 사례로 볼 수 있기 때문이다. 결혼한 사촌의 무자녀 계획 발표, 자영업 하는 엄마 친구의 코로나로 인한 폐업 고민 등도 결국 자신 주변에서 찾을 수 있는 문제의식에서 출발한다.

(4) 책

책은 지식의 보고다. 기자에게 책방은 수시로 들러 베스트 셀러, 스테디 셀러, 신간 제목과 저자 서문과 목차를 늘 검토해야 하는 곳이다. 각종 신문의 북섹션을 꼼꼼히 뒤지고 서평을 메모하는 것도 습관이 돼야 한다.

논문이나 보고서는 저자의 작업 시간을 대개 6개월로 보기 때문에 6개월 전 사회 문제를 다루고 있다고 봐야 한다. 책은 저자의 작업 시간을 최소한 1-2년으로 보기 때문에 약 1-2년 전의 사회 문제를 다뤘다고 본다. 따라서 기자가 장기적인 문제의식을 가지고 뉴스거리를 찾기 위해서라면 책을 읽어야 한다. 예를 들어, '82년생 김지영'의 등장은 우리 사회 가부장적 폐단을 생각하게 하고, '총균쇠'나 '사피엔스'가 장기 스테디 셀러인 것은 인류 문명의 역사적 의미를 찾으려는 인문학적 분위기를 반증한다.

한 기자는 동네 슈퍼에 들렀다가 슈퍼 아주머니가 '정의란 무엇인가?'라는 쉽지 않은 책을 읽고 있어서 놀랐다고 말한 적이 있다. 미국보다 한국에서 더 많이 팔렸다는 이 책의 인기는 우리 사회 공정과 평등 문제에 대한 사람들의 관심을 반영한다.

바이든 미국 대통령은 당선 즉시 '민주주의 정상회의'를 주관하겠다는 포부를 밝혔다. 이는 중국이나 러시아 등 비민주주의적인 정치체제를 갖고 있는 국가들과의 대결 국면에서 미국이 주도권을 가지겠다는 신냉전체제의 신호탄으로 보인다. 세계 역사의 대세가 계몽사상에 기반을 둔 민주주의라는 프란시스 후쿠야마의 '역사의 종말' 내용과 바이든의 민주주의 정상회의 구상은 매우 닮았다. 이 책은 원래 1992년에 초판이 나왔고, 최신판은 2006년에 나왔다. 책은 장기적 관점에서 세상의 흐름을 읽게 하고 미래를 보는 통찰력을 가지게 한다. 책을 놓는 순간, 기자의 문제의식은 무게감이 떨어진다.

(5) 여행

책은 앉아서 하는 여행이고, 여행은 걸으면서 하는 독서라는 말이 있다. 미국의 다니엘 부어스틴은 인류의 역사는 곧 여행의 역사라고 했다. 아프리카 중부에서 6만 년 전 태어난 인류의 직계 조상 호모 사피엔스가 안전, 식량, 온화한 기후를 찾아 이동한 것이 곧 인류의 역사라는 것이다. 코로나 문제만 극복된다면, 현재도 인류는 교역, 직업, 교류, 관광을 이유로 지역에서 지역으로, 나라에서 나라로 이동을 계속할 것이다. 이 과정에서 의식주, 가치관, 생활풍습이 같이 흘러간다. 현대도 마찬가지다. 기자가 다른 지역이나 나라를 여행하면 그곳의 문화와 정치와 경제를 만날 수 있다. 모든 게 취잿거리다.

국내의 몇 개 언론재단들은 언론인 해외연수 프로그램을 상당히 오랜 기간 진행했다. 기자들이 1년 이상 특정 국가에서 가족과 함께 살아가는 과정에서 부딪치는 제도와 문화가 모두 뉴스다. 미국 주소는 도로명인데, 어느덧 우리나라도 지번 주소가 도로명 주소로 바뀌었다. 미국 고속도로는 번호 체제로 되어 있어서 짝수 도로는 동서 간 도로이고, 홀수 도로는 남북 간 도로다. 주 사이 도로는 두 자릿수지만, 도시 순환도로는 세 자릿수다. 어느새 우리나라 고속도로 번호들도 미국 체제를 따르고 있다. 누군가의 연구와 취재에 의해 벤치마킹한 결과로 보인다. 그러나 국내에서 GPS가 없다면 도로 번호만 가지고 여행하기는 불가능에 가깝다. 국내 도로망 시스템에는 무언가 미국식 도로망 취재가 덜 반영된 듯하다. 인도를 다녀온 신라시대 혜초 스님의 '왕오천축국전'처럼, 여행을 통한 취재는 동서고금을 통해서 변함없이 뉴스의 보물창고다.

(6) 인적 네트워크(인맥)

인간은 대화하면서 사는 '호모 커뮤니쿠스(communicus)'다.[67] 기자도 날마다 가족, 친구, 친척, 동료, 이웃을 만나서 소통한다. 그 밖에도 지나치는 행인, 미화원, 주유소 주유원, 마트 캐시어, 아파트 경비원과도 만나서 말을 섞는다. 그 누구와의 대화 하나하나가 뉴스거리가 안되는 것이 없다. 술집, 음식점, 카페에서 옆자리 대학생들이 나누는 대화는 대학을 졸업한 기자가 듣기에 신기한 것이 많다. 옆자리 노인들이 나누는 대화 역시 노인 세계를 파악할 수 있는 절호의 기회가 된다. 대화 당사자들은 직업적으로 엿듣는 기자를 의식하지 않고 그들이 대화를 계속하는 한, 이 세상 어느 곳에서든 진행되는 대화 속에는 뉴스거리가 있다.

최근에는 SNS에 단체대화방을 개설하는 경우가 많다. 고등학교나 대학 동창회, 친목

67 강태완, 『호모커뮤니쿠스』, 서울: 경희대학교출판문화원, 2013.

단체 대화방, 가족대화방도 있다. 정치적인 민감한 문제를 제외한다면, 단톡방에 반려견 문제, 부동산 문제, 자녀 교육 문제를 올리고 의견을 교환해 보면, 건질 수 있는 정보가 많다. 댓글처럼 단톡방 의견 중에는 직접인용해서 기사의 무드를 살리는 멘트들이 많이 나올 수 있다.

(7) 보도자료(SNS 포스팅 포함)

언론사에는 보도자료가 쌓인다. 신문이든 방송이든 언론에 뉴스로 보도되기를 원하는 이벤트를 열려는 개인이나 단체는 언론사에 먼저 보도자료를 보낸다. 꼭 출입처를 운영하지 않더라도, 요즘 언론사들은 관공서, 공공단체, 사기업의 홈페이지에 친절하게 쌓여 있는 보도자료를 접하는 게 그리 어려운 일이 아니다. 요새는 보도자료를 대신 작성해주는 홍보대행사나 광고영업사들이 보도자료를 열심히 언론사에 전달한다. 보도자료를 거의 그대로 보도해주고 광고 수입을 올리는 인터넷신문도 있다.

요즘 가장 특이한 보도자료는 정치인들이나 연예인들이 페이스북, 유튜브, 트위터, 인스타그램, 블로그에 올리는 글이다. 유명인들의 SNS 글은 명백한 보도자료다. 트럼프 대통령의 트위터는 날마다 뉴스가 됐다. 기관의 보도자료와 SNS 글은 성격과 내용과 활용에서 차이가 없다. 한국도 하루에도 여러 번 SNS에 글을 올리고 언론을 타는 인플루언서가 여러 명 있다.

보도자료가 지나치게 온라인과 오프라인에서 성행하다 보니, 보도자료를 뉴스 소재로 다룰 때는 신중해야 한다. 결국, 보도자료는 보내는 사람의 일방적이고 이기적인 주장이며 정보다. 공식 보도자료든, SNS 글이든, 그 자체를 뉴스로 보도하는 것은 문제가 있다. 보도자료는 단지 참고자료일 뿐이며, 취재 출발점으로 삼고 확인 취재를 거쳐서 뉴스화해야 한다. 그래야 가짜뉴스 논란으로부터 벗어날 수 있다.

(8) 제보

요즘은 수용자들이 언론사에 제보할 수 있는 채널이 다양해졌다. 단순 전화로부터 카카오톡 채널, 언론사별 제보용 앱이 활용되는 것은 물론, 동영상 제보도 가능하다. 언론사에 시민들이 제보하는 방법은 이제는 매우 간편해졌다. 홍수나 지진이 발생했을 때, 전국 각지에서 수용자가 보내온 사진이나 동영상이 TV 메인 뉴스에 오를 정도로 실시간 언론사와 수용자 간 제보 채널이 왕성하게 가동된다.

인적 네트워크(단톡방, 밴드, 동창회, 사적 모임 등) 중에서 정치, 경제, 사회, 문화 등 분야별, 또는 세대별로 제보자(일종의 정보원)를 확보하고 수시 대화를 통해서 뉴스거리를 모으는 것은 매우 세련된 뉴스 발굴 방법 중 하나다. 제보 중에서는 제보자의 민형사적인 민원과 연관될 소재가 있을 수 있으니 조심해야 한다.

(9) 광고

광고는 자본주의에서 생산자와 소비자를 만나게 하는 가장 기본적인 수단이다. 세계 어느 나라를 가든 숙소를 잡자마자 여행객이 가장 먼저 하는 행위는 TV를 켜는 것이다. 그 나라 언어를 모른다고 해도 TV에서 나오는 광고 아이템이 자연스럽게 눈에 들어온다. 광고 상품이 곧 그 나라 신기술, 신제품, 인기 상품, 경제 활동상, 또는 문화까지 말해준다. 탈북자들은 한국 TV의 광고를 보고 상품의 풍족함과 다양성에 놀랐다고 한다. 어느 동남아 출신 유학생은 한국 TV에서 보험상품을 선전하는 것을 보고 신기하게 생각했다고 증언한다. 홈쇼핑도 마찬가지다. 광고가 곧 뉴스다.

(10) 다른 미디어

일과 시간 중 기자가 가장 많은 시간을 보내는 일은 다른 신문, 방송, SNS를 뒤지는 일이다. 새로운 뉴스를 찾기 위해서도 다른 미디어를 검색하고, 현재 취재하고 있는 뉴스의 배경을 알기 위해서도 다른 미디어 기존 기사를 찾아본다. 이 세상에서 단 한 번도 보도되지 않은 뉴스란 없다. 살인사건, 강도사건, 미투사건, 코로나 확진자 수, 선거보도, 정치인 탈선, 연예인 일탈 등 뉴스의 장르별로 새로운 뉴스란 거의 존재하지 않는다. 다만 등장인물과 스토리가 조금씩 각색된 연극처럼 뉴스는 반복된다. 그래서 뉴스는 속보 경쟁일 뿐 결국 돌고 도는 것이란 말도 있다. 기자는 서로가 서로에게 아이디어를 주고받고 있다.

(11) 후속기사(follows, updates)

기존 기사를 뒤지는 과정에서, 남보다 한발 앞선 특종도 나올 수 있고 단독 보도도 건질 수 있다. 기자의 창의적이고 신선한 시각에 의해서 오리지널 기사를 충분히 특종감으로 발전시킬 수 있다. 그래서 특종이나 단독 보도는 기존 기사와 무관하지 않다.

워터게이트 사건은 원래 단순 건물 침입 사건이었다. 그러나 누가 왜 미국 민주당 선거운동 본부 사무실에 들어갔는지에 대한 의문으로부터 워터게이트 사건이란 세기적 특종이 나왔다. 즉, 워터게이트 사건 특종은 '후속기사(영어로는 follows, 혹은 updates라고 한다)'였다.

기존의 전국 기사, 혹은 외국 기사를 지역화(localize)하는 것은 후속기사의 전형이다. 부동산 가격 급등 문제가 전국을 강타하면, 당연히 지역 언론은 후속기사를 준비해야 한다. 코로나처럼 전 세계를 강타하고 있는 상황에서 한국의 드라이브스루나 워킹스루 검사 방식은 순식간에 세계 각국이 현지화 후속보도를 해서 정책으로 옮겨지기도 했다.

하나의 기사를 보고 이 사건이 다른 지역이나 다른 분야에서 어떤 여파를 줄 수 있는지를 생각하는 것으로부터 후속기사가 출발할 수도 있다. 하나의 기사에 반응, 디테일, 배경, 원인, 미래 예측 등 빠진 정보가 있는지를 살피고 그 빠진 분야의 후속기사를 취재하는 것도 뉴스 찾기의 방편이 된다.

기존 기사로부터 아예 전혀 새로운 기획을 시작할 수도 있다. 대개의 기획기사는 기존의 하나 혹은 몇 개의 기사로부터 출발할 수도 있다. 몇 개의 아동 학대 기사로부터 사각지대에 놓인 우리나라 아동 보호 문제를 근본적으로 다룰 수 있다. 한두 건의 교권 침해 기사로부터 학생 인권이 강조되는 사이에 위축된 교권 침해를 전면적으로 다루는 기획기사가 가능하다. 뉴스룸의 현실적 고민은 모든 뉴스가 하루하루 시간에 쫓기면서 만들어진다는 것이다. 그래서 모든 기사는 역설적으로 후속기사의 여지를 남긴다. 결국 모든 기사가 증거가 충분한지, 수용자의 의심을 다 해소했는지를 다시 보아야 한다. 꺼진 불 속에 불씨가 남아 있을 수 있다. 그게 후속기사다.

4. 뉴스 선택의 문제

게이트키핑 이론에 따르면, 일선 기자가 한 사건을 취재해서 기사화한다고 해도 차장이나 부장이 동의하지 않으면 기사는 소멸된다. 이런 일이 반복되면, 일선 기자는 서서히 차장이나 부장의 뉴스 가치 기준을 파악하게 되고, 어느새 자신도 상관의 뉴스 가치 기준을 좇아가게 된다. 부장은 역시 국장의 기준을, 국장은 사주의 기준을 추종하게 된다. 이를 '뉴스룸 삼투압 현상'이라고 부른다.[68] 결국 가장 최상위 뉴스 가치 결정권자의 가치 기준이 아랫사람들 기준까지 흡수해서, 종국에 뉴스룸은 일치된 뉴스 가치 기준을 가지게 된다.

이런 현상을 미국의 사회학자 워렌 브리드는 '뉴스룸의 사회적 통제'라고 불렀다. 각 언론사는 부장, 국장, 사주로 구성되는 명령체계와 조직문화를 형성한다는 것이다.[69] 그 결과, 어떤 언론사는 좌파 언론이 되고, 어떤 언론은 우파 언론이 된다. 이런 조직문화가 강한 언론일수록 정파색이 강해서 진실을 놓치고 편파 보도를 일삼을 가능성이 높다. 뉴스 선택을 놓고 뉴스룸 내에서 활발한 토론 문화가 있어야 언론은 뉴스룸 삼투압 현상 내지는 사회적 통제 문제를 보완할 수 있다.

기자는 특종으로 말한다. 뉴스룸 조직문화에 젖어서 일상적이고, 의례적이며, 관습화된 취재와 보도에 익숙해지면 특종은 멀어진다. 그러나 사회 문제를 지적하고 사회 변화 조짐을 제시하는 보도는 조직문화의 틀을 깨야 가능하다. 미국 은행이 백인과 흑인 고객을 차별한다는 사실을 고발한 '돈의 색깔(The Color of Money)'이란 기사는 퓰리처 상을 받았다. 지금은 전 세계 모든 여객기에 제세동기가 비치돼 있고 모든 승무원은 CPR 자격증을 소지하도록 법에 규정돼 있다. 이것 역시 한 기자의 끈질긴 추적 보도로 인한 변화였다. 특종은 기자의 꾸준하고 장기적인 문제의식과 자료수집으로 가능해진다.

기자는 항상 세 가지 기사를 동시에 작업하고 있어야 한다. 첫 번째 기사는 뉴스 아이템으로 생각하고, 두 번째 기사는 이미 생각한 아이템을 취재하고, 세 번째 기사는 이미 취재

---

68 Sandman et al., *Media*, Englewood Cliffs, New Jersey: Prentice-Hall, 1982, 106-107쪽.

69 Warren Breed, "Social Control in the Newsroom", reprinted in Wilbur Schuramm, ed., *Mass Communication*, Urbana, Ill: University of Illinois Press, 1960.

한 아이템을 기사로 작성해야 한다. 이를 어떤 고참 기자는, 기자는 누우면 생각하고, 걸으면 취재하며, 앉으면 써야 한다고 말한다. 누구나 충분한 시간과 충분한 취재비가 있으면, 취재 못할 기사가 없고, 특종 못할 사건이 없다. 기자는 마감 시간이라는 제한된 시간 안에 뉴스를 보도해야 한다. 그래서 기자를 열악한 근로 환경에서 고투하는 '프로레타리아적 전문직'[70]이라고 하는지도 모른다.

CNN의 한국계 수석 부사장인 일레이나 리는 국내 언론과의 인터뷰에서 언론의 막강한 영향력은 선한 목적으로 사용되어야 한다고 강조한 적이 있다.[71] 그래서 뉴스 선택도 무엇을 고르느냐보다는 무엇을 버릴 것인가를 더 고민해야 한다고 했다. 그는 버려지는 뉴스 중에서 인류의 중요한 문제가 흔적도 없이 사라질 수도 있고, 따라서 언론의 선한 영향력이 축소될 수도 있기 때문이라고 했다. 뉴스 선택에 대한 고민은 저널리스트에게는 정말 중요하다.

---

70 Arther J. Kaul, "The Proletariat Journalist: A Critique of Professionalism", *Journal of Mass Media Ethics*, 1(2). 1986, 47–55쪽.

71 이옥진, "CNN 이끄는 한국계 파워우먼 "성공은 자리 좇아서 되는 게 아니더라", 『조선일보』, 2022. 7. 9.

제14장 뉴스 취재하기

1. 볼펜과 컴퓨터의 협업

조지 클루니가 워싱턴 DC 한 신문의 고참 기자로 출연한 2009년 작 영화 '스테이트 오브 플레이'는 상원의원과 거대 방위산업체가 얽힌 음모를 기자가 파헤치는 줄거리를 가지고 있다. 이 엄청난 사건을 목숨의 위협까지 무릅쓰고 현장에 뛰어들어 취재하는 조지 클루니와, 무조건 컴퓨터 자판을 두드리고 마우스를 클릭해서 인터넷 검색으로 취재하는 신세대 신참 여기자가 대비를 이룬다. 결국 사건의 전모가 밝혀져 거대 특종 뉴스가 보도되고, 볼펜 기자 조지 클루니는 마우스 후배 여기자에게 볼펜 한 다스를 선물하는 것으로 영화가 끝난다. 영화는 종이와 인터넷이 공존하는 이 세상에서 볼펜과 컴퓨터라는 신구 취재 방법의 협업이 가장 효과적인 미래 취재 양식이라는 메시지를 던지고 있다.

아무리 코로나가 기승을 부리고 비대면 재택근무가 일상화됐다고 해도, 기자가 직접 현장에 가서 직접 사람들을 만나고 질문하는 것 이상의 취재 방법은 없다. 빅데이터, 5G 통신, 거대 DB, 촘촘한 SNS 포스팅이 인류의 삶 속에 깊숙이 자리 잡을수록, 기자는 현장의 목격자여야 한다. 전통적 뉴스 미디어를 포함해서 SNS 속의 가짜 뉴스는 현장에 가보지 않은 사람들이 만들었거나, 그런 뉴스를 '복붙'해서 공유한 뉴스이기 때문이다.

"기사는 발로 쓰는 것"이란 말이 있다. 현장에 뉴스가 있는 것은 맞다. 다만 현장과 정보검색이 공존한다면, 취재는 훨씬 효율적일 수 있다. 이메일, 카톡, 전화는 현장취재의 보조수단 내지는 현장을 뛰어넘는 새로운 안목을 제시하는 보완재로 사용하는 것이 좋다.

기사와 현장, 기사와 인물의 싱크로율이 다른 것을 왜곡, 과장, 극화라고 한다. 부산의 감천문화마을 르뽀 기사를 읽고 현지 관광에 나섰더니, 주차장부터 기사에서 상상한 것과 전혀 다른 느낌이 들면, 그 기사는 현장과 괴리가 있는 것이다.

기자가 현장에 가서 얻을 수 있는 이점 중 하나는 현장을 여러 각도로 볼 수 있다는 것이다. 예를 들어, 스포츠 경기에서 요즘은 비디오 판독이 성행한다. 야구의 아웃과 세이프, 축구의 오프사이드 여부의 오심을 바로 잡기 위해 보여주는 비디오는 하나의 카메라에서 찍은 비디오만을 보여주면 오심을 찾기 어렵다. 다양한 각도에서 촬영된 여러 개 비디오를 보여주어야 심판이나 관중이나 비로소 정확한 판정에 도달할 수 있다. 기자가 여러 각도에서 현장을 직접 보는 것은 바로 여러 각도에서 찍은 영상을 보고 판단하는 비디오 판독과 유사하다. 즉, 현장취재는 다양한 시각과 돋보기 같은 근접 시각으로 진실을 증명하는 방법으로서 기사의 객관성, 정확성, 공정성을 높인다.

미국 기자들이 사용하는 용어 중 '가이고(GIGO)'가 있다.[72] 가이고는 'Garbage In, Garbage Out'의 약칭이다. 쓰레기가 주입되면 쓰레기가 나올 수밖에 없다는 말이다. 취재가 부실하면 기사가 엉터리일 수밖에 없다는 게 곧 가이고다. 현장취재와 인터넷 취재가 콜라보하면 기사가 알차진다.

2. 취재의 시작: 사전 준비, 취재계획서

취재 아이템이 결정됐다고 치자. 또는 간부의 취재 지시가 떨어졌다고 하자. 무엇부터, 어디부터 취재해야 할까?

우선은 본격적 취재에 앞서 사전 준비를 해야 한다. 취재의 사전 준비는 원론적으로 다음과 같다.

---

72 Brooks et al., 앞의 책, 375쪽.

①기존 연관 기사 검색
②인터넷 기반 관련 중요 자료, 정보 찾기
③관련 통계, 법령 찾기
④한 사람의 전문가, 한 사람의 책이나 논문, 하나의 핵심 기사 찾기
⑤취재계획서 작성

이 순서는 글자 그대로 원론적이다. 취재란 사건마다, 상황마다, 그리고 주어진 시간과 지면마다 동일하지 않은 순서, 절차, 방식으로 진행될 수밖에 없다. 원론적인 사전 준비 순서는 넉넉한 시간이 주어진 상황을 전제로 제시된 것이다. 상황에 따라서 순서와 절차는 축소 조정될 수 있다. 다만, 초보일수록 원론적 순서를 지키려고 노력하는 게 좋다.

대개 취재 연륜이 쌓인 기자는 원론적 순서가 뒤바뀌는 한이 있어도 사전 준비 절차에 따라서 기존 기사 분석, 기본 자료 수집 및 정리 분석, 가상의 기사 구성이 머릿속에서 그려지고, 실제로 본격 취재가 진행되면 취재 골격이 시시각각으로 수정, 보완된다. 특히 취재계획서는 건축의 설계도와 같은 것이며, 비록 문서로 작성된 상태가 아니라도 머릿속의 취재계획서는 수시로 현장과 비교, 분석해서 고쳐 쓰기, 새로 쓰기가 반복된다.

(1) 인터넷 검색

모든 취재의 사전 준비 첫 순서는 주어진 취재 대상의 연관 기사 검색이다. 기사 검색에는 구글, 네이버, 다음과 같은 포털이 자주 이용될 것이고, 한국언론진흥재단의 전문 뉴스 검색 서비스인 '빅카인즈(BigKinds)'도 매우 유용한 결과를 제공한다(https://www.bigkinds.or.kr/). 수십 개의 관련 기사를 다 읽고 분석하는 것은 추후 취재 과정에서 할 일이라면, 사전 준비 단계에서는 해당 뉴스의 골격, 히스토리, 논점 정도만 파악하기 위해 10개 전후의 중요 연관 기사를 정독하는 게 좋다.

뉴스 검색에서 외국 언론사 기사 검색도 중요하다. 국내 문제가 국제적인 문제로 연결될 가능성도 있고, 국내 문제의 대안이 외국에 이미 존재할 수도 있기 때문이다.

요즘 포털들은 키워드를 중심으로 뉴스는 물론, 블로그, 카페, 이미지, 동영상을 동시에 제공한다. 키워드로 검색할 때는 다양한 연관 키워드 검색과 영어 키워드 검색을 잊지 말아야 한다.

[그림14-1] 한국언론진흥재단이 제공하는 뉴스 검색 서비스 빅카인즈의 홈페이지.

과거 세대일수록 포털에서 검색하지만, 신세대일수록 페이스북, 유튜브, 인스타그램, 트위터에 의존하는 경향이 크다고 한다. 어부가 한 곳에 쳐 놓은 그물은 한 종류 고기만을 잡기 마련이고, 여러 곳에 그물을 놔야 다양한 물고기를 낚을 수 있다. 뉴스 취재도 이와 비슷하다. 사회학자 게이 터크만은 이것을 '뉴스망(news net)'이란 개념으로 이미 설명한 바 있다. 그는 기자들은 고기가 잡힐 길목에 그물을 쳐 놓고 뉴스를 기다리는 경향이 있다고 했다. 그게 바로 출입처다. 그러나 다양한 시각과 정보를 원한다면, 당연히 뉴스망은 여러 곳에 투망해야 한다.

(2) 책, 논문, 보고서

책, 논문, 보고서는 한 주제에 대한 역사, 관련 이론, 현황, 문제점과 해결책을 한몫에 담고 있는 경우가 많다. 다만 시간적 제약 때문에 기자들은 기사에 참고할 중요한 책 한 권을 독파할 시간이 부족하다는 문제가 있다. 그러나 서문과 목차에 따른 선택적 일독이라도 하면, 귀중한 사전 자료를 얻게 된다. 미래 에너지 문제와 국제 정세는 피터 자이한의 '셰

일 혁명과 미국 없는 세계', 미중 갈등과 신냉전체제의 이해는 미어 샤이머 교수의 '강대국 국제정치의 비극'과 같은 책이 마중물 역할을 충분히 한다.

요즘 포털들은 책, 논문, 보고서의 존재와 위치를 알려주기도 하지만 저작권이 없는 경우는 전체 텍스트를 제공하는 전자도서관 역할을 하기도 한다.

머리말: 민주주의란 무엇인가?
Introduction: What is Democracy?

Democracy may be a word familiar to most, but it is a concept still misunderstood and misused at a time when dictators, single-party regimes, and military coup leaders alike assert popular support by claiming the mantle of democracy. Yet the power of the democratic idea has prevailed through a long and turbulent history, and democratic government, despite continuing challenges, continues to evolve and flourish throughout the world.

Democracy, which derives from the Greek word "demos," or "people," is defined, basically, as government in which the supreme power is vested in the people. In some forms, democracy can be exercised directly by the people; in large societies, it is by the people through their elected agents. Or, in the memorable phrase of President Abraham Lincoln, democracy is government "of the people, by the people, and for the people."

Freedom and democracy are often used interchangeably, but the two are not synonymous. Democracy is indeed a set of ideas and principles about freedom, but it also consists of practices and procedures that have been molded through a long, often tortuous history. Democracy is the institutionalization of freedom.

In the end, people living in a democratic society must serve as the ultimate guardians of their own freedom and must forge their own path toward the ideals set forth in the preamble to the United Nations' Universal Declaration of Human Rights: "Recognition of the inherent dignity and of the equal and inalienable rights of all members of the human family is the foundation of freedom, justice, and peace in the world." ▪

문명화된 토론 및 적법절차는 민주주의의 핵심이다. 아테네 아레오파고스의 고대 그리스 법정 모습을 그린 목판

Civilized debate and due process of law are at the core of democratic practice. This woodcut imagines an ancient Greek court on the Areopagus outcrop in Athens.

민주주의는 대부분의 사람들에게 친숙한 단어이지만 독재자, 일당제 및 군부 쿠데타 지도자들이 민주주의의 탈을 쓴 채 대중의 지지를 요구하는 경우에는 아직까지도 잘못 이해되고, 오용되고 있는 단어이기도 하다. 그러나 민주주의의 이념과 민주 정부는 오랜 격동의 역사를 지나는 동안 지속되는 난제에도 불구하고 전세계에 걸쳐 발전, 번영하고 있다.

국민이라는 뜻의 그리스어 '데모스(demos)'에서 유래한 민주주의(democracy)라는 단어는 기본적으로 최고의 권력이 국민에 있는 정체(政體)로 정의된다. 일부 국가에서는 국민이 직접 민주주의 체제를 운영하기도 하지만, 대규모 사회에서 민주주의는 국민에 의해 선출된 대리인을 통해 운영된다.

이를 잘 표현한 아브라함 링컨 대통령의 유명한 경구 중 민주주의란 "국민의, 국민에 의한, 국민을 위한" 정체라는 구절이 있다.

자유와 민주주의는 종종 대체 사용되지만 두 단어는 동의어가 아니다. 민주주의는 사실상 자유에 대한 일련의 개념 및 원칙이며, 길고 굴곡 있는 역사를 통해 형성된 실질적인 경험 및 절차다. 민주주의는 자유의 제도화인 것이다.

끝으로, 민주사회에 살고 있는 국민은 자유의 궁극적 수호자로서 UN세계인권선언 전문에 나타나 있는 이상을 향해 전진할 길을 구축해야 한다. "인류 모든 구성원의 고유한 존엄성과 평등하고 양도할 수 없는 권리를 인식하는 것이 세계 자유, 정의 및 평화의 기초이다." ▪

1

[그림14-2] 구글에서 'democracy'란 키워드로부터 찾을 수 있는 한 보고서는 전체 텍스트를 무료로 제공하고 있다.

(3) 통계와 법령

모든 사건에서 가장 객관적 증거는 통계다. 그러나 길거리 여론조사나 인터넷 여론조사 서비스와 같은 비과학적 취재 수단을 사용할 수도 없고, 돈과 비용이 많이 드는 실제 여론조사를 할 수 없는 상황에서 통계청, 관공서, 여론조사 기관이 유사한 주제로 이미 실행해서 얻은 통계자료는 거의 모든 기사에서 빠질 수 없는 사전 자료다. 그리고 인간 사회의 갈등과 문제는 법과 연결이 안되는 경우가 없다. 조국 사태와 검찰총장 징계 논란도 모두 법원에서 법으로 해결하고 있다. 그래서 뉴스 사안에 따른 헌법, 법령 등 중요 법적 자료 역시 본격적 취재에 앞서 꼭 파악해야 할 사전 자료다.

(4) 단 한 사람의 전문가, 단 한 권의 책

사전 준비 단계에서 시간이 없어 모든 원론적 절차를 따를 수 없는 상황이라도 기존 기사 검색은 빠트릴 수 없다. 만약 기존 기사 검색 다음 한 단계 더 사전 준비를 할 시간적 여유가 있다면, 해당 주제에 대한 전문가 한 사람, 책 한 권, 논문 한 편을 찾는 게 상수다. 기자가 그런 전문가나 논문 한 편을 만날 수 있다면, 그로부터 사건의 전체 그림과 상황을 파악하고 향후 본격적 취재 방향을 잡을 수 있다. 나중에 취재 과정에서 그 전문가나 논문 저자로부터 수시 협조를 얻을 수 있으면 금상첨화가 아닐 수 없다. 물론 전문가들, 중요 서적이나, 논문 저자들은 본격 취재 대상이지만, 사전 자료 수집 단계부터 전문가 1인의 도움을 받을 수 있는 상황을 만들면, 기자에게는 매우 효과적인 사전 준비가 된다.

(5) 취재계획서 작성

이런 사전 취재 단계는 단 하루, 혹은 1–2일 안에 마쳐야 한다. 사전 준비만 며칠, 혹은 1주일을 허비할 여유가 없다(큰 프로젝트일 경우는 물론 스케줄이 더 길어질 것이다). 따라서 사전 준비는 아주 간략한 사건의 골격과 큰 그림에 대한 이해를 가지고 현장으로 가기 위한 채비다. 사전 준비 자료를 정리해서 전체 기사에 대한 취재계획서를 작성하는 게 사전 준비의 끝이다. 물론 도면 없이 건축할 정도의 고수 건축가처럼 고수 기자도 머릿속에 취재계획서를 담고 다니며 수시 수정하는 경지에 이를 수 있다. 그러나 능숙하지 못한 기자는 항상 사전취재 → 정리 → 취재계획서 작성이란 사전 준비 단계를 거친 후 현장으로 나가는 게 좋다. 실제 많은 학생들은 취재계획서가 있었기에 초보 기자로서 뉴스 취재와 작성이 가능했다고 증언하고 있다. 취재계획서는 기자 생활을 하는 과정에서 어느 순간부터 나름의 방법으로 간소화되거나 점차 문서에서 머릿속으로 이동할 것이다.

취재계획서는 정해진 양식이 없다. 다만, 다음과 같은 요소가 들어가는 게 좋다.

①취재 프로젝트 제목
②프로젝트 동기, 의도, 목적
③이제까지 사전 수집된 자료 종합(단, 10개 항목 전후로 정리하고, 한 개 항목 당 두 줄 이내로 요약)
④중점 취재 사항, 궁금증 등을 10개 내외의 의문문으로 제시
⑤현장 취재의 동선, 인터뷰 대상, 스케줄
⑥가상의 제목, 리드, 기사 구성, 사진

다음은 실제 뉴스 취재를 위해 작성된 취재계획서다.

①취재 프로젝트 제목: 아이돌 팬들의 덕질문화 프로젝트

②취재 동기:

- 1990년대 팬들은 아이돌 공연장을 쫓아다니거나 앨범 구매가 팬덤 활동의 전부였지만, 요즘 아이돌 팬덤들은 온라인 활동, 통 큰 이벤트 등 양상이 매우 다르다.
- 비용과 시간이 많이 드는데 청소년이라면 학업에 지장을 받는다는 문제도 있다.

③수집 자료 정리

- 아이돌 팬들이 독립 출판물 잡지를 만든다. K팝 매거진 '아이돌레'
- 아이돌 팬들이 온라인 유료 구독 서비스(일종의 팬클럽 SNS)에 가입해서 정보 교류(Lysn는 SM이 운영, weverse는 빅히트가 운영 등)

④취재 중점 문제

- 예전의 아이돌 팬덤 문화는 어떠했나?
- 요즘의 팬덤 문화는 어떤 것들이 있나?
- 과거와 지금의 팬덤 문화의 차이는 무엇인가?
- 과거와 지금의 팬덤 문화 차이를 가져온 것이 무엇인가? 아이돌 사업 자체의 변화인가?
- 코로나로 인한 언택트/비대면 상황에서 팬덤 문화는 또 어떻게 변하고 있나?
- 요즘 팬덤 문화의 부작용은 무엇인가?

⑤취재 동선, 스케줄(12월 1일–7일, 1주일)

- 과거 아이돌 팬덤 기사, 드라마, 특히 '응답하라 1997', 과도한 팬덤 다룬 기사, TV프로그램 상

세 분석 및 정리, 1–2일 소요

- 팬 카페 중 생일 카페 관련자 연락 및 인터뷰 요청, 3일 목요일
- 네이버 V LIVE, Lysn, Dear U. Bubble 참여하는 팬 연락 및 인터뷰 요청, 3일, 4일
- 코로나로 인한 온라인 콘서트, 온라인 팬 사인회, 영상통화 팬 사인회 등 현황 취재, 참가자 인터뷰, 4일, 5일
- 동창회, 지인들 단톡방에 팬덤 관련 문제아 사례 수집, 1일–5일
- 기사 작성, 5일–6일, 보충 예비 취재, 7일
- 데스크 제출 8일

⑥기사 구성

- 제목: 비대면 시대 아이돌 팬덤의 진화...21세기 팬클럽은 플랫폼으로 소통한다
- 리드: '응답하라 1997' 드라마 상황묘사로 리드
- 아이돌 팬덤 덕질의 정의
- 과거 사례: 공연장 문화, 앨범 구매 문화 등
- 최신 사례: 아이돌 생일 카페, 온라인 팬 SNS 자체 플랫폼, V LIVE 등
- 코로나 이후 온라인 콘서트, 영상 팬 사인회 등 소개
- 문제 사례로 마무리

위와 같은 취재계획서에 의해 1주일간 취재하고 작성한 실제 기사 결과물은 다음 링크를 참고하기 바란다(https://han.gl/0OW21).

3. 물적 증거 찾기

(1) 팩트와 진실의 차이

조국 전 장관이 한참 서울대 공익인권법센터 자녀 인턴증명서 부정 발급 논란이 있을 때, 그는 전국에 TV 화면으로 비친 뉴스에서 자신의 자녀는 인턴을 했고 그 대가로 합법적으로 인턴증명서를 발급받았다고 말했다. 그 후 법원은 인턴증명서가 위조됐다고 판단했다. 조 장관이 '인턴증명서가 정당하다고 말했다'는 것은 팩트(fact)다. 그러나 '인턴증명서가 정말 정당한가의 여부'가 진실(truth)이다. 즉, 사람 말은 언제든 뒤집힐 수 있으며 주장에 불과하다. 대신 법원 판결문은 문서이고 물적 증거다. 기사에서 가장 확실한 근거

는 물적 증거다. 기자는 말보다는 물적 증거를 확보하는 데 취재의 역점을 두어야 한다.

물적 증거에는 숫자, 서류, 동영상, 이미지, 녹음 파일 등이며, 이를 구체적으로 증명하는 것들에는 공시지가, 등기서류, 법원 기록, 선거 기록, 은행 기록, 학교 기록, 회의록, 주식 자료, 재무제표, 혼인서류, 경찰 기록, 금융 기록, 세금 기록 등이 있다. 장관 후보자의 세금 탈루 의혹은 세금 기록이 가장 정확한 물증이다.

기자는 항시 기록해야 한다. 기록해야 물증으로 남는다. 보는 것, 들은 것, 읽은 것을 수시로 기록으로 남겨야 한다. 과거에는 소위 '취재수첩'이 기자의 필수 소지품이었지만, 요새는 스마트폰의 카메라 기능, 녹음 기능, 전자펜 기능은 기본이고, 태블릿PC, 노트북 등이 기록으로서 증거를 더욱 효과적으로 보관하게 한다.

(2) 통계의 객관적 힘

통계는 가장 객관적인 증거다. 대통령의 정책 결정을 국민이 찬성하는지 반대하는지를 한두 명의 정치인, 정치학자의 인터뷰나, SNS 댓글이나, 길거리 시민 인터뷰로 객관화할 수 없다. 이런 종류의 취재 결과물은 감정적인 분위기를 전할 뿐이다. 그래서 필립 메이어라는 언론학자는 '정밀 언론(Precision Journalism)'이란 책에서 언론은 통계를 많이 활용해야 객관적일 수 있다고 주장했다.[73]

물론 객관적이고 과학적인 수치로 세상 모든 일을 진단할 수는 없다. 물리학이나 공학과는 달리 정치나 문화와 같은 사회 현상은 물질적 실험으로 특정할 수 없는 조건들이 많기 때문이다. 소련 공산당 정부를 무너트린 옐친이 서구 언론과의 인터뷰에서 "공산주의라는 실험이 끝났다"고 말했다. 인간을 상대로 실제 사회에 공산주의란 새로운 정치경제 모델을 물리학 실험처럼 실험실에서 해보지 않고 직접 사회에 적용한 공산주의라는 실험이 실패로 결론 났다는 의미였다. 그래서 통계는 실험실 실험을 할 수 없는 각종 정치와 경제 현상에 대한 단기적이고 즉각적인 여론 추이를 보여주는 일종의 과학인 것이다.

미국 언론사들 중 일부는 통계 전문가를 고용해서 각종 통계를 분석한 후 기사 자료로 제공하는 시스템을 가지고 있다. 통계로 야구 선수의 미래 가치를 예측하는 시스템으로

---

73 Philip Meyer, *Precision Journalism*, Rowman &Littlefield Publishers, 2002.

메이저 리그 한 야구 구단을 우승으로 이끌었다는 실화를 영화화한 '머니볼'처럼, 사회 현상을 다루는 뉴스에 통계를 활용하는 것은 각종 사회 지표의 변화를 알려주기 때문에 중요하다. 그래서 기자들은 통계 원리를 이해하고 통계 결과를 해석할 수 있는 수준의 통계 지식이 있어야 한다는 주장은 일리가 있다. 한때 미국에서는 통계와 데이터베이스를 활용한 보도 경향을 컴퓨터 활용 보도(CAR, Computer-Assisted Reporting)라고 부르기도 했다.

통계청은 국내 전 분야에 걸친 통계자료를 체계적으로 제공하고 있다. 특히 통계 데이터를 엑셀 형태로 제공해서 이를 다운받아 SPSS와 같은 통계 전문 프로그램으로 언론사가 자체 분석하면 뉴스가 될 수 있는 고급 통계 정보를 추출해 낼 수 있다. 통계청은 말할 것도 없고, 국내 모든 공공기관은 업무 관련 통계를 홈페이지에 공식적으로 탑재하도록 되어 있다. 예를 들어, 포털 검색창에 '부산시 통계'라고 치면, '부산통계: 공공데이터 포털(data.busan.go.kr)'이 뜨고, 이를 클릭하면 [그림14-3]과 같은 사이트가 뜬다.

[그림14-3] 부산시 관련 각종 통계 사이트가 모여 있는 부산 공공데이터 포털

포털에서 '경찰청 통계'를 검색하면, 역시 경찰청의 통계 관련 홈페이지로 이동한다. 여기에는 생활안전 통계, 수사 통계, 교통 통계, 사이버안전 통계 등이 망라되어 있다. '문화체육관광부 통계'를 입력하면, '문화셈터'라는 통계 사이트로 안내한다. 여기에는 문화예술 통계, 문화산업 통계, 관광통계, 체육통계 등이 있다. 이와 마찬가지로, 행정자치부에는 '내고장 알리미', 국회에는 '열려라 국회' 등의 통계 사이트를 보유하고 각종 부처 관련 통계자료를 서비스하고 있다.

이 밖에도 '금융감독원 전자공시시스템'에는 기업들의 재무제표를 포함한 각종 기업 관련 통계자료가 있으며, '대한민국 전자관보'에는 공직자 재산 신고 현황 통계를 보여주고 있다. 모든 대학의 홈페이지 하단에는 '예결산공고' 항목에 있고, 여기에 들어가면, 한 대학의 수입과 지출 내역이 상당히 자세히 나와 있다.

(3) 정보공개법 활용

미국의 정보자유법(Freedom of Information Act)처럼, 우리나라도 정보공개법이 있어서 모든 공공기관은 법적 절차에 따라서 국민이 요구하면 정보를 공개해야 한다. 단, 개인의 사적인 정보나 국가 기밀에 관련된 정보는 예외적으로 공개하지 않아도 된다. 만약 요청한 정보를 해당 기관이 국가 기밀이나 개인의 사생활 정보 영역이라는 이유로 제공을 거부하면, 행정소송을 거쳐 그 결과에 따라서 정보를 얻을 수 있다.

정부는 정보공개법에 따라서 정보공개 포털(https://www.open.go.kr/com/main/mainView.do)을 운영하고 있다. 기자는 물론 대한민국 국민 누구나 이 사이트에 회원 가입하고 원하는 정보를 온라인으로 요청하면 법률이 정한 정보공개법 예외 사항이 아닌 한 정보를 받아 볼 수 있다. 1-2일이 소요될 수도 있고, 늦어도 7일에서 10일 안에는 회신이 온다. 담당자가 회원 가입시 기입한 전화번호로 요청한 정보 관련해서 추가 확인 사항을 묻는 연락이 오기도 한다. 미국 언론사들은 공식적인 정보 청구에 의해 얻은 정보로 작성된 기사에는 그 사실을 로고로 만들어 특별히 독자들에게 알리는 사례도 있다.[74]

74 정태철, 앞의 책, 44쪽.

4. 인적 증거 찾기

(1) "취재는 만나서 듣는 기술이다"

국내 한 신문사 인사부장이 언론학과 교수들과의 언론사 취업 관련 세미나에서 이런 일화를 소개했다. 어려운 언론고시 관문을 뚫고 기자 시험에 최종 합격한 신입 기자들에게 수습기자로서 첫 출근날에 한 경찰서 기자실로 출근하라는 지시가 떨어졌다. 그런데 한 명의 기자가 한 시간이 지나도록 나타나지 않아서 전화로 확인할 결과, 그 신입 기자는 경찰서가 무서워서 안으로 들어가지 못하고 밖에서 망설이고 있었다고 한다. 그는 그날 사표를 내고 말았다고 한다. 이 사건 여파로 추후 언론사들은 면접을 강화해서 합숙 면접, 토론 면접, 등산 면접, 생맥주 면접 등 기자들의 사회성과 인내심을 테스트하는 과정을 넣게 됐다고 한다.

무슨 취재든 많은 사람을 만나서 취재할수록 기사는 좋아진다. 도시 지하철 문제를 취재하기 위해 극단적으로 100명의 시민들을 취재할 수 있다면 모든 문제가 다 언급되고 해결책도 다 나온다는 농담이 있을 정도다. 취재는 듣는 기술이라고 했다.[75] 기자가 사건 관계자들과 가능한 한 많이 만나서 대화하고 그들 말을 경청하면, 모든 원인과 해결책이 다 나온다는 것이다.

그런데 학생들이나 젊은 기자들은 문자나 카톡에 익숙하지만 남과 육성으로 전화하거나 친구 아닌 취재원, 즉 사회 일반인들과 대화하기를 거북해 한다고 한다. 이를 '콜 포비아'라고 하는데, 회사에 걸려 온 전화를 신참 신입사원들이 받지 못하고 덜덜 떠는 사례가 많다고 생긴 신조어다. 경찰서에 무서워 못 들어온 기자 합격자처럼 일종의 대인 기피증 현상이 젊은이들 사이에서 번지고 있다.

기자는 사람 만나서 대화하고 듣는 직업이다. 그래서 기자는 전화번호에 저장된 사람 리스트가 1000명 이상이 되어야 한다는 말도 있다. 나중에 언제 어떻게 필요할지 모르니 처음 만나 통성명한 사람의 이름, 전화번호, 관련 분야 입력은 필수다.

---

75 정태철, 앞의 책, 448쪽.

(2) 사람 만나기

기사 제출이 늦는 학생들이 하는 가장 흔한 변명은 인터뷰이에게 이메일을 보냈는데 답이 아직 안 왔다는 것이다. 이메일 보내고 무한정 기다리는 것은 가장 한심하고 대책 없는 취재 방법이다. 심지어 교수 연구실을 눈앞에 두고도 그 교수에게 이메일을 보내놓고 답을 기다리는 학생들도 있다. 이 세상에 친절한 취재원은 없다. 정치인과 연예인은 좋은 일이라면 인터뷰하기를 좋아하는 편이다. 자기 이름 한 번이라도 언론에 더 언급되는 게 대중 인지도에 유리하기 때문이다. 그러나 일반인들이나 공무원, 기업인들은 긍정적인 사안이라도 언론과 접촉하는 것 자체를 꺼린다. 익명 보도를 전제로 인터뷰에 응하는 경우는 그래도 다행이다.

대개의 뉴스에는 대학교수와 같은 전문가가 중요한 결론 멘트를 장식해준다. 그래서 기자들에게 대학 은사처럼 아는 사람에게 연락하는 게 가장 손쉬운 길이지만, 잘 모르는 전문가들은 중간에 아는 사람을 매개로 연락을 취하는 방법이 좋다. 그럴 상황이 안된다면, 유비가 제갈량을 모시기 위해 삼고초려했다는 정신으로 성의, 의지, 의욕으로 인터뷰를 끌어내는 끈기가 필요하다.

유능한 기자들은 뉴스원을 술집에서 만나지 않는다고 한다. 어떤 원로 기자는 술집에서 취재하는 게 가장 나쁜 취재 방법이라고 비판하기도 한다.

(3) 취재원의 초상권, 성명권

취재원은 자신의 외모 이미지에 대한 초상권과 자기 이름 석자에 대한 성명권을 갖는다. 자신의 신분을 어디까지 밝힐 것인지, 자신의 외모 사진을 어떤 자세로 어디까지 공개할 것인지는 전적으로 인터뷰이의 의지에 달렸다. 그리고 기자와 뉴스원과의 신상 공개 여부나 정보공개 수준의 약속은 기자로서 지켜주는 게 도리다. 사전에 녹음 여부, 촬영 여부는 뉴스원의 동의를 구해야 한다.

(4) 취재원의 질

기사에서 많은 사람을 만나는 것도 중요하지만, 취재원의 질도 중요하다. 같은 기사라 해도 누구를 취재원으로 했느냐에 따라서 기사 내용이나 방향이 달라질 수 있다. 취재원 선정에서 판에 박힌 취재원을 벗어날 수 있어야 한다. 공무원, 정치인, 연예인은 늘 기자들과 만나고 뉴스에 등장하는 사람들이다. 그들의 인터뷰 내용은 마치 기자들이 늘 투망하는 그물에 걸리는 물고기처럼 수용자 눈에 식상할 수 있다. 청년 정치인, 장애인, 환경 운동가 등 소수 의견에서 주류 사회가 놓칠 수 있는 대답이 나올 수 있다.

정치적이고 이데올로기적인 사안일수록 찬성과 반대 의견을 고루 들어야 하고 이해 당사자들의 의견이 균형 있게 기사에 반영돼야 한다. 이해 당사자 중 어느 한쪽 의견이 전혀 기사에 나타나지 않을 경우, 반론권 차원의 문제도 발생하지만, 고의로 상대편 의견을 도외시했다는 법률적 약점이 될 수도 있다. 명예훼손의 판단 기준 중 하나인 언론사의 '실제적 악의'를 증명하는 판례 중 하나가 바로 이해 당사자의 인터뷰를 누락하는 것이기 때문이다. 인터뷰를 취재원과 하기는 했지만 허위인 줄 알면서 기사화한다든지, 또는 허위 여부를 따지지 않고 기사화했을 때도 실제적 악의가 있다고 법원이 판단할 수도 있으니 조심해야 한다.

(5) 인용할 만한 멘트를 찾아라

원래 텍스트 기사는 영상에 비해서 태생적으로 독자의 흥미를 끌기가 어렵다. 특히 영상 세대에게 텍스트 뉴스는 선택받기가 점점 더 어려워지고 있다. 딱딱한 텍스트 기사 문장 속에서 일말의 흥미적 요소가 바로 인터뷰이의 인간적 냄새가 나는 직접인용 멘트다. 인터뷰이의 감정과 진정이 담겨 있는 직접인용은 기사의 분위기를 고조시킨다.

(6) 취재 충실성은 독자가 안다

기사를 읽는 독자들이 취재의 성실성, 집요함, 치밀함을 알아본다. 독자들이 기자가 취재하기 위해 그런 곳까지 가고 그런 자료까지 확보했는지를 먼저 알아본다.

5. 인터뷰 요령

(1) 인터뷰 사전 준비

기사에 사용되는 인터뷰에는 크게 두 가지 종류가 있다. 하나는 한두 마디 코멘트를 얻기 위한 즉흥 인터뷰이고, 두 번째는 한 주제를 놓고 장시간 진행되는 심층 인터뷰다.

즉흥 인터뷰는 출근길 doorstepping, 청문회, 방송 출연 중 장관이나 정치인들에게 기자나 다른 관계자들이 던지는 짧은 질문과 이에 대한 한두 마디, 혹은 몇 초 남짓밖에 되지 않는 대답들로 이뤄진다. 2020년이 지나면서 "집회 주동자는 다 살인자다", "소설을 쓰시네", "아파트가 빵이라면 제가 밤을 새워서라도 만들겠지만" "선택적 정의다" "아니다, 선택적 의심이다" 등 정치인들의 각양각색 돌발 대답이 즉흥 인터뷰의 산물이다.

그러나 심층 인터뷰는 다르다. 기자는 인터뷰이와 취재 중인 기사, 인터뷰 목적, 인터뷰 내용 등을 사전 섭외에 의해 설명하고 인터뷰 시간과 장소를 정해야 한다. 준비 없이 인터뷰하는 것은 내비게이션 없이 비행하는 조종사와 같다는 말도 있다.[76] 시간이 허락하는 한 치밀한 준비가 인터뷰의 성패를 좌우한다. 기자는 인터뷰이의 업적, 경력, 학력은 기본이고, 그 외에도 성격, 취미, 가족, 친구 관계에 대한 지식을 알고 가야 한다. 인터뷰이가 처음 만난 기자와 대화를 나누면서 기자가 핵심 주제에 대해 잘 모른다는 인상을 받으면, 그 인터뷰는 실패하기 마련이다.

인터뷰에 임하는 학생들이나 신입 기자들은 인터뷰를 매우 어려워하고 부담스러워한다. 20여 년 동안 대화를 나누던 가족이나 친구들과 전혀 다른 연령대의 인물을 만난다는 사실 자체가 초년 기자들에게는 버겁고 주눅이 들게 마련이다. 다른 세계의 나이 든 인터뷰이와 격의 없이 대화를 주고받을 수 있는 성격 소지자는 드물다. 능숙한 인터뷰 준비와 실행은 어느 정도 연륜과 경험이 필요하지만, 반복되기 쉽지 않은 인터뷰이와의 만남에서 모든 것을 해결해야 하는 기자는 알차게 준비하고 담담하게 대화를 이끌어 나가야 한다.

---

76 Brooks, et al., 앞의 책, 83쪽.

(2) 질문지 기반 인터뷰 요령

인터뷰 준비는 최종적으로 질문지로 마무리된다. 초보 기자가 저지르는 가장 큰 실수는 준비된 질문지의 질문을 마치 질문 기계처럼 던지고 답변을 듣자마자 질문지의 다음 질문으로 넘어가는 형식의 인터뷰다. 인터뷰는 기본 질문지를 엔진 삼아 주고받는 대화 형식으로 달려야 한다. 그 대화는 가벼운 일상 대화(날씨, 장소 분위기, 배경 음악 등)부터 시작해서 서서히 주제 관련 질문으로 옮겨가야 한다. 핵심 주제에 대한 질문도 변두리 질문에서부터 본질적 질문으로 서서히 옮겨 가야 한다.

(3) 후속 질문의 순발력과 임기응변

인터뷰 실전에서 중요한 것은, 질문하고 대답이 나오면 그 대답으로부터 새로운 연결 질문(질문지에 없는 질문)을 이어가야 한다는 점이다. 이런 형태의 질문을 'follow-up question(후속 질문)'이라 한다. 결국 질문지는 주제에 대하여 알고 싶은 골자만 있을 수밖에 없다. 자세한 대화의 방향과 내용을 기자가 사전에 예측할 수가 없다. 그때 필요한 것이 인터뷰이의 대답에 대한 기자의 후속 질문이다. 여기에 기자의 순발력과 임기응변이 필요하다. 후속 질문에서 핵심 주제에 대한 인터뷰의 성패가 판가름 난다고 해도 과언이 아니다.

(4) 질문 방식(wording)

질문 방식도 중요하다. 모호한 질문은 모호한 답변을 얻는다. 추상적 질문은 추상적 답변을 들을 수밖에 없다. "선생님은 주제에 대하여 어떻게 생각하십니까?"와 같이 포괄적인 의견을 듣고 싶으면 소위 개방형 질문(open-ended question)을 던져야 하고, "선생님의 입장은 yes입니까, no입니까?", "선생님은 이 문제에 대해 찬성하십니까, 반대하십니까?"와 같이 둘 중 하나만의 명백한 답변을 원할 때는 소위 폐쇄형 질문(closed-ended question)으로 물어야 한다.

한국 국회에서는 각종 청문회가 열린다. 국회의원과 장관 후보자 등 청문회 당사자와의 설전이 자주 TV에 소개된다. 한국 국회의원들은 청문 대상자에게 호통을 치고 윽박지르는 바람에, 치밀하고 팽팽한 논리 싸움이 아니라 길거리 멱살잡이 싸움판을 연출한다.

비윤리적인 수단으로 국회의원들을 로비하던 여성 로비스트를 그린 영화 '미스 슬로운'이 있다. 영화 끝부분에서는 상원 청문회에 소환된 여성 로비스트와 상원의원들과의 비윤리적 로비활동에 대한 추궁과 답변이 전개된다. 물론 연출된 영화이기는 하지만, 질문과 대답 방식의 정석이 잘 묘사되어 있다. 여기서는 "그렇다" "아니다"만의 대답을 요구하는 폐쇄형 질문을 집요하게 이어간다. 물론 증인은 "그렇다" "아니다", 혹은 "헌법에 따라서 묵비권을 행사한다"를 적절히 섞어 가면서 위기를 요리조리 피해 나간다. 그게 질의응답의 묘미이기도 하지만, 한계이기도 하다.

청문회와 언론 인터뷰는 진솔한 대답을 끌어낼 수도 있지만, 인터뷰이가 아니라고 철저히 피해 가면 더 이상 진실을 말로써 끌어낼 수는 없다. 그래서 질문은 주제와 맥락에 따라서 공격적일 수도 있고, 위협적일 수도 있으며, 때에 따라서는 동정적이거나, 협조적일 수도 있다. 질문 방식을 수시로 조절하는 방식으로 인터뷰의 한계를 극복해야 한다.

(5) 직접인용 멘트를 찾아야

텍스트 기사의 흥미적 요소는 인터뷰이의 감정이 솔직히 드러난 멘트의 직접인용이라고 앞에서 지적한 바 있다. 기자는 인터뷰 과정에서 인터뷰이의 솔직한 느낌, 회한, 정서를 이끌어 내야 한다. 기자는 인터뷰이의 감정이 잘 살아난 멘트가 나오면 순간적으로 그 멘트를 기사 제목이나 리드로 활용해야겠다는 생각을 할 수 있어야 한다. 솔직한 멘트일수록 빡빡한 활자에 순간적인 여유를 독자들에게 제공한다.[77]

(6) 인터뷰이를 100% 믿지 마라

기자는 인터뷰이의 모든 말을 100% 신뢰해서는 안된다. 취재원은 항상 거짓말할 수 있다. 그래서 인터뷰 도중 말투가 어색하거나 앞뒤가 논리적으로 안 맞으면, 즉각 후속 질문

[77] Brooks, et al., 앞의 책, 99쪽.

으로 그 진위를 캐야 한다. 어감이나 어투가 "했다"인지, "한 것 같다"인지, "하는 것을 누가 봤다고 한다"인지를 유심히 살펴야 한다.

기자는 인터뷰이의 대답에 만족하지 말고, 그 진위와 대답 속의 의도를 후속 질문으로 대처해야 한다. 인터뷰 후에 인터뷰이의 대답이 미심쩍을 때는 다른 뉴스원에게 '더블 체크'하는 것도 잊지 말아야 한다.

인터뷰이가 대답한 정보를 직접 본 것인지, 아니면 다른 사람에게 들은 것을 옮기는 것인지를 확인해야 한다. 2020년 4월에 벌어진 국내 언론은 김정은 사망 예측 기사를 쏟아냈다. 그런데 언론에 인용된 국내 뉴스원이 김정은 사망 사실을 어떤 경로로 듣고 전하는 것인지가 불확실했다. 당시 지성호 의원이 김정은 사망을 99% 확신한다는 말도 했고, 그게 언론에 보도됐는데, 지성호 의원이 그 말을 누구한테 들었는지, 지 의원이 들은 뉴스원은 직접 김정은 사망을 확인할 수 있는 위치에 있는 사람인지가 모두 불분명했고, 국내 언론은 지 의원의 뉴스원을 따지지 못했다. 뉴스원의 인터뷰 내용은 다른 뉴스원, 자료로 항상 더블 체크해야 한다.

6. 특수 취재

(1) 크라우드 소싱 취재방법

시대가 변하면서 새로운 종류의 취재 방법들이 등장하고 있다. 그 중 하나가 크라우드 소싱(crowd sourcing) 저널리즘이다.[78] 이것은 일반 시민들이 특정 언론사의 뉴스 선택, 취재, 자금 지원 등의 과정에 참여해서 뉴스를 협동으로 만들어 가는 것으로 그 실제 양상은 다양하게 진행되고 있다. 국내에서는 뉴스타파의 2013년 '조세 피난처 프로젝트', 한겨레의 2013년 '전두환 재산 찾기 프로젝트', 시사인의 2015년 '국정원 해킹팀 프로젝트' 등이 진행됐다. 외국에서도 복스(Vox)의 2017년 다큐멘터리 '국경(Border)' 등의 크라우드 소

78 김영주, 송해엽, 이성규, "크라우드 소싱 저널리즘: 고품격 저널리즘은 크라우드 펀딩의 필수조건", 『신문과 방송』, 2018. 6. 8., https://c11.kr/kw87.

싱 저널리즘 사례가 있다.

그러나 크라우드 소싱 취재 방법이 긍정적이지만은 않다. 독자들이 자금을 지원했기 때문에 언론사의 취재에 간섭하는 경향이 있어서, 언론사 입장에서는 독립성을 유지하기가 어렵다는 문제가 있다는 것이다. 크라우드 소싱 저널리즘이 성공하기 위해서는 지원자와 언론사의 신뢰가 깊어야 하고 좋은 기획과 콘텐츠가 선행되어야 한다.

(2) 여론조사 취재 방법

언론사가 여론조사를 실시해서 그 결과를 보도하는 것도 일종의 특수한 취재 방법이다. 정치나 정책 등 특정 사안에 대하여 국민들이 가지고 있는 생각 자체가 뉴스는 아니지만, 그 여론을 과학적으로 조사해서 결과를 뉴스로 보도하는 일은 이제는 보편적인 언론의 보도 행위가 됐다. 다른 여론조사 기관의 결과를 보도하는 뉴스도 있지만, 언론사가 주관하여 여론조사를 실시하고(물론 조사는 여론조사 기관이 대행한다) 그 결과를 보도하는 뉴스도 흔하다.

여론조사를 직접 언론사가 주관하고 그 결과를 보도하는 행위를, 마치 정치인이 이벤트를 벌여 뉴스 보도를 유인하는 언론플레이처럼, 일종의 뉴스 만들기(news making)로 보는 시각도 있다. 언론사가 의도적으로 여론조사를 실시해서 그 결과를 뉴스로 만드는 행위가 윤리적으로 옳으냐의 논란도 있다. 여론조사는 질문의 단어 선택(wording)이나 표본 추출 방법 등에서 미묘한 조작이 가능하기 때문이다. 그래서 미국이나 국내 언론이나 여론조사 결과를 보도할 때는 주관 기관, 표본 추출 방법, 질문지, 표본오차 등을 모두 기사 속이나 중앙선거여론조사심의위원회 홈페이지를 통해서 공시해야 한다.

(3) 실험 취재 방법

언론사가 간단한 실험을 하고 실험 결과를 보도할 수도 있다. 멀쩡한 차를 문제가 있는 듯하니 고쳐 달라고 여러 차 수리 업체에 맡기고 그 결과를 비교해서 정직하지 못한 차 수리 업체를 고발하는 뉴스가 여기에 속한다.[79] 국내에도 이와 비슷한 종류의 보도가 소비자

고발 뉴스로 가끔 나오기도 한다.

(4) 탐사보도(investigative reporting)

앞에서 소개된 영화 '스포트라이트'의 탐사보도 팀처럼, 사회 내의 비리를 캐는 탐사보도는 미국에서는 정부의 감시 기능과 더불어 언론의 공익적 역할을 상징하는 위상을 가지고 있다. 미국에는 탐사보도협회(IRE, Investigative Reporters and Editors)도 활발하게 활동하고 있고, 유수 언론사들은 위 영화에서 소개된 보스톤 글로브 지처럼 탐사보도 팀이라는 별도의 조직을 두고 날마다 기사를 쓰지 않고 철저히 기획에 의해 독자적으로 움직이는 별동 기자팀을 운영하는 경우가 많다. 한국에서는 '추적 60분', '그것이 알고 싶다', 'PD 수첩' 등이 대표적인 탐사보도물이고, '뉴스타파'는 탐사보도만을 전문적으로 다루는 언론사를 표방하고 있다. 신문사들은 부정기적인 기획기사에서 탐사보도를 다루기도 하며, 신동아, 월간조선, 월간중앙 등 시사 월간지가 월간이란 발행주기를 활용해서 탐사보도를 시도하기도 한다.

탐사보도는 의심을 살만한 근거가 있어야 취재에 돌입하는 게 좋다. 왜냐하면, 탐사보도는 돌이킬 수 없는 치명적인 비리를 찾아내고 증명하는 취재 방법이므로 취재 결과가 사실이라면 한 회사나 공공기관, 또는 그 책임자의 사활에 영향을 주는 결과를 초래하기 때문이다. 탐사보도는 인원이 많이 투입되는 등 취재 비용이 많이 들 수도 있고, 비리 의혹이 사실이 아닐 경우, 법적 책임을 져야 하는 역풍을 맞을 수도 있다. 그래서 의심의 증거가 미약하면 탐사보도는 아예 시작하지 않는 게 좋다.

탐사보도 취재는 '가설(hypothesis)'을 세워서 진행하는 게 좋다.[80] 가설이란 과학적 연구의 잠정적 결론이다, 과학적 연구는 연구의 잠정적인 결론을 세우고 이를 가설이라고 한다. '물은 100도에서 끓는다'와 같은 가설을 세우고 이게 맞는지 틀리는지 검증하는 논리적 단계를 거치는 것이다. 따라서 '시장은 성추행범이다'와 같은 가설을 세우고 각종 취재를 통해서 이 가설이 인정되는지 부인되는지를 검증하는 것이 곧 탐사보도라는 것이다.

---

79 Brooks, et al., 앞의 책, 376쪽.

80 위의 책, 390쪽.

핵심 물증을 찾는 게 탐사보도에서는 아주 중요하다. 물적 증거를 찾았어도 인적 증거에 의해 이중 삼중 확인 증언을 확보해야 한다. 탐사보도에서 비리 증명이 거부될 수 없어야 하고, 그 과정과 결과가 정확해야 한다. 한 치의 부정확성이 있을 경우, 탐사보도 결과가 통째로 거부되면서, 동시에 사회와 시민들로부터 엄청난 비판에 쌓이고, 법적 소송에 직면할 수도 있다.

취재원의 익명성이 충분히 보장되어야 하고, 취재 대상이 언론사의 취재 행위를 불법 도청, 불법 촬영, 불법 침입 등의 혐의로 경찰에 고발해서, 경찰이 언론사 편집국을 압수 수색할 수도 있다. 그래서 탐사보도 팀은 취재 착수 단계부터 간부와 상의하고 변호사의 법률적 조력을 수시로 받아야 한다.

제15장
뉴스 쓰기

1. 뉴스 취재와 뉴스 쓰기

실제 언론사에서 사건을 기사로 보도하는 과정은 뉴스 선택 → 뉴스 취재 → 뉴스 쓰기(뉴스 작성)의 순으로 진행된다. 그러나 신입 기자가 취재와 보도를 배우는 순서는 뉴스 쓰기 → 뉴스 선택 → 뉴스 취재의 순이어야 한다고 제1부 제1장에서 설명한 바 있다. 왜냐하면, 뉴스의 선택, 취재, 작성 중에서 모르는 사람이 배우기가 가장 어려운 것이 뉴스 작성 단계이기 때문이다. 뉴스 선택과 취재는 간단한 이론을 배운 다음 현장을 뛰어다니면서 몸으로 배우게 된다. 결국 교실에서 뉴스 쓰기를 배운 사람이 뉴스 선택과 뉴스 취재를 현장에서 배우면, 가장 자연스럽고 빠르게 뉴스 생산 전 과정을 배우게 된다.

미국 미주리 대학 저널리즘 스쿨은 뉴스 쓰기 과목을 통해서 교실에서 교수가 사전에 준비한 취재자료를 바탕으로 16주 동안 15-16회의 기사 쓰기를 연습한다. 그다음 뉴스 취재보도 과목을 통해서 실제 뉴스룸에 투입되어 기자로서 뉴스 선택과 취재를 실습하게 된다. 뉴스 선택과 취재만 배우는 별도의 과목은 없다. 뉴스 쓰기를 배운 다음, 학생들은 바로 현장에 투입돼서 뉴스 선택과 취재를 동시에 몸으로 배우기 때문이다.

본 교재를 통해서 여기까지 기자훈련을 받는 학생이라면, 아마도 뉴스 작성 요령은 반복 연습을 통해서, 그리고 뉴스 선택과 취재 방법은 이론상으로 익힌 상태가 됐을 것이다. 이제는 기사 요소 중 이미 습득한 리드와 본문 이외의 요소인 제목(headline), 부제목

(subheadline), 사진, 사진 설명(cutline), 인포그래픽(infographic, 그래프, 그림, 지도 등) 등을 배울 차례다.

이 작업 과정은 언론사 상황에 따라서 다르다. 규모가 큰 언론사일수록 취재부서와 편집부서, 그래픽 작업 부서, 사진 부서가 독립적으로 작동한다. 그래서 취재기자는 열심히 취재하고 본문 작성에 치중하면 그만이다. 그러나 규모가 작은 언론사는 취재기자가 1인 3역 내지는 4역을 남낭하게 한다. 기자는 취재 보도는 기본이지만, 그 외에 사진 촬영 및 사진 설명, 그리고 제목과 부제목 작성까지도 책임질 수 있는 게 현실이다. 그리고 현대 뉴스룸은 점차 취재기자가 기사 작성, 제목 작성, 심지어 영상 촬영까지 할 수 있는 원맨 저널리스트가 되기를 요구하고 있다.

2. 제목 다는 법

미국 LA 타임즈 주말판은 광고까지 합치면 1000페이지가 넘는다는 얘기를 들은 적이 있다. 물론 인터넷이 발달하기 전의 일이다. 언젠가 LA를 방문했을 때, 이게 정말 사실인가 호기심이 발동해서 친척 집에 배달된 주말판 페이지 수를 광고까지 포함해서 일일이 세어 봤다. 1000페이지에는 미치지 못했지만 대략 700페이지가 넘었다. 국내 종이신문의 하루 발행 면수는 중앙지 기준으로 30에서 40면을 오간다. 하루에 신문이 두 뭉치 혹은 세 뭉치가 될 때도 있다. 경제 섹션이나 주말 섹션이 발행되기 때문이다.

이런 현상은 하루 신문에 담긴 뉴스 건수가 많다는 것을 의미한다. 어르신들은 하루 두세 시간 돋보기 넘어 신문을 열독하지만, 젊은 사람들은 그럴 시간도 없을 뿐더러 인터넷이나 스마트폰 앱으로 기사를 읽기 때문에, 신문 기사 읽는 시간도 짧고 읽는 방식도 다르다. 구세대는 뉴스 하나를 제목, 리드, 본문, 사진과 사진 설명 모두를 다 읽는다. 이들 모두가 한눈에 들어오는 종이신문을 선호하기 때문이다. 젊은 세대는 제목만 보든지, 제목과 리드만 보든지, 제목이나 리드를 보다가 무언가 읽을 충동을 느끼면 그때에서야 본문으로 넘어가는 구독 경향을 보인다. 스마트폰을 이용하기 때문이다. 요새는 노년층도 스마트폰으로 뉴스를 보고 종이신문을 끊은 분들도 많다. 그래서 제목이 독자의 뉴스 읽기 여부를 결정하는 키를 쥐고 있다.

그래서 생긴 것이 '낚시 제목'이다. "백신 접종 3위는 영국, 2위는 바레인, 1위는?" "미성년 제자 술 먹이고 성폭행한 코치 집행유예, 왜?" 이런 제목이 실리면, 독자는 1위가 어느 나라일까, 또는 집행유예를 선고받은 이유가 궁금해서 해당 제목을 클릭하고 본문을 본다. 미끼를 문 물고기처럼 신문사의 제목에 독자가 낚이기 때문에 낚시 제목이란 이름이 붙은 것이다. 이는 정상적인 제목이 아니다. 기사 클릭 수에 따라 신문사에 지급되는 구글 광고 수익 때문에, 많은 언론사들이 원칙에서 벗어난 낚시성 제목을 만들어 내고 있다.

제목만 읽는 독자 수가 늘어남에 따라서 제목만으로 타인의 명예를 훼손할 수 있느냐는 문제가 발생할 수도 있다.[81] 기사는 제목과 본문으로 이뤄지기 때문에 짧은 제목에서 명예훼손적 내용이 있다고 해도 본문에서 충분히 설명되면 명예훼손을 면할 수 있다는 것이 종전의 판례였다. 그러나 최근의 독자 뉴스 구독 경향이 제목 위주이기 때문에, 비록 본문에서 충분히 설명이 주어지더라도 제목만으로 명예훼손 가능성이 높아졌다.

(1) 뉴스 제목 관행의 한국과 미국 차이

미국 언론 제목은 주어와 술어라는 문법적 요소를 다 갖추는 게 원칙이다. 여기서 공간 제약 때문에 'be 동사(am, are, is)'와 '정·부정관사(the, a, an)'를 생략할 수 있는 게 제목 작성 기본 원칙이다. 미국 언론 제목은 잘 보면 주어와 술어가 모두 있는 완전 문장이 대부분이다. 또 한국과는 달리 미국 언론 제목은 과거 사건을 현재형으로 묘사한다. 닉슨 대통령 사임한 다음 날 언론 제목은 "Nixon resigns(닉슨이 사임하고 있다)"로 "닉슨이 사임했다"가 아니었다. 미국 제목의 동사 현재형 표현은 실감 나게 묘사하기 위한 관습이라고 미주리 대학 편집 담당 교수들이 말하곤 했다. 하지만, 미국 언론 제목이 주어와 술어의 완전 문장이 원칙이라는 점은 국내 언론의 제목 관행에 시사하는 바가 크다.

---

81 정태철, "신문환경의 변화에 따른 신문제목의 문제점 연구", 『경성대학교 논문집』, 16집 1권, 1995, 247–275쪽.

(2) 제목의 종류

기사 제목(headline)에는 주제목, 부제목, 사이제목이 있다. 주제목은 기사의 상단에 붙는 제목으로 기사를 대표한다. 주제목은 한 문장으로 될 수도 있고, 나열 관계(그리고 등)나 연결 관계(그러나 등) 등을 갖는 두 개 문장이 하나의 주제목이 될 수도 있다. 다음의 [그림15-1]은 "아카데미 상이 백인 잔치에서 벗어난다"는 문장과 '그래서' "2024년부터는 여성 등 소수자가 영화에 참여해야 아카데미상을 받는다"는 연결 관계의 두 문장이 하나의 주제목을 구성하고 있음을 보여준다.

또한 같은 [그림15-1]에서 주제목 다음 기사 본문이 나오기 전의 위치에 3개의 부제목이 있다. 부제목은 주제목 다음으로 부차적이거나 세부적인 기사 내용을 요약해주는 기능을 하고 있다. 최근 추세는 부제목만 읽어도 기사 전체 내용을 파악하도록 부제목의 요약 기능이 강조되고 있다. 언론사들은 현실적으로 독자들에게 최소한 주제목과 부제목까지만이라도 읽어주기를 바라는 의도로 주제목과 부제목을 작성하고 있다. 그만큼 현대 언론은 제목이 중요하다.

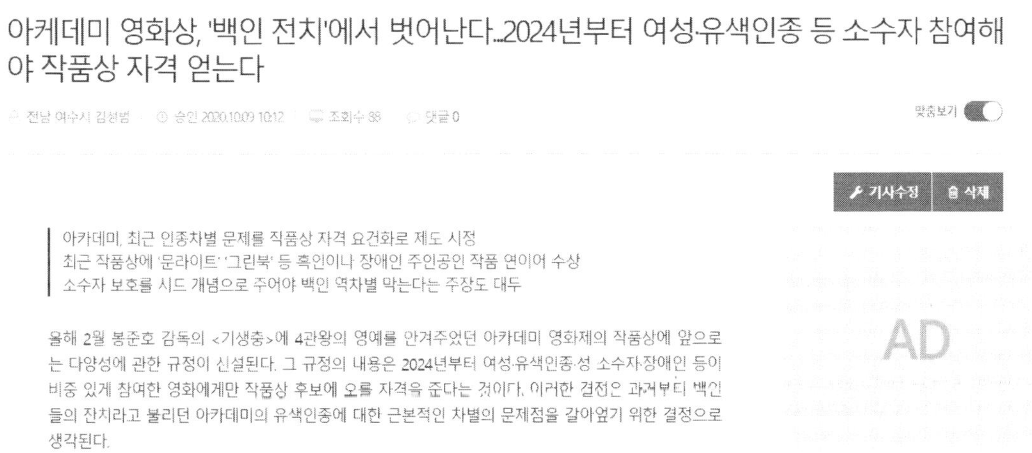
아케데미 영화상, '백인 전치'에서 벗어난다...2024년부터 여성·유색인종 등 소수자 참여해야 작품상 자격 얻는다

전남 여수시 김성범 | 승인 2020.10.09 10:12 | 조회수 38 | 댓글 0

맞춤보기

기사수정 | 삭제

아카데미, 최근 인종차별 문제를 작품상 자격 요건화로 제도 시정
최근 작품상에 '문라이트' '그린북' 등 흑인이나 장애인 주인공인 작품 연이어 수상
소수자 보호를 시드 개념으로 주어야 백인 역차별 막는다는 주장도 대두

올해 2월 봉준호 감독의 <기생충>에 4관왕의 영예를 안겨주었던 아카데미 영화제의 작품상에 앞으로는 다양성에 관한 규정이 신설된다. 그 규정의 내용은 2024년부터 여성·유색인종·성 소수자·장애인 등이 비중 있게 참여한 영화에게만 작품상 후보에 오를 자격을 준다는 것이다. 이러한 결정은 과거부터 백인들의 잔치라고 불리던 아카데미의 유색인종에 대한 근본적인 차별의 문제점을 갈아엎기 위한 결정으로 생각된다.

AD

[그림15-1] 주제목과 부제목을 보여주는 기사 예시

그 밖의 제목 종류로는 길이가 꽤 긴 기사 본문 사이사이에 길라잡이 역할을 하는 사이 제목이 있다. 주어와 술어가 생략되고 한두 개의 단어로 강렬한 의미를 주는 형태의 제목은 '해머(hammer) 헤드라인'이라고 한다. 망치로 독자의 마음을 강타한다는 의미를 담고 있다. "충격!...무면허 운전한 10대 소년, 경찰과 15km 추격전 끝에 검거"와 같은 제목에서 '충격!'이라는 부분이 해머 헤드라인에 해당한다. 해머 헤드라인은 필히 주어와 술어를 갖춘 완전 문장형 제목과 짝을 이뤄야 한다는 게 미국식 제목 작성 원칙이다.

(3) 제목 작성 요령

기사 제목은 다음과 같은 순서로 진행된다.

①기사에서 가장 중요한 문장, 혹은 가장 중요한 키워드(단어)가 무엇인지를 찾는다.

②그다음 중요한 문장 내지는 키워드 3-4개가 무엇인지 찾는다.

③이렇게 찾은 핵심 문장 또는 키워드 4-5개가 곧 제목 재료가 된다.

④이들 중 가장 중요한 핵심 문장 내지는 키워드 1개 혹은 2개를 주어와 술어로 된 완전 문장으로 만든다. 이게 주제목 후보 문장이 된다.

⑤주제목 후보 문장은 당연히 서술적이고 길고 멋이 없기 마련이다. 이를 리듬감, 흥미적 표현 등을 가미해서 최종 주제목으로 처리한다. 이때 주제목은 1개 문장으로 구성될 수도 있고, 경우에 따라서는 연결 관계를 가진 두 문장으로 주제목을 구성할 수도 있다.

- 담뱃값 껑충 뛰자, 말아 피는 '롤링 토바코' 불티
  ※한 개의 주제목

- 마당과 담장이 포근한 '가정집 북 카페' 우후죽순...새로운 문화공간으로 각광
  ※두 개의 문장이 연결된 주제목

- 도안에 크레파스 등 색칠하기 유행...몰입하면 스트레스 한방에 '훅'
  ※두 개 문장이 연결된 주제목

- "어른들이 색칠놀이에 빠졌다"... '컬러링' 돌풍
  ※한 개의 문장과 한 개의 해머 제목(문장 아닌 단어만의 제목)으로 된 주제목

⑥주제목에 빠진 나머지 2-3개의 중요 내용이나 키워드는 다시 리듬감과 흥미적 표현으로 멋을 부려 부제목으로 처리한다.

⑦뽑아 놓은 중요 내용이나 키워드를 서술적 완전 문장으로 후보 제목을 만들었지만, 그후 기교를 부려서 멋진 제목을 만들기가 어려우면, 그대로 사실 전달에 충실한 제목으로 만들어도 좋다. 모든 제목을 의도적으로 과하게 멋을 부릴 필요는 없다.

- 태블릿PC를 활용한 디지털 공부법이 대학생들에게 인기다
- 청년수당 · 청년 구직활동 지원금 늘려 코로나로 위축된 취준생들 기 살리자
- 공인인증서 가고 토스인증서 등 민간인증서 시대 온다
- 보행 장애인들, 승마하면서 물리치료 받는다

※이런 제목들은 기교를 부리지 않고 사실 전달에 충실하다. 그래도 제목으로서 어색하지 않다.

(4) 제목 작성 시 주의사항

①제목의 자수를 공간에 맞추려고 무리한 약어를 의도적으로 만들어 내는 것은 바람직하지 않다. 이를 '언론용 약어'라고 하는데, 바람직한 게 아니다. 사람들이 일반적으로 널리 사용하는 언어로 제목을 만드는 것이 가장 바람직하다. 'DJ', 'MB' 등은 널리 쓰여 아무 문제가 없으나, 폼페이오 장관을 '폼' 장관, 베를루스코니 전 이태리 수상을 '베' 전 수상으로 표기하는 것은 무리다. 프랑스를 佛(불), 오스트레일리아를 濠(호)라고 부른 지는 오래됐다. 한글세대가 많아져도 제목의 공간 제약 때문에 국내 언론들은 편의적으로 이런 한자식 약어를 제목에서 많이 사용해왔다.

②제목에는 마침표를 찍지 않는다. 신입 기자가 제목에 마침표를 찍어 기사를 송고했는데, 데스킹과 교정 단계에서 너무도 뻔한 이 실수를 아무도 발견하지 못해 지면에 나가는 경우가 생기기도 한다.

③의미 전달에 문제가 없는 한, 간결하고 생동감 있는 리듬 전달을 위해 제목에는 조사와, 명사 뒤에 붙어서 동사를 만드는 접미사인 '하다'나 '되다'를 생략할 수 있다. 그러나 조사 생략이 의미 전달에 문제가 생기는지 여부를 유의해서 살펴야 한다. 조금이라도 의미 전달에 문제가 생기면, 조사를 생략해서는 안된다. 단, 주격조사(이, 가, 은, 는)가 생략되면 쉼표를 찍는다.

- 삼성(이), 테크노 음악제(에) 재정 지원(하다, 했다)
- 대통령(이), 새 장관(을) 임명(하다, 했다)
- KTX 여승무원(이), 전면(적인) 파업(을) 강행(하다, 했다)

- 대통령 부인과 동반 산행 (×)
  → 대통령(이), 부인과 동반 산행 (○)
  ※주격 조사가 생략된 다음에 쉼표를 꼭 써야 하는 이유를 보여주는 사례
- 윤 **대통령(이) "예술인** 창작 전념할 환경 만들겠다" (발표) (△)
  → 윤 **대통령(이), "예술인** 창작 전념할 환경 만들겠다" (발표) (○)
  ※주격 조사가 생략될 경우는 뒤에 인용문이 와도 예외를 두는 것은 규칙을 복잡하게 한다.

- 정부, 소년 가장 지원 결정 보류 예정
  ※지나치게 조사가 생략되면, '학이시습지불역열호(學而時習之不亦說乎)'처럼 한문이 될지언정 한국어가 될 수 없다.
  → 정부, 소년 가장 지원하기로 한 결정을 보류 예정
  ※조사는 의미 전달에 문제가 있는지를 충분히 생각하고 생략해야 한다.

④제목 중에는 명사형으로 끝나는 경우가 있다. 이는 명사 뒤의 동사 내지는 술어가 생략된 경우인데, 생략된 뒤의 동사 내지는 술어가 무엇인지 충분히 예상되는 경우에 한 해 허용이 가능하다. 또한 문장을 명사로 끝내서 일종의 여운을 남기는 표현이 특히 방송에서 자주 사용되므로 큰 문제는 없다.

- 인터넷 부동산 거래 시 '미끼매물' 주의보(가 떴다)
- 다세대 입주자 간 수도세 '신경전'(이 벌어지고 있다)
- 군인들, 비싼 공중전화료에 '울쌍'(을 짓고 있다)

⑤명사에 붙어서 동사를 만드는 접미사인 '하다'를 생략할 수 있다는 원칙에 따라서 '지원(하다)', '강행(하다)'과 같이 '하다'를 생략할 수 있으나, 시제가 과거일 때에 한해야 한다. 미래 시제의 경우에는 '지원할 예정', '강행할 계획' 등으로 시제가 미래임을 밝혀야 하고, 현재 진행형일 경우에는 '지원 중' '지원하고 있다'와 같이 시제가 현재임을 밝혀야 한다.

- 과거 시제의 경우
  → 정부, 이라크에 국군을 파병했다
  → 정부, 이라크에 국군을 파병하다
  ※원형동사도 과거시제로 본다.
  → 정부, 이라크에 국군 파병

- 미래 시제의 경우
  → 정부, 이라크에 국군을 파병할 예정이다
  → 정부, 이라크에 국군(을) 파병(할) 예정
  → 정부, 이라크에 국군(을) 파병(할) 계획
  → 정부, 이라크에 국군(을) 파병한다
  ※...한다도 미래 시제로 본다

- 현재 시제의 경우
  → 정부, 이라크에 국군 파병 중
  → 정부, 이라크에 국군 주둔 중
  ※여기서 현재 시제란 국군이 이라크에 파병되어 현재 주둔 중인 상태를 말한다.

⑥제목은 주어와 술어로 된 완전문장을 원칙으로 하고 상황에 따라서 예외적인 문장이 가능해야 한다. 영어처럼 주어 설정이 엄격하지 않은 한국어 특성상, 주어가 앞에 나오고 술어가 뒤에 자리 잡는 형태의 문장으로 제목을 작성하기는 쉽지 않다. 그러나 완전문장이 가장 명료하게 의미를 전달하는 문장임은 분명하다. 언론문장은 명확한 의미 전달이 문학적 표현보다 우선해야 한다. 그래서 원론적으로 주어가 제목 앞에 놓이고 뒤에 술어가 호응하는 형태의 제목을 유지하려고 노력해야 한다. 다음 사례는 대부분 주어+술어 형태의 완전 문장 형태를 유지하고 있다.

- "**(주민 여러분)** 책 보고 싶으면, 동네 주민센터로 **오세요**"
- "파리 잡지사 테러(가) 터진 날, **나는** 현장에 **있었다**"
- 사회(를) (바라)보는 참신한 **시선(이)**, 세상(을) **밝혔다**
- 경성대-부경대 **상권(이)**, 투자수익률 전국 1위(에) **등극(했다)**
- 편의점들(의) 알바생 **주휴수당 착복은** 벼룩 간 **빼먹기(이다)**
  ※볼드체가 주어와 술어의 호응을 보여준다.

⑦주어+술어라는 완전 문장을 어긴 제목이 국내 언론에 다반사지만, 엄밀히 따져 보면 의미상 문제를 가진다. 다음 제목 사례들은 완전문장이 아닐 경우 의미 혼란이 있다는 점을 보여준다.

- 秋, 초유의 검찰총장 직무정지...尹, "법적대응" 정국 파란 (△)
  ※언뜻 보면, 멋진 제목 같지만, 이를 주어와 술어의 문법적 요소로 풀어 보면, 다음과 같은 뜻이 된다.
  → 추, 초유의 검찰총장 직무정지(를) 단행(했다)...윤(은), "법적대응" 발표로 정국 파란(이) 일었다 (○)
  ※따라서, 이 제목을 문법적으로 바르게 잡고 두 앞뒤 문장의 대구를 맞추려면, 다음과 같이 정국 파란을 해머 헤드로 빼고 나머지 두 제목이 대구가 되게 수정되어야 한다.
  → 정국 파란... 秋, 초유의 검찰총장 직무정지 단행, 尹은 "법적 대응" 발표 (○)

- **전두환**, 사자명예훼손으로 징역 8개월 집행유예 2년 **선고** (×)
  → **법원**, 전두환에 사자명예훼손으로 징역 8개월 집행유예 2년 **선고** (○)
  ※주어와 술어라는 제목의 기본 요소를 도외시했기 때문에 '전두환이 누군가에게 집유 2년을 선고한 것'처럼 제목이 작성됐다.

- 온라인 강의 불만 여전...출석 체크 방법 제각각 혼란 (×)
  → **학생들**(의) 온라인 강의 **불만**(이) **여전**(하다)...**교수들**(의) 출석 **체크 방법**(이) **제각각**(이다) (△)
  ※제목의 주어가 빠져 있어서 제목의 행위 주체가 모호하다. 그래서 '학생들의 온라인 강의 불만이 여전하고, 교수들의 출석 체크 방법이 제각각이어서, 비대면 강의가 혼란스럽다'는 전체 의미가 잘 전달이 되지 않고 있다. 이를 아래와 같이 바로 잡으면 더 의미가 잘 전달될 것이다.
  → 비대면 강의 혼란...**학생들** 온라인 강의 **불만은 여전**, **교수들** 출석 **체크 방법**은 **제각각** (○)

⑧단어 한두 개가 강하게 제목 처음을 치고 나오는 '해머 헤드'의 경우, 필히 그다음에 완전 문장이 해머 헤드의 문법적 미완성 형태를 보완해주어야 한다. 즉, '해머 헤드+완전 문장'이 한 세트의 제목으로 되어야 한다. 아래 사례들은 제목 첫 부분에서 강한 어감을 가진 의미의 한두 단어, 혹은 주어 술어가 무시된 미완의 문장을 치고 나가는 해머 헤드가 나오고, 바로 이어서 주어와 술어가 분명한 문장으로 해머 헤드의 미완성 의미를 뒷받침하고 있다.

- 충격!...옆집 **아저씨가** 동네 소녀(를) **성폭행**
- 새해 첫 쾌거... **손흥민**, 토트넘 통산 100호 골 **달성**
- 경단녀에서 건물주까지...그녀의 **질주 본능은** 자신감과 **추진력(이다)**
- "개성에 산다"...락밴드 메인 보컬 김성원 씨의 **꿈과 도전은 끝이 없다**
- 욕설에 성희롱까지...대리운전 콜센터 **상담원은** 고객 술주정 받는 **게 기본**
- "몸짱 만들어 준대"...**헬스보충제 인기 '만땅'**

⑨해머 헤드는 아니지만, 마치 소설이나 시의 제목처럼 술어 없는 명사형 제목만을 갖는 기사가 있다. 이런 형태의 제목은 일반 기사가 아닌, 칼럼이나 사설처럼 독립된 의견기사에나 가능하다. 일반 기사의 명사형 제목은 주어술어형 제목으로 정상화하든지, 아니면 해머 헤드처럼 완전문장의 뒷 제목으로 보완되어야 한다.

- 성희롱한 국회의원 (△)
  → 국회의원이 성희롱 (○)
  → 성희롱한 국회의원...00당은 제명으로 여론 끊기 (○)
- 정신 나간 00세무서 (△)
  → 00세무서가 정신 나갔다 (○)
  → 정신 나간 00세무서... 관내 분식집, 1억 원 영업세 고지서 받고 '혼절' (○)
- 문전박대당한 예비 안내견 (△)
  → 예비 안내견, 문전박대당했다 (○)
  → 문전박대당한 예비 안내견...일반인들, 아직도 안내견 보호 이해 부족 (○)

⑩국문학자들은 국내 신문 문장이 우리나라 바른 언어생활에 모범이 되지 못한다고 자주 지적한다. 기사 문장에서 비문(非文)이 많고 띄어쓰기 등의 오류가 흔하다고 비판하기도 한다. 그중에서 국문학자들은 신문 제목의 비문법적 어투는 이해 불가하니 사용하시 말 것을 권고하고 있다.[82] 예를 들면, 다음과 같은 제목이다.

- 조코 위도도 인니 대통령, 경성대에서 자국 유학생과의 **대화 가져**
  ※여기서 '가져'라는 표현이 '가졌다'는 의미로 사용됐는데, '대화를 가져'라는 게 한국어 문법

82 박갑수, "신문기사의 문체와 표현" 『신문기사의 문체』, 한국언론연구원 연구서(NO.2), 5-153쪽.

어디에도 '대화를 가졌다'는 의미가 된다는 근거가 없다. '대화를 가져'는 정상적으로는 '대화를 가져라'는 명령어 이외의 의미가 존재할 수 없다는 것이다.

- 다중 추동사고 부르는 블랙 아이스 **주의해야**

※여기서 '주의해야'라는 표현 역시 '주의해야 한다'는 의미지만, '주의해야'라는 표현이 '주의해야 한다'는 의미로 해석될 수 있는 문법적 근거나 전례가 없다고 국어학자들이 지적하고 있다. 아래 제목들도 전부 문법적 근거가 없는 신문만의 표현이므로 사용하지 말아야 한다는 게 국어학계의 지적사항이다.

- 조용한 코로나 전파자 잡는 임시 선별검사소로 시민들 **발길 이어져**
- 일한문화교류기금, 온라인으로 매주 토요일 한일 양국 청년 **100여 명 만나**
- 코로나 시대에 한일 젊은이들, 온라인에서 새로운 미래 **등불 밝혀**
- 야당 의원들, 야당 무책임하다고 **성토하기도**
- 여당 의원들, 법원의 검찰총장 징계 효력 정지 결정에 **비판 쏟아내**

⑪다른 뜻으로 해석할 수 있는 제목이나 오해의 소지가 있는 제목은 안된다.

- '싱글벙글 쇼'에서 33년간 입 맞춰온 강석 · 김혜영 은퇴

※ 강석 씨와 김혜영 씨는 부부 아닌 남녀 간이므로 장기간 프로그램 진행자로서 호흡을 맞춰왔다는 의미로 사용된 '입 맞춰온'이란 표현이 부적절하다.

⑫제목만으로 남의 명예를 훼손할 가능성이 점점 증가하고 있다. 그 이유는 하루 생산되는 뉴스량이 많다 보니, 현대 독자들이 제목만 읽고 본문을 안 읽을 수 있기 때문이다. 또한 스마트폰에서 나열된 기사 제목을 스크롤하면서 그냥 제목들을 넘기는 습관이 전형적인 독자 유형이기 때문이기도 하다.[83]

- **성희롱 고민 학장, 목욕탕에서 돌연사**

※원래 이 제목은 한 대학의 단과대학 내에 발생한 다른 교수의 성희롱 사건 해결에 고민하던 학장이 목욕 중 심장마비로 사망한 사건 기사의 실제 제목이었다. 그런데 제목은 학장이 학생을 성희롱해서 문제가 발생해 고민 중 돌연사한 것으로 일반 독자가 이해하도록 작성됐다. 결국 사망한 학장 가족이 사자(死者) 명예훼손으로 이 신문사를 실제로 고발했다.

---

83 정태철, "제목소비자의 증가와 신문제목 이해도", 『한국언론학보』, 33호, 한국언론학회, 1995, 203-228쪽.

⑬이 밖에도 권유형, 명령형 제목은 독자의 행동을 요구하는 형식이 되므로 제목으로서는 바람직하지 않다. 제목에 주장을 표출하는 제목도 정파성을 갖기 때문에 피해야 한다. 낚시성 제목의 문제는 앞에서 이미 지적한 바 있다. 그러나 현실적으로 언론사들은 정치적이거나 경제적인 이유로 인해서 강력한 주장을 띈 정파적 제목이나 노골적인 낚시성 제목을 자주 사용한다. 원론적으로 그런 제목은 바람직하지 않으며 언론의 정도(正道)가 아니라는 점은 분명하다.

3. 표절과 저작권

(1) '알려졌다'에 숨은 기사 표절

노래, 영화, 그림, 또는 논문에만 표절이 있는 게 아니다. 기사에도 표절이 있다. 표절은 남의 생각, 아이디어, 글을 훔치는 행위다. 기자가 직접 만난 사람이 한 말, 직접 눈으로 확인한 자료를 근거로 기사를 작성할 수도 있지만, 남이 써 놓은 기사를 인용해서 보도할 수도 있다. 이럴 경우, 기사도 논문처럼 공익적 성격이 있기 때문에 출처만 밝히면 언제든지 다른 기사를 인용할 수 있다. 시빅뉴스가 조선일보가 취재해서 기사화한 내용을 보도하고 싶으면, "조선일보의 보도에 따르면"이라고 출처를 밝히고 그 내용을 기사에 인용하면 된다.

이 책의 '제5장 출처와 인용'에서 출처엄격주의의 예시로 등장한 미식축구 스타 O. J. 심슨 살인사건처럼, 흥미 위주의 대중잡지 '내셔널 인콰이어러(National Inquirer)'가 목격자의 인터뷰를 독점하면, 미국의 내로라하는 권위지인 뉴욕 타임즈나 워싱턴 포스트는 어쩔 수 없이 목격자인 가정부의 인터뷰를 황색언론인 "인콰어어러의 보도에 따르면, 심슨의 가정부는 ....라고 말했다"고 인콰어어러라는 출처를 밝히고 보도할 수밖에 없었다.

이미 같은 5장에서 밝힌 것처럼, 우리나라에도 이와 비슷한 사례가 있었다. JTBC가 전 도지사의 성폭력 사건 피해자를 독점 인터뷰했다. 다른 언론들은 "JTBC의 보도에 의하면"이라는 출처를 밝히고 이 사실을 보도할 수밖에 없었다. 그러나 모든 언론이 그렇게 정직하지 않았다. 대다수 언론들이 사건을 보도하면서 그런 사실이 "알려졌다"고 보도했다. 우리는 날마다 거의 모든 뉴스마다 "알려졌다", "밝혀졌다", "전해졌다"는 표현을 볼 수 있다. 그 말을 쓴 언론이 그 사실을 직접 취재해서 알았으면 "A가 B라는 사실을 전했다"고 적어야지 뉴스원인 A의 이름도 안 밝히고 그냥 "B라는 사실이 전해졌다"고 적을 이유가 없다. 그래서 '전해졌다'는 식의 말은 곧 남의 기사를 표절했거나 남이 취재한 것을 표절해서 도둑질했다는 사실을 에둘러서 표현하는 한국식 언론 상투어다.

'알려졌다'로 적당하게 출처를 얼버무리는 게 최근 언론의 문제로 지적되자, 일부 언론에서는 "본지의 취재를 종합하면"이란 대체 출처 표시 방법을 자주 사용하기 시작했다. 그러나 기사 속 각각의 팩트에는 각각의 출처가 존재한다. 취재를 종합했다는 것도 결국 개별 출처를 밝히지 않는다는 것이니, 출처엄격주의는 여전히 지켜지지 않은 것이다.

인터넷을 검색하면 온갖 정보가 다 나온다. 그 내용을 뉴스에 인용하려면 출처를 밝혀야 한다. 인터넷 사이트, 블로그, 유튜브. 트위터, 페이스북, 인스타그램 등에서 가져온 내용임을 밝히면, 표절 시비, 취재 도둑 누명을 벗을 수 있다. 이때 원자료의 본문 문장을 그대로를 인용했으면, 겹따옴표(" ")를 사용해야 한다. 축약 인용했으면 통상적인 간접인용 원칙에 따르면 된다.

연합뉴스, 뉴스1, 뉴시스 등은 뉴스를 판매해서 수익을 창출하는 통신사이므로 정기 구독료를 지불하지 않는 한, "뉴스1에 따르면"과 같이 출처를 밝혀도 저작권 침해 소지가 있다. 인용하지 않는 것이 좋다.

(2) TV 전국 생중계를 이용한 기사 작성법

기자가 현장에 가지 않고도 쓸 수 있는 기사가 있다. 그것은 TV로 전국에 생중계되는 사건이다. 박근혜 대통령이 청와대를 떠나는 장면이나 구치소로 향하는 장면은 생생하게 전국에 모든 TV채널로 생중계됐다. 그럴 경우는 기자가 차량 행렬을 따라가지 않고 TV 중계를 근거로 기사를 작성해도 된다. 기자는 "KBS의 중계에 따르면, 박근혜 전 대통령은 사저를 떠나..." 이런 식으로 보도할 필요가 없다. 장관들의 청문회 모습, 국정감사장 모습은 국회방송을 통해서 풀중계되고 있으므로, 기자들은 이를 시청하고 국회방송이란 출처

명시 없이 기사화해도 문제가 안된다.

질병관리청장은 거의 날마다 코로나 사태를 브리핑하고 있다. 뉴스 전문 방송이나 국책방송인 KTV는 날마다 청장의 발표 내용을 풀중계하고 있다. 질병관리청 브리핑실에 가지 않아도 TV 중계를 근거로 기사를 작성해도 된다. 같은 원리로 TV 중계를 보고 손흥민 축구경기를 기사화할 수 있다. "스포TV의 중계에 따르면"이란 표현이 불필요하다.

(3) 이미지 저작권

큰 언론사는 자체 사진부를 가동하거나 통신사 사진을 비용 지불하고 전송받아 뉴스에 출처를 밝히고 사용할 수 있으나, 군소 언론사는 기사에 부합하는 이미지나 사진을 구하지 못해 전전긍긍하는 경우가 많다. 이때 다른 곳에 이미 실린 사진을 가져오면, 곧 저작권 침해가 된다.

언론이 유의해야 할 저작권은 사진, 영상, 글꼴, 음악, 디자인 등이다.

그중 사진은 가장 비중이 크다. 그만큼 기사에 어울리는 사진이나 이미지로 기사를 시각적으로 장식하면, 기사가 독자 눈에 잘 띄기 때문이다. 그러나 사진만큼 저작권이 엄격한 게 없다. KBS나 MBC 등 굴지의 방송들은 거의 모든 사건을 뉴스로 커버하므로 조금만 검색하면 모든 사건의 관련 동영상이나 이미지 사진이 있다. 타 방송사나 신문사의 사진은 동일 사건 사고 기사에 사용할 수 없다. 예를 들어, 한 신문사가 울산 33층 아파트 화재 사건 기사를 쓰면서 KBS가 다룬 같은 울산 33층 아파트 화재 사건의 사진을 사용하면 사전 사용 동의가 없는 한 저작권 침해가 된다. 그러나 한 언론사가 '고층 화재 진압의 문제점'이란 기획기사를 작성한다면, KBS의 고층 화재 영상이나 다른 언론사의 고층 빌딩 화재 사진을 자료 사진으로 사용할 수 있다. 물론 출처 표기는 정확하게 해 주어야 한다.

TV의 드라마, 오락연예 프로그램은 홍보 효과가 있기 때문에 각종 언론사에서 특정 장면을 캡처해서 이미지로 사용해도 관행적으로 저작권을 주장하지 않는다.

일반적으로 사진 이미지는 세 가지 종류가 있다. ①사전 승낙을 구하지 않으면 출처를 밝혀도 상업적으로 사용할 수 없는 이미지, ②출처를 밝히고 상업적으로 이용이 가능한 이미지, ③출처를 밝히지 않아도 상업적 용도로 사용할 수 있는 이미지가 그것이다.

연예인처럼 이미지가 경제적 가치를 가진 경우는 정당한 대가를 지불하지 않는 한 언론사들은 함부로 상업적 용도로 사용할 수 없다. 그러면 어떤 이미지는 상업적 사용이 불가능하고, 어느 이미지는 출처를 밝히는 조건으로 상업적 사용이 가능하며, 어느 이미지가 무조건적으로 상업적 이용이 가능한지를 구분하는 방법이 무엇일까?

> 가장 많이 쓰이는 방법이 구글 이미지다. 구글 '이미지'로 들어가서(https://www.google.co.kr/imghp?hl=ko&tab=ri&ogbl), 설정 → 고급검색 → 사용권한을 차례로 클릭하면, 세 가지 카테고리가 나온다. '모두', '크리에이티브 커먼스 라이선스', '상업 및 기타 라이선스'가 그것이다. 여기서 '모두'는 조건에 따른 상업적 사용 가능 이미지와 비용을 지불해야 하는 유료 이미지 모두가 섞여 있다는 의미다. 따라서 '모두' 카테고리는 비공개적인 용도로 개인 혼자 자료로 사용하는 경우에만 유용하다. 언론사들이 무료로 상업용으로 사용하려면 '크리에이티브 커먼스 라이선스' 카테고리를 선택해야 한다.

다음의 [그림15-2]는 구글 이미지에서 'social media'라는 키워드로 '크리에이티브 커먼스 라이선스' 카테고리로 검색했을 때 나타나는 화면이다.

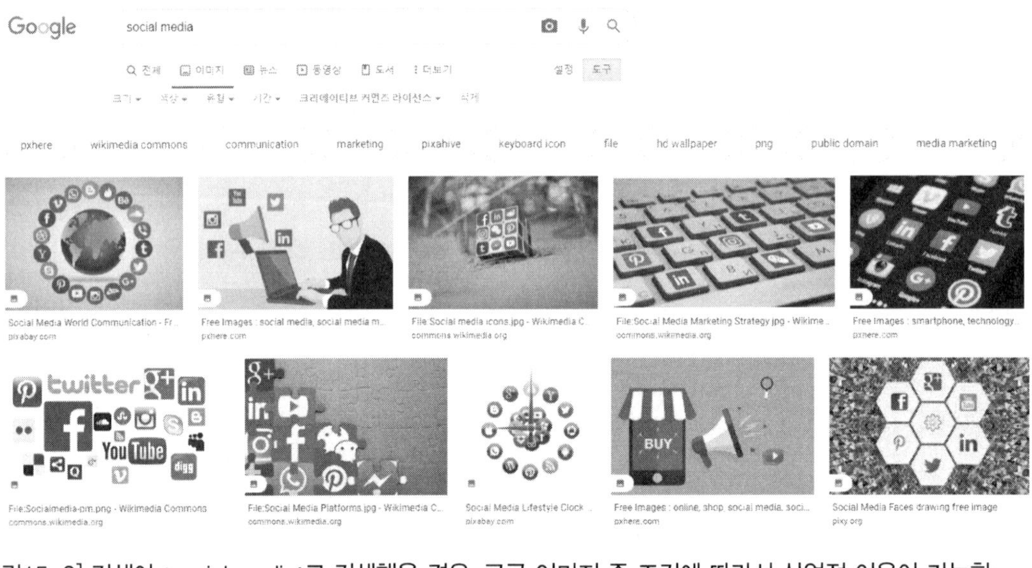

[그림15-2] 검색어 'social media'로 검색했을 경우, 구글 이미지 중 조건에 따라서 상업적 이용이 가능한 '크리에이티브 커먼즈 라이선스' 카테고리 화면

여기에 나온 이미지들 중 어느 것은 출처를 밝혀야 상업적으로 사용할 수 있고, 어느 것은 출처 표시 없어도 상업적 사용이 가능한 것이 있다. 그러나 위에 나타난 이미지 상태로는 상업적 사용 조건 확인이 불가능하다. 그래서 직접 이미지 하나하나를 클릭해서 저작권이 어떻게 규정되어 있는지를 확인해야 한다.

만약에 왼쪽 상단 첫 번째 이미지를 클릭하면 다음의 [그림15-3]과 같은 결과가 나온다.

[그림15-3] social media 검색어 중 pixabay.com의 이미지 하나를 선택했을 경우 나타난 화면

위 [그림15-3]의 우측 중간에 보면, "상업적 용도로 사용 가능, 출처 안 밝혀도 됨"이란 표시가 있다. 이게 완전 무료로 언론사들이 상업적으로 사용할 수 있는 이미지다. 대개 pixabay, pxhere, pixy.org, pixnio 등의 사이트들이 그런 무료로 상업적 이용이 가능한 사진을 제공하고 있다.

[그림15-2]의 '그리에이티브 커먼스 라이선스' 카테고리의 왼쪽에서 세 번째 이미지인 commons.wikimedia.org 이미지를 클릭해서 나타나는 이미지의 하단을 보면, [그림15-4]에서 보는 것처럼, 무료로 상업적으로 사용할 수 있으나 단지 출처와 작가를 표시하는 조건이 있음을 명시하고 있다.

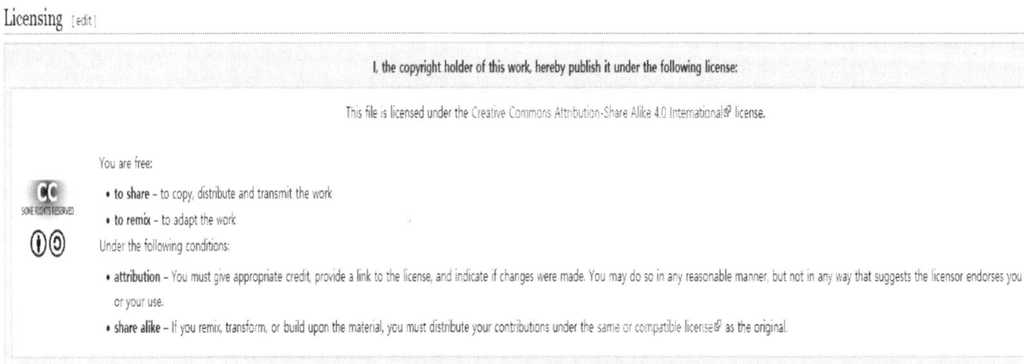

[그림15-4] 구글 이미지 중에서 출처와 작가를 표시해야 상업적으로 무료 이용이 가능한 이미지를 표시한 화면

이런 경우는 출처로 '위키미디아'를, 작가로는 사진에 나와 있는 이름을 명시해주어야 한다. 그러면 얼마든지 상업적으로 사용이 가능하다.

'상업 및 기타 라이선스'를 선택했을 경우 나타나는 이미지는 [그림15-5]처럼 이미지마다 비용을 지불해야 상업적 용도로 사용이 가능하다.

[그림15-5] 구글 이미지 중에서 '상업 및 기타 라이선스' 카테고리로 이미지를 검색했을 때 나타나는 유료 이미지

그래서 언론사들은 가급적 '크리에이티브 커먼스 라이선스'에서 무료 내지는 조건부 무료 상업 이미지를 발굴해서 사용하는 게 좋다. 구글 이미지에서 한글 검색어보다는 영어 검색어로 검색하는 게 훨씬 많은 이미지를 제공한다. 그래서 자신이 찾고자 하는 주제어와 관련된 영어 단어를 찾아 다양하게 입력해 보는 것이 좋다. 구글의 경우, 검색어 '아동학대'보다는 'child abuse'가 훨씬 더 많은 이미지를 보여준다.

유튜브, 블로그, 인스타그램, 페이스북, 트위터 등은 최근에 잦은 취재 대상으로 떠오르고 있다. 따라서 기사에 이들 취재원이 인용되는 경우가 상당히 많다. 다들 개별적 저작권을 가지고 있기 때문에 텍스트로 기사에 언급하려면 "유튜브 000채널에 의하면" 등으로 SNS의 출처를 밝혀주어야 한다. 그런데 SNS의 이미지를 사용할 때는 얘기가 달라진다. 해당 SNS의 관리자 내지는 생산자에게 문서나 음성 동의 표시를 받은 후 사용하는 게 원칙이다. 그런데 많은 유튜버나 블로거들은 다른 언론이 출처를 명시하고 자신들 영상이나 이미지를 캡처해서 사용하는 것을 묵인하고 있다. 일종의 홍보 효과가 있기 때문이다. 그러나 저작권을 가진 사람이 언제든지 법적 시비를 걸면 문제가 된다는 점은 확실하다.

네이버 등 포털이 제공하는 지도는 공익적 목적이 있기 때문에 출처만 밝히면 언제든지 상업적으로 사용이 가능하다. 포털이나 온라인 쇼핑몰의 책 사진이나 제품 사진도 상업적으로 사용하기 위해서는 사전 동의가 있어야 한다. 그러나 이것 역시 홍보 목적에 의해 저작권자가 통상 이의를 제기하지 않는다. 만약 쇼핑몰의 특정 제품 사진을 비판의 목적으로 기사에 이용할 때는 상대방이 의도적으로 법적 저작권 시비를 벌일 가능성이 있다는 점에 유의해야 한다.

요새 언론은 동영상과 텍스트의 경계가 없다. 신문사도 동영상 콘텐츠를 제공하고 있으며, 방송사도 텍스트 기사를 서비스한다. 그래서 동영상 제작에 필요한 동영상, 글꼴, 배경 음악(소위 BG)도 모두 저작권이 있다는 사실을 잊지 말아야 한다. 사진 이미지처럼 동영상, 글꼴, 배경 음악도 상업적으로 무료로 사용할 수 있는 소스를 찾든지, 아니면 유료 사이트에서 제공하는 콘텐츠를 비용을 지불하고 사용해야 한다. 최근 콘텐츠 불법 다운로드가 빈번해지자, 각종 저작권자들은 변호사들의 조력을 받아 전국의 공공기관, 사기업, 단체, 개인들의 인터넷 사이트, 앱 등을 검색해서 자신들의 유료 콘텐츠가 무단 사용되고 있는지를 1년 365일 상시 추적 조회하고 있다.

4. 기사 작성의 윤리

취재 윤리와 거의 구분이 되지 않지만, 기사 작성의 윤리도 중요해서 기사 속 구체적인 표현, 단어 선택 등에서 타인에게 정신적 고통을 주는 문제를 야기해서는 안된다. 미국의 SPJ(Society of Professional Journalists, 전문기자협회)가 제정한 윤리강령과, 국내의 언론중재위원회가 편찬한 언론인 교육 교재에 근거해서 기사 작성 시 윤리적 차원의 대표적 고려 사항을 정리하면 다음과 같다.

(1) 기사 문장의 진실성

뉴스 문장은 시나 소설 같은 문학적 문장이 아니다. 아름답게 쓰는 것보다 정확하게 쓰는 것이 더 중요하다. 뉴스 문장의 정확성은 출처에서 시작된다. 뉴스 문장이란 극단적으로 기자가 직접 본 것과 남을 통해서 듣거나 읽은 것, 단 두 종류의 내용을 문장으로 옮기는 것이다. 그래서 기사 문장의 가장 큰 특징은 출처가 있다는 점이다. 만약 출처가 없는 문장이 있다면, 그것은 기자가 직접 봤다는 의미다.

자기가 본 것도 아니면서 출처가 없는 문장은 "알려졌다"나 "밝혀졌다"는 방식으로밖에 쓸 길이 없다. 기사에 "알려졌다"고 표현된 부분은 실제로는 길 가던 행인이 말했을지언정 분명히 출처는 있다. 다만, 기자는 그 출처를 밝히기를 꺼려 할 때 "알려졌다"는 표현을 쓰게 된다. 이미 지적된 바 있지만, "본지 취재를 종합하면"이란 표현으로 출처를 얼버무리기도 한다. 이런 표현들은 모두 출처를 어딘가로 감추는 것이다.

출처를 감추는 것은 아니지만, 밝히지 못할 상황이 있게 마련이다. 공공기관이나 기업의 비리를 폭로한 내부 고발자, 정치적으로 민감하지만 국민이 알아야 할 중요한 정보를 기자에게 전하는 인사는 당연히 익명을 요구할 것이다. 이때 기자는 뉴스원과의 약속을 지켜주어야 한다. 여기서 중요한 것은 어떤 방법으로 익명 처리하느냐는 것이다.

익명 방법은 정부의 '한 고위 관료', '외교부 믿을 만한 소식통', '국방부의 정통한 뉴스원' 등이 있을 수 있고, 'S 그룹의 김 모 이사', 'K 대학의 오 모 교수' 등의 방식도 있으며, 일반 시민들은 '정 모,' '윤 모', '최 모' 등으로 지칭할 수도 있다.

익명처리가 적절한지의 여부는 일반 독자가 익명 처리된 출처를 알아볼 수 있느냐의 문제다. 법적인 용어로는 '익명 당사자가 특정되느냐의 여부'다. '경주 한 내과병원의 김모 간호사'는 위험하다. 경주에 내과병원이 그리 많지 않기 때문이다. '부산의 K 대학에 재학 중인 기 모 여학생'이라고 하면 가리키는 범위가 좁아 익명 뉴스원이 특정될 가능성이 높다. 'D 생수 업체'와 같은 표현도 위험하다. 생수 회사 중 영어 알파벳 D로 시작하는 회사가 한두 개에 불과하기 때문이다. 성명을 익명처리하는 방법 중 '서울 시장 비서관 중 한 사람'은 겨우 4-5명 중 1명이며, '대전 지역 검사 중 한 명'도 불과 30여 명 중 한 명이라고 한다. 이런 표현도 지칭하는 수가 적어서 단체 이름만 밝혔다고 특정인을 지칭하지 않았다고 변명하기가 어렵다.[84] 그래서 가장 안전한 방법은 'A 대학의 A 씨', 'B 회사의 B 씨', 'C 기관의 C 씨' 등으로 표시하는 방법이다.

익명으로 뉴스원의 신원을 보호한다는 미명 아래 존재하지 않는 가짜 뉴스원으로 기사를 쓰는 경우도 있다. 그게 유명한 재닛 쿡(Janet Cooke) 사건이다. 워싱턴 포스트의 기자 쿡은 마약에 중독된 어린아이 지미란 인물을 창조한 충격적 거짓 기사 'Jimmy's World'로 1981년 퓰리처 상을 받았다. 그러나 포스트 지는 수상 후 쿡 기자의 이력서에 의문을 품고 자체 조사를 통해서 결국 쿡 기자의 수상 기사가 날조됐음을 밝혀냈다.

기자들은 간부들로부터 더 많은 사람들을 취재하고 생생한 의견을 기사에 반영할 것을 요구받는다. 이때 기자들은 자기 친구나 친척들에게 특정 사건에 대한 의견을 묻기도 하고 그것을 기사에 반영하기도 한다. 친구 의견도 대한민국 국민 중 한 사람의 의견으로 기사에 올릴 수 있다. 다만, 가공의 인물을 만들어 기자가 하고 싶은 멘트를 인용으로 처리하는 일은 명백한 기사 날조다.

최근 디지털 사진이 보편화되면서 포토샵을 이용한 사진 편집이 어디까지 허용되느냐는 문제가 제기되고 있다. SPJ의 윤리강령에서는 사진을 명료하게 보이도록 명암을 조절하는 등의 손질은 가능하지만 사진에 방해가 된다고 전깃줄이나 행인을 지우는 등의 기술적 작업은 조작이라고 본다. 일종의 사진 왜곡으로 간주한다.

취재할 때 기자 신분을 위장할 수 있다. 취재의 편의를 위해 기자가 검찰 수사관을 사칭해서 비리 혐의를 받는 학교법인의 서무과장 집에 들어가 서류를 챙긴 경우, 군부대 출입

84 언론중재위원회, 『알면 유용한 언론분쟁 Q&A』, 2015, 9쪽.

증을 얻은 뒤 부대 내에 잠입해서 부대 내 불법 시설을 취재한 경우 등은 취재의 긴급성이나 공익성보다는 위장 취재의 위법성을 법원은 더 중요하게 간주했다.[85]

특히 탐사보도를 위한 비밀스런 취재를 위해 도청, 몰래 카메라, 몰래 녹음 등의 방법이 사용될 수 있다. 그렇지 않으면 기업이나 공공기관의 비밀스러운 증거를 얻기 어렵기 때문이다. SPJ의 윤리강령에서는 취재 행위가 공익적인 성격의 취재에 따른 것임을 충분히 증명할 수 있어야 하며, 특히 나중에 기사 내용 중에 이런 목적 때문에 일부 비밀스러운 취재 방법이 동원됐다는 것을 밝혀야 한다고 지적하고 있다. 기자가 취재 상대방과 나눈 대화를 녹음했을 때는 타인의 동의를 구하지 않아도 된다.[86] 결국 기자의 신분 위장, 통상적이지 않은 취재 수단을 동원할 때는 법률적 자문을 구하는 것이 좋다.

인종, 종교, 나이, 지역, 성, 장애인, 외모, 사회적 지위에 관한 차별적 용어는 사용해서는 안된다. 기사 중 등장하는 초등학교를 표기할 때 "대한초등학교(교장, 이순자, 여)"와 같은 식의 표기법은 성차별적이다. 남자 학교장일 경우는 성별을 적지 않으면서 여자 교장일 경우에만 성별을 구분하는 것은 명백한 성차별이다. 미국도 의장을 뜻하는 chairman(의장)을 chairperson, speakesman(대변인)을 speakesperson으로 고친 지 오래됐다.

(2) 기사 문장의 악영향

뉴스가 나간 후, 뉴스 당사자들이 기사 내용에 원하지 않는 사생활 정보가 포함됐다든지, 단어 선택에서 불편한 느낌을 받았다고 항의하는 경우가 있다. 기자는 기사 작성 단계에서 다시 한번 뉴스원과 교감해서 표현상 어폐가 있는지 확인할 필요가 있다. 어떤 인터뷰이는 이혼 사실을 인터뷰 중 밝혔지만, 나중에 그 사실이 기사에 나간 사실을 알고, 항의전화를 기자에 하기도 한다. 기자는 인터뷰이가 특별히 그런 사실을 내지 말아 달라는 요청을 하지 않아서 동의한 줄로 알았다고 변명하기도 한다. 어떤 뉴스원은 나이를 절대로 공개하지 말아 달라고 요청하기도 한다. 인터뷰이의 요청이 절대적으로 기사에 필요한 사항이 아닌 한, 뉴스원의 의견을 존중해야 한다.

---

85 언론중재위원회, 앞의 책, 72쪽.

86 위의 책, 74쪽.

최근 고위 공직자들의 위법 혐의가 언론에서 많이 보도되고 있다. 연예인이나 정치인들의 미투 폭로 사건도 자주 언론이 다뤘다. 이런 일들은 검찰 수사와 법원 재판이 길게 이어지므로, 언론은 무죄추정의 원칙에 따라서 "불법" "명백한 잘못"과 같은 단정적 표현을 삼가야 한다. 단정적 표현으로 보도했다가 당사자가 나중에 무죄 판결을 받게 되면, 유죄를 확신하는 듯한 표현으로 보도한 언론은 곧바로 허위보도에 따른 법적 책임을 면하기 어렵다.[87]

공인들의 범죄 혐의에 대하여 단정적인 표현을 피하기 위해서 언론은 "담당 형사는 000 혐의를 두고 수사 중이라고 밝혔다" "경찰은 조사 결과 000 혐의를 인정할 수 있다고 밝혔다"고 인용 형식으로 보도하는 경우가 많다. 이때 인용한 부분 이외에서 유죄를 확신하는 듯한 문장이 있다면, 기사 본문 전체는 결국 언론의 명예훼손적 보도가 될 수 있다. 그래서 범죄 혐의에 대한 출처를 문장마다 엄격히 밝히는 방법으로 기사의 진실성과 책임성을 높여야 한다.

최근 우리나라에서는 '극단적 선택'이 사회적 문제가 되고 있다. 그래서 언론들은 '자살'이란 표현보다는 극단적 선택이라고 최대한 순화해서 보도하려고 노력하고 있다. 범죄 기사에서는 범죄 수법을 자세히 묘사해서 모방범죄를 조장하는 기사의 역기능 현상이 나타나지 않도록 해야 한다.

(3) 언론은 친구가 없다

이 밖에도 기사 작성 시 유의해야 할 일들이 많다. SPJ의 윤리강령에는 성범죄 피해자와 청소년 피의자 이름이 공개되지 않도록 유의하라든지, 광고와 뉴스가 혼동되지 않게 양자 간 구분을 명확히 하라는 항목이 들어 있다. 또한 정치적인 이익에 관계된 기사에서는 기자의 주관적 정치 성향이 기사 내 각종 표현에 영향을 미치지 않도록 해야 한다고 지적하고 있다. 이는 정치적 사안에 대해서는 '중립적'이라기보다는 '독립적인 판단'에 근거한 취재와 뉴스 표현이 중요하다는 의미다.

한국민의 정서나 국내 법원은 언론에 호의적이지 않다. 언론의 자유를 존중하는 사회

87 언론중재위원회, 앞의 책, 16쪽.

라면 언론의 보도, 기자들의 취재를 지지하는 분위기가 형성되어야 한다. 그러나 우리나라는 정치적 성향에 따른 언론을 보는 편향적 시각도 문제지만, 근본적으로 사회가 언론의 위상을 존중해 주지 않는다.

이런 사회 분위기를 보여주는 가장 뚜렷한 사례가 공인에 대한 정의다. 공인은 정치인, 선출된 공직자, 고위 공무원, 스포츠 스타, 연예인, 기업인 등 시민들의 관심이 항상 쏠리는 인물들이다. 언론은 2대 기본 기능인 보도와 논평을 수행하는 과정에서 항상 공인들의 움직임을 보도하고 그들의 행동이나 생각을 비판한다. 그래서 공인들에 대한 보도와 비판은 허위 사실이 아닌 한, 또는 의혹 제기의 단계라 해도 언론은 이를 알리고 의혹을 분석하고 비판하는 논평 기능을 수행해야 한다. 그러나 공인이 아닌 일반인을 언론이 함부로 보도하거나 잘잘못을 논평해서는 안된다. 공인보다 일반인의 명예와 사생활은 훨씬 더 강하게 언론으로부터 보호받기 때문이다. 언론의 표적은 항상 공인에 치우칠 수밖에 없다. 언론의 공인에 대한 보도와 논평이 일반인들의 공인에 대한 여론 형성에 중요한 정보가 되기 때문이다.

그런데 우리나라 법원의 해석은 공인의 범위가 제한적이다. 법원이 공인이 아니라고 판결한 사례는 전직 구의회 부의장, 택시 노조 활동가, 유명 가수 결혼 상대자로서 미스코리아 대회 출전자, 집단소송 관련해서 언론에 몇 차례 인터뷰하고 기사화한 변호사, 유명 기업인과 결혼할 여성 등이다.[88] 언론이 이런 사람들을 보도하고 논평할 때는 비록 사실이라고 해도 언론이 함부로 취재하고 기사화했다가는 명예훼손이나 사생활 침해 소지가 많다는 의미다. 다시 말하면, 우리나라 법원은 공인의 정의를 좁게 가져가는 경향이 있다는 것이다. 이런 법원의 공인에 대한 좁은 정의는 늘 공인을 보도하고 논평해야 하는 언론의 활동을 위축시키는 결과를 낳는다.

미국의 공인 정의는 매우 폭이 넓다. 일반인도 공적인 이슈에 관련되면 공인으로 취급해서 언론이 공인처럼 보도하고 논평할 수 있는 여지를 확대해준다. 이를 미국에서는 '한시적 공인'이라고 한다. 논란이 되는 유명인의 배우자는 미국 관점에 따르면 한시적 공인이 될 소지가 많다.[89] 그러나 한국 언론 상황은 그 반대다. 법원은 가급적 공인의 정의를 좁

88 언론중재위원회, 앞의 책, 21쪽.

89 정태철, 앞의 책, 76–77쪽.

히려 한다. 그만큼 법원은 언론의 자유를 위축시키는 판결을 하고 있다는 의미다. 그래서 기사 작성 시 일반인에 대해서 단어 사용과 표현 등에 유의해야 한다. 공인이라 해도 사실이 아닐 수 있는 사안에 대해서는 더욱더 표현상 유의해야 한다.

공인과 비슷한 언론의 취재 대상이 공문서(public document, public record)다. 공문서는 정부나 공공기관이 생산한 각종 문서를 말한다. 대통령, 시장, 장관, 검사, 판사 등은 공문서를 개인적으로 감출 수 없다. 검찰의 공소장, 법정 발언 등은 모조리 공문서다. 미국은 공문서는 시민들이 열람하도록 공개하는 게 원칙이다. 따라서 공문서가 언론에 보도되는 것도 아무 문제가 되지 않는다. 성범죄자의 거주지를 언론이 보도할 수 있는 것도 해당 서류가 공문서이기 때문이다. 그러나 우리나라에서는 정치적 이해 관계에 따라서 기자들의 공문서 접근이나 보도가 제한되는 경우가 많다.

최근 언론이 허위 사실을 보도할 경우 피해 당사자가 해당 기자에게 '징벌적 손해배상'을 청구할 수 있는 '언론중재법 개정안'이 국회에서 논의 중이다. 언론이 다루는 뉴스는 각종 뉴스 등장인물들의 기자회견, 공개적 발언의 집합체다. 모든 발언 내용을 언론이 일일이 팩트 체크할 수 없다. 다만, 언론은 출처엄격주의에 따라서 말한 사람과 말한 내용을 다 밝혀 기사화할 수 있다. 그리고 모든 발언은 복수의 다른 공신력 있는 사람들의 검증과 평가를 문제의 주장과 같이 기사 안에 제시해야 한다. 징벌적 손해배상제는 확인 불가능한 주장은 아예 보도하지 못하는 결과를 낳게 된다. 그런 법적 시비에 휘말리지 않도록, 언론은 출처엄격주의를 중심으로 저널리즘의 전문성을 갈고 닦아야 한다.

제16장
실전 뉴스 선택, 취재, 쓰기(2)

지금부터는 뉴스 아이템 기획부터, 취재, 그리고 뉴스 쓰기에 도전해 볼 차례다.

수많은 학생들에게 기사 쓰기를 가르쳐 본 결과, 학생들이 가장 어려워하는 기사 장르는 역피라미드 사건 사고 스트레이트 기사였다. 특히, 평소에 문장력이 있다고 생각하는 사람들이 5W 1H와 출처 표기에 엄중한 스트레이트 뉴스 쓰기를 가장 어려워했다. 스트레이트 기사를 배우는 가장 효과적인 방법은 모델 기사를 손글씨로 베껴 쓰는 것임은 이미 1부에서 밝힌 바 있다.

실제 사건이 발생해야 가능한 사건 사고 기반의 스트레이트 뉴스를 제외하고, 뉴스룸에서 언제든지 실전 취재가 가능한 뉴스는 장소 중심 기사인 르뽀 기사, 사람 중심 기사인 인물기사, 그리고 이슈(안건) 중심 기사인 기획기사다. 이제부터 이 세 가지 기사 장르를 직접 뉴스 기획부터 완성까지를 실습해 보자.

1. 감성 기반 스토리텔링 기사 실습: 르뽀

(1) 르뽀 장소 찾기

르뽀란 장소 중심 기사로, 가장 먼저 떠오르는 취재 대상은 화제의 장소다. 태풍이 지나간 횟집촌, 코로나 확진자가 다녀간 업소, 귀신이 실제 나온다는 소문을 듣고 사람들이 몰리는 영화 '곤지암' 촬영지, 1등 당첨이 여러 번 나왔다는 로또 명당 등은 언제든지 사람들의 흥미와 주목을 끈다.

축제 이벤트도 르뽀 대상으로 자주 다뤄진다. 부산의 자갈치 축제, 강원도 화천의 산천어 축제, 충남 보령의 머드 축제 등은 전국적 관심거리지만, 지역 곳곳에서는 작지만 소개할 만한 이벤트가 많이 열린다. 레즈비언 축제, 만화 주인공 코스프레 축제, 게임 축제, 대학가 거리 축제 등은 르뽀 기사의 좋은 대상이다.

여행과 레저 붐을 타고 관광지를 소개하는 르뽀 기사도 흔하다. 불국사, 해운대, 설악산, 지리산 등 전국적 지명도가 높은 관광지는 여행 르뽀 기사로서 참신함이 없다. 최근에는 힐링에 좋은 숲 소개, 영험한 기를 받을 수 있다는 영지 탐방과 같이 테마를 중심으로 찾아 떠나는 여행지 기사가 많이 나타나고 있다.

역사적 장소인 부산 최초의 아파트, 함흥 철수 작전 후 부산에 도착한 피난민들이 모여 살았다는 우암동 소막마을, 독립투사 박차정 거리, 한센병 환자 수용소였던 소록도 등은 널리 알려지지 않았지만, 역사적 중요성이 있어서 언제든지 독자의 관심을 얻을 수 있는 곳이다.

사회적 문제의 소지가 있는 장소를 르뽀 기사 대상으로 삼을 수도 있다. 무인 성인용품점, 시위 현장, 다단계 판매 현장, 불륜 논란이 일고 있는 일부 운동 동호회, 여름철 전국적 헌팅 메카로 알려진 해운대 등은 사회적 문제를 환기하는 소재들이다. 특히 사회적 문제의 장소에는 잠입 취재와 같은 특수한 취재 방법을 동원할 수도 있다. 이런 장소에 접근할 때는 기자의 안전을 꾀하고 법적 논란에 유의해야 한다.

(2) 취재 사전 준비

현장 취재를 나가기 전, 기자는 기존 기사 찾기, SNS 등 온라인 자료 찾기 등에 소홀하면 안된다. 역사적 장소라면 역사학과 교수나 향토사학자가 인터뷰이 명단에 올라와 있어야 한다. 현지인을 만날 계획도 면밀히 세워야 한다. 해외 관광지에 가서 그 나라 현지 사람을 만나지 않고 한국 가이드만 쫓아다니면, 실제 그곳에 갔다 왔다고 말하기 힘든 것과 같은 원리다.

르뽀는 감성적으로 접근하는 게 허용되는 기사 장르다. 장소와 관련된 영화, 소설, 시, 대중가요처럼 사람의 감성을 자극하는 소재가 없다. 소록도에는 소록도 출신 한센병 환자 출신 시인이 쓴 시비가 있다. 그 시를 사전에 알고 가지 않으면, 소록도 취재는 감동이 반감한다.

영화 '친구'에는 재판을 받게 되는 주인공 유오성이 판사에게 밝히는 주소가 나온다. 그 주소는 다름 아니라 1.4후퇴 때 함흥에서 탈출해서 피난민으로 거주했던 '친구'의 곽경택 감독 아버지가 거주했던 우암동 소막마을 번지수였다. 소막마을 르뽀 기사에 이 에피소드가 빠지면 감칠맛이 나지 않는다.

부산에 남은 마지막 연탄공장 르뽀에 기형도 시인의 "연탄재 함부로 발로 차지 마라"는 시구가 리드를 장식하면 흥미를 유발한다. 부산의 영도다리에는 아직도 점집 거리가 있다. 한국전쟁 시 부산으로 온 피난민들은 피난길에 가족들과 헤어지게 되면 부산 가서 영도다리에서 만나자고 약속하곤 했다고 한다. 당시 부산 건축물 중 전국적 인지도가 있던 랜드마크가 바로 영도다리였기 때문이다. 그래서 영도 점집 르뽀에는 가수 현인의 '굳세어라 금순아'의 가사 "영도다리 난간 위에 초생달만 외로이 떴다"가 삽입돼야 이야기가 산다.

그 밖에도 취재 장소와 관련된 통계 자료도 중요하다. 로또 명당 르뽀에는 로또 판매액, 1등 당첨금액 등 로또 복권에 관련된 기초 통계가 필수적이다, 관련 법 자료도 중요하다. 개발 예정지라면 왜 개발이 늦어지는지를 밝혀주는 법적인 제약 조건 등이 있을 수 있기 때문이다.

이상을 기반으로 취재계획서를 만드는 게 좋다('제14장 뉴스 취재하기' 참조). 취재를 처음 경험하는 학생들은 한결같이 취재계획서가 취재에 방향을 잡아주고 도움이 된다고 증언하고 있다. 물론 기자의 취재경력이 쌓이면서 취재계획서는 양식에서 메모로, 나중에는 메모에서 머릿속 구상으로 발전할 것이다.

(3) 현장 취재

현장에 가기 전에 기자는 누구를 만나고 어디를 갈 것인지에 대한 방안이 서 있어야 한다. 계획이 뚜렷해도 실제 현장에 가면 다른 변수가 등장하고 계획처럼 취재가 잘되지 않을 수 있다. 또 현장은 자주 가지 못한다. 그래서 현장의 취재 동선과 시간 계획을 취재계획서에 잘 반영해야 한다.

그래서 만날 사람과 그에게 질문해서 확인할 리스트가 준비돼야 한다. 사진 찍는 것도 잊지 말아야 한다. 기사와 사진은 나란히 가는 게 좋다. 시각 효과는 텍스트 기사에서 대단히 중요한 보완재나.

현장을 비판적으로 봐야 한다. 늘 현장에 있는 사람들의 진술에만 의존하지 말고, 기자의 비판적인 눈으로 관광지든, 업소든, 주차장이든, 개발지든 자세히 들여다보면 다른 문제가 보일 수 있다.

(4) 르뽀 작성 시 유의할 점

르뽀는 감성적인 스토리텔링에 기반한 기사다. 그래서 리드에 시나 노래 가사를 동원할 수 있다. 독자들이 르뽀 대상 장소의 분위기에 충분히 공감할 수 있는 문장 표현이 가능하다. 르뽀는 수필과 유사하기 때문에 스트레이트 기사보다 원래 문학적 소양이 있는 사람이 잘 쓰는 경향이 있다. 다만, 아무리 문학적이고 감성적인 문장으로 르뽀 기사를 쓴다고 해도, 5W 1H라는 뉴스 스토리의 기본이 빠져서는 안된다.

논리적인 원인이나 근거도 역시 르뽀에서 중요하다. 오래된 일본식 건물 르뽀 기사에는 왜 그 자리에 그 건물이 서게 됐는지 역사적 유래가 설명돼야 한다. 그 유래에는 논리가 명확해야 한다. 누가, 언제, 왜 그런 건물을 지었는지가 앞뒤가 맞게 언급돼야 한다. 다만, 그 논리를 설명하는 문체는 가볍고 부드러울 수 있다.

르뽀에서 중요한 것은 기사에서 묘사한 장소와, 독자가 나중에 기사를 읽고 실제 그 장소에 가봤을 때의 느낌에 괴리가 있어서는 안된다는 점이다. 물론 기사와 현장과의 동질성은 100%일 수 없다. 그러나 정갈하다고 한 현장이 지저분하다든지, 고즈넉하다는 현장이 소란스럽다든지 하는 정반대의 느낌을 자아내서는 곤란하다. 이런 경우, 르뽀 기사의 왜곡, 과장, 극화의 가능성이 있다. 기자는 독자들의 눈을 대신한다는 심정으로 현장을 정확하게 묘사해야 한다.

언론 이론 중에 '현존감(現存感, sense of being there)'이란 개념이 있다. 기사를 읽으면서 독자가 마치 그 현장에 있는 듯한 느낌을 갖는 현상을 말한다. 신문 기사를 읽고 슬퍼서 공감의 눈물을 흘리는 독자는 현존감을 느꼈기 때문이다. 르뽀 기사는 독자의 현존감을 유발해서 독자가 현장을 충분히 연상하도록 작성돼야 한다.

르뽀 기사에는 현장에서 만난 사람들의 인터뷰가 많이 들어간다. 그런데 초보 기자일수록 수집된 인터뷰를 기사의 끝부분에 몰아넣는 경향이 있다. 기사 초반부터 끝부분까지 인터뷰 인용 없이 설명 문장으로 시종일관하다가 마지막에 현지인, 방문객 인터뷰를 연달아 제시하는 것은 구성을 잘못하는 것이다. 기사 작성 원칙 중 하나가 문단마다 요지-설명-인용의 3요소를 적절히 섞어야 한다는 것이다. 가급적 많은 문단에서 인용 요소를 적극적으로 활용해야 한다. 따라서 인터뷰는 관련 있는 문단마다 분산 배치해야 한다. 기사 끝부분에 인터뷰를 한꺼번에 몰아서 배치하는 것은 지양해야 한다.

(5) 샘플기사

다음 르뽀 샘플기사 2개는 약 3주간의 취재와 리뷰, 그리고 보충 취재와 재리뷰를 반복하면서 완성도를 높인 학생들의 실전 기사다. 아래 2개의 샘플기사를 쓰기 전에 해당 학생기자들은 이 교재의 1장부터 차례대로 뉴스 생산 과정을 학습해 왔고, 그 노하우를 종합해서 다음과 같은 기사를 완성했다.

좁은 골목, 낡은 집 다닥다닥....시간이 멈춰선
피란민촌 우암동 '소막마을'을 가다[90]

소 축사였던 곳에 사람이 산다면 믿을 수 있을까? 믿기 힘들겠지만 부산의 한 마을이 그런 곳이다. 부산시 남구 우암동 189번지, 189-1104번지엔 일명 '소막마을'이 있다. 소막마을은 우암동 주민들에게조차 생소한 곳. 우암동에서 20년 넘게 슈퍼를 운영하고 있는 주민조차도 "소막마을이 여기 어딘가에 있다고는 들었는데 정확히는 잘 모르겠다"고 했다.

---

90 김연수, "좁은 골목, 낡은 집 다닥다닥....시간이 멈춰선 피란민촌 우암동 '소막마을'을 가다", 『시빅뉴스』, 2016. 10. 30., https://han.gl/H3wOB.

소막마을을 가기 위해서는 부산 남구 3번 마을버스를 타고 동항성당 정류장에 내려야 한다. 길을 건너면 골목 사이로 '내호냉면'이란 간판이 크게 보이는데, 이 골목을 따라 끝까지 걸어가면 그제야 소막마을이 나온다.

소막마을에는 시간이 멈춰 있다. 사람 한 명이 겨우 지나다닐 만한 좁은 골목 사이로 낡은 집들이 다닥다닥 붙어 있다. 얼마나 오래된 건물인지 전혀 가늠할 수 없다. 소막마을엔 아직도 많은 집이 연탄불을 때고 공동화장실을 사용한다. 마을 입구에는 연탄과 잡동사니를 파는 가게가 있다. 간판도 없는 기게지민 동네에서는 언탄집으로 통한다. 연탄뿐만 아니라 갖가지 채소류도 판다. 연탄집 주인 이예분(67) 할머니는 "아이고, 40년 전에 내가 이 동네 처음 왔을 때만 해도 이북 할머니들이 많았어"라고 말했다.

소막마을은 정식 마을 이름이 아니다. 소막사에 사람들이 들어가 산다고 해서 붙여진 이름이다. 소막마을의 탄생은 일제강점기로 거슬러 올라간다. 일제는 맛있는 조선 소를 대량으로 수탈해서 배에 실어 일본으로 운반했다. 일제는 수탈한 소를 배에 싣기 전에 마지막 검역을 실시했다. 소들이 전염병에 걸리지 않았는지 최종적으로 검사한 것.

일제는 1909년 배가 정박하기 편리한 우암동에 수출우(輸出牛) 검역소를 설립했다. 한일강제합병 조약이 체결된 1910년에는 '수출우' 검역소를 '이출우(移出牛)' 검역소로 이름을 바꾼다. 수출은 한 국가가 외국으로 물건을 내보내는 것인데, 일제에게 조선은 더 이상 다른 국가가 아니었기 때문에 수출이 아닌 그냥 국내 이동을 뜻하는 이출이었던 것이다.

소막사는 1909년 처음 5개 동을 세웠다가 19개 동으로 점차 확장됐다. 소막사의 크기는 폭 10m, 길이 40m 내외였다. 막사 가운데 통로를 만들고 좌우측을 칸막이로 분리해 소를 수용하는 형태였다. 좌우측 막사에 각각 50에서 60마리 내외의 소가 수용됐다. 한 건물에 소가 100마리 넘게 수용될 정도로 큰 규모였다.

경성대에서 부산 도시 디자인을 강의하고 있는 이정훈 교수는 "일제강점기 한반도의 소를 일본으로 반출하기 전 일종의 검역소 및 대기 장소로 사용했던 소막사는 부산의 주요한 역사적 자원"이라고 설명했다.

광복 후 소막사가 텅 비게 되자, 몇몇 일본 귀환 동포들이 소막사에 들어와 살기도 했지만, 본격적으로 사람들이 운집해서 마을을 이루고 살게 된 것은 6.25 전쟁 당시 흥남 철수 이후다. 흥남 철수는 역사상 전례를 찾아볼 수 없는 대규모 철수 작전이었다. 1950년 12월, 중공군이 전쟁에 개입하면서 흥남에 포위된 미군과 국군을 비롯한 피란민 10만여 명이 193척의 선박을 타고 남쪽으로 철수한 대규모 작전이었다.

피란민이 부산으로 몰려들자, 부산 임시정부는 임시방편으로 시내 곳곳에 비어 있는 건물들을 활용해 피란민을 수용했다. 일제가 비워놓고 떠난 우암동 189번지 일대의 소막사들은 그중 가장 많은 피란민을 수용했다. 당시 이 일대는 '적기 피란민수용소'로 불렸다. 붉은 산이란 뜻의 '적기(赤崎)'는 우암리의 일본식 이름이다. 일본인들이 부산진에서 바다 건너 우암리를 바라보면 붉은색의 산이 보인다고 해서 아카사끼(적기)라고 부른 것이 그 유래다.

소막사 한 동에는 40가구 정도가 들어갔다. 한 가구당 허용된 공간은 4평 남짓. 마땅히 경계가 없어서 합판을 이용해 임시로 가구를 분리했다. 피란민들은 보따리 하나만 간신히 들고 내려왔고, 조금만 버티면 다시 고향으로 돌아갈 수 있다고 생각했다. 이예분 할머니는 "(흥남) 할매들은 이제 거의 돌아가시고 몇 안 계셔"라고 옛일을 회고했다.

"그 할매들, 나무 판때기로 걸쳐놓고 이 짝(쪽)은 우리 집, 저 짝은 너희 집, 이래 가지고 살았어. 옆집이 식구가 많으면 '비좁아서 안된다, 내가 이만큼 물려준다' 하고 자리를 내줬는데, 그게 그만 (고향으로 못 돌아가게 되면서) 자기 집이 됐지."

소막사에도 들어가지 못한 피란민은 건너편 산비탈 공동묘지에 터를 잡아야 했다. 6.25 전쟁 당시 11세였다는 소막마을의 한 할아버지는 "지금에야 빈집이 많지만, 전쟁 났을 때는 소막사에 사람들이 꽉 차 있었지. 비라도 피해야 하니까. 여기에 못 들어오면 다 맨바닥에 노숙했어"라고 말했다.

소 그림으로 유명한 화가 이중섭도 적기 수용소를 거쳐 갔다. 이중섭은 1950년 12월 10일 아내와 두 아들, 조카 이영진과 함께 원산항에서 배를 타고 3일 후 부산에 도착했다. 이중섭과 가족들은 적기 수용소로 보내졌다. 조카 이영진의 증언에 따라 고은 시인이 집필한 책 '화가 이중섭'에는 당시 적기 수용소의 모습을 "바닥은 시멘트였고, 천정은 여기저기 구멍이 뚫려 있고, 벽은 녹슨 함석으로 군데군데 때워져 있었다"고 묘사하고 있다. 이중섭 가족은 1951년 4월 서귀포로 떠났다.

소막마을은 곽경택 감독의 영화 '친구'에도 언급된다. 살인 등의 혐의로 법정에 선 준석(유오성)은 본적을 말하라는 판사의 지시에 "부산시 남구 우암동 189번지"라고 대답한다. 왜 하필 우암동 189번지였을까? 곽 감독의 아버지 곽인완(82) 씨가 바로 우암동 189번지 소막마을 출신이기 때문이다.

1934년 평안남도에서 출생한 곽 감독의 아버지 곽 씨는 16세 나이에 전쟁을 피해 부산으로 내려와서 우암동 189번지 소막마을에 정착했다. 곽 씨는 2001년에 피란 당시 우암동의 이야기를 담은 '소의 눈물'이라는 에세이를 쓰기도 했다. 곽 씨는 2015년 7월 17일에 보도된 부산일보와의 인터뷰에서 "적기에 내린 사람들은 성공하기도 힘들었고, 성공하더라도 다 떠났으니, 참 인생도 얄궂지"라고 말했다.

2015년 2월, 곽경택 감독과 함께 소막마을을 찾은 아버지 곽인완 씨는 "1951년부터 휴전 직전인 1953년까지 우암동에서 일어난 실제 이야기를 묶은 '우암동 189번지'라는 시나리오를 직접 집필해 아들 곽 감독에게 건네줬다"고 부산남구신문을 통해 밝혔다. 곽경택 감독 역시 다수의 매체를 통해 '우암동 189번지'의 시나리오에 남다른 애정을 드러냈다. 서울경제의 2015년 6월 19일 인터뷰에서 곽경택 감독은 "아직 못 다한 이야기가 넘친다고 한다. 대표적인 것이 아버지가 쓴 '우암동 189번지'라는 작품"이라며 "오래전부터 만들고 싶었는데, 캐스팅도 어렵고 미술 등 제작비가 만만찮아 계속 미뤄지고 있다"고 말했다.

소막마을을 가는 골목길에는 1952년에 개업해 같은 자리를 60년 넘게 지키고 있는 '내호냉면'이 있다. '먹방'으로 인기를 끌고 있는 외식사업가 백종원이 한 TV프로그램 출연차 내호냉면집을 다녀

갔다. TV에 방영된 이후로 좁은 골목에 사람들이 북적인다. 번호표를 손에 들고 기다리는 사람들이 보인다. 허영만 화백의 '식객'에도 소개된 내호냉면은 부산의 명물 '밀면'을 최초로 개발한 가게다.

밀면의 탄생에는 소막마을과 깊은 관련이 있다. 함경도에서 냉면집을 운영하던 정한금 할머니가 흥남 철수 때 부산으로 피란 와 현재의 위치에 1952년에 내호냉면을 개업했다. 내호냉면이라는 상호는 고향을 그리워하는 마음에서 고향의 이름인 '내호리'를 딴 것이다. 정한금 할머니는 냉면 면발을 뽑으려면 메밀이 필요했는데 전쟁 통에 메밀을 구할 수 없었다. 그래서 당시 구호물자인 밀가루에 감자 가루를 섞어 면을 뽑았다. 이것이 밀면의 시초다.

이제 소막마을엔 600여 명의 주민밖에 남아 있지 않다. 그 중에서도 40% 이상이 65세 이상이다. 1959년에 개교한 우암초등학교에 1회 입학한 분홍 담벼락 집 할아버지는 60여 년째 소막마을을 지키고 있다. 할아버지는 갑작스러운 전쟁에 경상남도 김해시 장유동에서 가정을 꾸리고 있던 맏형을 잃었다. 당시 할아버지는 열한 살이었다. 할아버지는 가족과 함께 장유로 거처를 옮겼다가 제대 후 다시 우암동에 돌아와 지금까지 살고 있다. 할아버지는 "이제 예전 같은 활기는 찾아볼 수 없어. 빈집이 너무 많어"라고 말했다.

소막마을은 2014년 11월 5일부로 재개발 구역에서 해제되어 낙후된 상태로 방치됐다가 2015년 1월에 '문화복합형 주거환경관리사업' 사업대상지에 선정됐다. 총사업비는 약 30억 원이다. 사업의 주된 내용은 낙후된 우암동의 주거환경을 개선하고 소막사를 복원해서 부산의 피란 역사의 한 부분을 차지했던 소막마을을 관광 명소로 많은 사람들이 찾고 그 의미를 되새길 수 있도록 하는 것이다.

부산 남구청은 원형이 남아 있는 소막사를 활용하여 우암마을 커뮤니티센터를 건립할 예정이다. 우암마을 커뮤니티센터는 부지 645㎡, 연면적 338.1㎡ 규모이며, 주요시설은 일제의 수탈상과 피란민들의 삶을 볼 수 있는 전시관, 복합 커뮤니티센터, 회의실 등이다. 총사업비는 20억 원으로 추정된다. 부산시 남구청 안전도시국 건축과 제정모 담당자는 "우암마을 커뮤니티센터 건립 대상 건물은 소막사의 원형이 보존돼 있는 건물로서 기록화 사업을 통해 소막사의 보수, 문화재 등록 절차 등을 이행할 예정"이라고 밝혔다.

문화 복합형 주거환경관리사업은 2015년 1월 선정된 이후 5월부터 정비계획을 수립했지만 아직까지 예산이 투입돼 추진된 사업은 없다. 남구청 주무관 제정모 씨는 "현재 주거환경관리사업에 편입되는 토지 등에 대한 보상 절차를 진행 중에 있다"고 전했다.

부산시는 연내에 '대한민국 피란수도 부산유산'을 유네스코 세계유산 잠정 목록에 등재하기 위해 문화재청에 사업 신청할 계획이다. 대상에 소막마을이 포함되어 있다. 남구청은 올해 내에 등록문화재 등록 절차를 이행할 계획이다. 등록문화재란 보존 가치가 있는 근대 문화유산으로서 문화재위원회의 심의를 거쳐서 선정된다. 등록문화재는 원형이 크게 훼손되지 않는 한에서 내부를 현대식으로 수리할 수 있고 전시관 등으로 활용이 허용된다.

경성대 이정훈 교수는 소막마을은 주거환경이 여러모로 불리해서 다양한 개선사항이 요청되는 지역이면서 동시에 역사적인 유산을 보전해야 하는 곳이라 말했다. 이 교수는 무조건적인 관광지화는 경계해야 한다면서 "쾌적한 주거지와 사람들이 즐겨 찾는 관광지는 상극일 수 있다. 얽힌 실타래를 풀듯이 천천히 심사숙고하면서 진행해야 한다"고 강조했다.

해운대 백사장 계단은 '헌팅의 메카'[91]

늦은 밤이지만 피서객들로 북적이는 해운대 백사장. 그 백사장과 아스팔트 산책길이 만나는 곳에 설치된 시멘트 계단에 젊은 여자 세 명이 담소를 즐기며 앉아 있다. 바로 뒤에서 이들을 한참 동안 지켜보던 남자 세 명이 슬며시 다가오더니 말을 건다. 하지만 여자들은 남자들을 위아래로 훑어보더니 고개를 돌리곤 다시 자기들끼리 깔깔거리며 수다를 떤다. 남자들은 몇 번 더 말을 걸어보다 반응이 시원치 않자 인상을 쓰며 발길을 돌린다. 이런 수작들을 옆에서 보고 있던 또 다른 남자 3명. '이번엔 우리 차례'라는 듯 그들도 슬그머니 다가간다. 새로 나타난 남자들을 아래위로 훑어보던 여자들. 이번에는 마음에 든 듯 웃음을 머금고 응대한다. 앉거니 서거니 하며 몇 분 동안 얘기를 나누던 남녀들은 다 함께 자리에서 일어나 어디론가 사라진다.

피서철 전국적으로 이름이 높은 '해운대 헌팅'의 한 장면이다. 해운대 해수욕장에선 이런 헌팅하는 모습이 자주 눈에 띈다. 해운대 해수욕장이 이렇게 헌팅하기 좋은 명소로 알려지게 된 것은 2007년쯤 인터넷 카페를 통해서라고 사람들은 말한다. 이성을 유혹하는 방법을 알려주는 인터넷 카페에 해운대에서 헌팅에 성공한 후기들이 많이 올라오면서 젊은 사람들 사이에 여름철 해운대 해수욕장은 전국적인 '헌팅의 메카'로 불리게 됐다. 검색사이트에서 '해운대 헌팅'을 입력하면 놀랄 정도로 많은 글들이 올라와 있다.

그중에서도 대부분의 헌팅은 해운대 백사장 전체를 휘감은 계단에서 이뤄진다. 해운대 해변을 찾는 사람들은 대개 백사장을 거닐거나 백사장에 앉아 담소를 나누는 게 통상적이다. 파도가 바로 앞에서 철썩이는 백사장을 놔두고 굳이 바다에서 떨어진 계단에 앉아 있는 사람들은 드물다. 이게 포인트다. 해운대 백사장이 아닌 계단에 앉아 있는 행위가 바로 헌팅을 기다린다는 신호가 되기 때문이다.

특히, 부산 아쿠아리움 근처에 있는 계단이 가장 유명한 헌팅 포인트다. 이곳 백사장 계단에 여자들이 앉아 있으면, 남자 무리가 짝수가 맞는 여자 무리를 골라 다가가서 술자리 합석을 권하는 것이 해운대 헌팅의 매너다. 서로가 마음에 들면, 곧바로 술을 먹으러 다른 곳으로 자리를 옮긴다. 일부는 백사장으로 내려가 돗자리를 깔고 술자리를 벌이기도 하고 일부는 근처 술집으로 가기도 한다.

경남 진주시 신안동에 사는 남자 대학생 진 모(25) 씨는 "인터넷 카페에서 해운대는 헌팅이 100전

---

91 최서영, "해운대 백사장 계단은 '헌팅의 메카'", 『시빅뉴스』, 2013. 7. 19., https://han.gl/UUBBB.

100승이라는 말을 듣고 왔는데, 나도 성공했다. 이러다 보니 헌팅하러 해운대에 간다는 사람들이 늘어나는 것 같다"고 말했다.

대전 중구에 사는 남자 대학생 김 모(27) 씨도 매년 여름만 되면 헌팅을 위해 해운대로 놀러 온다. 그는 "아닌 여자들도 있겠지만, 지금까지 경험으로 봤을 때, 계단에 여럿이 앉아 있는 여자들은 다 헌팅이 목적이었다"며 "덕분에 여태까지 계단에서 (헌팅에) 실패한 적이 없다"고 말했다.

실제로 친구 두 명과 계단에 앉아 있던 부산 해운대구에 사는 여자 대학생 최 모(23) 씨는 헌팅 때문에 계단에 앉아 있다고 당당하게 말했다. 해운대 해수욕장에 놀러 온 적이 있는 젊은 사람들이라면 계단에 앉아 있는 것이 무슨 의미인지 알 것이라고 말했다. 그녀는 "해운대 계단은 하나의 룰 같은 것이다. 계단에 앉아 있으면 먼저 헌팅을 안 해도 알아서 헌팅이 들어오니까 편하다"고 설명했다.

한편 '헌팅 계단'의 암묵적인 룰을 모르는 사람들은 계단에 앉았다가 본의 아니게 피해를 당하기도 한다. 부산 해운대구에 사는 여대생 이예지(22) 씨는 밤에 산책하러 해수욕장에 나왔다가 잠시 백사장 계단에 앉았는데 헌팅 제안을 10분 동안 일곱 차례나 받았다. 이 씨는 "바다를 보려고 앉았는데, 자꾸 남자들이 와서 술 한 잔 먹자고 말을 걸어 무서워 죽는 줄 알았다. 나중에 알아보니 계단에서 원래 헌팅을 많이 한다고 하더라. 그렇지만 바닷가에 헌팅하러 오는 사람들만 있는 것도 아닌데, 계단에 앉아 있다는 이유 하나만으로 헌팅을 바라는 여자라고 생각하는 건 불쾌하다"고 전했다.

밤 11시가 넘어가자, 백사장은 돗자리를 깔고 술자리를 벌이는 남녀들로 가득했다. 백사장을 돌아다니며 돗자리를 판매하는 상인까지 보인다. 게임도 하면서 웃고 떠드는 사이에 어느덧 새벽 3시가 되자, 사람들이 하나둘씩 자리에 일어나 술자리를 정리하곤 백사장을 떠났다.

대구 동구에 사는 남자 대학생 이 모(24) 씨는 "솔직히 말하면 가볍게 만나서 술 먹고 노는 게 좋아서 헌팅하는 것"이라며 "헌팅해서 만난 여자들이랑은 하루도 안 가서 연락이 끊어지는데, 오히려 그게 부담이 없어서 더 좋다"고 말했다.

문제는 이런 헌팅이 하룻밤 즐거운 추억으로 남는 것에 그치지 않고 위험한 범죄로까지 이어질 수도 있다는 것이다. 헌팅을 단순히 술자리를 재밌게 즐기기 위한 목적이 아니라 성관계를 염두에 두고 하는 사람들도 있기 때문이다.

헌팅 때문에 해운대에 왔다는 서울 서초구 거주 남자 회사원 박 모(28) 씨는 "솔직히 비싼 차비까지 들여서 왔고, 술값도 내가 내는 건데, 술 한 잔 같이 먹고 헤어지는 건 짜증 난다. 대부분의 남자들이 여자랑 같이 술만 먹으려고 술값 내고 시간 들이는 건 아니라고 본다. 까놓고 말해서, 다 어떻게 해보고 싶어서다"라고 말했다.

부산 수영구에 사는 여대생 정 모(22) 씨는 실제로 헌팅으로 술자리에 합석하게 된 친구가 술을 과도하게 마셔 정신을 잃었는데, 같이 술을 마셨던 남자에게 큰일을 당할 뻔한 적도 있었다. 그녀는 "친구가 정신을 차려 다시 눈을 떠보니 같이 술을 마시던 남자 한 명이 자기를 부축하면서 모텔로

> 데려가고 있길래 재빨리 도망쳤다더라. 그때 친구가 남자들 신원을 몰라 신고를 못했다고 했는데, 이젠 헌팅은 웬만하면 안 해야겠다고 생각했다. 솔직히 헌팅 같은 만남에선 신원을 속이려면 얼마든지 속일 수 있으니 알아서 몸조심해야 한다"고 덧붙였다.

2. 감성 기반 스토리텔링 기사 실습: 인물기사

(1) 인물기사란 무엇인가?

이 책의 '10장 사실 기반 스토리텔링 기사 쓰기'에서 특정 주제에 대하여 짧은 인터뷰에 기반한 '인터뷰기사' 쓰는 법을 배웠다. 인터뷰기사는 간단한 취미를 소개하거나 취업 성공 경험을 전하는 등 인터뷰로 얻은 사실을 스토리텔링 구성방식으로 전하는 기사였다.

이에 반해서, 한 인물의 전체 인생과 업적을 조명하는 본격적인 인물 탐구 기사, 즉 인물기사는 감성적 기반의 스토리텔링 기사다. 인물기사를 위한 인터뷰는 몇 시간 넘게 진행될 수도 있고, 횟수도 1회가 아니라 2-3회가 될 수도 있다. 인물기사는 심층적 사람 이야기며, 따라서 감동과 애환과 성취감을 공감할 수 있는 기사다.

인물기사 중에는 부음기사(obituary)도 있다. 인간의 탄생과 죽음은 매우 중요한 일이다. 죽음을 계기로 한 사람의 인생을 독자에게 소개하는 게 부음기사인데, 유명인의 경우, 그의 일생을 정리하기도 하지만 호불호를 평가할 수도 있다. 따라서 부음기사는 매우 중요한 기사 장르이며, 경력이 일천한 기자는 감히 도전할 수 없는 영역이기도 하다.

미국의 지방지들은 일반 시민들도 사후에는 꼭 1단짜리 부음기사를 써 준다. 그래서 평생 신문에 이름 한 번 난 적이 없는 사람도 죽어서는 신문에 실리게 된다. 뉴욕 타임즈가 코로나로 사망한 사람이 10만을 넘자, 모든 죽은 사람을 단 한 줄로 소개하는 부음기사를 1면 전체에 실었다.[92] "잘 웃는 증조 할머니, 매리언 크루저, 85세, 커클랜드, 위시", "독서, 특히 미스터리 소설을 좋아하다, 페기 레이크스트로, 72세, 미테슨, 일리노이", "게슈타포에서 56명의 가족을 구하다, 로미콘, 91세, 뉴욕." 이런 식의 특집 부음기사를 실었던 것이

---

92 "U.S. Deaths Near 100,000, an Incalculable Loss", *New York Times*, 2021. 5. 24., https://url.kr/zEa1dG.

다. 부음기사는 인물기사의 하나로 역사적으로도 소중하다.

(2) 인물기사 소재 찾기

유명인사(celebrity)는 언제나 인물기사의 1순위다. 그러나 매체 파워가 있는 언론사가 아니면 유명인사와의 인물기사 섭외가 쉽지 않다. 정치인들은 이름 한 번이라도 더 언론에 오르내리는 것을 좋아한다. 그래서 좋은 사건, 긍정적 환경이라면 언론사를 크게 가리지 않고 인터뷰에 응한다.

화제의 인물을 잘 찾는 게 중요하다. 음주운전 사망 사고 시 엄한 처벌을 받게 하자는 윤창호 법은 윤창호 씨 초등학교 동네 친구들이 국회의원들을 찾아가 입법을 청원하면서 실현됐다. 윤창호의 친구들은 젊은 청년들이었기 때문에 여기저기 언론들의 인터뷰에 흔쾌히 응해주었다.

유명인이나 화제의 인물기사 기회가 어렵다면, 주변의 보통 사람들 중에서 얼마든지 뉴스 가치가 큰 인물을 찾을 수 있다. 사연 있는 광안리 버스커, 자전거로 미국을 동서로 횡단한 한국 청년, 평생 취미로 재즈를 좋아하고 자료를 모으다가 실제 재즈바를 차리고 재즈 공연 장소를 운영하는 소아과 의사, 대학 재학 동안 생활비와 등록금을 전부 알바로 충당한 여대생, 무명 연극배우, 무명 래퍼, 사연 있는 동네 미장원 아줌마, 시장통 국밥집 할머니의 한 많은 인생도 모두 인물기사로 재조명할 수 있다.

(3) 취재 사전 준비

인물기사의 사전 취재 준비도 다른 장르의 취재 준비와 다르지 않다. 다만, 취재 대상이 사람 1인으로 한정된 만큼, 대상에 대한 풍부한 정보를 가지고 취재계획서와 인터뷰 질문지를 만들어야 한다. 요새는 SNS를 이용하는 사람들이 많기 때문에 인터뷰이의 기존 기사와 인터뷰이 계정의 SNS 검색이 사전 취재 준비의 주요 수단이다. 인터뷰이의 저서나 작품이 있다면, 그 책을 읽고 내용과 의미를 파악해야 한다. 인터뷰이의 분야, 업적과 관련된 자료도 조사해 봐야 한다. 혹시 인터뷰이에 대해서 잘 아는 사람들로부터 그분의 성격이나 개인적 특성을 파악할 수 있다면 인터뷰에 많은 도움이 될 것이다.

그리고 이들을 총정리해서 결국 인터뷰 질문지를 잘 만드는 게 인물기사의 성패를 좌우한다.

(3) 인터뷰 실행

인터뷰의 자세한 요령은 '제14장 뉴스 취재하기'에서 자세히 공부한 바 있다. 많은 학생들은 사전 자료도 잘 정리했고, 질문지도 잘 만들었으며, 기계적인 Q&A 형식의 인터뷰가 아니라 후속 질문으로 이어지는 대화식으로 대비해서 인터뷰를 실시했으나, 실제 인터뷰는 전혀 뜻대로 진행되지 않더라는 경험담을 토로한다. 인생 경험이 많지 않은 학생, 혹은 초년 기자가 연령이 많은 한 분야 전문가인 인터뷰이를 상대하는 일은 쉽지 않다.

인터뷰는 특별한 경우가 아니고는 두 번 세 번 하기 어렵다. 단 1회의 인터뷰가 전부인 게 대부분이다. 그래서 더욱 인터뷰에 집중해야 하고, 빠진 질문이 나타나는 등의 뒤늦은 후회가 생기지 않도록 유의해야 한다. 특히 인터뷰 후 기사 작성 과정에서 추가 질문의 가능성은 언제든지 있다. 추가 질문 내지는 기사 내용 조정을 위해 카톡 등으로 소통하자고 인터뷰이와 약속하면 매우 편리하다.

인물기사의 핵심은 사람 냄새나는 직접인용 멘트다. 당사자만이 자신의 업적과 인생에 대하여 가장 진솔한 느낌을 말할 수 있다. 인터뷰이의 속마음이 묻어나는 멘트를 인터뷰 중에 잡아야 한다.

(4) 인물기사 작성 시 유의할 점

리드 선택, 1문단 1아이디어 구성, 문단 내 요지-설명-인용, 5W 1H 등의 기사 작성 기본 요소들은 변함이 없다. 인물기사는 감성적 스토리텔링 방식의 구성을 지닌다. 그래서 전반적으로 내러티브 기사체가 되어야 한다. "그는....라고 말했다." "그에 따르면, 그는 .....을 했다고 한다"는 식으로 인터뷰이를 출처로 모든 문장을 작성할 필요가 없다. "그는 .....했다" "그는 어디로 갔다"는 식으로 기자가 이야기하듯 전형적인 내러티브 기사를 쓰면 된다.

인물기사에도 5W 1H가 필요하고, 감성적인 글임에도 논리적인 설명이 있어야 한다. 주인공이 "대학 디자인 학과에 입학했다"고 기사에 썼으면, 몇 학번인지(언제), 디자인 학과를 선택한 이유는 무엇인지(왜, 어떻게)를 밝혀야 한다. 그래서 "그는 2010년 한국대학에 입학했다. 고등학교 담임 선생님이 미래에 비전이 밝다고 권유해서 디자인학과를 선택했다"는 식으로 묘사하면 충분하다. 대학 입학과 학과 선택이 기사의 본질이 아니라도, 이 정도의 논리적 인과 관계를 설명하면서 기사를 전개하면 된다.

기사의 구성은 가장 중요한 업적 → 현재 → 과거 → 미래 형태, 내지는 일생 요약 → 과거 → 현재 → 미래 형태가 자연스럽다. 인물기사는 대개 길이가 길므로, 중간중간에 사이 제목을 넣으면 독자들이 읽기가 편하다.

인물기사 작성 시 인물 개인의 상업적 홍보가 되지 않도록 유의해야 한다. 주인공이 업소를 운영하고 있다면, 상호나 대략적 위치를 기사 속에 언급할 수는 있으나, 정확한 주소, 홈페이지, 전화번호, 이메일 등의 정보까지 제시하면 곤란하다.

인물기사는 개인을 다루므로 결혼 여부, 소득, 출신 학교, 자녀 등과 같은 개인 정보를 기사에 밝힐 수도 있다. 이런 경우는 인터뷰이의 동의를 꼭 받아야 한다. 어떤 사람은 이혼 사실을 감추고 싶어 하고, 어떤 이는 출신 학교나 학과를 감추려는 사람도 있기 때문이다. 이런 민감한 정보는 당사자와 논의해서 공개의 적정선을 조절해야 한다.

한 개인에 대해서 주변 사람 모두가 다 좋게 평가하지는 않는다. 그래서 인물기사는 한 개인을 지나치게 미화해서는 안된다. 주변의 평가가 극과 극인 경우도 있을 수 있다. 그런 경우는 반대 쪽 사람들의 평을 인터뷰이에 들려주고 이에 대한 본인의 대답을 기사에 반영하는 것도 한 방법이다.

(5) 샘플기사

아래 샘플기사는 학생 기자가 스스로 기획하고 취재한 것이며, 기사 기획부터 교수의 리뷰와 보완 취재 및 수정을 반복해서 3주 만에 완성한 것들이다.

부산 재즈의 역사 '몽크' 지킴이 양돈규 씨, "재즈에 홀려 평생 보냈죠"[93]

재즈를 사랑하는 이들이 스며드는 곳

땅거미 질 무렵, 어두워진 하늘과는 반대로 대학로 거리는 색색의 화려한 간판들과 가게에서 새 나오는 빛으로 밝게 빛난다. 하루 일과를 마치고 쏟아져 나오는 수많은 사람들의 행렬로 북적이는 거리. 이들이 만들어내는 온갖 소리는 화음을 만들어내지 못하는 소음이 돼 무의미하게 흩어진다. 이때 어디선가 감미로운 음악 소리가 들린다. 피아노의 맑은 소리를 차분히 따라가는 콘트라베이스의 낮고 깊은 울림, 그리고 매력적인 보컬에 홀린 듯 찾아가 보니, 빛바랜 간판에 적힌 'MONK(몽크)'라는 이름이 나타난다. 바로 부산 대연동 경성대 대학로에 위치한 라이브 재즈클럽 MONK다.

낮에는 의사, 밤에는 재즈클럽 운영자, 반전 있는 남자 양돈규

MONK의 운영자인 양돈규(65) 씨는 특이한 이력을 가지고 있다. 그의 본업은 소아과 의사. 낮에는 부산 세브란스 소아과 의원의 양 원장으로 불리며 의사로 일하지만, 밤이 되면 재즈클럽의 운영자로 변신한다. 이런 특이한 배경을 가지게 된 이유를 알려면, 젊은 시절의 양돈규로 돌아가야 한다.

연세대 의대 72학번으로 입학한 그는 유신시대의 암흑기에 질풍노도 같은 세월을 보냈다. 한 해도 가만히 넘어가지 않는 데모와 휴교의 혼란 속에서, 그는 반복된 휴학과 낙제 끝에 13년 만에 가까스로 의대를 졸업했다. 평소 팝송과 로큰롤을 좋아했던 그는 80년대 초 서른 줄에 들어서야 마침내 재즈와 운명적인 만남을 가졌다. 평소처럼 음악을 듣기 위해 음악 감상 카페를 드나들다가 어느 재즈곡을 듣고 완전히 반해버린 것이다. 그때의 곡은 바로 니나 시몬스의 'The House of the Rising Sun, Slow Version'이다. 삶의 애환을 노래한 이 곡은 느린 박자와 가슴을 울리는 목소리로 당시 심적으로 어려웠던 그의 영혼을 달래주었다. "서른이 다 되어가니 로큰롤이나 하드락은 시끄럽게 느껴졌고 나이에 걸맞지도 않은 것 같았어요. 그때 이 곡을 듣고, 아, 이거다 하고 빠져든 거죠."

재즈와 사랑에 빠지다

양 원장은 재즈를 듣는 순간 한마디로 '각성'해 버렸다. 그날 이후 그는 재즈 대가들의 음반을 섭렵했고, 재즈 바, 재즈 카페 등을 들락거리며 재즈의 매력에 빠져들었다. 당시 서울에 거주하고 있었

93 박찬호, "부산 재즈의 역사 '몽크' 지킴이 양돈규 씨, '재즈에 홀려 평생 보냈죠'", 『시빅뉴스』, 2018. 12. 2, https://han.gl/3zac3.

기에 이대 앞 '야뉴스'와 이태원 '올 댓 재즈'가 단골로 찾는 공간이었다. "재즈는 자유 정신의 표상이라고 생각해요. 가요나 팝송과는 다르게 형식에 구애받지 않죠. 이건 재즈의 꽃인 즉흥연주에서 가장 잘 드러나는데, 자유롭고 신명 나면서 예술적으로 격조가 있어요." 그는 당시를 회상하듯 크게 웃었다.

잊지 못할 그 이름 '김성환'

1988년 부산에 온 뒤로는 MONK의 최초 설립자 김성환이 운영하던 부산대 앞 MONK가 그의 아지트가 됐다. 김성환은 MONK를 이야기할 때 빼놓을 수 없는 인물로 양 원장에게 아주 특별한 기억으로 남아 있다. 부산대 법대를 졸업한 김성환은 전공과는 달리 재즈를 매우 사랑하는 사람이었다. 김씨는 당시 재즈가 대중에게 생소했던 1980년대 대학 시절부터 일본 등으로 건너가 재즈 공연을 보았고, 졸업 후 1992년 부산 최초로 라이브 재즈 클럽 MONK를 부산대 앞에 차렸다. 재즈를 사랑하다 못해 학구적으로 연구한 그는 각종 외국 서적을 공부해 그의 재즈에 대한 새로운 정보나 지식을 국내에서 따라잡을 사람이 없었다고 한다. 그는 "김성환은 그 누구보다 재즈를 사랑하고 박식한 사람이었어요. 무가지 '재즈 업(Jazz UP)' 발행, 연주 무대 제공, 재즈 동호회 부산 재즈클럽(PJC) 결성 등 한국과 부산의 재즈 문화 보급에 큰 역할을 했었지요"라고 말하며 아직 그를 잊지 못하는 듯 눈을 잠시 감았다.

그러나 김성환은 1999년 4월 서른넷의 나이에 불의의 사고로 홀연히 생을 마감했다. 갑작스러운 그의 죽음으로 MONK는 공중분해 위기를 맞게 됐다. MONK가 사라지는 것을 가만히 두고만 볼 수 없었던 부산 재즈클럽의 동호회 회원들은 당시 수석부회장이었던 양 원장에게 다시 클럽 MONK를 시작하자고 제안했다. 이를 받아들인 양 원장은 재즈를 사랑한 故 김성환의 뜻과 MONK의 명맥을 잇기 위해 경성대 앞으로 새로운 거처를 잡았다. 자신이 전세금을, 동호회 회원 몇몇이 십시일반으로 인테리어 비용을 충당했던 것.

MONK를 경성대로 옮긴 뒤로 적자가 계속되어 운영에 어려움이 생기자, 양 원장은 2006년에 과감히 MONK의 완전 인수를 결정했다. 그날 이후 의사 일과 MONK의 운영을 함께 하는 특별한 일상이 13년 동안 이어져 오늘날까지 계속되고 있다. "돈을 버는 것보다는 음악이 우선이고 뮤지션들이 우선이라고 생각해요. MONK는 술집이 아니라 문화공간이며 부산 재즈의 역사죠"라고 양 원장은 말했다.

한국 재즈의 전설을 만들어가는 'MONK'

MONK라는 이름은 재즈의 전설 델로니 어스 몽크(1917~1982)의 이름에서 따왔다. 델로니 어스 몽크는 故 김성환이 좋아했고, 양 원장도 사랑하는 재즈 피아니스트다. 클럽의 이름처럼 하루하루 전설을 만들어가고 있는 MONK는 1992년 설립 이후 올해로 26년이 된다. 부산에서 가장 오래된 재즈클럽이고 전국으로는 세 번째다. 첫 번째는 이태원의 '올 댓 재즈'(All That Jazz, 1976년)고, 두 번째는 서울교대 앞의 '야누스'(Janus, 1978년 이대 앞에서 오픈했다가 나중에 현재 위치로 이전)다. "손해가 나도 우직하게 오래 하면 그것은 술집이 아니라 역사가 된다는 믿음을 가지고 영업하고 있죠. 2022년이면 클럽 MONK가 문을 연 지 30년이 되는데, 그때가 되면 아마 경성대 거리의 최장수 가게가 되지 않을까요"라며 가볍게 미소 지었다.

다채로운 재즈의 향연, MONK

어둡지만 따뜻하고 감미로운 음악이 흐르는 곳, 재즈클럽 MONK는 매주 월요일부터 토요일까지 저녁 9시가 되면 어김없이 재즈 라이브 공연을 연다. 부산에서 유일하게 라이브 정기 공연을 하는 곳으로 요일마다 매번 다른 출연진과 구성으로 다채로운 공연이 펼쳐진다. 월요일은 '잼 데이(Jam Day)'로 불리며 뮤지션들의 즉흥 재즈 연주회와 신인들의 공연이 펼쳐진다. 목요일과 금요일에는 주로 트리오 공연이 있고, 토요일은 대중적인 재즈 음악을 연주한다. 매달 '스페셜 라이브'라는 코너로 유명 밴드를 섭외해 특별 공연을 열기도 한다.

재즈 음악인의 든든한 후원자이자 신인 등용문

MONK에서는 매주 월요일에는 재즈 신인들의 무대가 선보인다. 연주하고 싶어도 장소를 구할 수 없어 방황하는 재즈 뮤지션들을 위한 MONK의 작은 배려다. 대관도 가능하다. 매주 일요일 40만 원의 저렴한 대관료만 지불하면 스테이지를 포함한 음향기기와 음향 기사를 4시간 동안 빌릴 수 있다. 이렇게 재즈 뮤지션들을 후원하는 프로그램은 과거 김성환이 운영하던 MONK 시절 때부터의 전통이다. 2011년 '자라섬 국제 재즈 콩쿠르'에서 우승한 재즈 보컬리스트 이주미 씨도 MONK 출신으로 현재도 활발히 활동하고 있다. "후원자라기보다는 공생이죠. 연주할 곳이 없다면 어떻게 뮤지션들이 활동할 수 있겠어요"라고 양 원장은 말했다.

한국의 재즈 밴드의 대부분이 MONK에서 연주한 것은 물론이고, 게이꼬 리, 오모리 밴드 등 유명 일본 재즈 밴드와 한국의 대중 밴드 '봄 여름 가을 겨울', '크라잉 넛', 'SG 워너비', '버벌진트' 등도 여기서 공연했다. 한 번은 부산에 투어를 온 '브로드웨이 42번가 뮤지컬 아시안 투어 밴드'의 일원 피 제이 페리(P. J. Perry)가 MONK의 소문을 듣고 와 깜짝 공연을 열기도 했다. 그 외에도 스웨덴의 유명 트롬본 연주가 'Mr. Red Horn' 닐스 란드그렌(Nils Landgren), 영국의 색소폰 연주가 시머스 블레이크(Seamus Blake) 등 수많은 국내외 뮤지션들이 MONK를 방문해 공연했다.

재즈 클럽은 재즈로 말한다

클럽의 한쪽에는 서재를 방불케 하는 넓은 공간이 있다. 책장에 가득 꽂힌 CD와 DVD는 그 수가 엄청난데, CD는 약 5000장, DVD는 500장 정도다. 화요일, 수요일에 라이브공연 대신 음악 감상과 영화 감상을 하기 때문에 양 원장이 이곳저곳에서 직접 구매한 것들이다. 이들 중 몇몇은 경성대에서 MONK를 다시 열 때 故 김성환의 유품과 함께 자신과 동호회 회원들의 소장품을 보탠 것이다. 덕분에 클럽은 언제나 넉넉한 음률이 흐르는 즐거운 공간으로 남아 있게 됐다. "재즈 CD, 재즈 DVD는 전국에서 가장 많은 곳이라고 자부해요. 대부분이 직접 산 것이라 약 1억 원 이상 들었을 거예요."

음향 장비에도 각별한 신경을 썼다. 과거 부산대 앞 MONK에서 쓰던 고물 그랜드 피아노를 고가의 야마하 피아노로 교체했고, 오디오 역시 1000만 원대의 장비로 교체했다. "클럽 MONK에서 듣는 사운드보다 더 나은 사운드를 들려주는 음악 카페는 전국에 없다는 것을 감히 말하고 싶어요."

"다른 사람이 안 한다면 내가 하면 되지!"

양 원장이 책을 몇 권 꺼내 들었다. '재즈가 뭐니'(2007)와 '쉽고 재미있는 재즈의 이해'(2014), 그리고 '재즈의 이해'였다. 이 책들은 전부 양 원장이 직접 집필해 출판한 책들로 사연은 이러하다. 평소 양 원장은 국내에 출판된 대부분의 재즈 서적들이 비슷한 내용만 반복하고 오류도 많아 불만이 많았다. 그 때문인지 MONK를 운영하면서 재즈 이론을 두고 종종 손님과 시비를 붙던 적이 많았다. 그래서 어느 날 제대로 된 재즈 이론서를 펴내겠다는 야심 찬 계획을 세운 양 원장은 수개월에 걸쳐 영어 원서를 꼼꼼히 공부한 끝에 정통 재즈 도서를 출간했다. 그것이 바로 '재즈가 뭐니'였다.

이후로 신세계 센텀시티 아카데미에서 6개월간 강의했던 내용을 기초로 시대 · 장르별로 재즈음악을 체계적으로 정리한 재즈 입문서 '쉽고 재미있는 재즈의 이해'와 현재 대학 실용음악과, 재즈학과의 교재로 쓰이는 '재즈의 이해'를 출간했다. 이 책들은 국회도서관, 대학도서관, 실용학과 교수들에게 배포되어 유용하게 쓰이고 있다. "후속작도 생각 중이에요. 그때는 악기별 재즈의 역사, 재즈 곡 해석, 숨겨진 명반 등 다양한 자료를 바탕으로 써볼 생각이에요"라고 양 원장은 재즈를 향한 각별한 그의 사랑을 이렇게 전했다.

힘들어도 끝까지

많은 사람들이 MONK를 찾아오는 이유는 재즈클럽이라는 희소성도 한몫하지만 저렴한 입장료도 큰 비중을 차지하는 듯했다. 잼 데이인 월요일은 무료입장이고, 다른 날은 특별 공연을 제외하면 일괄 5000원으로 통일이다. 라이브 재즈 공연을 볼 수 있는 좋은 경험을 하기에는 다소 저렴한 가격이다. 음악을 좋아하고 라이브를 즐기고 싶지만 비싼 가격 때문에 포기하는 손님들을 위한 배려라고 했다. 그래서 단골손님들은 암묵적으로 음료나 안주를 구매하면서 클럽의 운영에 도움을 준다. "클럽이 적자가 날 때도 있지만, 그럴 때는 의사로 번 돈으로 메꿔 나가요. 재즈 문화를 지키기 위해 포기할 수 없는 일이고 재즈는 포기하면 안되는 기쁨이에요"라고 양 원장은 말했다.

MONK를 찾는 손님은 20대부터 60대까지 연령층이 다양하지만 특히 외국인 손님이 많이 찾아온다. 이는 구글에 '재즈클럽'을 검색할 때 한국의 재즈클럽 중 1순위로 올라오는 재즈클럽이자 일본인 여행 가이드북에 꼭 들러야 할 부산 명소로 소개돼 있기 때문이다. 특히 여행 철에 일본 관광객이나 미국 항공모함이 부산을 찾을 때면 으레 외국 손님들이 몰려들어 양 원장은 "MONK를 계속 운영하기 참 잘했다는 생각이 든다"고 말했다.

양 원장은 본업이 의사이기에 주로 병원에 몸이 묶여있지만 1박 2일이나 2박 3일로 가까운 일본, 중국, 홍콩 등의 재즈클럽을 찾아간다. 이처럼 짬짬이 시간이 날 때마다 여행을 떠나 재즈의 바다를 떠도는 건 무엇과도 바꿀 수 없는 행복이다. 1996년부터 거의 매년 해외 재즈 페스티벌에 갔다. 스위스, 프랑스, 네덜란드, 미국, 유럽 등 전 세계의 재즈 페스티벌을 투어했던 그는 아마 국내에서 해외 재즈 페스티벌에 가장 많이 참석한 사람일 것이다. 2019년 3월 초 인도네시아 자카르타에서 열리는 동양 최대 재즈 페스티벌인 'JAVA Jazz Festival'의 참관 예약을 이미 해놓아 그의 끝날 줄 모르는 재즈 사랑을 다시 확인하게 했다. "해외 재즈페스티벌이나 재즈클럽을 찾으러 떠날 때가 가장 좋고 다시 귀국할 때가 가장 싫어요."

그래도 재즈

양 원장은 평소에 틈만 나면 클럽에 들러 흥얼거리고, 춤추고, 이야기한다. 한 주에 두 번 펼쳐지는 라이브 공연 때는 반드시 한 자리를 차지하고 앉아 내키는 대로 손뼉을 치고, 가벼운 환호를 보내곤 한다. 낮에는 소아과 의사, 밤에는 재즈클럽 MONK 운영자로 일하며 재즈처럼 예측하지 못할 통통 튀는 삶을 살고 있는 그는 "죽는 순간까지 MONK를 운영할 생각이에요. 의사에서 은퇴하고 나서는 본격적으로 MONK에만 집중할 거고요. 재즈와 함께한 30여 년 삶은 무척이나 행복했고 앞으로도 그럴 거라 믿으니까요"라고 말했다.

MONK의 영업시간은 '저녁 6시부터 11시 공연 마지막 순간까지'다. 하지만 양 원장은 이렇게 생각하고 있을 것 같다. 'MONK의 영업시간은 재즈가 사라지는 마지막 순간까지'라고 말이다. 술집이 아닌 문화공간과 부산 재즈의 역사로 기억되고 싶다는 그의 바람처럼 언제나 감미로운 음악과 따뜻함이 가득한 재즈클럽 MONK. 오늘도 그는 클럽의 한구석에서 손가락으로 탁자를 치고 박자를 맞추면서 재즈를 감상하고 있지 않을까.

몽골 초원 자전거 횡단에 K2 등반, 유라시아 원정, 히말라야 오지 탐험까지…[94]

가만히 있으면 좀이 쑤셔서 견딜 수 없었나. 그래서 기회만 닿으면 무작정 배낭을 싸서 떠났다. 어떤 때는 자전거에 짐을 가득 실은 채 끝없이 펼쳐진 몽골 대초원을 달렸다. 또 어떤 때는 광활한 유라시아 대륙을 자전거로 횡단했다. 에베레스트 다음으로 지구상 두 번째로 높다는 해발 8611m의 K2 등반에 도전하기도 했다. 남들은 일생 한 번도 하기 힘든 그런 경험과 모험을 해내면서 지금도 또 다른 도전을 꿈꾸고 있는 27세 청년 이상구 씨 얘기를 들어보자.

얼핏 보면, 그는 그냥 순박한 시골 청년이다. 하지만 그의 심장 속에는 누구보다 뜨거운 모험심과 도전 의식이 가득 차 있다. 남들은 그의 이름 앞에 여행가, 등반가, 사이클리스트란 타이틀을 붙였다. 하지만 이 씨는 스스로 '모험가'로 불리기를 좋아한다. "어차피 한 번뿐인 인생, 숨이 끊어질 때까지 모험을 해보고 싶다"고 입버릇처럼 말한다.

상구 씨는 어린 시절부터 산과 자전거를 좋아했던 소년이었다. 경북 포항시 죽장면이라는 시골에서 태어난 상구 씨는 자전거를 이용해 통학하면서 자전거를 처음 접했다. 초등학교 3학년 때 가족이 경북 경주시로 이사하면서 자전거와 함께하는 시간이 더 많아졌다. 방과 후 늘 자전거와 함께 살았다. 커 갈수록 자전거를 타고 좀 더 넓은 곳을 신나게 달리고 싶다는 마음이 간절했다. 중학교 3학년 인터넷에서 자전거 동호인들과 접촉했다. 여름방학을 이용, 그들과 함께 서울에서 완도까지 자전거 여행을 떠났다. 그는 "남들과 똑같이 방학숙제를 하는 그런 시시한 방학을 보내긴 싫었다. 뭔가 남다른 방학을 보내고 싶었다"고 첫 도전 계기를 말했다.

산을 처음 접하게 된 것은 고등학교 1학년 때. 당시 산악부였던 친구 지우철 씨 권유로 함께 산악대회에 참가하면서부터였다. 동계 지리산 종주를 다녀오고 나서 산의 매력에 빠져 그 이후로도 우철 씨와 함께 대통령기 산악대회, 전국체전 등 각종 산악대회에 참가했다. 그러던 중, 2009년 고등학교 3학년 때 산악부 지도 선생님의 추천을 받아 UIAA(국제 산악연맹) 국제 청소년 연합캠프에 참가하는 기회를 잡았다. 상구 씨는 생애 처음으로 해외로 나가 동유럽 루마니아에서 암벽 등반과 산행을 하며 넓은 세계를 보게 됐다. 그렇게 상구 씨의 학창 시절은 자전거와 산으로 가득 채워졌다.

고등학교 졸업 후, 그는 소방관의 꿈을 안고 대구 보건대학교 소방 안전관리과에 진학했다. 대학 진학 후에도 상구 씨의 산에 대한 열정은 계속됐다. 2010년 한국 청소년 오지 탐사대에 지원, 테스트를 거쳐 선발된 후 중국 탐사팀으로 중국의 미지 등반대상지를 탐험했다. 귀국 후 다양한 산에 대한

---

94 박상민, "몽골 초원 자전거 횡단에 K2 등반, 유라시아 원정, 히말라야 오지 탐험까지…", 『시빅뉴스』, 2017. 11. 6., https://han.gl/ LUFCl.

경험을 하고 싶어 대한산악연맹 활동을 틈틈이 함께하며 산이라는 존재와 함께 더 큰 꿈과 도전을 그려 나갔다.

군대를 다녀오고 나서, 그의 도전은 더욱 가속화됐다. 그는 군 복무 중 모은 돈 100만 원을 가지고 고등학교 시절 미술 선생님이 다큐멘터리 동영상을 보여주며 추천했던 '자전거로 몽골 초원 달리기' 꿈을 실현했다. 2013년 7월 전역하자마자 상구 씨는 자신의 '애마' 자전거와 함께 무작정 몽골로 떠났다. 그의 계획은 단순했다. "몽골 수도 울란바토르에서 무작정 동쪽으로 달려 보자"는 것이었다.

첫날 하루 100km가 넘는 거리를 쉼 없이 달렸다. 그런데 학창 시절 꿈꾸던 것과는 달랐다. 뭔가 이상했다. 이튿날 침낭에서 눈을 뜬 그는 깨달았다. "자전거를 타고 앞만 보고 달리기만 했지 옆을 보고 주변을 느낄 여유가 없었다. 그러면 무슨 여행이겠나, 그냥 고역일 뿐이지" 하는 생각이 문득 들었다. 다음 날 상구 씨는 자전거를 돌려 다시 울란바토르로 향했다. 그때야 그의 눈에는 그전에는 보이지 않았던 풍경들이 하나둘씩 보이기 시작했다.

그때부터는 도로가 아닌 초원을 달렸다. 여행 도중 어떤 날은 우연히 몽골 악단을 만났다. 그들은 한국에서 온 이방인에게 선뜻 음식을 건네주며 함께 얘기도 나누고 춤과 음악을 즐기며 잊지 못할 하룻밤을 선사했다. 그는 "말이 잘 통하지 않아 영어와 온갖 몸짓 발짓으로 의사소통했지만 밤늦은 시간까지 즐거운 시간을 함께 보냈다. 그날의 기억은 평생을 잊지 못할 것 같다"고 당시 추억들을 회상했다.

30박 31일의 긴 여정 동안, 상구 씨가 한국에서 챙겨간 식량은 신라면 25봉지, 미숫가루, 아이스티, 전투 식량과 현지에서 구매한 딱딱한 빵과 몇 개의 초코바와 물이 전부였다. 유난히도 춥고 배고픈 도전이었지만 몽골인들의 친절과 나눔으로 가장 행복했던 여정이기도 했다.

몽골 자전거 여행 후 4개월 뒤, 2009년 루마니아 청소년 연합 캠프 당시 인연을 맺은 김영식 대장의 권유로 히말라야 오지 탐사대 청소년 팀장으로 참여하게 됐다. 상구 씨는 오지 탐사대에 참여한 청소년들의 바뀐 모습을 보면서 고마움과 뿌듯함을 느꼈다. "사실 대부분의 학생들이 부모의 권유로 어쩔 수 없이 참가하는 경우가 많은데 이 친구들이 시간이 지날수록 서로를 챙기며 이 프로그램을 스스로 즐기면서 참여했다"고 상구 씨는 설명했다. 이 특별한 감정을 못 잊어 그는 매년 오지 탐사대 청소년 팀장으로 참여한다.

오지 탐험 후 상구 씨는 졸업을 위해 복학했다. 오랜만에 돌아온 학교는 그에게 낯설게 다가왔다. 취업을 위해 아등바등하는 대학생들. 그런 대학생들을 보며 "세상은 이렇게나 넓은데 왜 다들 똑같은 삶을 살고 있지?" 하는 생각이 먼저 들었다. 그러던 중, 친구 지우철 씨로부터 문자 한 통을 받았다. '유라시아 대원 모집.' 이 문자 한 통에 다시 심장이 뛰기 시작한 그는 다시 휴학을 결심하고 도전에 뛰어들었다.

조선일보에서 주최한 원코리아 유라시아 평화대장정은 100일간 자전거를 타고 독일에서 출발해 유라시아를 거쳐 서울에 도착하는 대장정의 자전거 횡단. 상구 씨는 각종 테스트를 거쳐 쟁쟁한 후보들 중에서 7명의 대원에 당당히 선발됐다. 상구 씨는 "대학 졸업이야 다음에 할 수 있지만 이 기회는 두 번 다시 돌아오지 않을 것 같다는 생각이 들었다"고 말했다. 그렇게 유라시아 원정길에 올랐지만 그는 처음 한 달간은 현지의 새로운 도로 환경과 법규 등 적응해야 될 부분이 많아 적잖게 고생했다.

시간이 흘러 7대의 자전거가 하나의 자전거가 되고, 함께 만들어 가는 추억들이 쌓여 가면서 100일간의 시간은 너무나도 빠르게 흘렀다. 유럽과 아시아의 경계를 가로지르는 우랄산맥을 통과하는 힘든 과정을 거치면서 유라시아 평화원정대는 진정한 한 팀으로 똘똘 뭉치게 됐다. 상구 씨는 "우랄산맥을 통과하고 도착지에서 원정대뿐만 아니라 같이 참여한 안전요원들까지도 함께 서로를 안고 격려했다"고 말하며 그날의 감동을 전했다.

그렇게 무사히 유라시아 원정대를 마치고 한국으로 돌아온 상구 씨는 이번엔 K2 등반에 도전했다. 경북산안연맹의 박재석 대장으로부터 K2 등반 제의를 받았다. 세계에서 두 번째로 높은 산을 등반한다는 그 어려운 제안이었지만, 그는 고민 하나 없이 가겠다고 말했다. 그렇게 K2 등반 제안을 받고 약 1년여 간의 힘든 준비 기간을 거친 후 2016년 6월 파키스탄으로 떠났다. 당시의 등반 과정은 베이스캠프에서 시작해 A, B, C 전진기지, 캠프1, 캠프2, 캠프3, 캠프4, 정상 순으로 진행됐다. 2인용 텐트에서 성인 4명이 함께 자고, 90도가 넘는 얼음벽을 올라가는 등 힘든 난코스를 거치고, 그렇게 원정대는 캠프3까지 도착했지만, 기상악화로 베이스캠프로 돌아오게 됐다. 상구 씨는 "캠프3을 올라가는 과정이 너무 힘들어서 그걸 생각하니 내려가면 다시는 못 올라 올 것 같았다"고 당시의 어려움을 설명했다. 베이스캠프에 도착한 뒤로 기상예보와 달리 일주일간 계속해서 눈이 내려 원정대는 발이 묶이게 됐다.

눈이 그치고 얼마 뒤, 다시 2차 등정을 나섰지만 야속하게도 또다시 내린 눈으로 발걸음을 뒤로해야 했다. 베이스캠프로 돌아오고, 이튿날 아침 캠프4 부근에서 눈사태가 발생해 캠프3에 있던 13개 원정대 팀의 모든 산악 장비들이 휩쓸려갔다. 이윽고 사태를 확인하기 위해 캠프3으로 떠난 세르파로부터 날아온 무전은 'FINISH.' 무전과 함께 상구 씨와 원정 대원들은 그간 고생한 훈련 과정들이 주마등처럼 스치면서 뜨거운 눈물을 흘렸다.

K2 등반을 다녀온 뒤, 원정 대원들 각자 자신의 본업으로 돌아갔지만, 상구 씨는 이제 뭘 해야 할지 고민하면서 잠시 방황했다. 큰 도전을 마치고 나서 항상 다음 도전을 위해 준비하곤 했던 그지만 이제는 자신이 좋아하는 산을 오르기 위해서는 직장이 필요했다. 그러던 중 김영식 대장의 지인을 소개받아 목조로 집을 짓는 목수가 되기로 하고 일을 시작했다고 한다.

우유니 소금사막 자전거 횡단, K2 등반 재도전 등 여전히 하고 싶은 것도 많은 그이지만, 현재는 새로운 도전과 꿈을 위해 잠시 쉬어가고 있다. 그는 "당장은 목표나 꿈을 정해놓고 있지 않지만 지금도 끊임없이 버킷리스트가 생기면 하나둘씩 이루어가면서 되는 대로 최대한 즐기며, 행복을 찾아가고 싶다"고 얘기한다. 그리고 도전에서 그는 '포기'와 '후회'란 단어를 떠올린다. "어떤 일이든 힘들고 괴로운 순간들이 찾아온다. 하지만 그 순간을 참아낸다면 더 큰 기쁨과 행복을 느낄 수 있다"는 상구 씨. 그는 "스스로 포기하지 않았기 때문에 후회하지 않았고 도전을 해낸 지금 이 순간이 행복한 것 같다"고 웃으며 말한다.

그는 도전을 망설이는 사람들에게 이렇게 덧붙인다. "도전 앞에 두려움과 어떠한 장벽에 가로막힌다면 당장 포기하지 말고 용기를 내세요. 그리고 마음을 내세요. 나는 이미 그곳을 여행하고 있고 그 도전을 실행하고 있다! 그렇게 하다 보니 정말 기회가 찾아왔습니다. 지금까지 제가 경험한 모든 여행에서요."

3. 기획기사

(1) 기획기사 소재 찾기

기획기사는 정치, 경제, 사회, 문화 등 사회 전반의 문제를 찾아 알리고 이슈화하는 기능을 가진다. 그래서 기획기사는 주제의 이슈화를 통해서 사회변화, 사회 개선, 때에 따라서는 사회 변혁과 연결될 수 있는 폭발력을 지닌다. 언론이 뉴스 전달 역할을 넘어서 사회 문제의 이슈화와 해결책 모색에 나서야 한다는 움직임도 있다. 이게 바로 공공 저널리즘이며, 그래서 공공 저널리즘을 일명 '솔루션 저널리즘'이라고 부르기도 한다.[95]

기획기사는 사회 문제를 발굴하는 것이 첫 단계다. 영화, 스포츠, 게임 등 특정 분야의 문제부터, 우리 사회 전반 모두가 기획기사 대상이다. 기획기사 소재를 찾을 때 시간적 측면을 고려할 수 있다. 광복절을 앞두고는 위안부 문제, 식민지 근대화론, 젊은이들의 대일관 등이 기획기사 소재가 될 수 있으며, 추석 때는 명절 증후군, 차례 안 지내는 집안 등이 이슈가 될 수 있다.

기획기사는 이 밖에도 공간적 측면에서 농촌과 도시 격차 문제, 세대적 측면에서 젊은 세대의 비혼주의자 증가 추세, 직업적 측면에서 비대면 시대의 택배 노동자 문제, 자영업자의 고통 등을 대상으로 삼을 수 있다.

'정인이 사건'처럼 아동 학대는 어느 날 수면 위로 드러났지만, 실은 오래전부터 문제의 싹이 자라 왔을 것이다. 다만 우리가 몰랐을 뿐이다. 사회 문제를 일찍 찾아서 보도하는

95 정태철, 앞의 책, 440-442쪽.

통찰력과 문제의식은 그래서 기자에게 중요하다. 무에서는 유가 창조될 수 없다. '제14장 뉴스 취재하기'에서 설명된 '가이고(GIGO)'라는 교훈을 명심해야 한다. 그래서 여행, 독서, 대화, 뉴스 읽기라는 제대로 된 정보 입력이 있어야, 사회 문제를 보는 '감각'이 탄생한다. 세상일에 대한 꾸준한 관심, 메모, 자료 모으기를 지속해야 한다. 특종은 우연히 오는 게 아니다.

(2) 사전 취재 준비

기획기사의 사전 취재 준비도 기본적으로는 다른 장르 기사와 같다. 기존 기사, SNS, 기타 자료 검색이 기본이다. 주제와 관련된 법령이나 통계 자료 등도 같다. 그런데 기획기사의 취재 준비가 다른 장르 기사와 다른 게 있다. 전문성이다. 기후변화, 환경, 무모한 주식 투자, AI 추천 중독 현상 등의 기획기사 소재들은 때로는 과학적이고, 때로는 경제적인 전문 지식이 없으면 접근하기가 곤란하다. 따라서 치밀한 공부가 필요하다. 코로나 백신을 취재하기 위해서는 백신 제조 원리라는 의과학적 지식도 필요하다. 일부 언론들은 의사를 의학 전문 기자로, 변호사를 법률 전문 기자로 채용하기도 한다. 또는 일반 기자와 분야별 전문 기자를 합동으로 기획기사에 투입하는 경우도 있다.

기획기사는 정부 정책, 사람들 심리, 과학적인 환경 문제, 중국의 역사 공정 등을 정면으로 다룬다. 따라서 취재는 전문적이고, 과학적이며, 심층적이고, 다양해야 한다. '엔트로피'로 유명한 제레미 리프킨은 사회 문제를 집요하게 기자처럼 취재해서 학문적인 의미를 부여한 것으로 유명하다. 그는 세계 에너지 고갈 문제를 취재하기 시작해서, 각종 데이터와 물리학적 이론을 바탕으로 인류의 에너지가 고갈되면 지구는 불확실한 엔트로피 현상에 빠질 수 있으므로, 에너지 절약적 사회가 중요하다고 주장했다. 그는 다시 로봇 등의 테크놀로지가 인류의 노동을 대신해서 결국 인간 노동이 끝날 수 있다는 '노동의 종말'이란 저서도 출간했다. 그의 저서는 기본적으로는 기획기사 내지는 탐사보도 취재방식으로 얻은 결실이었다.

결국 기획기사의 취재계획서는 전문적이고 치밀해야 한다. 용어 하나하나, 수치 하나하나에 심혈을 기울여서 문제를 정리해야 현장 취재에서 밝힐 의문점을 찾을 수 있다.

(3) 현장 취재

기획기사는 사회 문제를 들추고 해결책을 모색하는 기사이므로 기사에 제시된 팩트의 정확성이 생명이다. 수집된 수치는 전문가의 확인을 거쳐야 한다. '제14장의 뉴스 취재하기'에서 이미 제시한 것처럼, 자료는 물증과 인적 증거로 나뉘는데, 기획기사는 자료 정확성에서 한치 오차가 있어서는 안된다.

사례 수집은 매우 중요하다. 기획기사는 '제9장 기획기사형 기사 쓰기' 실습 부분에서 지적된 것처럼 귀납적인 논리를 가지고 있다. 많은 특수한 사례를 충분히 모아야 사회 전반의 문제라는 보편적 결론을 제시할 수 있기 때문이다.

기획기사는 때로는 과학적 연구 방법의 논리를 사용하기도 한다. '제14장의 특수 취재' 부분의 탐사보도 취재방식에서 이미 설명한 것처럼, 기획기사는 '가설(hypothesis)'을 세우고 가설이 맞는지 취재를 통해서 그 가설의 인정 내지는 부정 여부를 살피는 것이다.

따라서 취재 대상은 모든 관련자를 포함해야 하며, 취재 분야에서 가설 평가에 중요한 변수를 빠트려서는 안된다.

(4) 기획기사 작성 시 유의할 점

기획기사 작성에서 중요한 것은 논리적 구성이다. 마치 논문처럼 서론, 본론, 결론이 체계적으로 이치에 맞게 구성돼야 한다. '제9장 기획기사형 기사 쓰기'에서는 기획기사의 논리적 구성방식을 자세히 설명했고 그 예시를 들었다. 여기에는 연대기적 구성방식, 원인과 결과 구성방식, 문제와 해결책 구성방식, 비교와 대조 구성방식, 그리고 유형화 구성방식 등이 있다. 하나의 기획기사에 다섯 가지 방식 중 어느 하나가 집중적으로 사용될 수도 있고, 경우에 따라서는 하나 이상의 구성방식이 목적에 따라서 혼합적으로 사용될 수도 있다.

기획기사는 문제를 정의하고 원인이나 해결책을 모색하는 형태를 가지므로 그 문체가 마치 의견을 주장하는 칼럼과 유사해지기 쉽다. 특히 기사 작성 과정에서 문단마다 자료 제시와 인적 증거로서 인터뷰이의 멘트가 수시로 직접인용돼야 한다. 그래야 칼럼처럼 보이는 외형적 문제를 벗어날 수 있다.

기획기사는 논리적인 문체를 유지해야 한다. 논술이 기자 시험의 주요 과목인 점도 바로 논리적인 글쓰기 능력을 알아보기 위해서다. 그만큼 기획기사는 논리적인 사고력과 분석력이 필요하다.

(5) 샘플기사

다음은 스트레이트 기사부터 강연회기사, 인터뷰기사, 르뽀 기사, 인물기사 학습과정을 거친 학생들이 작성한 기획기사다. 아이템 선정부터 완성까지 약 3주가 걸린 결과물이다.

겨울은 거위에겐 '죽음의 계절'...
구스다운 롱패딩 한 벌에 20마리 산 채로 털 뽑힌다[96]

"눈 떠보니 저는 철창에 갇혀 있었습니다. 주위에는 제 또래 수백 명의 친구가 살려달라고 소리치며 애원하고 있습니다. 그때 누군가가 저희 엄마를 끌고 오고 있습니다. 엄마는 기절한 채 옷이 다 벗겨져 있고 가슴에는 피가 줄줄 흐르고 있습니다. 저는 너무 화가 났습니다. 몇 분 뒤 낯선 사람이 저에게 오더니 갑자기 목을 잡고 어디론가 끌고 갔습니다. 영문도 모른 채 갑자기 제 옷을 벗기고는 피부를 뜯기 시작했습니다. 너무 아팠습니다. 살려달라고 소리쳤지만, 그들은 아랑곳하지 않고 계속 했습니다. 가슴에는 피가 흘러내렸습니다. 제발 저를 살려주세요."

이는 다름 아닌 거위 이야기다. 추운 겨울철이 돌아오면 우리는 오리, 거위 털이 함유된 패딩을 찾기 시작한다. 작년 겨울 '평창 롱패딩'이 유행하더니 올해 겨울도 롱패딩은 선풍적 인기를 끌고 있다. 의상학과 재학생 조영준(25, 부산시 연제구) 씨는 "올겨울도 주위에 롱패딩을 입은 친구들이 많다. 특히 패딩을 사면 '구스다운'인지 제일 먼저 물어 본다"고 말했다.

롯데백화점에 따르면, 올해 9월 1일부터 10월 14일까지 '노비스', '파라점퍼스', '무스너클', '맥케이지' 등 총 10개 브랜드에서 제작한 100만 원 이상의 초고가 구스다운 프리미엄 패딩 판매량은 전년 동기 대비 무려 300% 이상 증가했다. 하지만 구스다운 롱패딩 한 벌에 거위 20마리가 희생된다는 사실을 알게 된다면 과연 지금처럼 편히 입을 수 있을까?

패딩(padding)은 '채워 넣기', '속을 넣음'이라는 뜻으로, 솜 등의 충전재, 또는 그것을 제품에 넣는

---

96 백창훈, "겨울은 거위에겐 '죽음의 계절'...구스다운 롱패딩 한 벌에 20마리 산 채로 털 뽑힌다", 『시빅뉴스』, 2018. 12. 28., https://han.gl/PrYcr.

행위를 가리킨다. 현재의 패딩은 그 범위를 넓혀 가벼운 충전재를 넣은 의복을 모두 패딩 종류로 분류하고 있다.

패딩의 충전재료는 거위, 오리, 백조 털 등의 천연소재를 이용한 다운(down)과, 웰론(wellon), 신슐레이트(thinsulate), 폴리에스테르(PET) 등의 인조 충전재가 대표적이다. 인조 충전재로 제작한 패딩을 비건(vegan) 패딩이라고 부른다. 다운 소재는 새의 깃털 중 가장 바깥쪽인 페더(feather)와 새의 보온을 결정짓는 가장 중요한 요소인 솜털로 구분한다. 특히 오리나 거위 가슴에 있는 솜털은 공기를 많이 함유하고 있어 체온유지에 용이하기 때문에 가장 많이 쓰이고 있다. 우리나라는 다운이 75% 이상 함유된 충전재만 구스다운 패딩으로 분류한다. 다운은 가벼운 무게, 부드러운 감촉, 따뜻한 느낌이 최대 장점이다.

죽은 오리나 거위의 털을 채취한다면 윤리적인 문제는 피할 수 있으나, 안타깝게도 죽은 오리털은 채취에 한계가 있고, 모피 품질이 훼손되며, 사후의 털은 굳어져 뽑기가 힘들다는 이유로 대부분 거위는 산 채로 털이 뽑힌다. 동물보호단체 페타(PETA)에 따르면, 거위는 태어난 지 10주부터 6주 간격으로, 거위의 일생으로 보자면 적게는 5회, 많게는 15회까지 산 채로 털이 뽑힌다. 거위 한 마리는 1회에 평균 140g의 솜털이 채취되기 때문에, 롱패딩 한 벌을 만들기 위해서는 20마리의 거위털이 필요하고, 1년이면 약 200만 마리의 거위와 오리가 패딩을 위해 희생되는 셈이다.

미국 다운페더연합에 따르면, 거위 털은 전 세계의 80%가 중국에서 생산되며, 그 과정은 비윤리적이고 잔인하다. 동물복지문제연구소 어웨이 이형주 대표는 "거위 털을 뽑은 부분에 피가 나도 치료해 주지 않는다. 상처가 심한 거위는 죽게 내버려 둔다. 사람은 소비를 선택할 수 있지만, 동물들은 선택할 기회조차 없다. 최근 천연소재만큼 뛰어난 인조 소재가 많이 개발되고 있다. 소비자들이 인도적인 소비를 지향해줬으면 좋겠다"고 말했다.

이 대표의 말대로 천연소재에 버금가는 보온성을 가진 인조 소재가 많이 개발되고 있으며, 전 세계적으로도 천연소재를 지향하는 추세다. 2015년 친환경 브랜드인 '스텔라 멕카트니'를 선두로 '조르지오 아르마니', '구찌' 브랜드도 동물 가죽 사용을 줄이겠다는 '퍼 프리(Fur Free)'를 선언했다. 유럽연합(EU)은 살아있는 거위나 오리에게서 채취된 다운 생산, 판매를 금지하고 있으며, 미국은 '노스페이스'와 비영리단체 '텍스타일 익스체인지'가 공동 개발한 '책임다운 기준인증(Responsible Down Standard, RDS)'을 도입했다. RDS는 살아있는 동물의 깃털을 채취, 강제 급식 등 동물 학대와 관련된 행위를 하지 않고 윤리적인 방법으로 다운을 채취한 제품에 한해 발행되는 인증마크다.

국내에서는 다운 제조업체인 태평양물산이 '프라우덴' 브랜드를 통해 RDS를 최초로 도입하면서 컬럼비아, 밀레, H&M 등의 브랜드들도 인증받기 시작했다. 하지만 국내에서는 모든 브랜드가 의무적으로 인증을 받아야 할 필요성이 없고, 인증받은 제품 회사의 직원조차 RDS를 모르는 경우도 있다. 패션업계 종사자인 장현주(23) 씨는 "RDS를 도입한 브랜드의 제품이라 하더라도 다운 소재는 타업체를 통해 들여오기 때문에 오리나 거위 털을 윤리적으로 채취했는지 확실히 알 수가 없다"고 설명했다.

이러한 다운을 대체하기 위한 인조 충전재는 3M사에서 개발한 신슐레이트와 웰론 소재가 가장 많이 쓰인다. 신슐레이트와 웰론은 세탁에 취약한 구스다운과는 달리 물세탁과 드라이클리닝이 모두 가능하다. 무게 또한 다운처럼 매우 가벼우며 필파워(fill power)도 다운만큼 뛰어나다. 필파워란 다운 1온스(28g)를 24시간 압축 후 압축을 풀었을 때 부풀어 오르는 복원력을 말한다. 필파워 수치가 높을수록 공기 함유량과 보온력이 높다.

미국 해병대가 주로 사용하는 프리마로프트 인조 충전재도 있다. 프리마로프트는 폴리에스테르 형태의 극세사 섬유다. 쓰고 난 뒤 자연 분해되기 때문에 친환경적이고 재활용도 가능하다. 다운의 경우 물에 젖으면 급속도로 단열 능력을 잃는 반면에, 프로마로프트는 물에서도 강하기에 때문에 다운의 습기에 대한 취약성을 보완하는 대체재로 개발됐다.

북극곰 털을 모방한 인조 충전재 '노바볼(NOVA BALL)'도 개발됐다. 이 충전재는 오리나 거위의 마이크로화 섬유와 달리 섬유 내부에 구멍을 내 공기를 함유하여 보온능력을 극대화했다. 그 밖에도 가운데가 비어있는 중공섬유를 이용해 외부의 차가운 공기는 차단하고 따뜻한 공기를 주입한 듀퐁사의 '써모라이트(thermolite)', 충전식 발열제, 마이크로타입의 4중공채널 '노바다운', 특수가공 발수다운인 '온에어' 등 오리와 거위를 살릴 수 있는 인공 충전재는 무궁무진하다. 패션디자인학과 졸업생 백민정(24, 부산시 수영구) 씨는 "구스다운만큼 뛰어난 성능의 인공 충전재가 많은데, 그저 비싼 패딩이 좋다는 인식이 문제다. 인공 충전재에 대한 홍보가 필요하다"고 말했다.

아웃도어 브랜드들은 윤리적이고 친환경적인 소비를 지향하는 사회 추세에 발맞춰 리사이클 다운 제품을 출시하고 있다. 리사이클 다운은 버려진 패딩이나 사용하지 않는 베개, 이불 등에서 오리나 거위 털을 채취해 세척과 소독과정을 거친 후 재사용하는 것을 말한다. 국내에선 블랙야크가 라이프 웨어인 '나우(nau)'를 처음 출시했고, 친환경 글로벌 아웃도어 브랜드인 파타고니아 역시 뛰어난 방수 및 투습 기능을 가진 리사이클 다움 제품 '시티 스톰 파카(City Storm Parka)'를 출시했다.

최근에는 온라인 의류업체 드림워커가 업사이클 다운 패딩인 베리구스(Verygoose) 제품을 출시했다. 베리구스는 '매우 좋은'의 뜻을 가진 베리와 '오리'의 구스를 합친 말로, '거위들이 고마워 한다'는 뜻을 가졌다. 드림워커 서정은 대표는 우연히 거위 털 생산과정을 영상으로 접한 뒤 충격을 받고 리사이클 다운 패딩 제작에 착수했다고 한다. 헌 옷에서 오리털을 재취하는 일부터 제품 출시까지 제작과정에 많은 어려움이 따랐지만, 크라우드 펀딩 사이트를 통해 출시에 성공했다. 베리구스 서강은 팀장은 "오리털을 재사용해서 보온력이 떨어질 거라고 소비자들이 생각할 수도 있다. 하지만 기존 패딩보다 오리털을 더 많이 넣었고 필파워도 400~500 유지된다. 오리 생명을 살린다는 취지를 소비자들이 이해해줬으면 좋겠다"고 말했다.

경성대 패션디자인학과 채희주 교수는 인간의 따뜻함을 위해 동물들에게 살아있는 동물의 털을 강제로 뽑는 것을 의미하는 '라이브 플러킹(live plucking)'하는 행위는 생산과 경제성만을 생각한 인간의 잔혹한 행위라고 지적했다.

채 교수는 비건 패딩 활성화를 위해서는 의류업계가 이미 생산된 천연소재에 대한 업사이클링의 지속적 개발을 시도해서 소비자에게 착한 소비가 자리 잡을 수 있도록 하는 것이 가장 중요하다고 설명했다. 채 교수는 "기술의 발달로 인공 충전재가 많이 업그레이드됐다. 의류업계는 소비자의 기호와 니즈를 충족시킬 수 있는 착한 패딩을 지속적으로 선보여야 한다"고 전했다.

동부산대학교 폐교 위기…올 신입생 충원 미달에 이번 수시 입시도 중단[97]

내년 대학교 입학을 앞둔 수험생 이혜진(19, 부산시 해운대구) 양은 부산 내 전문대학에 진학하기 위해 포털사이트에 대학교를 검색하던 중 동부산대학교를 발견했다. 그러나 그녀 눈에 띈 관련 검색어 키워드는 다름 아닌 '폐교'였다. 그녀는 "동부산대에 진학하고자 하는 학과가 있어 관심이 있었는데 폐교 위기라는 관련 검색어를 보고 놀랐다. 동부산대가 재정 지원 제한 대학으로 선정된 사실을 알고 지원을 망설이게 됐다"고 말했다.

부산 해운대구에 위치한 동부산대학교는 1978년 학교법인 설봉 학원이 설립한 2년제 사립 전문대다. 동부산대가 폐교 위기를 맞게 된 이유는 무엇일까? 동부산대는 2015년 학교법인 재단 이사장과 사무국장이 80억 원을 횡령한 혐의로 현재 교육부가 파견한 관선(임시)이사 체재로 운영 중이다. 앞서 2012년에는 전임 총장이 학생 수를 부풀려 교육부 지원금 25억 7000만 원을 부정으로 수령했다가 적발됐다.

교육부는 지난해에 이어 올해도 동부산대를 정부 재정지원 전면 제한 대학으로 선정했다. 그러면, 소속 학생들은 국가장학금과 학자금 대출이 100% 제한된다. 상황이 이렇게 되자, 동부산대는 작년부터 신입생 유치를 위해 1학년 학생들에게 제한된 국가장학금 대신 200만 원의 장학금을 학교 예산으로 지급하고 있다. 학생들 등록금 수입에 거의 의존해서 학교를 운영해온 동부산대는 전액 교비에서 학생들에게 장학금을 부담하는 것이어서 학교 빚이 더욱 가중되고 있는 상황이다.

동부산대가 재정지원 대학으로 선정된 것은 신입생 모집에도 큰 영향을 끼쳤다. 올해 동부산대 전체 학생 1300명 가운데 1학년 신입생은 460명가량으로, 애초 신입생 모집인원 수인 970여 명에서 절반이나 모자란다. 동부산대는 지난 9월 재정난으로 인해 올해 1, 2차 수시전형에서 학생을 모집하지 않는다. 동부산대 관계자는 "학교가 어려운 상황에서 신입생을 모집하기엔 무리다. 1300명의 재학생이 여전히 대학에서 공부하고 있다. 재학생들의 학습권을 보장하기 위해 교직원들이 이번 2학기까지 남아 있겠지만 더는 버틸 수 없다"고 했다.

동부산대 재학생들은 폐교 위기에 대해 어떤 반응일까? 재학생 이 모(21, 부산시 진구) 씨는 "재학 중인 학교가 폐교 위기라고 하니 불안한 마음으로 학교를 다닌다. 같이 학교를 다니는 친구들과 부

97 조재민, "동부산대학교 폐교 위기…올 신입생 충원 미달에 이번 수시 입시도 중단", 『시빅뉴스』, 2019. 12. 4., https://han.gl/zn6XD.

모님도 모두 걱정한다"고 말했다. 2018년에 동부산대를 졸업한 한 모(23, 부산시 해운대구) 씨는 "모교가 폐교 위기라는 소식을 듣고 놀라서 교수님께 연락드렸다. 포털사이트에 동부산대를 검색해서 학교의 재정 상황이 좋지 않다는 걸 알게 됐다"고 말했다.

동부산대 주변 상인들의 얼굴에도 근심이 가득하다. 동부산대 인근 부산 해운대구 반송동에서 문구점을 운영하는 김학래(55) 씨는 "몇 년 전부터 학생 수가 줄어들기 시작하더니 장사가 잘 안된다. 3년 전까지만 해도 이 근처는 사람이 북적북적했다. 지금은 손님이 없어 주변 식당들도 문을 닫았다"고 말했다. 역시 반송동에서 식당을 운영하는 임헌정(42) 씨는 "동부산대 학생들이 주로 점심을 먹으러 찾아왔는데, 지금은 점심시간에도 조용하다. 학생 수가 줄어들면서 매출도 뚝 떨어졌다. 완전히 폐교한다면 가게 운영에 직격탄을 맞을 수밖에 없다"고 호소했다.

동부산대는 최근 교내 식당 문을 닫았다. 학생 수 급감으로 적자가 계속되자 더 이상 정상적인 교내 식당 운영을 할 수 없었다. 교직원과 재학생들이 교내 식당을 돕기 위해 점심시간 학교 밖 식당 이용을 자제했지만 한계가 있었다. 동부산대 관계자는 "내부적인 사정으로 이번 학기는 교내 식당을 운영하기 어렵다"며 "학생들이 교내 편의점이나 인근 식당을 이용할 수 있도록 하겠다"고 말했다. 재학생 전 모(21, 부산시 해운대구) 씨는 "교내 식당도 학습 환경을 구성하는 요소 중 하나라고 생각한다. 앞으로 공강 시간이 얼마 남지 않았을 때 끼니를 어떻게 해결해야 할지 모르겠다. 매번 편의점 음식으로 때우는 것도 한계가 있다"고 말했다.

동부산대학교의 자진 폐교는 현재 상황에서 불가능하다. 재산에 손해가 난 상황에서 법적으로 폐교할 수 없다는 게 교육부 입장이다. 자진 폐교를 하려면 횡령액을 복구하고 교육부가 파견한 관선이사 체제에서 '정규 이사' 체제로 전환해야 한다. 관선이사 파견 상태의 대학은 자진 폐교를 의결할 권한이 없기 때문이다. 동부산대 관계자는 "학교를 살리기 위해 통폐합할 대학과 재정 기여자를 찾고 있다. 마지막까지 희망의 끈을 놓지 않겠다"고 말했다.

동부산대는 분교인 동래 캠퍼스 부지를 경매로 처분해 대출금을 갚겠다는 계획을 갖고 있다. 하지만 부족한 재정을 해결하기 위해 대학부지를 매각하는 것도 쉽지 않다. 캠퍼스 부지에 대한 매수자가 언제 나올지 확실하지 않기 때문이다. 동부산대는 다른 대학과의 통폐합도 생각하고 있지만 현실적으로 어렵다. 주변 대학들 역시 학령인구 감소와 재정난에서 자유롭지 못하기 때문이다. 동의과학대학교 기획처장 김경화 씨는 시빅뉴스와의 전화 인터뷰에서 "재정 문제로 인해 사립대학들이 위기를 맞고 있다. 더군다나 일자리도 수도권에 집중이 되고 있는 상황이다. 이런 현상이 장기화될 경우 부산 지역 대학이 줄어들어 부산의 많은 기업들도 인재를 채용하는 데 어려움을 겪게 될 확률이 높다"고 말했다.

장기간 정부의 등록금 동결 및 인하 압박이 이어지면서, 대학들의 재정 확보는 점점 더 어려워지고 있다. 교육부에 따르면, 대학 등록금은 10년째 제자리걸음이다. 국 · 공립대는 지난 2018년부터 입학금이 폐지됐고, 올해부터 사립대 입학금도 단계적으로 폐지돼 대학의 재정 압박은 더 커지고 있는 상황이다. 2017년 교육부와 한국사립대학총장협의회는 사립대 입학금을 최장 5년에 걸쳐 폐지하기로 합의했다. 이에 따라 올해부터 사립대 입학금은 매년 16%씩 감축되며, 2022년에는 입학금

자체가 사라진다.

대학 등록금은 2011년 9월 개정된 고등교육법에 따라 최근 3년간 소비자물가 상승률의 1.5배 이내에서 올릴 수 있다. 올해 각 대학이 등록금을 인상한다면 2016년 1.0%, 2017년 1.9%, 2018년 1.5% 등 물가 상승률을 고려해 2.2% 이내의 등록금 인상이 법적으로 가능하다. 하지만 교육부는 등록금을 조금이라도 올리는 대학에 한해 국가장학금 2유형 지원 대상에서 제외하는 등의 불이익을 주기 때문에 대학은 등록금을 올릴 수도 없는 실정이다. 국가장학금 2유형은 정부가 학비 부담 완화 노력(등록금 인하, 장학금 확충)을 대학별로 평가해 차등 지원하는 장학금이다.

재정위기로 인해 지난해에만 4개 대학교가 문을 닫았다. 대구미래대 자진 폐교에 이어 동부산대 폐교 위기 등 지방대학의 몰락이 더욱 가속화되고 있다. 이들은 대구미래대(경북 경산시), 대구외국어대(경북 경산시), 서남대(전북 남원시), 한중대(강원 동해시) 등 대부분 지방대다.

지난해 신입생 감소로 경영난이 계속되면서, 경북 경산시에 위치한 대구미래대는 자진 폐교했다. 대구미래대는 대학구조개혁평가 결과에서 가장 낮은 E등급을 받았으며, 2017학년도 신입생 충원율도 34.8%에 불과했다. 대구미래대를 경영하는 애광학원은 신입생 모집이 어려워짐과 동시에 재정난이 이어져 대학 운영이 불가능하다고 판단하고 재작년 폐교 인가를 신청했다. 이로 인해 대구미래대는 2018년 2월 28일까지 운영하다가 폐교했다.

이외에도 2015년 대학구조개혁평가에서 최하위 E등급에 속했던 대구외대, 서남대, 한중대는 정부 재정지원 · 학자금 대출 제한 등 각종 불이익을 받았다. 신입생 충원율은 2017학년도 기준 각각 66.7%, 33.9%, 27.3%에 그쳐 신입생 수가 미달됐다. 교육부는 이들 각 대학에 대한 종합감사 등을 실시하고 지적 사항이 해결되지 않았다며 부실대학 퇴출을 확정했다. 교비 횡령, 임금 체불, 학생 모집에서 난항을 겪은 대구외대, 서남대, 한중대는 결국 폐교 결정 후 각 교내 홈페이지를 통해 특별 편입학 사항 등을 안내했다.

폐교된 학교의 재학생들은 어떻게 될까? 교육부에 따르면, 인근 지역 동일학과 또는 유사학과에 특별 편입학할 수 있다. 인근 지역에 동일 · 유사학과가 없는 경우 편입학 지역 범위가 인접 시 · 도로 확대된다. 교육부 관계자는 “정상적인 학사 운영이 불가능한 대학이 자진 폐교를 추진할 경우 학생들에게 특별 편입학을 지원한다. 학생들의 학습권을 보장하기 위해 앞으로도 적극적으로 지원할 것”이라고 전했다.

학령인구 감소에 따라 각 대학은 재정 상황에 맞는 신입생 모집과 재정난 대비 방안에 비상이 걸렸다. 동아대학교 입학처장 한성호 교수는 시빅뉴스와의 전화 인터뷰에서 “이제 지방대는 수도권에 있는 대학들과 직접적으로 경쟁해야 하는 상황이다. 학령인구가 감소하는 추세에 각 대학은 재정 확보 방안 마련 등 경쟁력을 가지기 위해 노력을 강구해야 한다”고 말했다.